AMRA

MICHAEL E. SALLA

GEHEIME WELTRAUMPROGRAMME & ALLIANZEN MIT AUSSERIRDISCHEN

Whistleblower berichten, was auf der Welt wirklich vor sich geht!

Aus dem Amerikanischen von
Dr. Baal Müller

AMRA

Brandheiße Infos finden Sie regelmäßig auf:
www.facebook.com/AMRAVerlag

Besuchen Sie uns im Internet:
www.AmraVerlag.de

Amerikanische Originalausgabe:
Insiders Reveal Secret Space Programs
& Extraterrestrial Alliances

2018 erstmals Deutsch im AMRA Verlag
Auf der Reitbahn 8, D-63452 Hanau
Telefon: + 49 (0) 61 81 – 18 93 92
Kontakt: Info@AmraVerlag.de

Herausgeber & Lektor	Michael Nagula
Umschlaggestaltung	Guter Punkt
Covermotiv & Illus	Michael Salla
Satz & Layout	Birgit Letsch
Druck	CPI books GmbH

ISBN Printausgabe 978-3-95447-296-3
ISBN eBook 978-3-95447-297-0

INHALT

Vorwort
zur deutschen Ausgabe

Die amerikanische Originalausgabe von *Geheime Weltraumprogramme & Allianzen mit Außerirdischen* erschien im September 2015 mit den außerordentlichen und umfassenden Zeugnissen dreier Whistleblower, von denen jeder behauptet, unmittelbar an Geheimen Weltraumprogrammen teilgenommen zu haben, die mit einem streng geheimen Zweig der U.S. Navy verbunden waren. Alle drei schilderten ihre persönlichen Erlebnisse von Besuchen geheimer Stationen auf dem Mars sowie von Reisen mit Raumschiffen, die dank Antigravitationsantrieb für interplanetarische Flüge geeignet sind; manchmal steuerten sie solche Maschinen sogar selbst.

Weiterhin berichteten alle drei, dass auch Außerirdische in unterschiedlichem Maße in die Geheimen Weltraumprogramme, in die man sie eingeteilt hatte, einbezogen waren. Schließlich lieferte jeder von ihnen einen ähnlich detaillierten Bericht von einer zwanzigjährigen Dienstzeit, nach deren Absolvierung man sie in die Zeit ihrer ursprünglichen Rekrutierung zurückversetzte und ihre Erinnerungen löschte.

Der erste behandelte Whistleblower, Corey Goode, erklärte darüber hinaus, dass gegenwärtig fünf Geheime Weltraumprogramme im Einsatz seien, von denen einige durch hochkomplexe Antriebstechnologien sogar Interstellarreisen durchführen können. Goode sagt auch, dass er während seiner Dienstzeit von 1987 bis 2007 außerdem Zugang zu »Intelligenten Glaspads« (heutigen iPads ähnlich) erhalten habe, die es ihm ermöglichten, geheimdienstliche Berichte über derzeitige Operationen sowie über die Geschichte der Geheimen Weltraumprogramme zu lesen.

Das erste dieser Programme wurde nach Goode tatsächlich schon am Vorabend des Dritten Reiches in Deutschland initiiert, als die ersten

Prototypen Fliegender Untertassen entwickelt und gebaut wurden. Als die Nazis an die Macht gelangten, förderten sie die Fertigstellung zweier unterschiedlicher Geheimer Weltraumprogramme in den späten Dreißigerjahren mit finanziellen Mitteln und wissenschaftlicher Unterstützung. Eines war eine zivile Unternehmung unter der Führung deutscher Geheimgesellschaften, die eine bedeutsame Rolle bei Hitlers Machtergreifung gespielt hatten. Das andere wurde von der SS geleitet, die den erfolglosen Versuch unternahm, die hoch entwickelte Technologie der Fliegenden Untertassen für Kriegszwecke nutzbar zu machen.

Vor dem Ende des Zweiten Weltkriegs gelang es den Geheimgesellschaften und den Nationalsozialisten, ihre am weitesten fortgeschrittenen Technologien in die Antarktis und nach Südamerika zu verlagern. Die Operation Highjump war ein missglückter Versuch der U.S. Navy, die NS-Stützpunkte in der Antarktis zu übernehmen oder zu zerstören. Raumschiffe mit Antigravitationsantrieb verteidigten die deutschen/NS-Basen und fügten der Navy einen empfindlichen Schlag zu. In der Folgezeit verwandte die U.S. Navy insgeheim erhebliche Mittel darauf, ihr eigenes Geheimes Weltraumprogramm zu entwickeln, das schließlich »Solar Warden« genannt wurde.

Goode und die anderen in *Geheime Weltraumprogramme & Allianzen mit Außerirdischen* behandelten Whistleblower legten keine Dokumente vor, die ihre außerordentlichen Behauptungen bestätigen könnten. Im Vorwort zur englischen Ausgabe wird betont, dass dies angesichts der strikten Geheimhaltungspraxis in der Luft- und Raumfahrt-Industrie nicht überraschend sei, da der unbefugte Besitz von Dokumenten, die Informationen über Programme von höchster Geheimhaltungsstufe (»Unacknowledged Special Access Programs«) enthalten, als Verbrechen gilt, das strenge Bestrafung nach sich zieht. Es war daher nötig, öffentlich zugängliche Quellen zu finden, die dazu beitragen konnten, Goodes Behauptungen zu belegen und das, was er und andere Whistleblower über Geheime Weltraumprogramme sagen, zu überprüfen.

Im Dezember 2015 änderte sich die Situation auf signifikante Weise durch das öffentliche Hervortreten eines neuen Augenzeugen, der diesmal Dokumente lieferte, die seine Berichte über die Existenz

Geheimer Weltraumprogramme bestätigten. William Mills Tompkins' Autobiografie *Selected by Extraterrestrials – My life in the top secret world of UFOs, think-tanks and Nordic secretaries* (»Ausgewählt von Außerirdischen – Mein Leben in der streng geheimen Welt von UFOs, Denkfabriken und Nordischen Sekretärinnen«) enthält Unterlagen, die seine Arbeit beim amerikanischen Marine-Geheimdienst substantiell untermauern. Wie Tompkins enthüllt, hörte er von 1942 bis 1945 zahlreiche Einsatzberichte von Spionen der U.S. Navy, die führende Luft- und Raumfahrt-Unternehmen NS-Deutschlands infiltriert hatten, in denen Komponenten für Fliegende Untertassen der Nazis gebaut wurden. Seine Aufgabe bestand darin, diese hochbrisanten Geheimdienstinformationen zu Studien- und Forschungszwecken an mehrere amerikanische Luft- und Raumfahrtkonzerne und Universitäten weiterzuleiten.

Nach dem Zweiten Weltkrieg arbeitete Tompkins, wie er berichtet, kurzzeitig für einige Luft-/Raumfahrt-Firmen, bis er 1950 eine Stellung in der Douglas Aviation Company annahm. Aufgrund seiner Erfahrungen beim Marine-Geheimdienst wurde er bereits im folgenden Jahr bei Douglas in einen streng geheimen Think Tank (Denkfabrik) mit dem Namen »Advanced Design« aufgenommen, in dessen Rahmen er an Entwürfen für kilometerlange Antigravitationsraumschiffe arbeitete, die schließlich für »Solar Warden«, das Weltraumprogramm der U.S. Navy, gebaut wurden.

Die von Tompkins zusammengestellten Dokumente seiner mehr als vier Jahrzehnte umspannenden Karriere in der Luft- und Raumfahrt-Industrie (am 21. August 2017 verstarb er leider im Alter von 94 Jahren) bestätigen viele wesentliche Behauptungen von Corey Goode. Insbesondere unterstützen sie Goodes Aussagen über die Entwicklung Geheimer Weltraumprogramme im Deutschland der Vorkriegszeit und beschreiben, wie die U.S. Navy die führende Rolle bei der Entwicklung ihrer eigenen Geheimen Weltraumprogramme als Reaktion auf das spielte, worin die Deutschen/Nationalsozialisten bereits einen Vorsprung hatten.

Nun folgt nach dem Originalvorwort die vollständige Übertragung der amerikanischen Ausgabe von *Geheime Weltraumprogramme & Alli-*

anzen mit Außerirdischen. Am Schluss findet sich ein eigens für die deutsche Ausgabe neu entstandenes Nachwort, das Tompkins jüngste Enthüllungen sowie die zentralen Dokumente, die seine Aussagen unterstützen, einer Prüfung unterzieht und der Frage nachgeht, wie sich dieses Material zu den früher schon vorgetragenen Zeugnissen von Corey Goode verhält.

Wenn die Anzahl der Zeugnisse und Belege weiter anwächst, wird sich das in diesem Buch vorgelegte Material als ein Eckstein des Wandels erweisen, den die Wahrnehmung der Menschheit von ihrer Rolle und ihrer Zukunft inmitten anderer intelligenter Arten im Weltraum derzeit erfährt.

Michael E. Salla, M.A., Ph.D.
Hawaii, den 12. Januar 2018

Einleitung

Der amerikanische Präsident Ronald Reagan gewährte uns in seinem Präsidenten-Tagebuch in der Eintragung vom 11. Juni 1985 einen erstaunlichen Einblick:

> »Zum Mittag mit fünf führenden Weltraumforschern. Es war faszinierend. Der Weltraum ist wahrlich das letzte noch unentdeckte Land für uns, und manche Entwicklungen etwa in der Astronomie klingen wie Sciencefiction, mit dem Unterschied, dass sie Realität sind. Ich erfuhr, dass wir über die Transportkapazität verfügen, um 300 Menschen in den Weltraum zu bringen.«[1]

Das Space-Shuttle-Programm der NASA umfasste damals maximal elf Personen pro Shuttle, und lediglich fünf davon waren für den Weltraumflug gebaut worden. Selbst wenn alle fünf voll beladen abhöben, wäre es doch unmöglich, 300 Astronauten in die Erdumlaufbahn zu transportieren und dort zu versorgen. Was Reagan mit der Publikation seiner Tagebücher *The Reagan Diaries* der Öffentlichkeit enthüllte, ließ atemberaubende Schlüsse zu. Er teilte der Welt mit, dass er über die Existenz eines Space-Shuttle-Programms – völlig unabhängig von dem der NASA – informiert worden war, im Rahmen dessen man Hunderte von Astronauten in den Weltraum fliegen lassen konnte.

Darüber hinaus hat Reagan publik gemacht, dass diese 300 geheimen Astronauten auf unbefristete Zeit im Weltraum versorgt werden können, und deutete damit die Existenz einer oder mehrerer die Erde umkreisenden Weltraumstationen an.

Diese Raumstationen müssten weitaus größer sein als die Skylab-Station der NASA, die während ihres sechsjährigen Einsatzes (1973-

1979) lediglich drei Besatzungsmitglieder zur selben Zeit beherbergen konnte. Mit ihrem begrenzten Budget, der zivilen Oberaufsicht und den damals bekannten Raumfahrt-Antriebstechnologien war die NASA sicherlich nicht in der Lage, die Dinge zu tun, von denen Reagan sagte, dass sie sich 1985 im Weltraum ereignet hätten. Wenn die NASA dafür jedoch nicht verantwortlich war, wer oder was stand sonst hinter dem zweiten Space-Shuttle-Programm? Sehr wahrscheinlich handelte es sich um ein hochrangiges militärisches und/oder wirtschaftliches Raumfahrtprogramm (oder mehrere Programme).

Die Annahme eines Geheimen Weltraumprogramms mit hoch entwickelten Antriebstechnologien, die geeignet sind, um zu einer oder mehreren Raumstationen in einer Erdumlaufbahn zu reisen, wurde durch die Verfolgung des britischen Hackers Gary McKinnon durch das amerikanische Justizministerium bestärkt. McKinnon setzte sich erfolgreich gegen seine Auslieferung an die USA zur Wehr, die diese verlangten, weil er sich auf der Suche nach Beweisen für die Verschleierung von UFO-Kontakten in Computer der amerikanischen Regierung und des Militärs gehackt hatte. Der Fall dieser Auslieferung belegt den irreparablen Schaden, den McKinnons Sicherheitslücke – nach Ansicht des US-Justizministeriums »der größte militärische Hacker-Einbruch aller Zeiten« –, verursacht hat.[2] Ein Report der BBC beschreibt das ganze Ausmaß der Forderungen des Justizministeriums gemäß einem seiner Ermittler:

> »Die US-Regierung behauptet, dass ein vierzigjähriger Computerfreak aus dem Norden Londons sich zwischen Februar 2001 und März 2002 in Dutzende Computer der amerikanischen Streitkräfte, der Marine, Luftwaffe und des Verteidigungsministeriums wie auch in sechzehn Computer der NASA hackte. Angeblich verursachte sein Hacker-Angriff einen Schaden von 700.000 Dollar an den Computernetzwerken der Regierung. Darüber hinaus wirft die Regierung Mr. McKinnon vor, dass er – kurz nach den terroristischen Angriffen vom 11. September 2001 – Daten eines US-Marine-Luftwaffenstützpunktes verändert und zerstört habe und dass dieser Angriff wichtige Systeme unbrauchbar machte. Weiterhin sagt die US-Regierung, dass Mr. McKinnon ein ganzes Netz-

werk von 2.000 Computern der amerikanischen Armee auf einmal ausgelöscht habe. Sein Ziel bestand, wie vermutet wird, darin, Zugang zu geheimen Informationen zu erlangen.«[3]

Es ist wichtig hervorzuheben, dass das Justizministerium, während es die Auslieferung verfolgte, annahm, McKinnon habe sich erfolgreich in viele NASA- und Pentagon-Computer gehackt, um als geheim eingestufte Akten einzusehen.

McKinnon bekannte sich zu den Hacking-Vorwürfen und gab an, dass er Belege für die Vertuschung fortgeschrittener UFO-Technologien durch die Regierung zu finden hoffte, die der Menschheit zugutekommen könnten. Er sagte, dass er auf geheime Pentagon- und NASA-Akten gestoßen war, die eine Liste »außerirdischer Offiziere« sowie eine Tabelle mit detaillierten »Transfers von Flotte zu Flotte« enthielten.[4] Außerdem behauptete er, ein großes zigarrenförmiges Objekt in der Erdumlaufbahn gesehen zu haben, das gut eine geheime Raumstation sein könnte.

»Es befand sich oberhalb der Erdhalbkugel. Es sah aus wie eine Art Satellit. Es war zigarrenförmig und hatte oben, unten, an der linken wie an der rechten Seite und an beiden Enden geodätische Kuppeln, und die Aufnahme war trotz der niedrigen Auflösung sehr großformatig. Dieses Ding schwebte durch den Raum; die Erdatmosphäre war unter ihm sichtbar, und man erkannte keinerlei Nieten, Kanten und auch sonst nichts, was man mit einer gewöhnlichen Herstellung durch Menschen assoziiert.«[5]

McKinnon obsiegte letztlich in seiner ein Jahrzehnt währenden Auslieferungsschlacht gegen das amerikanische Justizministerium.[6] Seine Behauptungen, es gäbe Dateien auf Computern der NASA und des Pentagon, die große zigarrenförmige UFOs im Orbit beschreiben und »außerirdische Offiziere« sowie »Transfers von Flotte zu Flotte« belegen, werden vom Rechtsstandpunkt des Justizministeriums, dass er *tatsächlich* Zugang zu geheimen Informationen hatte, unmittelbar bestärkt. Die unter Verschluss gehaltenen Akten, zu denen McKinnon sich Zugang verschaffte, enthüllten sehr wahrscheinlich die Existenz eines geheimen Raumfahrtprogramms mit Astronauten und Raumstationen in der Erdumlaufbahn.

Die Existenz eines geheimen Astronautenkorps ist nicht unglaubwürdig, da die U.S. Air Force zuvor schon heimlich eine solche gegründet hatte. Am 10. Dezember 1963 wurde die Öffentlichkeit von der Johnson-Administration über das bemannte Raumlabor Manned Orbiting Laboratory (MOL) unterrichtet. In einer Fernsehsendung sagte Präsident Lyndon B. Johnson:

> »Ich weise heute das Verteidigungsministerium an, unverzüglich mit der Entwicklung eines bemannten Raumlabors zu beginnen. Dieses Programm wird uns neues Wissen darüber bringen, wozu der Mensch im Weltraum in der Lage ist.«[7]

Es war geplant, eine bemannte Raumstation zu bauen, welche die Erde mit Hilfe des Gemini-Raumschiffes umrundet, das dabei Beobachtungsmissionen ausführt. Der Plan wurde im Juni 1969, drei Jahre vor dem ersten Flug, offiziell aufgegeben, und man führte als Grund dafür an, es wäre billiger, unbemannte Spionagesatelliten in die Erdumlaufbahn zu schicken.

In der Ankündigung des Manned Orbiting Laboratory wurde allerdings nicht erwähnt, dass die United States Air Force (USAF) 1964 damit begann, Militärpiloten für das MOL-Programm zu trainieren, während zugleich auch Piloten für das zivile Programm der NASA ausgebildet wurden. Die Mitschrift einer Fernsehshow des Public Broadcasting Service (PBS), eines amerikanischen Fernsehsenders, verdeutlicht die Geheimhaltung, die das parallele militärische Astronautentrainingsprogramm umgab:

> »SPRECHER: Die von Chuck Yeager, dem ersten Mann, der schneller als mit Schallgeschwindigkeit geflogen war, geleitete ARPS war eine Schule, an der einige Militärpiloten, die das Zeug dazu hatten, ausgebildet wurden, um Astronauten innerhalb des zivilen Programms der NASA zu werden. Dieses Jahr war es jedoch anders.

RICHARD TRULY: Als wir unser Studienjahr absolvierten und dem Ernstfall entgegengingen, bemerkten wir, dass etwas Komisches ablief. Und diese komische Sache war, dass sie tatsächlich eine geheime, ich glaube, Sie sagten ›Truppenauswahl‹ leiteten.

JAMES BAMFORD: Ohne dies zu wissen, standen sie miteinander für dieses Programm in einer Art Wettkampf. Sie wurden von diesen Leuten beobachtet und bewertet, um zu sehen, wer die besten Astronauten abgeben würde. Das Programm war derart geheim, dass es sogar den potenziellen Astronauten selbst nicht mitgeteilt wurde.«[8]

Das Programm des Manned Orbiting Laboratory (MOL) bestätigt, dass Militärpiloten 1964 begannen, im Verborgenen für streng geheime Weltraumeinsätze zu trainieren, Seite an Seite mit Kollegen, die später als Astronauten der NASA tätig sein sollten.

Bis 1985, als Reagan in sein Tagebuch notierte, dass er über die wirkliche Kapazität eines geheimen Space-Shuttle-Programms informiert worden war, hatten ein oder mehrere unter Verschluss gehaltene Raumfahrtprogramme das Projekt des Manned Orbiting Laboratory ersetzt. Die Schulung von US-Air-Force- und Navy-Piloten im Rahmen des Geheimprogramms entsprach wahrscheinlich genau derjenigen innerhalb des MOL-Programms, bei dem die Piloten im Verborgenen für ein geheimes Raumfahrtprojekt rekrutiert wurden, während sie glaubten, sie würden ausgebildet, um NASA-Astronauten zu werden. Wie Reagan 1985 sagte, könnte das Fortsetzungsprogramm oder könnten die Fortsetzungsprogramme des MOL 300 Astronauten in einer oder mehreren geheimen Raumstationen auf einer Erdumlaufbahn beherbergen.

Man muss tief in die verborgene Welt streng geheimer Raumfahrtprogramme eintauchen, um die Wahrheit hinter Reagans außerordentlicher Enthüllung und den Zielen von McKinnons Hacking-Attacken herauszufinden. Das Problem liegt aber nicht nur darin, dass öffentliche Dokumente, wenn überhaupt verfügbar, nur äußerst spärlich vorhanden sind, sondern auch darin, dass der Besitz von Dokumenten, die solche Programme belegen, illegal sein kann. In den USA gibt es drei Hauptstufen der Geheimhaltung – vertraulich, geheim und streng geheim –, mit denen man Informationen, Technologien und Programme belegt, die als lebenswichtig für die nationale Sicherheit eingeschätzt werden. Die höchste Kategorie der Einstufung als »streng geheim« wird vom Gesetz wie folgt definiert:

> »Als streng geheim ist eine Information zu klassifizieren, von deren unautorisierter Bekanntmachung ein außerordentlich schwerer Schaden für die nationale Sicherheit erwartet werden kann, der für die ursprünglich zur Klassifikation befugte Instanz erkennbar und beschreibbar ist.«[9]

In den USA gibt es wie in allen anderen großen Ländern strenge Strafen für den Besitz und/oder die Mitteilung geheimer Dokumente an jeden, der nicht befugt ist, diese einzusehen. Die Fälle von Bradley (oder Chelsea) Manning und Edward Snowden, die beide geheime Informationen an unautorisierte Dritte weitergeleitet haben, veranschaulichen dies sehr deutlich. Manning wurde zu einer Haftstrafe von 35 Jahren in einem Militärgefängnis verurteilt,[10] und Snowden wurde in Russland Asyl gewährt, um strafrechtlicher Verfolgung zu entgehen.[11] Auch Dritte, die dazu beitragen, Verschlusssachen über Internetseiten zu verbreiten, können dafür belangt werden. Julian Assange erhielt Asyl in der Botschaft von Ecuador in London, da die begründete Furcht bestand, er könnte wegen seiner Beteiligung an der Publikation von Mannings Dokumenten auf seiner WikiLeaks-Webseite an die USA ausgeliefert werden.[12]

In der Öffentlichkeit tätige Beamte, die über streng geheime Luft- und Raumfahrtprogramme informiert sind, müssen aufgrund gesetzlicher Verpflichtungen Vertuschungsgeschichten verbreiten und die Existenz solcher Programme leugnen, wenn sie explizit danach gefragt werden.[13] Das bedeutet, dass jeder, der auf der Suche nach Belegen für die Existenz eines streng geheimen Programms ein Mitglied des Kongresses beziehungsweise der gesetzgebenden Instanz oder einen anderen hohen Amtsträger, der darüber Bescheid weiß, befragt, eine Vertuschungsgeschichte und/oder Lügen als Antwort erhalten wird.

Whistleblower, die die Existenz geheimer Raumfahrtprogramme aufdecken, sind schweren Repressionen wie staatlicher Überwachung, dem Entzug finanzieller Leistungen, Diskreditierung, Verfolgung bis hin zur Inhaftierung und anderem mehr ausgesetzt. Sogar persönliche Informationen über den privaten Hintergrund der Whistleblower bezüglich Ausbildung, beruflichen Tätigkeiten und Fähigkeiten können während ihrer Einbeziehung in das Geheimprogramm unter Verschluss genommen werden und für die Öffentlichkeit ganz einfach verschwinden. Im Geheimdienstjargon bezeichnet man dies als »Schafetauchen« [*sheep-dipping*], ein Verfahren, das eigentlich der Desinfektion dient; dabei handelt es sich um eine übliche Sicherheitsmaßnahme für Personal in streng geheimen Programmen.[14] Ein gutes Beispiel dafür ist der Fall von Bob Lazar, dessen Dokumente über seine Arbeit am Los Alamos National Laboratory aus Sicherheitsgründen wegen seiner unter strengerer Geheimhaltung stehenden Tätigkeit im militärischen Sperrgebiet von Area 51 beseitigt wurden. Der investigative Journalist George Knapp fand schließlich heraus, dass Lazar in Los Alamos gearbeitet hatte, als er dessen Namen in einem Telefonbuch entdeckte, in dem die Namen von wissenschaftlichen Angestellten dieser Einrichtung aufgelistet waren.[15]

Man muss als Whistleblower ziemlich mutig sein, um das, was man über geheime Luft- oder Raumfahrtprogramme weiß, öffentlich zu verbreiten. Dies gilt umso mehr, wenn es um die von Reagan und McKinnon angedeuteten streng geheimen Weltraumprogramme geht, die unter den nationalen Sicherheitsinteressen der US-Regierung sehr weit oben rangieren. Nichtsdestotrotz gab es Whistleblower, die genau dies mit Erfolg getan haben. Diese Whistleblower traten ohne jeden Beleg in Erscheinung, der ihre Behauptungen, an Geheimen Weltraumprogrammen beteiligt oder darüber informiert worden zu sein, unterstützt hätte. Wo bleiben also die Forscher, die bereit sind, solche Behauptungen zu untersuchen?

Carl Sagans Diktum »Außerordentliche Behauptungen bedürfen außerordentlicher Beweise« ist auf die Aussagen von Whistleblowern bezüglich geheimer Weltraumprogramme nicht anwendbar. Diese Programme betreffen vitale nationale Sicherheitsinteressen, die als streng geheim eingestuft und mit hohen Strafen für die Verbreitung von Dokumenten, die ihre Existenz beweisen, belegt sind. Die »außerordentlichen Beweise«, die Sagan fordert, sind nichts, was man rechtmäßig besitzen oder gar mit Dritten teilen kann, um die Behauptungen der Whistleblower zu überprüfen. Selbst die Berufung auf ein Mitglied des amerikanischen Kongresses wegen »außerordentlicher Beweise« zum Zwecke weiterer Forschung würde nicht genügen, denn der Abgeordnete könnte eine Weisung aus Gründen der nationalen Sicherheit erhalten und gesetzlich dazu verpflichtet werden, die Belege nicht zu diskutieren oder darüber zu lügen.

Ein Motto, das der Forschungssituation eher gerecht wäre, könnte lauten: »Außerordentliche Behauptungen bedürfen außerordentlicher Untersuchungen.« Dazu bedarf es zunächst der Erkenntnis, dass Whistleblower Augenzeugen von Ereignissen und/oder Dokumenten *sind*, die Details über Geheime Weltraumprogramme enthüllen. Dieser Forschungsgrundsatz passt eher zu einer Untersuchung im juristischen Bereich als zu einer naturwissenschaftlichen. Wenn vor Gericht Dokumente oder unmittelbar evidente Beweise fehlen, liegt der Schwerpunkt auf dem, was Whistleblower selbst sagen, oder auf Ereignissen oder Erfahrungen in der wirklichen Welt, und der Richter sowie die Geschworenen beurteilen den Charakter, die Kompetenz, Ehrlichkeit, Stimmigkeit und dergleichen des Augenzeugen. Eine naturwissenschaftliche Untersuchung konzentriert sich hingegen darauf, was Dokumente oder wissenschaftliche Geräte uns über dieselben Ereignisse oder Erfahrungen mitteilen. Was sich Augenzeugen an Gesehenem ins Gedächtnis zurückrufen, wird bei der zweiten Forschungsart vernachlässigt.

Dieses Buch wird eine Anzahl von Whistleblowern vorstellen, die außerordentliche Behauptungen über Geheime Weltraumprogramme aufstellen, an denen sie entweder selbst beteiligt waren und gegebenenfalls über die sie informiert worden sind. Sie verfügen über keinerlei urkundliche Belege für ihre Aussagen, was angesichts der vitalen nationalen Sicherheitsinteressen in Bezug auf das, wovon sie Kenntnis haben, nicht verwunderlich ist. Das bedeutet, dass wir zusätzlich zu ihren eignen persönlichen Augenzeugenberichten – die vor Gericht zulässig sind –, die Evidenz der weiteren Umstände, die ihre Behauptungen stützen, heranziehen müssen.

Es ist sinnvoll festzustellen, dass die Stichhaltigkeit des Kontextes vor Gerichtshöfen einbezogen werden muss, wenn es an unmittelbarer Evidenz fehlt.[16] Da die Evidenz der Umstände gemeinsam mit direkten Augenzeugenberichten hinreicht, um Gerichte bei Rechtsstreitigkeiten von Schuld oder Unschuld zu überzeugen, sollte man diese Art der Beweisführung hinsichtlich der Behauptungen der in diesem Buch behandelten Whistleblower im Auge behalten.

Insbesondere wird dieses Buch den herausragenden Aussagen von Corey Goode nachgehen, die fünf Geheime Weltraumprogramme betreffen, von denen er angibt, direkt an ihnen beteiligt und gegebenenfalls über sie informiert worden zu sein. Er sagt, dass er zu einem »intuitiven Empathen« ausgebildet wurde und von 1987 bis 2007 einen zwanzigjährigen Dienst in mehreren dieser Programme absolvierte, darunter einem mit dem Namen »Sternenwächter«. Goode gibt an, dass er während seiner Dienstzeit in unmittelbaren Kontakt zu verschiedenen außerirdischen Gruppen und Vereinigungen kam, die mit einem oder mehreren dieser Weltraumprogramme verbunden waren. Weiterhin teilt er mit, dass er in Teams mit drei intuitiven Empathen arbeitete, die die Aufgabe hatten, während Verhandlungen von Teilnehmern verschiedener Raumfahrtprogramme und/oder mit außerirdischen Besuchern Betrügereien aufzudecken. Außerdem sagt Goode, dass ihm seine Position einen unbeschränkten Zugang zu »kleinen gläsernen Pads« ermöglichte, die ausführliche Informationen über historische, wissenschaftliche, medizinische und andere Verschlusssachen in Bezug auf Geheime Weltraumprogramme und außerirdisches Leben enthielten.[17]

Schließlich behauptet Goode, dass er Anfang 2015 zum Abgesandten einer Gruppe neu angekommener außerirdischer Besucher gemacht wurde. Zu dieser Gemeinschaft gehörte eine als »Blaue Avianer« bezeichnete Gruppe, die von ihm begleitete Treffen zwischen Angehörigen verschiedener Geheimer Weltraumprogramme und anderen Gruppen von Außerirdischen förderte. Diese neuen Besucher verfügen nach seinen Angaben über Technologien, die allem zuvor Gesehenen überlegen sind, und haben ein sich über das gesamte Sonnensystem erstreckendes Sperrgebiet eingerichtet, das all diese Weltraumprogramme und außerirdischen Gruppierungen bündelt.

Als wäre all dies nicht schon genug, behauptet Goode noch, dass er nach Vollendung seiner Dienstzeit im Jahre 2007 verjüngt und auf eine Zeitreise in einen Lebensabschnitt geschickt wurde, kurz nachdem man ihn 1986 im Alter von sechzehn Jahren von seiner Familie entfernt hatte. Das heißt, er erlebte denselben Zeitraum von 1986 bis 2007 sowohl als gewöhnlicher Bürger als auch als Astronaut in Geheimen Weltraumprogrammen. Sein Gedächtnis wurde also gelöscht oder »reingewaschen«, und Goode wurde, nun als Zivilist, dazu aufgefordert, in kein militärisches Dienstverhältnis mehr einzutreten, da dieses Erinnerungen an seinen früheren zwanzigjährigen Dienst wieder anregen könnte. An diesem Punkt werden manche Leser sicher an Rod Sterlings *Twilight Zone* denken und überlegen, ob das soweit dargestellte surreale Szenario nicht reine Fiktion ist.

Bislang wurden Goodes erstaunliche Angaben von einer ganzen Anzahl Forscher und Organisationen, die darüber Untersuchungen anstellten, sehr ernst genommen. Dazu gehört auch der *New York Times*-Bestsellerautor David Wilcock, der unter den ersten war, die Goode 2014 interviewten und die Konsequenzen seiner Bekenntnisse der Welt enthüllten.[18]

Wilcock stellt fest, dass er Goode intensiv begutachtet hat und seine Zeugnisse von Insidern bestätigt fand, die über zuverlässige Quellen hinsichtlich dessen, was in Geheimprogrammen geschieht, verfügten.[19]

Wilcock stellte Goode den Eigentümern und Produzenten von *Gaiam TV* vor, die von seinen Aussagen gleichermaßen beeindruckt waren. Nachdem sie Goode mit Hilfe ihrer eigenen unabhängigen Quellen – die sich völlig von denen Wilcocks unterschieden – überprüft hatten, gaben sie grünes Licht und beauftragten Wilcock, eine auf mehrere Jahre angelegte Serie von Online-TV-Sendungen mit dem Titel *Cosmic Disclosure: Inside the Secret Space Program with Corey Goode and David Wilcock* (»Kosmische Enthüllungen: Im Geheimen Weltraumprogramm mit Corey Goode und David Wilcock«) zu produzieren.[20] Angesichts der dafür nötigen erheblichen finanziellen Mittel und des Ansehens, das ein innovatives Alternativ-Fernsehprogramm mit einer solchen Serie riskiert, war dies keine geringe Unterstützung.

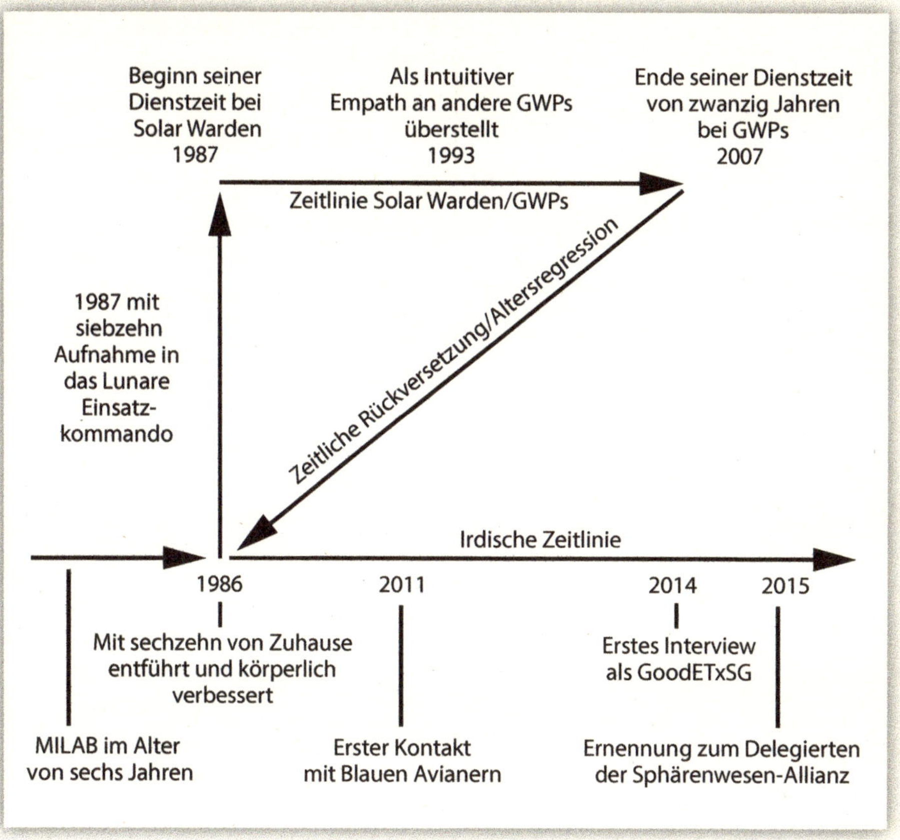

Abb. 1. Zeitlinien nach Corey Goode

Während meiner eigenen unabhängigen Untersuchungen Goodes fand ich seine Behauptungen durch die Äußerungen anderer Whistleblower bestätigt, die ähnliche zwanzigjährige Dienste in Geheimen Weltraumprogrammen absolviert haben wollen, in denen ebenfalls hoch entwickelte Verjüngungs- und Zeitreise-Techniken zur Rückführung in das gewöhnliche bürgerliche Leben zum Einsatz gekommen seien. Ein Vergleich der Behauptungen dieser anderen Whistleblower mit denen Goodes findet sich in Kapitel 12. Insgesamt stieß ich auf eine ganze Reihe zwingender Hintergrund-Evidenzen aufgrund sich entfaltender Ereignisse, die Goodes beeindruckende Behauptungen überzeugend unterstützen.

Goodes Zeugnis, dass er im Jahr 2015 im Rahmen Geheimer Weltraumprogramme Tagungen begleitet habe, wird in diesem Buch überprüft und kann mit folgenden verwandten globalen Ereignissen, die zur selben Zeit auftraten, in Verbindung gebracht werden:

1. Am 15. Juni 2015 wurde dem gesamten Repräsentantenhaus die »Verordnung zur Ausbeutung und Nutzung von Weltraumressourcen« zur Abstimmung vorgelegt. Diese Verordnung bietet rechtlichen Schutz für den Rohstoffabbau im Weltraum und für Verbrechen, die dabei von Teilnehmern an Geheimen Weltraumprogrammen begangen werden (Kapitel 13).
2. Am 4. Juni 2015 und danach wurde bekannt, dass bis zu 21 Millionen Berichte von staatlichen Angestellten und Auftragnehmern gehackt wurden, in denen sich detaillierte persönliche Informationen befanden, die für die Führung von Prozessen wegen »Verbrechen gegen die Menschlichkeit« durch Personal geheimer Weltraumprogramme nutzbar sind.
3. Am 11. Juni 2015 gab es eine Tagung von Mitgliedern der British Interplanetary Society, auf der Möglichkeiten erörtert wurden, tyrannisches Firmenpersonal, das Verbrechen gegen die Menschlichkeit begangen hat, aus Machtpositionen in *hypothetischen Kolonien* auf dem Mars zu entfernen (Kapitel 13).
4. Anfang Mai 2015 kam es zur neuerlichen Anwendung des digitalen Drop Box Systems von WikiLeaks. Sie erlaubt es Whistleblowern, große Mengen von Dokumenten anonym hochzuladen, welche von einer Organisation öffentlich verbreitet werden, die einen Rekord darin hält, genau das zu tun, was nach Goode in Kürze geschehen wird (Kapitel 14).

Keiner dieser kontextuellen Belege ist ein definitiver Beweis für Goodes Behauptungen. Aber sie sind insofern überzeugend, als sie seine zentralen Aussagen über global auftretende Ereignisse bestätigen, die zu künftigen Enthüllungen über Geheime Weltraumprogramme, außerirdisches Leben und Prozesse gegen Personen führen werden, die im Weltraum Verbrechen gegen die Menschlichkeit begangen haben.

Schließlich hatte ich über einen Zeitraum von vier Monaten (zwischen März und August 2015) selbst Gelegenheit, Goode in ausführlichen eMails zu interviewen, und fand das von ihm Bezeugte in sich stimmig, kohärent und glaubwürdig. Am beeindruckendsten war Goodes Bereitschaft, beachtlich viel Zeit und Aufmerksamkeit der Aufdeckung von Informationen zu widmen, die seine berufliche Laufbahn, während der er ein sechsstelliges Einkommen erzielte, beeinträchtigte und die Sicherheit und das Wohlergehen seiner Frau und seiner beiden kleinen Kinder bedrohte.

All das Gesagte verdient eine außerordentliche Untersuchung der außerordentlichen Behauptungen von Corey Goode. Dieses Buch präsentiert meine Forschungen zu Goodes Aussagen; es bietet eine der Öffentlichkeit zugängliche Dokumentation sowie die Zeugnisse von Whistleblowern, die Wissenschaftlern bezüglich Geheimer Weltraumprogramme verfügbar sind.

In den ersten drei Kapiteln wird die Entwicklung geheimer fortgeschrittener Luft- und Raumfahrtprojekte in den USA, im Dritten Reich und im faschistischen Italien behandelt, bei denen »Elektro-Gravitationsantriebskräfte« und Technologien des »magnetischen Gravitationsausfalls« genutzt wurden. Dokumente und Zeugnisse von Whistleblowern enthüllen die Genese geheimer Programme, in denen diese hoch entwickelten Technologien zum ersten Mal angewandt wurden. Die dargelegten Informationen zeigen eine verblüffende Übereinstimmung mit Goodes Behauptungen über den Ursprung geheimer Weltraumprogramme.

Die Kapitel 4 bis 8 umfassen fünf Geheime Weltraumprogramme, die nach Goode in neuerer Zeit initiiert wurden und mit denen er persönliche Erfahrungen gemacht hat. Die hier präsentierten, öffentlich zugänglichen Informationen werfen ein helles Licht auf jedes der diskutierten Programme. Diese allgemein verfügbaren Quellen beweisen Goodes Behauptungen zwar keinesfalls, machen sie aber ziemlich plausibel.

Die Kapitel 9 und 10 illustrieren jeweils das Schicksal dreier moderner Programme der zivilen Raumfahrt sowie die Tatsache historischer, von Eliten kontrollierter Raumfahrtprogramme. Nach Goode werden letztere weiterhin verfolgt und stehen mit modernen Raumfahrtprogrammen sowie gewöhnlichen Bürgern auf der ganzen Welt in Zusammenhang.

Kapitel 11 behandelt die Behauptungen von Whistleblowern, dass bis zu 22 außerirdische Gemeinschaften mit der Erdbevölkerung in genetischen Langzeitexperimenten unmittelbar interagieren. Ebenso werden Goodes Aussagen, dass diese außerirdischen Gruppen diplomatische Beziehungen zu verschiedenen Geheimen Weltraumprogrammen unterhalten, analysiert. In Kapitel 12 werden die Angaben von Whistleblowern, dass der Mond eine neutrale Zone für diplomatische Beziehungen zwischen diversen Weltraumprogrammen und außerirdischen Gruppen darstellt, vor dem Hintergrund betrachtet, dass Apollo-Astronauten der NASA vom Mond verwiesen wurden.

Kapitel 13 bietet eine vergleichende Untersuchung der Darstellungen Goodes und zweier anderer Whistleblower, die ebenfalls von sich behaupten, eine zwanzigjährige Dienstzeit in Geheimen Weltraumprogrammen absolviert zu haben, ebenfalls verjüngt und durch eine Zeitreise in das gewöhnliche bürgerliche Leben zurückgeschickt worden zu sein. Die vergleichende Analyse liefert keine Hinweise auf wechselseitige Beeinflussungen zwischen den verschiedenen Berichten und lässt darauf schließen, dass die Ähnlichkeiten auf ursprünglich unabhängigen Erfahrungen beruhen, die jeder einzelne Whistleblower gemacht hat.

Kapitel 14 stellt allgemein zugängliche Informationen über Goodes Behauptungen bezüglich der Aktivitäten geheimer Weltraumprogramme auf dem Mars und der Nutzung von Sklavenarbeit in den Mittelpunkt. Der Ursprung dieser Ausbeutungspraktiken wird mit Blick auf den Einfluss nationalsozialistischer (SS-)Prinzipien bei Luft- und Raumfahrt-Unternehmen, die in Geheime Weltraumprogramme einbezogen waren, untersucht.

Das abschließende Kapitel 15 erforscht schließlich – hinsichtlich einer »großen Enthüllung« – die Rolle der außerirdischen »Sphärenwesen-Allianz«, über die Goode mitteilt, dass er seit März 2015 bei Tagungen aktuell fortdauernder Geheimprogramme als eine Art Vertreter eingesetzt war. Die Konsequenzen dieses Ereignisses sind sehr weitreichend und haben einen ungewöhnlichen Einfluss auf künftige positive Ergebnisse.

Verschiedene öffentlich zugängliche Dokumente tragen dazu bei, viele von Goodes Behauptungen zu bekräftigen und liefern einen umfassenden Kontext für das Verständnis der ganzen Tragweite der von ihm aufgedeckten Zusammenhänge. Goodes Zeugnis bietet deutliche Erklärungen dessen, worüber Reagan 1985 informiert wurde und was McKinnon 2002 über geheim gehaltene Raumfahrtprogramme sagte.

Diese Programme stellten integrale Teile eines komplexen Puzzles dar, zu dem UFOs, außerirdisches Leben, antike Gesellschaften und hoch entwickelte Luft- und Raumfahrttechnologien gehörten, die lange Zeit jeden verständlichen Zusammenhangs entbehrten. Jetzt müssen wir endlich all diese Teile zusammenfügen. Eine genaue Untersuchung der Zeugnisse von Goode und anderen Whistleblowern enthüllt das große Panorama einer parallelen Welt geheimer Raumfahrtprogramme mit außerirdischen Stationen und Allianzen, durch deren vollständige Aufdeckung das Blendwerk in sich zusammenstürzen wird, das die Menschheit davon abhält, ihr höchstes Potenzial zu entfalten.

Michael E. Salla, M.A., Ph.D.
Kalapana, Hawaii, den 8. August 2015

Anmerkungen

1 Ronald Reagan: *The Reagan Diaries* (Harper Perennial, 2009), 334.
2 BBC: »Profile – Gary McKinnon«, http://news.bbc.co.uk/2/hi/technology/4715612.stm (aufgerufen am 09.06.2015)
3 Ebd.
4 Sydney Morning Herald: »The nerd who saw too much«, http://smh.com.au/news/technology/the-nerd-who-saw-too-much/2005/07/12/1120934245512.html (aufgerufen am 10.06.2015)
5 BBC News: »Hacker fears UFO cover-up«, http://news.bbc.co.uk/2/hi/programmes/click_online/4977134.stm (aufgerufen am 09.06.2015)
6 »UFO hacker wins battle against US Government«, http://exopolitics.org/ufo-hacker-wins-battle-against-us-government/ (aufgerufen am 06.10.2015)
7 *Astrospies*, http://www.pbs.org/wgbh/nova/military/astrospies.html (aufgerufen am 28.07.2015)

8 Ebd.

9 Teil 1, Abschnitt 1.2: »Executive Order 13526 of December 29, 2009, Classified National Security Information«, *Federal Register – U.S. National Archives and Records Administration*, Bd. 75, Nr. 2, S. 707, 5. Januar 2010.

10 »Bradley Manning sentenced to 35 years in WikiLeaks case«, in: *Washington Post*, https://www.washingtonpost.com/world/national-security/judge-to-sentence-bradley-manning-today/2013/08/20/85bee184-09d0-11e3-b87c-476db8ac34cd_story.html (aufgerufen am 28.07.2015)

11 »Russia gives Edward Snowden asylum for three more years«, in: *Los Angeles Times*, http://www.latimes.com/world/europe/la-fg-russia-snowden-asylum-20140807-story.html (aufgerufen am 28.07.2015)

12 »Justice for Assange«, https://justice4assange.com/3-Years-in-Embassy.html (aufgerufen am 28.07.2015)

13 »Special Access Program Supplement to the National Industrial Security« (29.05.1992), 3-1-5, http://www.fas.org/sgp/library/nispom/sapsup-draft92.pdf (aufgerufen am 28.07.2015)

14 *Urban Dictionary*: »Sheep dipped«, http://www.urbandictionary.com/define.php?term=sheep+dipped (aufgerufen am 29.07.2015)

15 »Bob Lazar«, http://truthcontrol.com/node/bob-lazar (aufgerufen am 29.07.2015)

16 »Circumstantial Evidence«, *Wikipedia*, https://en.wikipedia.org/wiki/Circumstantial_evidence (aufgerufen am 29.07.2015)

17 »Secret space programs more complex than previously revealed«, http://exopolitics.org/secret-space-programs-more-complex-than-previously-revealed/ (aufgerufen am 08.07.2015)

18 David Wilcocks Buch *Source Field Investigations* stand auf Platz 16 der Bestsellerliste (von Hardcover-Sachbüchern) der *New York Times*, http://www.nytimes.com/bestsellers-books/2011-09-18/hardcover-nonfiction/list.html; und sein *Synchronicity Key* belegte Platz 8 der Ratgeber-Bestsellerliste, http://www.nytimes.com/bestsellers-books/2013-09-08/advice-how-to-and-miscellaneous/list.html (aufgerufen am 29.07.2015). – Dt. Ausgaben: *Die Urfeld-Forschungen*, Kopp Verlag, Rottenburg 2012; *Der Synchronitäts-Schlüssel*, Kopp Verlag, Rottenburg 2014.

19 »Disclosure and the Secret History of Our Solar System – Radio Show«, http://divinecosmos.com/start-here/davids-blog/1174-disclosure-history (aufgerufen am 29.07.2015)

20 »Cosmic Disclosure«, *GaiamTV*, http://www.gaiamtv.com/show/cosmic-disclosure (aufgerufen am 29.07.2015)

1 Geheime Hybrid-Antigravitations-Raumfahrt: Eine Tarnung für das eigentliche Geheime Weltraumprogramm

Um 300 Astronauten in den Weltraum zu bringen und dort zu versorgen, wie Präsident Reagan in seinem Tagebuch-Eintrag vom 11. Juni 1985 erwähnte, müsste die bei dem entsprechenden Geheimen Weltraumprogramm verwendete Antriebstechnologie weitaus höher entwickelt sein als die des zivilen Space-Shuttle-Programms der NASA, das offiziell von 1981 bis 2011 dauerte.[1] Die Space Shuttles der NASA wurden zur Verstärkung mit zwei Raketen ausgerüstet, die während der ersten beiden Minuten des Fluges Festkörper-Treibstoff verbrannten, bevor sie abgeworfen wurden. Danach sollten die drei Haupttriebwerke des Shuttles (Rocketdyne RS-25) für den notwendigen Schub mit Hilfe von flüssigem Wasserstoff und Sauerstoff sorgen, die in einem äußeren Brennstofftank transportiert wurden. Hatte das Space Shuttle (beziehungsweise der Raumgleiter) seine Umlaufbahn erst einmal erreicht, trennte es seine Haupttriebwerke ab und warf auch den externen Tank ab.

Das Space Shuttle hatte eine maximale Nutzlast von 25 metrischen Tonnen (55.000 lbs) und konnte maximal elf Personen befördern. Man benötigte 26 Space-Shuttle-Flüge, um dazu beizutragen, die Internationale Raumstation zu errichten, die eine ständige Crew von sechs Astronauten beherbergt.[2] Um 300 Astronauten in den Erdorbit zu bringen und sie dort von der Öffentlichkeit unbemerkt am Leben zu erhalten, bräuchte man weitaus größere Stützpunkte im Weltraum als die etwa vier Quadratkilometer große Internationale Raumstation. Zum Aufbau großer Stationen benötigte man ganze Flotten von Space Shuttles mit einem hoch entwickelten Antriebssystem, um die großen Lasten zu transportieren, die notwendig sind, um so viele Astronauten zu versorgen. Die als geheim eingestuften Akten über »außerirdische Offiziere« und »Transfers von Flotte zu Flotte«, die Garry McKinnon beschrieb, nachdem er die geheimen Pentagon-Unterlagen gesehen hatte, könnten dazu beitragen, das Ausmaß der Geheimen Weltraumprogramme zu veranschaulichen, die das NASA-Programm zu tarnen hatte.

Anhand dessen, was Präsident Reagan nach seiner Kenntnisnahme 1985 enthüllte und was Gary McKinnon von 2000 bis 2002 entdeckte, wird ersichtlich, dass die Space-Shuttle-Programme der NASA eine sehr kostspielige Tarnung für ein anderes, noch strenger geheim gehaltenes Weltraumprogramm waren. Dieses äußerst fortgeschrittene Weltraumprogramm würde ein Antriebssystem von erheblich größerer Stärke als das von der NASA verwendete erfordern, um hunderte Geheimastronauten in den Weltraum zu fliegen und in großen Stationen im Orbit zu versorgen. Das wesentliche Hindernis, das ein solches Antriebssystem zu überwinden hätte, um eine derart große Herausforderung zu bewältigen, ist die Gravitation.

In einer Antwort auf eine Frage nach Reagans Behauptung, dass »unsere Shuttle-Kapazität 300 Personen umfassen könnte«, schrieb Corey Goode:

> »Bei diesem Raumschiff handelt es sich um ein Transport-Shuttle, das 300 Menschen befördern kann, wenn es leichtere Fracht mitführt, oder nahezu 600 Menschen bei ausschließlichem Personentransport. Ich glaube, dass sich Reagan wohl am ehesten auf einen der militärischen Mannschaftstransporter bezieht, die dazu entwickelt wurden, bis zu 300 Spezial-Einsatzkräfte und ihre Ausrüstung in weniger als einer Stunde überallhin auf der ganzen Welt zu bringen. Er gehörte zu den Weltraumprogrammen der schwarzen Militär-Operation SDI [Strategic Defense Initiative, dt. Strategische Verteidigungsinitiative]. Es war ein großes, schnelles Entsendungsshuttle für extreme Bedingungen und konnte Delta/SEAL-Teams/Truppen befördern, die durch dieses geheime Raum-

schiff unentdeckt blieben, das aus Stahl bestand und die Erdanziehungskraft mit elektrostatischer/magnetischer Technik überwand. Ich weiß nicht, ob es jemals eingesetzt wurde.«[3]

Goodes Hinweis auf eine Antriebstechnologie mit »elektrostatischer/magnetischer Gravitationshemmung« ist bemerkenswert. Der Schlüssel zur Entdeckung des geheimen militärischen Weltraumprogramms, das hinter dem zivilen Programm der NASA verborgen ist, liegt in den Informationen, die über Geheimforschungen zu Antriebssystemen auf der Basis von »Gravitationshemmung«, »Elektrostatik« und »Antigravitation« bekannt sind.

Biefeld-Brown-Effekt und Elektrogravitationsantrieb

Es hat lange Zeit Gerüchte darüber gegeben, dass verdeckte Antigravitationstechnologien insgeheim von militärischen Organisationen entwickelt, aber der Öffentlichkeit sieben Jahrzehnte lang vorenthalten worden sind. Diese Technologien beruhen auf dem Biefeld-Brown-Effekt, der von Thomas Townsend Brown (1905-1985) entdeckt wurde. In einem Aufsatz von 1929 beschreibt Brown, wie ihn Albert Einsteins Bemühungen, eine einheitliche Feldtheorie zu entwickeln, dazu inspiriert hätten, eine fundamentale Verbindung zwischen Materie, Gravitation und Elektrizität zu finden.

»Es gibt eine eindeutige Tendenz in den physikalischen Wissenschaften, die großen, grundlegenden Gesetze zu vereinheitlichen und solche einzelnen Phänomene wie Gravitation, Elektrodynamik und sogar die Materie selbst durch eine einzigartige Struktur oder einen Mechanismus aufeinander zu beziehen. Es zeigt sich, dass Materie und Elektrizität in ihrer Struktur eng miteinander verbunden sind. In einer ganz grundlegenden Analyse verliert die Materie ihre traditionelle Disparatheit und nimmt eher einen ›elektrischen Zustand‹ an. Tatsächlich kann gesagt werden, dass der konkrete materielle ›Körper‹ des Universums nicht mehr ist als eine Vereinigung von Energie, die für sich selbst so gut wie unerklärlich ist. Es versteht sich natürlich von selbst, dass Materie mit Gravitation verbunden ist, woraus logisch folgt, dass eine ähnliche Verbindung mit Elektrizität besteht. Diese Beziehungen verlaufen im Reiche reiner Energie und sind dementsprechend sehr grundlegend für die Natur. In jeder Hinsicht *konstituieren sie das wirkliche Rückgrat des Universums*. Unnötig zu sagen, dass diese Beziehungen alles andere als einfach sind und dass ihr völliges Verständnis durch das schwerwiegende Fehlen von Informationen und Forschungsergebnissen bezüglich der wahren Natur der Gravitation erschwert wird.«[4]

Brown fuhr fort, die erste praktische Anwendung seiner Theorie 1924 zu beschreiben:

»Der Autor und seine Kollegen sahen die gegenwärtige Situation bereits 1923 voraus und begannen zu jener Zeit, die notwendige theoretische Brücke zwischen den beiden bis dahin getrennten Phänomenen Elektrizität und Gravitation zu schlagen. Die erste tatsächliche Demonstration dieser Beziehung wurde 1924 vorgenommen. Man stellte Untersuchungen der einzelnen und zusammenhängenden Bewegungen von schweren Bleikugeln an, die an 45 Zentimeter langen Drähten aufgehängt wurden. Die Kugeln wurden über einen gewissen Zeitraum mit entgegengesetzten elektrischen Ladungen versehen. Mit Hilfe sehr genauer optischer Methoden wurden die Bewegungen gemessen ...«[5]

Brown beobachtete, dass es zu einem elektrogravitativen Austausch kam, der eine zuvor »unbekannte Kraft« hervorbrachte:

»Die neu entdeckte Kraft war ziemlich offenkundig das Resultat eines Zusammenwirkens von Elektrizität und Gravitation. Sie lieferte den ersten wirklichen Beweis einer sehr grundlegenden Beziehung. In Ermangelung eines besseren Namens wurde diese Kraft ›gravitator action‹ genannt, und den Apparat oder das System der tätigen Massen bezeichnete man als ›Gravitator‹.«[6]

Im Wesentlichen hat Brown festgestellt, dass hohe elektrostatische Ladungen eine starke Antriebskraft entfalten können. Nach weiterer Verbesserung seiner Experimente und Messungen beantragte Brown im August 1927 ein britisches Patent, das ihm im November 1928 auch verliehen wurde.[7]

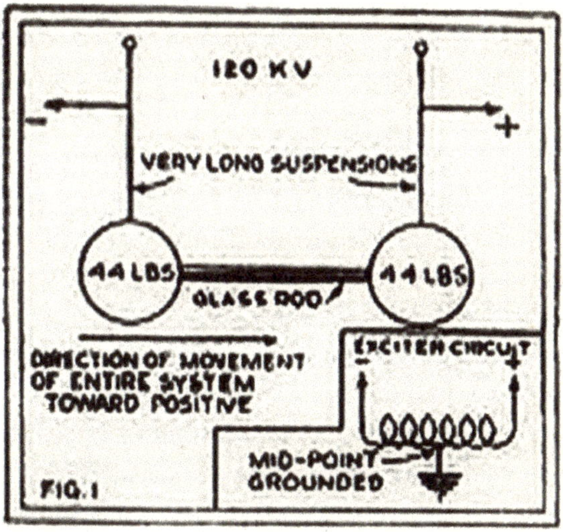

A SIMPLE TYPE OF GRAVITATOR IS SHOWN IN THE ABOVE ILLUSTRATION.

Abb. 2. Schemazeichnung eines Gravitators in Browns Patent

Der Titel des gewährten Patents lautete: »Eine Methode sowie ein Apparat oder eine Maschine zur Hervorbringung von Kraft oder Bewegung.« Im Begleittext beschreibt Brown seine Erfindung folgendermaßen:

»Diese Erfindung bezieht sich auf eine Methode zur Kontrolle der Gravitation sowie die daraus gewinnbare Kraft und auf eine Methode zur Hervorbringung linearer Kraft oder Bewegung. Die Methode ist grundsätzlich elektronischer Natur. Überdies betrifft die Erfindung auch Maschinen oder Geräte, die elektrische Energie benötigen, welche das Feld

> oder die Energie der Gravitation beeinflussen oder kontrollieren; schließlich steht sie mit Maschinen oder Apparaten in Zusammenhang, die mit Hilfe von elektrischer Energie eine lineare Kraft oder Bewegung hervorbringen, von der man annimmt, dass sie, abgesehen von ihrem Bezug zum Universum als Ganzem, von jeglichem Bezugsrahmen unabhängig ist. Weiterhin vermutet man von dieser linearen Kraft oder Bewegung, dass es keine gleichartige und entgegengesetzte Reaktion gibt, die man mit irgendeiner bis heute der Physik bekannten und von ihr akzeptierten Methode wahrnehmen kann.«[8]

Browns Bemerkung, dass er »keine gleichartige und entgegengesetzte Reaktion« beobachtet hat, ist wesentlich für das Verständnis, inwiefern sich Antigravitationstechnologie von traditionellen Antriebssystemen unterscheidet.

In den Antriebssystemen auf Flüssigkeits- und Feststoffbasis, wie sie von den NASA-Space-Shuttle-Programmen verwendet wurden, ruft das aus den Raketen der Shuttles mit sehr hoher Geschwindigkeit ausgestoßene Material eine »gleichartige und entgegengesetzte Reaktion« hervor, nämlich die Schubkraft der Shuttles, die sie vorwärts bewegt. In Browns Experiment geschah etwas völlig anderes.

Brown fuhr fort zu beschreiben, wie seine Gravitationserfindung im Hinblick auf zwei Teile arbeitet, die positiv beziehungsweise negativ geladen sind:

> »Eine solche Maschine besteht aus zwei Hauptteilen A und B. Diese können aus irgendeinem Material zusammengesetzt sein, das fähig ist, elektrischen Strom zu leiten. Masse A und Masse B mögen Elektrode A beziehungsweise B heißen. Elektrode A ist in Bezug auf Elektrode B negativ geladen, oder, was grundsätzlich dasselbe ist, Elektrode B ist positiv im Hinblick auf Elektrode A geladen, oder, wie es gewöhnlich der Fall ist, Elektrode A hat einen Ausstoß an Elektronen, während Elektrode B Protonen freisetzt.«[9]

Eine einfache Art und Weise, Browns Gravitator zu verstehen, besteht darin, an eine typische Haushaltsbatterie mit einem positiven

(A) und einem negativen Pol (B) zu denken. Die relevanten Kräfte zwischen diesen beiden Polen der Batterie bestehen in einer Verbindung aus der Kraft, die durch gravitative Anziehung zwischen den beiden Massen A und B freigesetzt wird, mit einer elektrischen Anziehungskraft aufgrund der positiven und negativen Pole der Batterie. Als die elektrostatische Ladung zwischen den beiden Teilen A und B (die Spannung der Batterie) hinreichend zugenommen hatte, bemerkte Brown die Entstehung einer zusätzlichen »Kraft x«, die die Wirkung der Gravitation verändert:

> »Auf diese Weise geladen ist die gesamte Kraft von A gegenüber B die Summe von Kraft g (entsprechend dem normalen Gravitationsfeld), Kraft e (aufgrund des entstandenen elektrischen Feldes) und Kraft x (gemäß der Resultante des Ungleichgewichts der Gravitationskräfte, das bewirkt wird durch die negative elektrische Ladung oder das Vorhandensein eines Überschusses von Elektronen an der Elektrode A sowie durch die positive elektrische Ladung oder das Vorhandensein eines Überschusses von Protonen an Elektrode B).«[10]

Danach fährt Brown fort, die durch die beiden entgegengesetzten Ladungen der Objekte A und B bewirkte Schubkraft zu beschreiben:

> »Durch die Aufhebung gleichartiger und entgegengesetzter Kräfte und die Addition gleichartiger und verbundener Kräfte haben die beiden Elektroden zusammen eine Kraft 2x in Richtung B. Diese Kraft 2x, die von beiden Elektroden geteilt wird, drückt sich als Neigung dieser Elektroden aus, sich in Richtung der Kraft zu bewegen oder in Bezug auf sie zuzunehmen, das heißt, A bewegt sich auf B zu und B von A weg. Jede Maschine und jeder Apparat, die/der zwei Elektroden A und B besitzt, wird eine solche seitlich gerichtete Beschleunigung oder eine solche Bewegung zeigen, wenn er sich frei bewegen kann.«[11]

Es ist so, als würde man eine übliche Haushaltsbatterie beobachten, wie sie sich vorwärts bewegt, wenn die elektrostatische Ladung der Batterie nur stark genug geworden ist.

Dr. Paul LaViolette hat die Bedeutung der starken Antriebskraft herausgestellt, die durch Browns Experimente mit »Gravitatoren« entdeckt wurde, und dargelegt, was diese mit Flugzeugtriebwerken und dem NASA-Space-Shuttle zu tun hat:

»Wenn jeder Gravitator 100 Gramm Schubkraft hervorbringt, so daß sich eine Gesamtwirkung von 2 Newton ergibt, beträgt die Schubkraft von Browns Elektrogravitationsschubdüsen bis zu 2.000 Newton pro Kilowatt. Das ist die 130-fache Schubenergie eines Flugzeugtriebwerks oder die 10.000-fache Kraft des Haupttriebwerks eines Space Shuttles.«[12]

Wenn LaViolette richtig liegt, könnte mit Browns Gravitatoren eine neue Generation von Flugzeug- und Raumschifftriebwerken ausgestattet werden, die alles bei Weitem überträfen, was man mit den konventionelleren Feststoff- und Flüssigkeitstriebwerken erreichen kann, wie sie bei den NASA-Shutttles und in noch konventionelleren Flugzeugen Verwendung finden.

In der frei zugänglichen Literatur gibt es Belege dafür, dass Browns Gravitator-Experimente und -Theorien bereits in den Fünfzigerjahren als etwas verstanden wurden, was tatsächlich mit Erfolg angewandt werden könnte, um neue Antriebssysteme für die Flugindustrie hervorzubringen. 1954 beschrieb der *Aviation Report* sowohl Machbarkeit als auch Geheimhaltung in Bezug auf die Forschungen zur Antigravitation der damaligen Zeit:

»Die grundlegende Forschung und die Technologie hinter der Elektro-Antigravitation stecken noch so sehr in den Kinderschuhen, dass es sich hier wohl noch um ein Gebiet handelt, bei dem nicht nur die Methoden, sondern auch die Ideen geheim sind. Daher kann derzeit noch nichts frei diskutiert werden. Bislang gibt es nur wenige Studien dazu, und die einzigen Pläne, die das Tageslicht erblickt haben, dienen lediglich der Bastelei, um Objekte zu bauen, die in einer Kiste herumschwirren.«[13]

Der *Aviaton Report* beschrieb weiterhin die Notwendigkeit großer Labors, um das Potenzial und die praktischen Anwendungsmöglichkeiten der Antigravitationsforschung umfänglich zu erschließen, die von neuen Waffensystemen bis zum Flugzeugbau reichen:

»Die Perspektive von Ingenieuren, die gravitationsüberwindende Technik im Blick haben – vielleicht sollte sie auch als die Schaffung von Raketen in schwereloser Umgebung beschrieben werden –, legt nahe, dass eine langfristig angelegte Planung Flugzeugkonstrukteure erfordert, die mehr Aufmerksamkeit auf elektromechanische Industrieanlagen richten, als derzeit für den Übergang von bemannten zu unbemannten Waffen erforderlich ist. Die Arbeit an Antigravitation wird wahrscheinlich vor allem von den Firmen mit den größten elektrotechnischen Labors und Forschungsmöglichkeiten betrieben werden. Ebenso wahrscheinlich wird Antigravitation, wie andere fortschrittliche Forschungsgebiete auch, anfangs wohl vornehmlich aufgrund ihrer militärischen Bedeutung gefördert werden. Es gibt wahrscheinlich zwei große Nutzungsfelder für diese Forschung – eines liegt in der Herstellung von hoch entwickelten Geschossen … das andere, langfristig angelegte, besteht in der Schaffung einer völlig neuen Umwelt mit Apparaten, die in einem antigravitativen Rahmen funktionieren.«[14]

Die Machbarkeit von Antigravitationsluftfahrt wurde von den Vorständen großer Luftfahrt-Unternehmen enthusiastisch bejaht. George S. Trimble, der bei Glenn Martin Aircraft (die 1995 in der Lockheed Martin Company aufging) für Aeronautik und neu entwickelte Antriebssysteme zuständig war, sagte der Associated Press 1955: »Unbeschränkte Kraft, die Freiheit von der Erdanziehungskraft und unendlich kurze Reisezeiten werden nun umsetzbar.«[15]

LaViolette führt noch weiter aus, was Trimble der Associated Press mitteilte:

»Dann fügte er hinzu, dass das gesamte kommerzielle Transportwesen in der Luft schließlich mit Flugzeugen organisiert würde, die nach diesen fantastischen Prinzipien funktionieren. Erinnern wir uns, dass Brown, vor dem Beginn des Zweiten Weltkriegs, kurzzeitig in der Niederlassung von Glenn Martin in Baltimore gearbeitet hat. Zweifellos hat er schon zu diesem frühen Zeitpunkt den Boden für die Elektrogravitation bereitet.«[16]

In seinem Buch *Verschlusssache Antigravitationsantrieb* benennt LaViolette eine Anzahl Luftfahrt-Unternehmen, Zeitschriften und Wissenschaftler, die der Überzeugung sind, dass der Luftfahrt-Industrie Forschungen zur Antigravitation möglich waren.[17]

Brown selbst war davon überzeugt, dass seine Forschungen zur Elektrogravitation dazu genutzt werden könnten, eine neue Generation von Luftfahrzeugen zu entwickeln, die eine bestimmte »Untertassen«-Form auf der Basis kleinerer Modelle, die er in seinem Labor getestet hatte, haben würden. Im Januar 1953 machte er der U.S. Navy einen ehrgeizigen Vorschlag, durch Elektrogravitation angetriebene Fliegende Untertassen zu bauen:

»In seinem Bemühen, sich die Unterstützung der Regierung zu sichern, stellte Brown 1952 einen Antrag, in dem er darauf drängte, die Navy möge ein streng geheimes Projekt starten, um bemannte Fliegende Untertassen als Abfangjäger mit einer Kapazität von Mach 3 [3.704 km/h] zu entwickeln, und schlug vor, dass dies nach dem Vorbild des Manhattan District Project geschehen könnte. ... Ausgehend von den Daten der Modell-Flugscheiben in Browns Labor, nahm das Winterhaven-Projekt an, dass größere Scheiben, die mit 5 Millionen Volt statt mit 50.000 arbeiten, in der Lage sein müssten, Geschwindigkeiten von 1.150 Meilen pro Stunde (Mach 1,5) [1.852 km/h] bei atmosphärischem Widerstand und mehr als 1,8 Meilen pro Stunde [2.897 km/h] in höheren Schichten der Atmosphäre zu erreichen.«[18]

Im Juli 1967 wurde Brown ein amerikanisches Patent für seine Idee Fliegender Untertassen verliehen, die von einer unkonventionellen Energiequelle gespeist werden.[19]

Nachdem Mitte der Fünfzigerjahre zahlreiche Aufsätze über die Umsetzbarkeit von Browns Idee der Elektrogravitation veröffentlicht worden waren, verschwand sie Ende der Fünfziger als ernstgenommenes und von der Luftfahrt-Industrie propagiertes Konzept. Luftfahrt-

Zeitschriften hörten auf, Artikel zu publizieren, in denen dieses Thema diskutiert wurde. Nick Cook, ein ehemaliger Autor von *Jane's Defense Weekly*, schreibt dazu:

»Im Jahre 1960 schien es so, als hätte es diese ganze Phase nie gegeben. Die Entwicklung der Luftfahrt vollzog sich wieder entlang der vorgegebenen Pfade, und Antigravitation wurde zu einem dieser Tabuthemen, über die Leute wie ich niemals sprechen würden.«[20]

Wie eine Anzahl von Autoren über Luftfahrtthemen hervorhoben, wurde Elektrogravitation zu einem als besonders streng geheim klassifizierten Thema.[21]

Die Aktivitäten von Townsend Brown selbst wurden mysteriös und bildeten den Gegenstand vieler Kontroversen. Nach LaViolette wurde Browns zivile Arbeit an Antigravitationsprojekten zu einem Deckmantel für seine Geheimforschungen über Fliegende Untertassen innerhalb der U.S. Navy, für die er weiterhin als Berater tätig war.

»Brown wurde bezüglich der geheimen Luft- und Raumfahrtforschung, die er angeregt hatte, auf dem Laufenden gehalten und wusste, daß die Wendung zur Petroelektrizität vor allem der Tarnung diente. Die öffentliche Aufmerksamkeit, die er in der Vergangenheit wegen des Medieninteresses an seiner Flugscheibentechnologie erhielt, ließ ihn zu einem potenziellen Sicherheitsrisiko werden. Es ist daher verständlich, dass die weitere Arbeit, als das Militär seine Ideen finanziell zu fördern begannen, von einem großen Luftfahrt-Unternehmen weitergeführt wurde, wobei es Brown möglich war, als privater Berater aufzutreten, solange er über seine Einbeziehung Stillschweigen wahrte.«[22]

Nick Cook beschrieb ein anderes Szenario, bei dem Brown im Wesentlichen abserviert war:

»Browns Arbeit war vom Militär zurückgewiesen worden – nicht weil sie unsinnig oder verrückt gewesen wäre, sondern weil dort seine Prinzipien bereits bekannt waren; und vielleicht waren sie daher auch schon Gegenstand fortgeschrittener Forschungsaktivitäten. Wenn dies der Fall war, würde dies gut erklären, warum Bell, Conair, Martin und viele andere Firmen – die seine Tätigkeit alle gleichermaßen ignorierten – ihre Sicht auf Antigravitation monatelang ungeprüft veröffentlichten ... bis jemand irgendwo Schweigen anordnete.«[23]

LaViolettes und Cooks Szenarien stimmen beide darin überein, dass das US-Militär bereits Elektrogravitationsforschung nach dem Vorbild dessen durchführte, was Brown 1953 in seinem Winterhaven-Projekt vorgeschlagen hat. Brown wird wahrscheinlich, angesichts seiner langjährigen Zusammenarbeit mit der U.S. Navy, als Berater gekauft worden sein; er wird zugestimmt haben, gegenüber der Öffentlichkeit zu schweigen, aber trotzdem der Navy bei den Geheimprojekten behilflich zu sein, während er an zivilen Tarnprogrammen arbeitete. Oder – die andere Möglichkeit – Brown war tatsächlich von der Navy beiseite geschoben worden und arbeitete bis in die Sechzigerjahre an einer Reihe ziviler Elektrogravitationsprojekte, die sich aber aufgrund fehlender Unterstützung durch das Militär oder die Luftfahrt-Industrie nicht als erfolgreich erwiesen.

Browns erfolglose Antigravitationsforschung im zivilen Bereich stand im Gegensatz zu den Bestrebungen eines anderen zeitgenössischen Erfinders: Otis Carr. Anders als Brown hatte Carr keine Verbindung zum U.S. Militär und war weithin unbekannt. Carr war wahrhaft unabhängig, und seine Entwicklung eines Antigravitationsapparates galt als Gefährdung der Sicherheit, so dass sein Projekt beendet werden musste und er selbst 1961 wegen erfundener Vorwürfe inhaftiert wurde. Seine Pionierarbeit bei der Entwicklung des ersten zivilen Antigravitationsraumschiffes der USA wird in Kapitel 9 weiter behandelt.

Hybride Luftfahrzeuge mit konventionellem und Elektrogravitationsantrieb

Drei Jahrzehnte lang, seitdem Brown 1957 sein Patent für eine Fliegende Untertasse erhalten hatte, wusste die breite Öffentlichkeit wenig darüber, wie bei geheimgehaltenen militärischen Projekten Forschungen zur Elektrogravitation in groß angelegte Luftfahrtprojekte einbezogen wurden. Die Dinge änderten sich im Jahre 1990, etwas über ein Jahr nachdem der Tarnkappenbomber B-2 *Spirit* der Welt am 22. November 1989 enthüllt wurde.[24] Luftfahrt-Experten begannen, ihre Analysen dieses B-2-Bombers zu präsentieren, und schrieben Artikel über die Anwendung geheimer Elektrogravitationstechnologie bei ihm.

Abb. 3. Der Tarnkappenbomber Northtrop B-2 Spirit

Im Jahre 1992 wurde bestätigt, dass der B-2-Bomber elektrostatische Ladungen an seinen Haupttragflächen und seiner Auslassöffnung verwendete. Nach LaViolette und anderen Luftfahrt-Experten war dies die Bestätigung dafür, dass beim B-2 Elektrogravitationsprinzipien auf der Basis von Thomas Townsend Browns früherer Arbeit Anwendung fanden:

»Viele Jahre lang kursierten Gerüchte, dass die Vereinigten Staaten heimlich ein sehr fortschrittliches, Radar überwindendes Flugzeug entwickeln würden. Im November 1988 verwandelte sich das Gerücht in Realität, als die Air Force die technisch äußerst modernen B-2-Bomber vorstellten. … Ein paar Jahre später sickerten einige Schlüsselgeheimnisse über den B-2 an die Presse durch. In ihrer Ausgabe vom 9. März 1992 brachte die Zeitschrift *Aviation Week & Space Technology* die überraschende Enthüllung, dass der B-2 seinen Abgasstrom und die Spitze seines schwingenförmigen Rumpfes elektrostatisch auflädt. Wer mit der Arbeit von Brown vertraut ist, wird schnell bemerken, dass dies gleichbedeutend mit der Behauptung ist, dass der B-2 geeignet ist, als Antigravitationsflugzeug zu funktionieren.«[25]

LaViolette fuhr fort zu erklären, dass die Quelle der Story über den B-2 in *Aviation Week & Space Technology*

»eine kleine Gruppe abgespaltener Westküsten-Wissenschaftler [war], die zuvor eng an Hintergrund-Forschungsprojekten beteiligt gewesen ist. … Sie nahmen das Risiko auf sich, da sie bemerkten, wie wichtig das Bestreben aus ökonomischen Gründen war, gewisse verborgene Technologien einer kommerziellen Verwendung zuzuführen. Zwei dieser Personen berichteten, dass ihre bürgerlichen Rechte im Namen der Sicherheit eklatant ausgehebelt wurden, entweder um sie ruhig zu stellen oder um sie davon abzuhalten, die streng kontrollierte ›dunkle‹ R&D-Gemeinschaft [R&D = Research & Development, Forschung & Entwicklung] zu verlassen.«[26]

Der B-2-Bomber nutzt hinreichend hohe Ladungen, um einen beträchtlichen Schub hervorzubringen, wie vom Biefeld-Brown-Effekt vorhergesagt. Dies dürfte erklären, warum dazu, trotz des relativ hohen Gewichts des B-2-Bombers, die vier konventionellen Flugzeugtriebwerke ausreichen, was Autoren, die über Luftfahrt schrieben, wie Bill Gunston, stutzig machte:

»Der zum Abheben nötige Schub des [B-2-Triebwerks] F118-100 auf Höhe des Meeresspiegels wird von Northrop Grumman mit 19.000 lb (84.5 kN) und von der USAF mit 17.300 lb (77.0 kN) angesetzt. Das sind erstaunlich geringe Werte für ein Flugzeug, dessen Aufstiegsgewicht bei 336.500 lb (152.635 kg) liegt und für das noch kürzlich ein Gewicht von 376.000 lb (170.550 kg) angegeben wurde. Gewöhnlich werden Flugzeuge mit der Zeit immer schwerer, nicht 20 Tonnen [sic!] leichter. Selbst unter Annahme des reduzierten Gewichts liegt das Verhältnis von Schub zu Gewicht nur bei 0,2, also einem außerordentlich geringen Wert für ein Kampfflugzeug.«[27]

Gunston deutet hier an, dass »der B-2 viel zu schwach angetrieben wird, wenn es nicht über die konventionellen aerodynamischen Mittel hinaus irgendwelche Methoden gibt, seine Masse zu reduzieren oder seinen Auftrieb zu erhöhen«.[28] Einige Luftfahrt-Autoren hoben die Bauweise der großen B-2-Tragflächen als weiteren Hinweis darauf hervor, dass Elektrogravitation bei seiner Konstruktion genutzt worden sei:

»Seine Tarnfähigkeit liegt an der gewaltigen schwarzen Oberfläche aus RAM (radarabsorbierendem Material). Diese, sagen die Physiker, ist ›eine hochdichte, elektrisch nicht leitende Keramik, welche imstande ist, eine enorme elektrogravitative Auftriebskraft zu erzeugen, wenn sie geladen ist‹.«[29]

Der Konsens zwischen den zitierten Autoren besteht somit darin, dass beim B-2-Bomber eine Kombination von konventionellen Flugzeugtriebwerken mit geheimer Elektrogravitationstechnik zum Einsatz kam, die den Schub insgesamt deutlich verstärkte und dadurch den notwendigen Auftrieb hervorbrachte.

Die Bemühungen der abgespaltenen Wissenschaftler von der Westküste, Informationen über die Bauweise des B-2-Bombers zu verbreiten, regten einige Luftfahrt-Unternehmen dazu an, Antigravitationstechnologien zu erforschen. Im Jahr 2002 wurde der Luftfahrt-Industrie ein internes Boeing-Projekt mit dem Namen Gravity Research for Advanced Space Propulsion (Forschungen zur Gravitation für fortgeschrittenen Antrieb im Raum, GRASP) enthüllt. Ein GRASP-Vortragsmanuskript, das der *Jane's Defense Weekly* zugespielt wurde, stellte die Position von Boeing heraus: »Wenn eine

Veränderung der Gravitation möglich ist, wird das die gesamte Luftfahrt revolutionieren.«[30]

LaViolette zufolge schloss Boeing vor Oktober 2007 eine davon unabhängige, geheime Untersuchung elektrogravitativer Antriebskraft im Auftrag des US-Militärs ab.

»Im Oktober 2007 erfuhr ich von einer zuverlässigen Regierungsquelle, dass Boeing kürzlich ein geheimes Forschungsprojekt für das Militär zum Elektrogravitationsantrieb abschloss, das gewisse neuartige Merkmale aufwies. Die Technologie funktionierte dermaßen gut, dass man sich davon einen enormen Nutzen für ihre kommerziellen Linienflugzeuge erhoffte. Angeblich ersuchte der Konzern um eine Deklassifizierung der Erfindung zum Zwecke der kommerziellen Verwendung, aber diese Freigabe wurde nicht erteilt.«[31]

Boeing scheiterte also mit seinen Bemühungen, eine Deklassifizierung und Verbreitung dieser Technologie in der Öffentlichkeit zu erreichen. Offenbar hielten einflussreiche Kreise des Militärisch-Industriellen Komplexes den zivilen Ausbau der Elektrogravitationsluftfahrt für eine Bedrohung der nationalen Sicherheit. Wie wir in Kapitel 9 noch ausführen werden, ist dies genau das, was Otis Carr 1961 widerfuhr.

Aber es ist nicht nur der B-2-Bomber, von dem Aviationsexperten annehmen, dass er Elektrogravitation in Verbindung mit traditionelleren Antriebssystemen nutzt. Wie der Luftfahrt-Autor Malcolm Street in den frühen 2000er Jahren mitteilte, versuchten der damalige britische Premierminister Tony Blair und sein australischer Amtskollege John Howard, die US-Regierung dazu zu bewegen, sich am Bau der modernsten Versionen des Joint Strike Fighters (F-35) zu beteiligen, von denen einige auf der Grundlage geheimer Antigravitationstechniken funktionieren:

»Wir wissen, dass der JSF/F35, ähnlich wie der B-2, ein hohes Maß an Tarnfähigkeit aufweisen wird, wobei dieser Grad offensichtlich zwischen internen und externen Auftraggebern variiert. Wie auch immer, Tarnkappen [*stealth*] sind ein ziemlich alter Hut; der F117, das erste Tarnkappenflugzeug, wird regelmäßig in Luftfahrt-Shows gezeigt, weite Teile des amerikanischen Tarnkappenprogramms der Siebziger- und Achtzigerjahre wurden bereits für die Öffentlichkeit freigegeben, und die allgemeinen Prinzipien, wenn nicht gar die besonderen Anwendungen der Tarnkappen-Technologie sind mittlerweile allgemein bekannt. Ich sehe nicht, dass dies das Risiko eines Sturzes der britischen oder der australischen Regierung wert wäre. Folglich spielen Howard und Blair mit hohem Einsatz, um einen Zugang zu einer revolutionären Militärtechnologie zu erhalten, die geheimer und wichtiger ist als die Tarnkappe – eine Technik, für die vielleicht der ausschließlich amerikanische B-2 eine Pionierfunktion hatte? Ähnlich wie die Antigravitationstechnologie, die einzig den geheimen internen Partnern des JSF/F35-Programms zugänglich ist?«[32]

Auffälligerweise spricht Street von verschiedenen Versionen des JSF/F35, die für »interne und externe Auftraggeber« gebaut wurden, womit er andeutet, dass in *einigen* dieser Modelle geheime Antigravitationstechnologie verbaut wurde.

Nach Street dient geheime Tarnkappen-Technologie als äußerst effektive Tarnung für die Existenz von Antigravitationstechnologie auf noch höherer Geheimhaltungsstufe. Er deutet an, dass als geheim klassifizierte Flugzeuge, bei denen »geheimes« radarabsorbierendes Material aus »hochverdichteter, elektrisch nicht leitender Keramik« verbaut wurde, wahrscheinlich auch mit »streng geheimer« Elektrogravitationstechnik ausgestattet worden sind.

»Es gibt einen Präzedenzfall für äußerst geheime amerikanische Militärflugzeuge, bei denen – koste es, was es wolle – zwei verschiedene Technologien zur Anwendung kamen, eine geheime und eine SEHR geheime. Das legendäre Aufklärungsflugzeug Lockheed A12/SR71 *Blackbird* wurde in den späten Siebziger-, frühen Achtzigerjahren zunehmend deklassifiziert, wobei wichtige Details über seinen Aufbau und seine Antriebstechnologie veröffentlicht wurden, die dieses außerordentliche Flugzeug, eines der großen Meisterwerke des Flugzeugbaus, mit Mach 3 [3.704 km/h] fliegen lassen konnten. Was in den Jahren danach, lange nach der Enthüllung des Tarnkappenbombers

F117, nicht öffentlich bekanntgegeben wurde, war die Tatsache, **dass es sich dabei ebenfalls um eine Tarnkonstruktion handelte!** Während die Tarnung hinsichtlich der Geschwindigkeit zweitrangig war, bildete den wesentlichen Faktor der Tarnelemente die Konstruktion des Flugwerks, dessen Design noch auf die späten Fünfzigerjahre zurückging, **zwanzig Jahre** bevor Tarnkappen-Technologie von der US-Regierung überhaupt erwähnt wurde.«[33]

Streets Hinweis auf die späten Fünfzigerjahre ist für die ursprüngliche Entwicklung künftiger Generationen von Tarnkappenflugzeugen bedeutsam. Wie bereits dargestellt, waren die Fünfziger die Blütezeit der Flugzeug-Industrie und der Zeitschriften, in denen Forschungen zur Elektrogravitation als ernstzunehmende Antriebstechnologie öffentlich behandelt wurden. Ende der Fünfzigerjahre war die Elektrogravitation dann kein Gegenstand freier Diskussion mehr, da sie als geheim eingestuft worden war.

Wenn Street recht hat, war die Tarnkappe eine klassifizierte Technologie, die als Tarnung für die noch höher klassifizierte Elektrogravitation diente, die für spätere Flugzeuggenerationen entwickelt wurde, bei denen man traditionelle Triebwerke mit Elektrogravitation kombinierte. Dies erscheint sehr sinnvoll aus der Perspektive des US-Militärs, dem die mögliche Nutzbarkeit der Elektrogravitation und deren Bedeutung für die Luftfahrt-Industrie bewusst geworden war.

Der Einsatz von Elektrogravitation wird sich zunächst nicht in der zivilen Flugindustrie ergeben, wie Visionäre vom Schlage Townsend Browns gehofft hatten, sondern in der militärischen Luftfahrt. Die Ausstattung künftiger Generationen von Militärflugzeugen mit Elektrogravitation wird insgeheim erfolgen, wobei die offiziell als geheim klassifizierte Tarnkappentechnik als Deckmantel dient.

Dies führt zu der Frage, ob vom US-Militär bereits Hybridflugzeuge mit konventionellem und Antigravitationsantrieb eingesetzt werden beziehungsweise ob sie das Geheime Weltraumprogramm ausmachen, das Reagan enthüllte und von dem Goode sagt, dass es »elektrostatische« (oder elektrogravitative) Technologie mit derjenigen einer »magnetischen Gravitationsüberwindung« verbinde.

Hybrid-Raumfahrt mit konventionellem und Elektrogravitationsantrieb – das Aurora-Programm

Allgemein wird gesagt, dass der Weltraum ab einer Höhe von 62 Meilen (103 Kilometern) beginnt, was eine willkürliche, aber in der Luft- und Raumfahrtindustrie allgemein akzeptierte Grenze darstellt.[34] Diese Höhe wurde beim ersten zivilen Wettbewerb im bemannten Raketenflug, dem Ansari X Prize, als Grenze zum Weltraum angesetzt. Das erste privat finanzierte Raumschiff – *SpaceShipOne* – konnte die 62-Meilen-Marke am 29. September 2014 überwinden und gewann so den mit zehn Millionen Dollar dotierten Preis:

> »*SpaceShipOne* flog mit einem Piloten und einem Gewicht, das zwei Passagieren an Bord entsprach, nach Maßgabe der Regeln, denen zufolge die Kandidaten beim X Prize in der Lage sein müssen, drei Personen auf einer suborbitalen Teilstrecke in den Raum zu transportieren.«[35]

Die *Blackbird* SR-71 war von Lockheed Martin gebaut worden und wurde zwischen 1964 und 1998 von der USAF eingesetzt. Sie war in der Lage, mit bis zu Mach 3,5 [4.322 km/h] zu fliegen. Zwar konnte die *Blackbird* für ein Flugzeug mit 88.000 Fuß [26,8 Kilometer] ziemlich hoch fliegen, doch lag diese Höhe noch deutlich unterhalb der Weltraumgrenze. Allerdings wird behauptet, dass es eine ganze Anzahl militärischer Geheimflugzeuge gibt, die diese willkürlich festgelegte Weltraumgrenze von 62 Meilen [100 Kilometer] überschreiten können und dabei ebenfalls hybride Systeme aus konventionellem und Elektrogravitationsantrieb verwenden.

Das bedeutet, dass solche Verkehrsmittel als Flugzeuge mit Hybridantrieb angesehen werden können, die zum Einsatz ober- und unterhalb der Weltraumgrenze geeignet sind.

Nick Cook, ein Experte der *Jane's Defense Weekly*, schreibt in *Die Jagd nach Zero Point* über das als geheim klassifizierte *Aurora*-Spionageflugzeug: »Seit den späten Achtzigerjahren wird über die Existenz eines geheimen Ersatzes für die *Blackbird* spekuliert, über ein mysteriöses Flugzeug namens *Aurora*, das angeblich doppelt so schnell ist und an der Weltraumgrenze fliegen soll.«[36] Bill Sweetman, ein anderer prominenter Fachmann für Luftfahrttechnologie, glaubt ebenfalls an die Existenz von *Aurora*, obwohl die USAF dies offiziell dementiert. Er entdeckte, dass ein Geheimflugzeug auf der Flugzeugbau-Anlage von Groom Lake in Nevada (beziehungsweise in Area 51) gebaut wird, und schrieb darüber im Jahr 2006:

»Gibt es die *Aurora* wirklich? Jahre der Verfolgungsjagd lassen mich zu dem Schluss kommen: Ja, die *Aurora* befindet sich wahrscheinlich in einer Phase aktiver Entwicklung, die von jüngsten Fortschritten angetrieben wird, welche der Technologie erlauben, zu dem Ehrgeiz aufzuschließen, der das Programm eine Generation früher initiiert hat.«[37]

Die Diskussion innerhalb der Luftfahrt-Industrie über die *Aurora* setzte im März 1990 ein, als ein Artikel in der Zeitschrift *Aviation Week & Space Technology* Folgendes enthüllte:

»Die *Aurora* wurde versehentlich im US-Haushalt von 1985 enthüllt, durch eine Zuweisung von 455 Millionen Dollar für den verdeckten Flugzeugbau im Finanzjahr 1987. Man bedenke, dass diese Summe dem Flugzeugbau dienen sollte, nicht der Forschung und Entwicklung.«[38]

In dieser Ausgabe gab die *Aviation Week & Space Technologie* außerdem das Folgende bekannt:

»Das Projekt Aurora bezog sich auf eine Gruppe spezieller Flugzeuge und nicht nur auf ein bestimmtes Flugzeugwerk. Die Förderungssumme für dieses Projekt belief sich 1987, gemäß eines Finanzierungsdokuments, das der *Aviation Week* vorlag, angeblich auf 2,3 Milliarden Dollar.«[39]

Abgesehen von diesen kurzen finanzpolitischen Verweisen auf das Projekt Aurora, die von *Aviation Week & Space Technology* aufgedeckt wurden, gibt es keine offiziellen Dokumente, die Details über dieses Projekt verraten. Um mehr über die *Aurora* zu erfahren, müssen wir uns an die

Zeugnisse von Whistleblowern über Geheimflugzeuge halten, die in Area 51 gebaut wurden, um die SR-71 *Blackbird* zu ersetzen.

Die Einrichtung von Area 51 begann 1955 unter der Leitung der Central Intelligence Agency (CIA), angeblich um in Zusammenarbeit mit der U.S. Air Force und Konzernen wie Lockheed eine neue Generation von Spionageflugzeugen zu entwickeln. An zwei Orten enstanden Fabriken. Die Existenz der Anlage am Groom Lake wurde in einem Dokument der CIA aufgrund des Freedom of Information Act erstmals im August 2013 offiziell zugegeben. Seit 1967 ist dieses Gesetz zur Informationsfreiheit in Kraft und gibt jedem das Recht, Zugang zu Dokumenten von staatlichen Behörden zu verlangen. Das CIA-Dokument mit dem Eingeständnis einer Fabrik am Groom Lake wurde Jeffrey Richelson, einem führenden Mitarbeiter des National Security Archive an der George Washington University, übergeben, der weitere Informationen zur Geschichte des Spionageflugzeugs U-2 erbat.[40]

In diesem Dokument bestätigt die CIA, dass Area 51 für geheime Tests mit Spionageflugzeugen ausgewählt wurde, weil die Basis aufgrund des trockenen Sandbodens des Groom Lake besonders gut dafür geeignet ist. Was das Papier der CIA allerdings nicht erwähnte, war ein anderer ausgetrockneter See in der Nähe, der Papoose Lake, der nur zwölf Meilen entfernt liegt. Laut Whistleblowern ist dies der Standort einer noch geheimnisvolleren Anlage namens S-4, in der sogar noch strenger geheim gehaltene Luft- und Raumfahrtprojekte getestet und entwickelt werden.[41]

Edgar Fouche verbrachte dreißig Jahre in der Luftfahrt-Industrie und arbeitete für die U.S. Air Force, das Verteidigungsministerium und verschiedene Konzerne im Rahmen einer Reihe von geheimen Militärprogrammen. Als er sich entschieden hatte, eine »Erzählung auf der Grundlage von Fakten« zu schreiben, die Informationen über die fortgeschrittenste Aerospace-Technik, welche sich derzeit im Entwicklungsprozess befindet, enthüllen sollte, beriet er sich mit fünf engen Freunden, die ebenfalls an geheimen Luftfahrtprojekten gearbeitet hatten.[42] Die Gruppe bündelte ihre Informationen bezüglich der Geheimprojekte und -technologien, an denen sie bei verschiedenen Anlagen im ganzen Land gearbeitet hatten.[43] Einer der Arbeiter war an der Einrichtung von Groom Lake in Area 51 stationiert:

»Jerald war ein früheres Mitglied der National Security Agency [Nationalen Sicherheitsagentur] beziehungsweise des TREAT-Teams der NSA. TREAT steht für ›Tactical Reconnaissance Engineering Team‹ [Ingenieurteam für taktische Bewertung]. Er arbeitete für das DOE, das Department of Energy [Ministerium für Energie], als National Security Investigator [Nationaler Sicherheitsprüfer]. Das war sein Tarnjob, aber in Wahrheit war er für die NSA tätig. Seine Arbeit verlangte von ihm, Mitarbeiter mit ›Streng geheim‹- und ›Q‹-Freigaben auf dem Testgelände in Nevada und der Nellis Range, zu der Area 51 gehört, zu beobachten. In Area 51 werden die geheimsten Luft- und Raumfahrt-Tests der Welt durchgeführt. Man kennt diesen Stützpunkt unter Namen wie Groom Lake Base, Watertown, the Ranch oder Dream-Land. Ein Jahr nach unserem letzten Treffen wurde Jerald an einem Herzinfarkt verstorben aufgefunden.«[44]

Auf der Grundlage dessen, was Jerald und seine Freunde vertraulich enthüllt hatten, nimmt Fouche an, dass der Nachfolger der *Blackbird* in der Tat ein Projekt namens Aurora war, zu dem sehr spezielle Flugzeuge gehörten. Er behauptet, dass Aurora zwei Typen von Hyperschallflugzeugen umfasste, die für die Raumfahrt genutzt wurden, sowie eine weitere, sogar noch seltsamere Flugmaschine. Fouche sagte: »Aurora beinhaltet die SR-75, die fähig ist, Geschwindigkeiten über Mach 5 [6.174 km/h] zu erreichen und als Mutterschiff für die SR-74 dient, die mit Geschwindigkeiten von Mach 18 [22.226 km/h] oder mehr in den Weltraum fliegen kann, um Satelliten zu transportieren.«[45]

So beschrieb Fouche die SR-75:

»Die streng geheime SR-75 übertrifft die geheimen militärischen Geschwindigkeits- und Höhenrekorde bei Weitem, die von der alten SR-71 aufgestellt wurden, die mit einer gleichermaßen als geheim klassifizierten Geschwindigkeit von Mach 3,3 [4.704 km/h] fliegen konnte und eine maximale Höhe von 85.000 Fuß [26 Kilometer] erzielte. Die SR-75 erreicht dagegen Höhen von mehr als 120.000 Fuß [36,6 Kilometer] und

Geschwindigkeiten über Mach 5 [6.174 km/h], das heißt sie ist fünf Mal schneller als der Schall. Das sind mehr als 3.800 Meilen pro Stunde. … Sie ist 162 Fuß [49,4 Meter] lang und hat eine Tragflächenspannweite von 98 Fuß [29,9 Meter]. Der Rumpf des Flugzeugs steht 10 Fuß [3 Meter] über dem Boden. Sie befördert eine Crew von drei Personen: einen Piloten, einen Aufklärungsoffizier und einen Abschusskontrolloffizier, der außerdem für die elektronische Kriegführung zuständig ist. Unter jeder Tragfläche befinden sich zwei mit Methan und flüssigem Sauerstoff gefüllte und miteinander verkoppelte Turbo-Staustrahler, und das Fahrgestell läuft gut 40 Fuß [12,2 Meter] unter den Tragflächen und endet an deren hinteren Kanten.«[46]

Allgemein wird von Hyperschallflugzeugen angenommen, dass sie sich auf dem neuesten Stand der konventionellen Antriebstechnik befinden. Um als Hyperschallflugzeug eingestuft zu werden, muss das Flugzeug mit mehr als fünffacher Schallgeschwindigkeit (Mach 5,1) fliegen können. Die SR-75 ist nach Fouche die erste von der U.S. Air Force eingesetzte Hyperschallmaschine.

Weiterhin behauptet Fouche, dass die SR-75 als Mutterschiff der SR-74 (beziehungsweise Scramp) dient, das huckepack mitfliegt, bis es auf einer Höhe von 100.000 Fuß gestartet wird:

»Die SR-74 kann erst auf einer Höhe ab 100.000 Fuß [30 Kilometer] vom Mutterschiff SR-75 aus starten und dann Höhen im Orbit von deutlich über 800.000 Fuß oder 151 Meilen [244 Kilometer] erreichen. Die Air Force verwendet die *Scramp*, um kleine, streng geheime Beobachtungssatelliten im Dienste der National Security Agency zu starten. Sie kann zumindest zwei 1.000 Pfund schwere Satelliten, die 6 mal 5 Fuß [1,83 mal 1,52 Meter] groß sind, fliegen lassen. Die Scramp hat ungefähr die Größe und das Gewicht eines F-16-Jägers. Sie kann mit Leichtigkeit Geschwindigkeiten von Mach 15 oder etwas weniger als 11.500 Meilen pro Stunde [18.500 Stundenkilometer] erreichen.«[47]

Fouches Annahme, dass die SR-74 erst in einer Höhe von 100.000 Fuß starten kann, legt nahe, dass sie Scramjets, also Hyperschall-Verbrennungs-Staustrahltriebwerke, zur Unterstützung ihrer konventionellen Antriebstechnologie nutzt.

Offiziell arbeitet die USAF mit der DARPA und dem Boeing-Konzern bei der Entwicklung von »Scramjet-Triebwerken« zusammen, die bei einer neuen Generation von Flugzeugen und Waffen eingesetzt werden sollen.

Es folgt die Beschreibung eines Scramjets, aus der sein entscheidender Bedarf an sehr schnell fließender Luft hervorgeht, um Antrieb zu erzeugen:

> »Ein Scramjet [ein Überschall-Verbrennungs-Staustrahltriebwerk] ist eine Variante eines gewöhnlichen Staustrahltriebwerks, bei dem im Überschall-Luftstrom Verbrennung stattfindet. Wie ein Staustrahltriebwerk benutzt der Scramjet eine sehr hohe Geschwindigkeit des Fluggeräts, um die einströmende Luft kraftvoll zusammenzupressen, bevor sie verbrannt wird [daher der Name Scramjet], aber ein Scramjet verlangsamt die Luftgeschwindigkeit vor der Verbrennung, während der Luftstrom in einem Scramjet im gesamten Triebwerk Überschallgeschwindigkeit aufrechterhält. Das ermöglichst es dem Scramjet, sich mit extrem hohen Geschwindigkeiten zu bewegen: Hochrechnungen nehmen eine theoretische Höchstgeschwindigkeit eines Scramjets zwischen Mach 12 [9.207 mph beziehungsweise 14.817 km/h] und Mach 24 [18.414 mph oder 29.635 km/h] an.«[48]

Fouches Behauptung, dass die SR-74 eine Geschwindigkeit von Mach 15 [18.500 km/h] erreichen kann, bewegt sich also durchaus innerhalb der Berechnungen für Flugzeuge, die auf Scramjet-Technologie basieren.

Am 1. Juni 2015 gab Mica Endsley, die wissenschaftliche Leiterin des Forschungszentrums der Air Force, öffentlich bekannt, dass die USAF plant, bis 2023 ihr erstes Hyperschallflugzeug zu bauen. Sie sagte, beim Bau des geplanten Hyperschallflugzeugs wird an den erfolgreichen Testflug der Boeing X-51 *Waverider* vom Mai 2013 angeknüpft.[49] Wenn Cook, Sweetman und Fouche recht haben, sind solche Hyperschallflugzeuge bereits gebaut, aber als streng geheim eingestuft.

Sie sind Teil des Aurora-Projekts, innerhalb dessen enorm leistungsfähige Flugzeuge entwickelt wurden, die die Weltraumgrenze von 62 Meilen überschreiten können.

Während die SR-75 ein Hyperschallflugzeug ist, kann die SR-74 auch in den niederen Erdorbit fliegen, um Satelliten dorthin zu bringen. Nach Fouche sind in die SR-74 und die SR-75 hoch entwickelte Tarnmechanismen eingebaut. Um es noch einmal zu betonen: Das legt nahe, dass sie Elektrogravitation im Rahmen ihres Antriebssystems verwenden. Dies würde auch erklären, wie die SR-75 eine SR-74 huckepack bis zu einer Höhe von 100.000 Fuß [30 Kilometer] transportieren und die Mindest-Hyperschallgeschwindigkeit von Mach 5,1 [6.297 km/h] erreichen kann, um die SR-74 starten zu lassen, was theoretisch die Voraussetzung ist, um mit noch höherer Hyberschallgeschwindigkeit fliegen zu können:

»Ein Scramjet kann nicht genug Antrieb produzieren, solange er nicht auf Hochgeschwindigkeit im Bereich von Mach 5 [6.174 km/h] beschleunigt wurde, obwohl er, abhängig von seiner Bauweise, mit geringerer Geschwindigkeit als Scramjet eingesetzt werden könnte. Ein horizontal startendes Flugzeug bräuchte, um abzuheben, ein konventionelles Mantelstrom- oder ein Raketentriebwerk, das hinreichend stark ist, um eine schwere Maschine zu bewegen. Ebenso benötigte es Brennstoff für solche Triebwerke sowie all die damit zusammenhängenden Befestigungsvorrichtungen und Kontrollsysteme. Mantelstromtriebwerke sind schwer und können nicht leicht Mach 2 bis 3 [2.469 bis 3.704 km/h] überschreiten, weshalb es also einer anderen Antriebsweise bedarf, um die Einsatzgeschwindigkeit eines Scramjets zu erreichen.«[50]

Weiterhin würde Elektrogravitation zu einer Erklärung verhelfen, wie die SR-74 sowohl Mach 18 [22.226 km/h] erzielen könnte als auch die Kapazität hätte, im offenen Weltraum Satelliten zu stationieren. Das theoretische Wissen über Scramjets zeigt, dass es ein anderes Antriebssystem, nämlich Antigravitation, geben muss, damit ein Hyperschallflugzeug wie die SR-74 die Weltraumgrenze überschreiten und in den Erdorbit eintreten kann.[51]

In beiden Fällen – bei der SR-74 wie auch bei der SR-75 – handelt es sich um Beispiele von Hyperschallflugzeugen mit höchster Einsatzfähigkeit, die sehr wahrscheinlich eine Kombination konventioneller Antriebssysteme, wie Scramjets bei der SR-74, und Elektrogravitation nutzen.

Die TR-3B und die Technologie der Magnetfeldstörung (Antigravitation)

Nach Fouche gibt es noch eine dritte Flugmaschine namens TR-3B, die zum Aurora-Programm gehört und unter allen Programmen, von denen er und die anderen Mitarbeiter in Area 51 am Groom Lake Kenntnis hatten, am strengsten als geheim klassifiziert war:

> »Die TR-3B ist die mit einem Decknamen bezeichnete *Astra*. Der erste taktische Aufklärungsflug der TR-3B geschah in den frühen Neunzigerjahren. Das dreieckige, nuklear angetriebene Luft- und Raumschiff war innerhalb des streng geheimen Aurora-Programms mit SDI-Mitteln und verdeckten Haushaltsgeldern entwickelt worden. Mindestens drei der milliardenschweren TR-3Bs flogen bis zum Jahr 1994. Aurora ist das am strengsten klassifizierte Luft- und Raumfahrt-Entwicklungsprogramm, das es gibt. Und die TR-3B ist die exotischste Maschine, die dieses Programm hervorgebracht hat. In Auftrag gegeben und finanziert wurde sie vom National Reconnaissance Office [Nationalen Aufklärungsbüro] der NSA und der CIA. Das Fliegende Dreieck TR-3B ist keine bloße Fantasie, sondern wurde Mitte der Achtzigerjahre mit der damals verfügbaren Technologie gebaut.«[52]

Fouche beschreibt einige der konventionellen Antriebstechnologien, die von der dreieckig geformten TR-3B *Astra* genutzt wurden:

> »Die drei Raketentriebwerke mit Mehrmodusbetrieb, die unter jeder Ecke des Flugzeugs angebracht waren, verwenden Wasserstoff oder Methan und Sauerstoff als Treibstoff. In einem Raketentriebwerk mit

flüssigem Sauerstoff/Wasserstoff sind 85 Prozent der Treibstoffmenge Sauerstoff. Das Atomraketentriebwerk wird von einem Wasserstofftreibmittel, verstärkt mit Sauerstoff für zusätzliche Schubkraft, angetrieben. ... Man muss bedenken, dass Drei-Raketen-Triebwerke nur 11 Prozent der Masse der streng geheimen TR-3B anzutreiben haben. Es wurde berichtet, dass Rockwell die Triebwerke gebaut hat.«[53]

Darüber hinaus behauptet Fouche, dass die TR-3B eine andere Art von Antigravitationseffekt nutzt als den von Townsend Brown entwickelten. Fouche bezeichnet ihn als einen »Magnetfeldstörer« (Magnetic Field Disrupter, MFD). Gemäß seiner Angaben rotiert bei diesem Magnetfeldstörer ein Plasma mit hoher Energie durch einen runden Beschleunigungsring:

»Ein kreisrunder, mit Plasma gefüllter Beschleunigungsring, ›Magnetfeldstörer‹ genannt, umgibt das drehbare Mannschaftsabteil und unterscheidet sich bei Weitem von jeder vorstellbaren Technologie. Die MFD-Technologie wurde – im Rückgriff auf ältere Vorstufen – in den Labors von Sandia und Livermore konstruiert. Die Regierung will diese Technologie um jeden Preis fördern. Das Plasma auf der Basis von Quecksilber wurde mit dem Druck von 250.000 Atmosphären bei einer Temperatur von 150 Kelvin zusammengepresst und auf 50.000 rpm [revolutions per minute = Umdrehungen pro Minute] beschleunigt, um ein hochleitfähiges Material mit der ihm eigenen Aufhebung der Schwerkraft herzustellen.«[54]

Fouche erläutert uns, dass sich der Magnetfeldstörer insofern von Elektrogravitation unterscheidet, als die MFD-Technologie das Gewicht reduziert, während jene für den Antrieb sorgt.

»Der MFD bringt ein magnetisches Wirbelfeld hervor, das die Effekte der Gravitation auf die Masse in der Nähe zu 89 Prozent unterbricht oder neutralisiert. Man verstehe dies nicht falsch: Hierbei handelt es sich nicht um Antigravitation. Diese bewirkt eine abstoßende Kraft, die auch als Antriebsenergie genutzt werden kann.«[55]

Fouches Beschreibungen zeigen, dass es sich bei »Magnetfeldstörer« um eine andere Bezeichnung für die Magnetfeld-Aufhebungs-Technologie handelt, von der Corey Goode sagte, dass sie von dem geheimen militärischen Transportflugzeug genutzt wurde, auf das sich Reagan in seinem Tagebucheintrag von 1985 wahrscheinlich bezog.

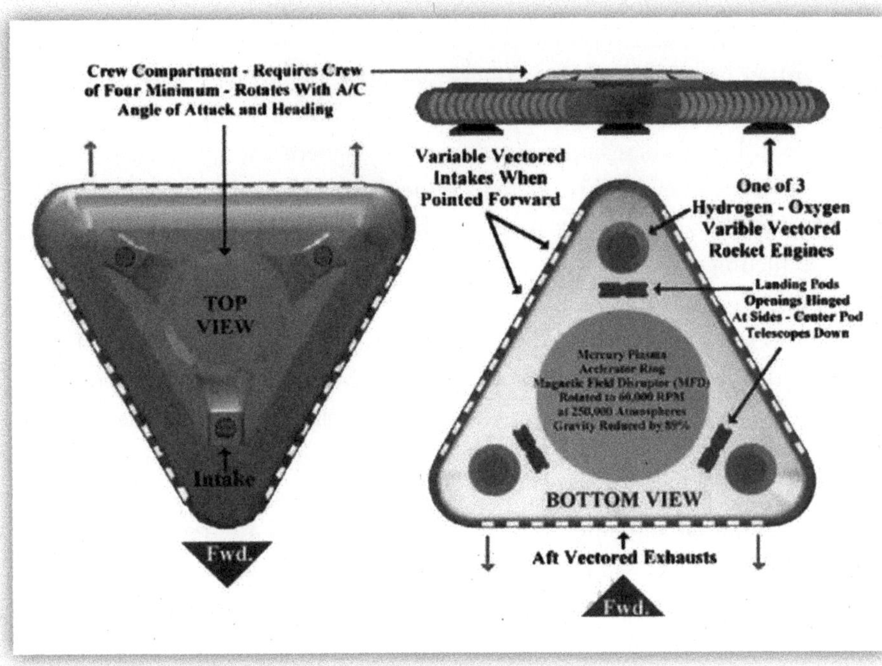

Abb. 4. Darstellung der TR-3B, des streng geheimen, atomar betriebenen Fliegenden Dreiecks. Quelle: Edgar Fouche

Das durch die MFD-Technologie reduzierte Gewicht der TR-3B impliziert, dass andere Antriebssysteme wie konventionelle Flugzeugtriebwerke, Scramjets und/oder Elektrogravitation in der Lage sind, die nötige Schubkraft hervorzubringen, mit der die TR-3B jedes andere Luft- und Raumschiff, das sich im Besitz des amerikanischen Militärs befindet, übertreffen kann:

»Der MFD bewirkt eine Aufhebung des Gravitationsfeldes der Erde um die Masse innerhalb des runden Beschleunigers. Die Masse dieses Beschleunigers und alle weiteren Massen im Akzelerator, wie die neue Kapsel, die Avionik, MFD-Systeme, Treibstoff, auf die Crew bezogene Systeme und der Atomgenerator, werden um 89 Prozent reduziert.

Dies führt dazu, dass die Maschine extrem leicht und dadurch in den Stand gesetzt wird, jedes bislang konstruierte Fluggerät zu übertreffen und zu überflügeln – abgesehen natürlich von solchen UFOs, die wir nicht selbst gebaut haben. Die TR-3B ist eine Tarnkappen- und Aufklärungsflugmaschine für große Höhen mit unbeschränkter Wartezeit-Phase. Wenn es einmal in hohe Geschwindigkeit versetzt ist, benötigt es keinen starken Antrieb mehr, um seine Höhe zu halten.«[56]

Fouche gibt außerdem an, dass die TR-3B in der Lage war, geräuschlos zu schweben:

»Ein Freund sagte, er werde niemals den fremdartigen Anblick der bei Papoose stationierten TR-3B vergessen. Das pechschwarze, dreieckig geformte Raumschiff wurde in der Anlage von Groom Lake, in der er arbeitete, selten erwähnt – und wenn, dann nur in gedämpftem Flüsterton. Die Flugmaschine war in völliger Stille über die Startbahn am Groom Lake geflogen und über Area S-4 auf magische Weise angehalten worden. Sie schwebte zehn Minuten lang geräuschlos in dieser Position, bevor sie sachte senkrecht auf der Rollbahn aufsetzte. Zuweilen erleuchtete ein Strahlenkranz von silberblauem Licht die gewaltigen Umrisse der TR-3B. Das einsatzfähige Modell stand 600 Fuß [183 Meter] hoch.«[57]

Fouches Beschreibung eines »Strahlenkranzes von silberblauem Licht«, das um die schwebende TR-3B glomm, ist ein verräterisches Zeichen dafür, dass sie eine elektrogravitative und/oder Magnetfeldstörer-Technologie benutzte, die sehr hohe elektromagnetische Felder hervorbringt. Darüber hinaus bestätigt sein Hinweis auf die Anlage von Area 51 am Papoose Lake, genannt S-4, wo die TR-3B stationiert war, das, was Bob Lazar angeblich erfahren hat, als er 1989 an streng geheimen Luftfahrtprojekten arbeitete, bei denen Antigravitationstechnologie entwickelt wurde.

In mehreren Interviews beschrieb Lazar, wie Schwerkraftfelder auf verschiedene Weise künstlich erzeugt werden können und wie dies für die Raumfahrt nutzbar gemacht werden kann.[58] Lazars Zeugnis von Projekten, die in S-4 durchgeführt wurden, legt nahe, dass die TR-3B unter Verwendung von Antigravitationstechnologien entwickelt wurde, die weitaus komplexer waren als die der anderen beiden Aurora-Flugzeuge (SR-75 und SR-74), die auf der angrenzenden Anlage von Groom Lake ihren Stützpunkt hatten.

Obwohl die SR-75 und die SR-74, ähnlich wie die fortgeschrittenen Versionen der B-2, F-117, F-22 und F-35, in unterschiedlichem Grade Elektrogravitationstechnik für den Antrieb einsetzten, war es keinem dieser Fluggeräte möglich, so lange zu schweben wie die TR-3B. Wahrscheinlich ergibt sich das bei der TR-3B aus einem Antigravitationssystem, das ihr Gewicht in einem höheren Maße reduziert, als dies durch Elektrogravitation möglich ist, die primär als Schubkraft dient. Wie Fouche früher beschrieben hat, kann der Magnetfeldstörer Gewicht um 89 Prozent reduzieren, was einem großen Raumschiff wie der TR-3B erlaubt, unter Verwendung konventioneller Antriebssysteme zu schweben. Belege für die Existenz der TR-3B liefern die Sichtungen Schwarzer Dreiecke in Belgien und Großbritannien, von denen vom 29. November 1989 bis in den April 1990 berichtet wurden. Hunderte Zeugen, darunter Polizei-Offiziere, sahen und fotografierten diese großen Fliegenden Dreiecke. Die Sichtungen wurden von der belgischen Luftwaffe untersucht, was zu einem sehr gut dokumentierten Ereignis am 30. März 1990 führte.

»Als die Meldungen an jenem Märzabend des Jahres 1990 einsetzten, bemerkten militärische Beobachter einige Meilen südlich von Brüssel ein großes, nicht identifiziertes Objekt auf ihrem Radar. Zwei F-16-Fighter wurden aus Beauvechain, dem nächsten Luftwaffenstützpunkt, herbeigeordert, um es abzufangen. Sie stiegen auf 3.000 Fuß [914 Meter] auf, nahmen das Flugobjekt genau unter Kontrolle und meldeten der Basis, dass sie etwas abgefangen hatten, das wie ein UFO gebaut war. Aber plötzlich begann es sich, nach den Aussagen der Piloten, ganz außerordentlich zu verhalten.

Ihr Radarbildschirm an Bord registrierte eine sich schnell verändernde Diamantform, die jäh auf 600 mph [965 km/h] beschleunigte, bevor sie völlig abrupt auf 170 mph [273 km/h] verlangsamte. Dann stürzte sie innerhalb von zwei Sekunden um 3.300 Fuß [1005 Meter] und erhöhte ihre Geschwindigkeit dabei von 170 mph [273 km/h] auf 1100 mph [1770 km/h]. Dies geschah ohne jedes Dröhnen. Laut den Instrumenten an Bord des Fighters sauste dieses Gefährt mit 46G – das heißt, mit der 46-fachen Erdschwerkraft – davon; genug, um jeden menschlichen Körper zu Brei zu zermalmen. Es wandte sich nach Westen über den Englischen Kanal in Richtung der Felder von Kent, bevor es im Nachthimmel verschwand. Während ihrer 65-minütigen Beobachtung machten die Piloten fünfzehn Fotos. Eine Verfolgung war ihnen mit ihren F-16-Maschinen, die immerhin doppelte Schallgeschwindigkeit erreichen, nicht möglich.«[59]

Fouche sagte bei der Überprüfung der belgischen Fotos des Fliegenden Dreiecks und der Design-Skizzen, die er einsehen konnte, dass es sich um ein und dasselbe Luftschiff handelt:

»Das Originalfoto der TR-3B war mit einer Digitalkamera geschossen worden, die in einem ›schwarzen‹ – bei speziellen Einsätzen verwendeten – C-130 transportiert wurde. Ein Special Operations Sergeant der Luftwaffe schoss die Bilder, während der C-130 die TR-3B begleitete. Ich habe dieses Foto selbst gesehen und verschiedene Personen interviewt, die an diesem Programm mitarbeiteten. Dieser Tatsachen und meiner Angaben bin ich mir absolut sicher. Anhand der belgischen Bilder, dem Computer-Kompositum der europäischen Sichtungen und meiner ursprünglichen, auf meinen Interviews beruhenden Schaubilder können Sie selbst sehen, dass es sich um eine akkurate Wiedergabe der TR-3B handelt.«[60]

Besonders bemerkenswert ist, dass die Beschleunigung des Fliegenden Dreiecks (TR-3B) in Belgien laut den Messungen der Instrumente der F-16-Fighter bei 46G lag. Dies ist weit mehr als die 9G, die die meisten Menschen eine Weile aushalten können, bevor sie ohnmächtig werden.[61] Nach mehr als einer Minute führt eine Stärke von bereits 16G zum Tod.[62] Im Falle einer sehr kurzen Beschleunigung, etwa auf dem Schleudersitz eines Kampfflugzeugs, gelten 32G als Sicherheitsgrenze:

»Colonel John Paul Stapp von der U.S. Air Force führte verschiedene Experimente durch, schnallte sich selbst auf einen Raketenschlitten und stellte fest, dass 32G die Beschleunigung sei, nach der jemand wieder aufstehen könne; diese wurde dann die Beschleunigung, die bei der Konstruktion von Schleudersitzen in Kampfjägern zugrunde gelegt wird.«[63]

Die Sichtung eines Flugdreiecks – einer TR-3B – ist ein gewichtiger Beleg dafür, dass Antigravitationstechnologie, im Sinne von Fouches Magnetfeldstörer-Technologie, verwendet wurde, um Gewicht und Massenträgheit des Flugzeugs und seiner Besatzung deutlich zu reduzieren. Das erklärt auch, wie die Besatzung einer solchen Maschine eine derartige Beschleunigung mit so hohen G-Kräften überleben könnte.

Nach Fouches Bericht begann man in den frühen Neunzigerjahren, die TR-3B einzusetzen, und sie flog bis 1994.

Dies bedeutet, dass die Sichtungen der Jahre 1989 und 1990 in Belgien entweder Teil eines Testprogramms für ältere Prototypen waren und/oder dass die TR-3B schon früher von der Sowjetunion oder »anderen« heimlich entwickelt wurde. Diesbezüglich versucht Corey Goode, eine Antwort zu geben. Er sagt, die TR-3B war von einem noch höher klassifizierten Weltraumprogramm aus an das Raumfahrtprogramm des US-Militärs weitergereicht worden:

»Die TR-3B wird als technologisch ziemlich veraltet angesehen und wurde vielfach als ›Gebrauchtware‹ an die Eliten innerhalb der Geheimen Weltregierung und ihre Verbände weitergegeben, sozusagen als ›Firmenjets‹. Es gibt so viele neuere Maschinen von derselben Grundform wie die TR-3B (und spätere Modelle), dass es die Leute geradezu umhauen würde, wenn sie es wüssten.«[64]

Es ist wichtig, in Erinnerung zu behalten, dass die Zeit, in der die TR-3B nach Fouches Darstellung eingesetzt wurde, deutlich später lag als Reagans Kommentar im Jahr 1985, demzufolge die USA die Möglichkeiten hätten, 300 Astronauten in den Orbit zu fliegen und dort zu versorgen.

Reagans Tagebucheintrag von 1985 spielt auf andere Raumschiffe als die bislang untersuchten an, um ein geheimes Astronauten-Corps im Erdorbit zu stationieren. Obwohl die TR-3B, die SR-74 und die SR-75 anscheinend den neuesten Stand der in den Anlagen von Area 51 beim Groom Lake und Papoose Lake entwickelten Raumfahrttechnologie repräsentierten, waren diese Flugmaschinen doch ungeeignet oder wurden zu spät gefertigt, um Teil des Geheimen Weltraumprogramms zu sein, auf das sich Reagan bezieht.

Wie Goode in Bezug auf Reagans Tagebucheintrag von 1985 nahelegt, gibt es weitere, noch geheimere Raumschiffe, die zusätzlich zu diesen in Area 51 gebauten Hybrid-Raumfahrzeugen entwickelt wurden, die Elektrogravitation und/oder Magnetfeld-Störtechnik zusammen mit konventionellen Flüssigbrennstoff-Antriebssystemen nutzen. Das Aurora-Projekt umfasste, wie Fouche behauptet, durchaus nicht die am weitesten fortgeschrittene Raumfahrttechnologie, die sich während der Neunzigerjahre in Area 51 im Entwicklungsprozess befand, sondern war in Wahrheit auch nur ein Tarnprogramm für noch geheimere Weltraumprogramme, die woanders durchgeführt wurden.

Belege für die Idee, dass das US-Militär und die Geheimdienste ein als geheim klassifiziertes Programm als Deckmantel für ein noch geheimeres Programm nutzen, finden sich in geleakten NSA-Dokumenten. Am 10. Oktober 2014 verbreiteten Peter Maass und Laura Poitras, die für *The Intercept* schreiben, Powerpoint-Folien von geleakten NSA-Unterlagen bezüglich sehr hoch klassifizierter Programme, die der öffentlichen Kontrolle entzogen sind.[65] Diese ursprünglich von Edward Snowden geleakten Dokumente enthüllen, dass die Bezeichnung »Sentry Eagle« [Wächteradler] als Deckname für die sensibelsten NSA-Programme verwendet wird, die man mit dem Begriff »Exceptionally Controlled Information« (Besonders Kontrollierte Information, ECI) bezeichnet. Verschiedene Powerpoint-Folien zeigen, wie ECI-Programme zur Tarnung geringer klassifiziert werden.

Die Rolle, die die CIA bei der Schaffung und Erhaltung von Sicherheit in den Anlagen von Area 51 spielt, bestätigt den großen Einfluss der Geheimdienst-Community bei Weltraumprogrammen in der Entwicklungs- und Testphase. Das NSA-Dokument enthüllt, dass ein klassifiziertes Raumfahrtprogramm als Deckmantel für ein anderes, noch höher klassifiziertes Weltraumprogramm dient. Das bedeutet zum Beispiel, dass die ersten Tarnkappen-Spionageflugzeuge wie die SR-71 *Blackbird* als Tarnprogramm für die Entwicklung modernerer konventioneller und elektrogravitativer Hybrid-Flugtechnik verwendet wurden. Zu diesen Hybrid-Flugzeugen zählten die fortgeschritteneren Versionen des B-2-Bombers *Spirit* und möglicherweise noch weitere, darunter der F-35 Lightning, der in Area 51 getestet wurde.

Diese hybriden Elektrogravitationsflugzeuge wurden selbst wiederum zur Tarnung des noch geheimeren Aurora-Projekts und seiner drei verschiedenen Hyperschallflugzeuge genutzt. SR-75 und SR-74 waren jeweils hypersonische Flugzeuge und Raumschiffe, und letzteres konnte Satelliten in den niederen Erdorbit bringen.

Die Tarnkappentechnologie, die bei beiden verwendet wurde, sowie ihre Hyperschallleistung deuten an, dass bei ihren hybriden Antriebssystemen auch Elektrogravitation genutzt wurde.

Außerdem beinhaltete das Aurora-Projekt das am strengsten klassifizierte Luftfahrt-Programm, das den Mitarbeitern von Area 51 bekannt war. Die TR-3B nutzte Antigravitationstechnologie auf MFD-Basis, also mit Magnetfeldstörung, und wurde seit den frühen Neunzigerjahren in der streng geheimen Anlage S-4 am Papoose Lake gebaut. Keines der Hyperschallflugzeuge des Aurora-Projekts (TR-3B und SR-74) hatte aber die Kapazität, Hunderte von Astronauten in den Weltraum zu transportieren, wie Präsident Reagan 1985 behauptete. Dies legt nahe, dass das geheime Aurora-Projekt selbst nur ein Cover für ein noch geheimeres Weltraumprogramm war, das spätestens 1985, wenn nicht schon früher, zum Einsatz kam.

Auf der Basis von Dokumenten und Zeugnissen von Goode und anderen Whistleblowern, auf die noch einzugehen ist, muss deshalb angenommen werden, dass dieses noch strenger geheim gehaltene Weltraumprojekt ein »flügelloses« aeronautisches Design mit Elektrogravitationsantrieb, gewichtsreduzierender Antigravitationstechnologie und sogar noch fortgeschritteneren »Zeitreise«-Technologien kombiniert. Die ersten dokumentierten Berichte von Fliegenden Untertassen oder zigarrenförmigen »flügellosen« Flugmaschinen reichen bis 1933 zurück. Das war mehr als ein Jahrzehnt vor der berühmten Sichtung einer Fliegenden Untertasse durch den US-amerikanischen Piloten Kenneth Arnold oder vor dem berühmten Untertassenabsturz von Roswell. Dies passt zu Goodes Hinweis, dass wir in die frühen Dreißigerjahre zurückgehen müssen, um die Genese der fünf Geheimen Weltraumprogramme zu untersuchen, von denen er während seines verdeckten Dienstes von 1987 bis 2007 Kenntnis nehmen konnte.

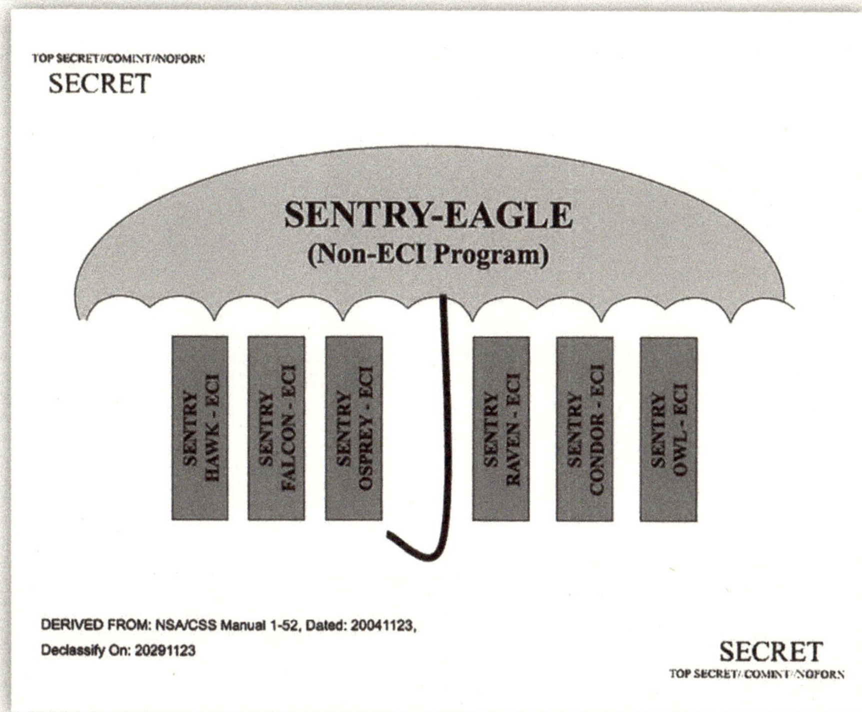

Abb. 5. Ein geleaktes »Sentry Eagle«-Dokument, das belegt, wie Geheimprogramme von DHS, DOD und NSA durch weniger geheime Programme getarnt werden.

Anmerkungen

1 Ronald Reagan, *The Reagan Diaries* (Harper Perennial, 2009), 334.
2 *Wikipedia*, http://en.wikipedia.org/wiki/Assembly_of_the_International_Space_Station (aufgerufen am 10.06.2015)
3 »Questions for Corey Goode on Moon and Classified Military Space Programs« – 14. Mai 2015, http://exopolitics.org/multiple-moon-bases-u-s-military-space-shuttles-as-coverprograms/ (aufgerufen am 29.07.2015)
4 T. T. Brown, »How I Control Gravitation«, in: *Science & Invention* (August 1929) / Psychic Observer 37 (1), http://www.rexresearch.com/gravitor/gravitor.htm (aufgerufen am 10.06.2015)
5 T. T. Brown, »How I Control Gravitation«, in: *Science & Invention* (August 1929) / Psychic Observer 37 (1), http://www.rexresearch.com/gravitor/gravitor.htm (aufgerufen am 10.06.2015)
6 T. T. Brown, »How I Control Gravitation«, in: *Science & Invention* (August 1929) / Psychic Observer 37 (1), http://www.rexresearch.com/gravitor/gravitor.htm (aufgerufen am 10.06.2015)
7 Paul LaViolette, *Secrets of Antigravity Propulsion: Tesla, UFOs and Classified Aerospace Technology* (Bear & Co., 2008), 9. – Dt. Ausgabe: *Verschlusssache Antigravitationsantrieb*, Kopp Verlag, Rottenburg 2010.
8 »A Method of and an Apparatus or Machine for Producing Force or Motion«, http://www.checktheevidence.com/Disclosure/Web%20Pages/www.soteria.com/brown/docs/egravity/gravsap1.htm (aufgerufen am 10.06.2015)
9 »A Method of and an Apparatus or Machine for Producing Force or Motion«, http://www.checktheevidence.com/Disclosure/Web%20Pages/www.soteria.com/brown/docs/egravity/gravsap1.htm (aufgerufen am 10.06.2015)
10 »A Method of and an Apparatus or Machine for Producing Force or Motion«, http://www.checktheevidence.com/Disclosure/Web%20Pages/www.soteria.com/brown/docs/egravity/gravsap1.htm (aufgerufen am 10.06.2015)
11 »A Method of and an Apparatus or Machine for Producing Force or Motion«, http://www.checktheevidence.com/Disclosure/Web%20Pages/www.soteria.com/brown/docs/egravity/gravsap1.htm (aufgerufen am 10.06.2015)
12 Paul LaViolette, *Secrets of Antigravity Propulsion: Tesla, UFOs and Classified Aerospace Technology* (Bear & Co., 2008), 5.
13 *Aviation Report*, 20. August 1954, http://www.cufon.org/cufon/elecgrav.htm (aufgerufen am 10.06.2015)
14 *Aviation Report*, 24. August 1954, http://www.cufon.org/cufon/elecgrav.htm (aufgerufen am 10.06.2015)
15 Donald E. Keyhoe, *The Flying Saucer Conspiracy* (Henry Holt & Co., 1955), 251-52.
16 LaViolette, *Secrets of Antigravity Propulsion*, 72.
17 LaViolette, *Secrets of Antigravity Propulsion*, 65-81.
18 LaViolette, *Secrets of Antigravity Propulsion*, 54.
19 LaViolette, *Secrets of Antigravity Propulsion*, 55-56.
20 Nick Cook, *The Hunt for Zero Point*, 12. – Dt. Ausgabe: *Die Jagd nach Zero Point*, Mosquito Verlag, Potsdam 2006.
21 LaViolette, *Secrets of Antigravity Propulsion*, 113.
22 LaViolette, *Secrets of Antigravity Propulsion*, 111-112.
23 Cook, *The Hunt for Zero Point*, 35.

24 »U.S. Air Force Fact Sheet«, http://www.af.mil/AboutUs/FactSheets/Display/tabid/224/Article/104482/b-2-spirit.aspx (aufgerufen am 12.06.2015)
25 LaViolette, *Secrets of Antigravity Propulsion*, 142.
26 LaViolette, *Secrets of Antigravity Propulsion*, 142-143.
27 »Anti-gravity and us«, http://www.smh.com.au/articles/2003/01/28/1043534050248.html (aufgerufen am 12.06.2015)
28 »Anti-gravity and us«, http://www.smh.com.au/articles/2003/01/28/1043534050248.html (aufgerufen am 12.06.2015)
29 »Anti-gravity and us«, http://www.smh.com.au/articles/2003/01/28/1043534050248.html (aufgerufen am 12.06.2015)
30 Nick Cook, »Anti-gravity propulsion comes ›out of the closet‹«, http://www.ufoevidence.org/documents/doc1064.htm (aufgerufen am 12.06.2015)
31 LaViolette, *Secrets of Antigravity Propulsion*, 164.
32 »Anti-gravity and us«, http://www.smh.com.au/articles/2003/01/28/1043534050248.html (aufgerufen am 12.06.2015)
33 »Anti-gravity and us«, http://www.smh.com.au/articles/2003/01/28/1043534050248.html (aufgerufen am 12.06.2015)
34 »Where Does Space Begin?«, http://www.slate.com/articles/news_and_politics/explainer/2004/09/where_does_space_begin.html (aufgerufen am 15.06.2015)
35 »Private rocketship begins quest for $10 million X Prize«, http://legacy.utsandiego.com/news/science/20040929-0811-ca-privatespaceship.html (aufgerufen am 18.06.2015)
36 Cook, *The Hunt for Zero Point*, 14.
37 Bill Sweetman: »Secret Warplanes of Area 51«, http://www.popsci.com/military-aviationspace/article/2006-10/top-secret-warplanes-area-51 (aufgerufen am 18.06.2015)
38 »Aurora Timeline«, http://tinyurl.com/oaf9s62 (aufgerufen am 18.06.2015)
39 Robert B. Durham, *Declassified Black Projects* (Lulu, 2015), 9.
40 Jeffrey Richelson: »The Secret History of the U-2 – and Area 51«, http://nsarchive.gwu.edu/NSAEBB/NSAEBB434/ (aufgerufen am 29.07.2015)
41 Der Erste, der die Anlage S-4 erwähnte, war Bob Lazar im Jahre 1989, der dort kurzzeitig arbeitete und George Knapp vom Fernsehsender KLAS Las Vegas in einer Reihe von Interviews davon berichtete. Siehe dazu: »Bob Lazar not impressed with Area 51 declassification«, http://www.openminds.tv/bob-lazar-not-impressed-with-area-51-declassification-1115/23376 (aufgerufen am 12.06.2015).
42 Edgar Fouches Buch wurde 1998 unter dem Titel *Alien Rapture: The Chosen* (Galde Press) veröffentlicht; Mitautor war Brad Steiger.
43 Edgar Rothschild Fouche, »Secret Government Technology«, http://www.bibliotecapleyades.net/ciencia/ciencia_extraterrestrialtech08.htm (aufgerufen am 18.06.2015)
44 Edgar Rothschild Fouche, »Secret Government Technology«, http://www.bibliotecapleyades.net/ciencia/ciencia_extraterrestrialtech08.htm (aufgerufen am 18.06.2015)
45 Edgar Rothschild Fouche, »Secret Government Technology«, http://www.bibliote-capleyades.net/ciencia/ciencia_extraterrestrialtech08.htm (aufgerufen am 18.06.2015)
46 Edgar Rothschild Fouche, »Secret Government Technology«, http://www.bibliotecapleyades.net/ciencia/ciencia_extraterrestrialtech08.htm (aufgerufen am 18.06.2015)
47 Edgar Rothschild Fouche, »Secret Government Technology«, http://www.bibliotecapleyades.net/ciencia/ciencia_extraterrestrialtech08.htm (aufgerufen am 18.06.2015)
48 »Study of an Air-Breathing Engine for Hypersonic Flight«, http://upcommons.

upc.edu/pfc/bitstream/2099.1/20295/1/Technical%20Report.pdf (aufgerufen am 18.06.2015)
49 http://www.military.com/daily-news/2015/06/01/chief-scientist-air-force-working-onnew-hypersonic-air-vehicle.html (aufgerufen am 08.06.2015)
50 »Scramjet«, *Wikipedia*, https://en.wikipedia.org/wiki/Scramjet (aufgerufen am 20.6.2015)
51 »Scramjet«, *Wikipedia*, https://en.wikipedia.org/wiki/Scramjet (aufgerufen am 20.6.2015)
52 Edgar Rothschild Fouche, »Secret Government Technology«, http://www.bibliote-capleyades.net/ciencia/ciencia_extraterrestrialtech08.htm (aufgerufen am 12.06.2015)
53 Edgar Rothschild Fouche, »Secret Government Technology«, http://www.bibliote capleyades.net/ciencia/ciencia_extraterrestrialtech08.htm (aufgerufen am 18.06.2015)
54 Edgar Rothschild Fouche, »Secret Government Technology«, http://www.bibliote-capleyades.net/ciencia/ciencia_extraterrestrialtech08.htm (aufgerufen am 18.06.2015)
55 Edgar Rothschild Fouche, »Secret Government Technology«, http://www.bibliote-capleyades.net/ciencia/ciencia_extraterrestrialtech08.htm (aufgerufen am 18.06.2015)
56 Edgar Rothschild Fouche, »Secret Government Technology«, http://www.bibliote-capleyades.net/ciencia/ciencia_extraterrestrialtech08.htm (aufgerufen am 18.06.2015)
57 Edgar Rothschild Fouche, »Secret Government Technology«, http://www.bibliote capleyades.net/ciencia/ciencia_extraterrestrialtech08.htm (aufgerufen am 18.06.2015)
58 »Lazar's Story – Technical tidbits«, http://www.otherhand.org/home-page/area-51-andother-strange-places/bluefire-main/bluefire/the-bob-lazar-corner/the-word-of-bob/ (aufgerufen am 20.06.2015)
59 Artikel im *Sunday Express Newspaper* vom 17. September 1995. http://www.ufoevidence.org/documents/doc418.htm (aufgerufen am 20.06.2015)
60 Edgar Rothschild Fouche, »Secret Government Technology«, http://www.bibliote capleyades.net/ciencia/ciencia_extraterrestrialtech08.htm (aufgerufen am 18.06.2015)
61 »Fast or Slow«, http://explorerplanet.blogg.no/1418483151_fast_or_slow_part_3.html (aufgerufen am 21.06.2015)
62 »G-Force«, *Wikipedia*, https://en.wikipedia.org/wiki/G-force#Human_tolerance_of_gforce (aufgerufen am 21.06.2015)
63 »Fast or Slow«, http://explorerplanet.blogg.no/1418483151_fast_or_slow_part_3.html (aufgerufen am 21.06.2015)
64 »Questions for Corey/GoodETxSG – 4/4/2015«, http://exopolitics.org/secretspa ce-programs-more-complex-than-previously-revealed/ (aufgerufen am 29.07.2015)
65 »Core Secrets: NSA Saboteurs in China and Germany«, https://firstlook.org/theintercept/2014/10/10/core-secrets/ (aufgerufen am 29.07.2015)

2 Ursprünge des Geheimen Weltraumprogramms

Das erste US-Dokument, das sich auf die geheime Entwicklung von Fliegenden Untertassen bezieht, die Teil eines Geheimen Weltraumprogramms sein könnten, stammt aus einem Memorandum der U.S. Air Force und ist auf den 3. Januar 1952 datiert. Dieses als geheim klassifizierte Memorandum war ein Bericht über die damalige Häufung der Sichtung Fliegender Untertassen in den USA, die von der U.S. Air Force als »Unusual Flying Objects« (UFOs) bezeichnet wurden. Der Bericht stammt von Brigadier General W. M. Garland und richtete sich an Major General John A. Samford, den Air Force Director of Intelligence oder Leiter des Luftwaffengeheimdienstes.

Garlands Memorandum stellte fest:

> »Es ist naheliegend, die Berichte von Beobachtungen auf die bekannte Entwicklung der Flugindustrie, des Düsenantriebs, der Raketen und sonstigen Mittel, weite Räume zu durchfliegen, in Deutschland und der UdSSR zu beziehen. In diesem Zusammenhang ist festzuhalten, dass gewisse Erfindungen der Deutschen, insbesondere der Horten-Nurflügler sowie Düsenantrieb und -nachbefüllung in Verbindung mit ihrer umfangreichen Arbeit an den V1- und V2-Waffen im Zweiten Weltkrieg, die Auffassung nahelegten, dass diese Flugobjekte deutschen und russischen Ursprungs sein könnten. Die oben erwähnten Erzeugnisse wurden zwischen 1941 und 1944 vollendet und zum Einsatz gebracht und fielen gegen Kriegsende schließlich den Sowjets in die Hände. Es ist bekannt, dass die Deutschen an diesen Projekten bereits zwischen 1931 und 1938 arbeiteten. Daher kann angenommen werden, dass die Deutschen gegenüber den USA einen Vorsprung von mindestens sieben bis

zehn Jahren bei der Entwicklung von Raketen, Düsentriebwerken und Flugzeugen in der Bauweise der Horten-Flügler hatten.«[1]

Der amerikanischen Luftwaffe war also bekannt, dass NS-Deutschland hochmoderne Flugzeuge entwickelt hatte, die sich nach Art der UFOs, die in rasant wachsender Zahl gesehen wurden, fortbewegen konnten. Die erste dokumentierte UFO-Sichtung war die des Piloten Kenneth Arnold, der am 24. Juni 1947 eine Formation von neun flügellos geformten Flugmaschinen sah, die er als »untertassenartige Scheiben« beschrieb. Arnolds Beschreibung führte zu der weitverbreiteten Verwendung der Bezeichnung »Fliegende Untertasse«, während die U.S. Air Force Begriffe wie »Unusual Flying Objects« (Ungewöhnliche Flugobjekte) und »Unidentified Flying Objects« (Nicht identifizierte Flugobjekte) bevorzugte.

Arnold schrieb für die U.S. Army Air Forces – die bald zur USAF wurden – einen Bericht, in dem er eine detaillierte Beschreibung vorlegte:

»Der Himmel und die Luft waren kristallklar. Ich war noch keine zwei oder drei Minuten auf meinem Kurs geflogen, als mein Flugzeug einen hellen Blitz reflektierte. Ich erschrak und dachte, ich befände mich in der Nähe eines anderen Flugzeugs. Ich schaute in jede Himmelsrichtung, konnte aber nicht erkennen, woher die Reflexion gekommen war, bis ich nach links blickte und nördlich des Mount Rainier in rund 9.500 Fuß [2895 Meter] Höhe eine Reihe von neun seltsam aussehenden Flugzeugen entdeckte ... Es kam mir sehr merkwürdig vor, dass ich ihr Heck nicht erkennen konnte, aber ich ging davon aus, dass es sich um eine Art von Flugzeugen handeln würde. ...«[2]

Bis hierher zeigt Arnolds Sichtung noch eine gewisse Ähnlichkeit mit der Einflügler-Bauweise der von den Horten-Brüdern konstruierten Bomber, die ebenfalls kein Heck hatten. Die Hortens hatten ihren Nurflügler, genannt HO-229, am 1. März 1944 in NS-Deutschland gebaut und erfolgreich getestet, wie in Garlands Memorandum erwähnt. Die Nurflügler-Maschine HO-229 flog 1944 zum ersten Mal.

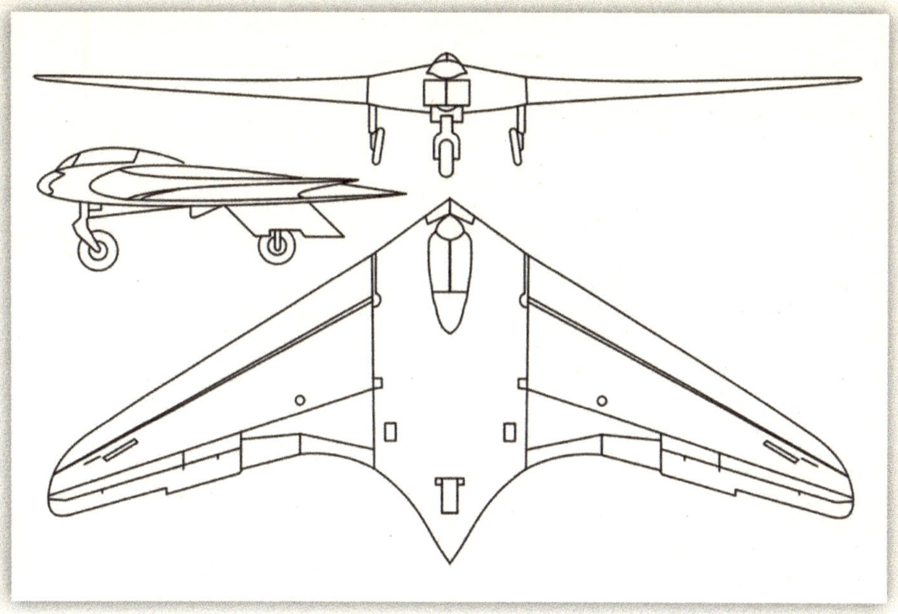

Abb. 6. Der Horten HO-229

Arnold war allerdings klar, dass die Objekte eine »Untertassenform« hatten und nicht die einer fliegenden Schwinge.

> »Während ich in Richtung des Bergrückens flog, vermaß ich sie und kam dabei auf rund fünf Meilen, weshalb ich mit Sicherheit annehmen konnte, dass diese Kette **untertassenartiger Objekte** mindestens fünf Meilen lang sein müsse. Ich konnte ihre Bahn ziemlich genau bestimmen, da es dort hohe Gipfel gab, von denen sich einige diesseits von ihnen befanden und die übrigen hinter ihrer Flugbahn.«[3] [Hervorhebung durch Michael E. Salla]

Arnold fuhr fort zu beschreiben, wie ähnliche untertassenförmige Objekte auf der ganzen Welt gesichtet wurden:

> »Einige Beschreibungen können nicht sehr exakt von einer Perspektive auf dem Erdboden aus vorgenommen worden sein, denn diese untertassenförmigen Scheiben flogen in großer Höhe, und es be-

steht die Möglichkeit, dass all jene Menschen, die merkwürdige Objekte beobachteten, dieselbe Sache wie ich gesehen haben. … Ich besitze Briefe aus den gesamten USA sowie von Menschen, die bezeugen, dass diese Objekte auch in anderen Teilen der Welt beobachtet worden sind.«[4]

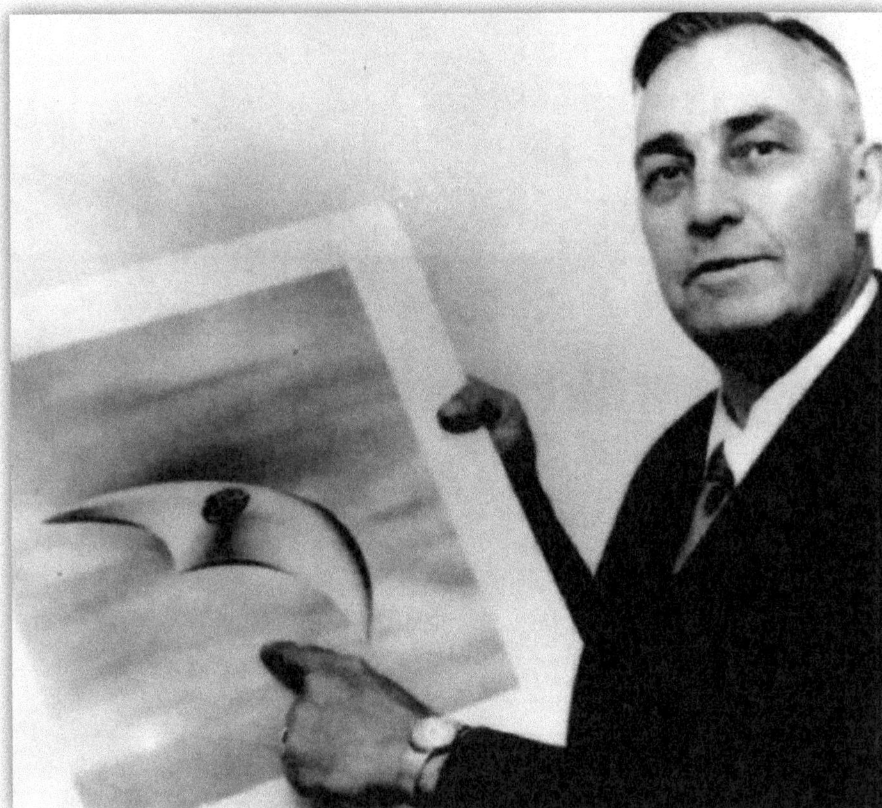

Abb. 7. Kenneth Arnold mit seiner Zeichnung dessen, was er gesehen hat

In vielen Berichten von »Fliegenden Untertassen« wird beschrieben, wie diese hoch in die Erdatmosphäre und sogar in den offenen Weltraum aufsteigen können.

Die vielleicht berühmteste Sichtung einer Fliegenden Untertasse war wohl die des Captain Thomas Mantell am 7. Januar 1948, der ein rotierendes, untertassenförmiges Objekt verfolgte, wie es immer höher in die Erdatmosphäre flog und schließlich seiner Sicht entschwand. Ein Beobachter auf dem Militärflugplatz von Lockbourne in Ohio berichtete, was geschehen war:

> »Kurz bevor es verschwand, kam es dem Edboden sehr nahe, stand für etwa zehn Sekunden still, stieg dann mit sehr hoher Geschwindigkeit wieder zu seiner ursprünglichen Höhe von 10.000 Fuß [3048 Meter] auf, pendelte sich ein und verschwand in einem Winkel von 120 Grad im bewölkten Himmel.«[5]

Nach dem offiziellen Bericht flog Mantell bei seiner Verfolgungsjagd zu hoch, wurde ohne Sauerstoffmaske bewusstlos und stürzte ab.

Die Fähigkeit einer Fliegenden Untertasse, plötzlich anzuhalten, zu schweben, die Geschwindigkeit gewaltig zu beschleunigen und in die Atmosphäre empor und darüber hinaus in den Weltraum zu fliegen, führte zu der weitverbreiteten Annahme, dass Fliegende Untertassen zu keinem militärischen Programm gehörten, sondern außerirdischen Ursprung seien.

Das Memorandum der U.S. Air Force vom 3. Januar 1952 legt eine andere, sehr irdische Erklärung für die hoch entwickelten, »untertassenartigen« Flugobjekte nahe, die zu solchen Manövern in der Lage waren und die Erdatmosphäre verließen. Diese Sichtungen könnten mit fortgeschrittenen geheimen Luftfahrtprojekten in Zusammenhang stehen, die von den Nazis zwischen 1941 und 1944 verwirklicht wurden.

Das Garland-Memorandum weist sogar ausdrücklich darauf hin, dass die Entwicklung moderner Fluggeräte, die, wie von Arnold und anderen beobachtet, in der Lage waren, wie »untertassenartige Scheiben« zu manövrieren, bereits 1931 begann. Das war zwei Jahre vor der Machtergreifung Hitlers und seiner SS, die später eine Schlüsselrolle in einem geheimen Flugscheiben-Programm der Nazis spielen sollte. Wer hatte in Deutschland vor der NS-Zeit die Ressourcen, das Wissen und die Fähigkeiten, Prototypen Fliegender Untertassen zu erforschen und zu bauen?

Professor Schumann und die ersten Prototypen Fliegender Untertassen in Deutschland

Im Jahre 1912 stellte Winfried Otto Schumann (1888-1974) seine Arbeit über Hochspannungstechnologie fertig.[6] Danach arbeitete er bis zum Ausbruch des Ersten Weltkriegs im Hochspannungslabor der Firma Brown, Boveri & Cie. 1920 habilitierte er sich als Professor an der Technischen Universität Stuttgart, während er als Forschungsassistent arbeitete. Wenig später wurde ihm eine Professur an der Universität Jena angeboten, wo er bis 1924 blieb. Dann übernahm er einen Lehrstuhl an der Technischen Universität München als Direktor des Elektrophysikalischen Laboratoriums, wo er bis zu seiner Emeritierung 1961 tätig war. Das Labor wurde später zum Elektrophysikalischen Institut erweitert.

Schumanns Arbeit am Elektrophysikalischen Labor in München lässt sich folgendermaßen zusammenfassen:

> »Während seiner Tätigkeit in der Industrie hatte er vor allem mit der Durchschlagsfestigkeit beziehungsweise Feldstärke von Gasen, Flüssigkeiten und Feststoffen zu tun; während seiner Zeit in München erweiterten sich seine Interessen dann auf Hochfrequenz-Technologie und Plasma-Physik. In einer Reihe sehr bemerkenswerter Publikationen widmete sich Schumann dem Verhalten der Ionosphäre sowie Plasma-Experimenten im Labor unter ähnlichen Bedingungen.«[7]

Schon im Jahre 1931 könnten Schumachers Position als Direktor des Elektrophysikalischen Instituts und seine Erfahrung dazu geführt haben, dass er zu einem idealen Leiter privat finanzierter ziviler Bestrebungen wurde, eine Fliegende Untertasse auf der Basis der Prinzipien von Hochspannungselektrostatik und mit hoher Frequenz rotierenden Plasmas zu bauen. In Kapitel 1 wurde bereits gezeigt, dass elektrostatische Ladungen von hoher Spannung eine Antriebskraft hervorbringen, die dazu genutzt werden konnte und genutzt wurde, Flugzeuge mit geheimem Hybridantrieb wie den B-2-Bomber *Spirit* zu produzieren.

Ebenso wurde dargelegt, dass Plasma auf der Grundlage von hoch energetischem Quecksilber, das mit 50.000 rpm in einem stark komprimierten Kreis rotiert, das Gewicht sämtlicher Dinge innerhalb der Kreislinie des rotierenden Plasmas um bis zu 89 Prozent reduzieren kann. Es wurde vermutet, dass diese Prinzipien bei dem »Magnetfeldstörer« – beziehungsweise der von Corey Goode beschriebenen Magnetfeldstörungstechnologie – angewandt werden, über den nach Edgar Fouche die streng geheime TR-3B verfügt.

Bezeugt wurden Schumanns außerordentliche Fähigkeiten und deren Relevanz für hoch entwickelte Luftfahrtprojekte und Fliegende Untertassen durch das, was mit ihm kurz nach dem Zweiten Weltkrieg geschah: Schumann wurde durch die Operation Paperclip in die USA gebracht – im Rahmen eines streng geheimen Programms, das frühere NS-Wissenschaftler rekrutierte, um die Luft- und Raumfahrt sowie die Raketenindustrie der USA voranzubringen. Dokumente, die aufgrund des Freedom of Information Act verbreitet wurden, bestätigen, dass Schumann auf einer Liste deutscher Forscher stand, deren Mitarbeit von der U.S. Air Force aufgrund ihrer besonderen Befähigung zu Geheimprojekten gewünscht wurde.[8]

Von 1947 bis 1948 arbeitete Schumann auf dem amerikanischen Luftwaffenstützpunkt Wright-Patterson an Geheimaufgaben, die mit seinem Kompetenzbereich in Zusammenhang standen: hohe elektromagnetische Ladungen und fortgeschrittene Luftfahrtprojekte, die von der U.S. Air Force geleitet wurden und erbeutete Nazi-Flugmaschinen und andere Technologien betrafen. Wie das Garland-Memorandum andeutet, ist durchaus bekannt, dass frühere NS-Luftfahrtprojekte eine mögliche Erklärung für das Phänomen der Fliegenden Untertassen liefern könnten.

Später, in den Fünfzigerjahren, wurde Schumann weithin bekannt für seine Messung der Schumann-Resonanz, eines Phänomens, das sich auf stehende elektromagnetische Wellen bezieht, die durch Gewitterstürme in den Schichten zwischen der Erdoberfläche und der Ionosphäre entstehen. Die NASA hebt die besondere Rolle Schumanns bei der Entdeckung der einzigartigen Eigenschaften dieser Hohlraumresonanz und ihrer gegenwärtigen Bedeutung für die U.S. Navy hervor:

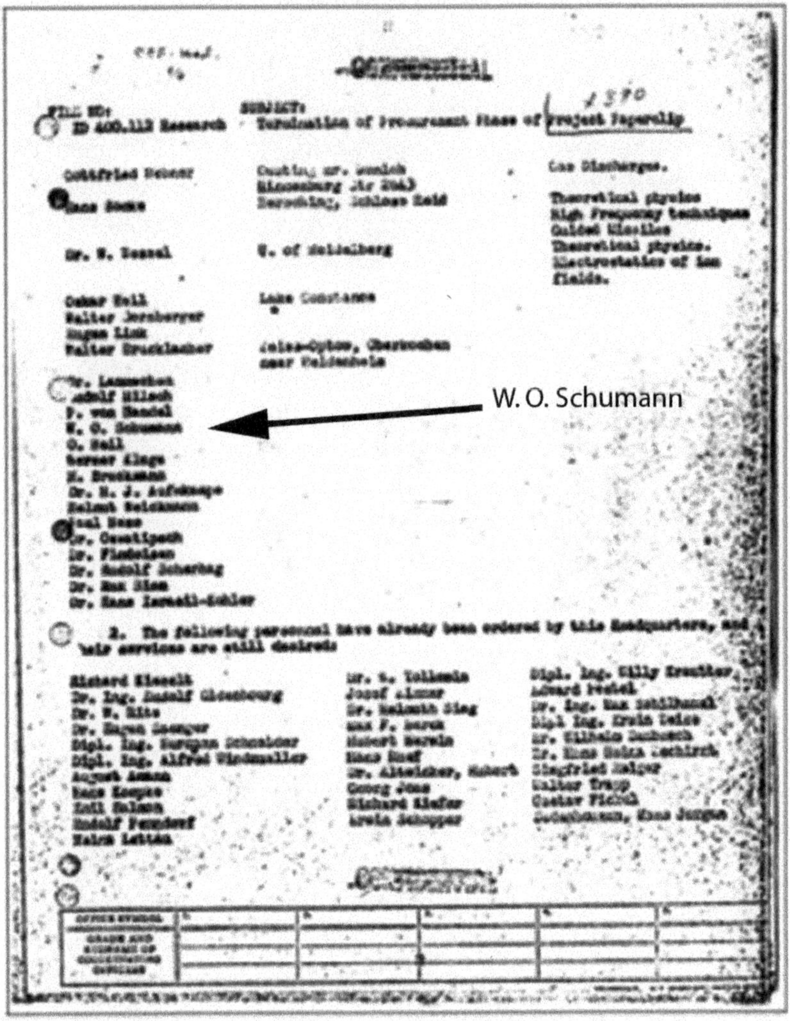

Zweite Seite eines dreiseitigen, als nicht mehr geheim klassifizierten Memorandums der Operation Paperclip vom 6. Juni 1947. Es handelt sich um eine Liste deutscher Wissenschaftler, die von der U.S. Army Air Force für Geheimforschungen in ihren Anlagen in Dayton, Ohio, angefordert wurden. Die Tatsache, dass Schumanns Name aufgeführt wird, ist ein Beleg dafür, dass er als Luftfahrt-Experte nach seiner Befragung im Nachkriegsdeutschland von der U.S. Air Force als wichtig für die Erforschung ausländischer Technologien angesehen wurde. Quelle: Richard Sauer, *Hidden in Plain Sight* (2011)

Abb. 8. Schumanns Name auf einem Dokument der Operation Paperclip

»Die mitschwingenden Eigenschaften der terrestrischen Hohlräume wurden erstmals von dem deutschen Physiker W. O. Schumann zwischen 1952 und 1957 vorhergesagt und von Schumann und König 1954 auch erstmals festgestellt. Die erste Spektraldarstellung dieses Phänomens lieferten Balser und Wagner im Jahre 1960. Ein großer Teil der Forschungen der letzten zwanzig Jahre wurde vom Marineministerium [Department of the Navy] geleitet, das die Kommunikation von U-Booten mit extrem niedriger Frequenz untersuchte.«[9]

Während Schumanns Messungen des Verhaltens der elektromagnetischen Wellen in der Erdatmosphäre allgemein bekannt sind, gilt dies nicht für seine früheren Arbeiten am Elektrophysikalischen Laboratorium und bei der Wright-Patterson AFB. Eine hilfreiche Dokumentation dieser Abschnitte seiner Forschungstätigkeit ist leider nicht öffentlich zugänglich, zumindest was Internet-Quellen betrifft.

Das kann angesichts dessen, dass Schumann in hoch klassifizierte Programme unter der Leitung von Wissenschaftlern der Operation Paperclip aufgenommen wurde, wohl nicht überraschen. Seine Arbeit an der Wright-Patterson AFB hatte ziemlich sicher mit seiner Spezialisierung auf starke elektrische Ladungen und Plasmaphysik sowie mit der Frage zu tun, wie diese für die besonderen, von den Nazis betriebenen Luftfahrtprojekte und das Phänomen der Fliegenden Untertassen anwendbar sind.

Zweifellos war Schumann der Biefeld-Brown-Effekt gut bekannt, und er wusste auch, dass starke elektrostatische Ladungen als Antriebsmittel bei der Entwicklung von Antigravitationsfahrzeugen dienen können. Seine außerordentliche Kompetenz in hochenergetischer Plasma-Physik legt außerdem nahe, dass er ebenso mit den Prinzipien der Antigravitationseffekte von rotierendem Hochenergie-Plasma vertraut war.

Schumanns geheime Tätigkeit in Wright-Patterson diente sehr wahrscheinlich einer genauen Untersuchung des Biefeld-Brown-Effektes und der Berechnung, wie dieser für die hoch entwickelte geheime Luftfahrttechnologie, die aus dem NS-Deutschland mitgebracht wurde, sowie für Raumfahrzeuge mit Antigravitationstechnologie nutzbar gemacht werden kann. Vermutlich gehörte auch die Erforschung von Theorien über das rotierende Plasma und dessen gewichtsreduzierende Effekte beim Magnetfeldstörer beziehungsweise der von Fouche und Goode beschriebenen Magnetfeldstörungstechnologie zu seiner Arbeit.

Das Jahr 1931, auf das das Garland-Memorandum hinwies, markierte höchstwahrscheinlich den Ursprung des Phänomens der Fliegenden Untertassen in der deutschen Luftfahrt, und die Erwähnung bezog sich auf die in Schumanns Elektrophysikalischem Labor an der Technischen Universität München entwickelte oder erforschte UFO-Technologie. Dan Morris, der behauptet, im Büro für Nationale Aufklärung gearbeitet zu haben, teilte mit, dass er Dokumente gesehen hat, die geborgene Fliegende Untertassen von 1931 zeigten:

> »Die Deutschen hatten zwei UFOs geborgen – 1931 oder 1932 –, und man brachte sie nach Deutschland und begann, wie wir es heute tun, mit ihrem Nachbau. Sie machten schnell Fortschritte und hatten schon, bevor der Krieg begann, ein funktionsfähiges UFO. Sie nannten es – ich kann es nicht ganz so aussprechen, wie ein Deutscher es täte – ›Handidu‹ [phonetisch], eins und zwei genannt. Nummer zwei hatte eine Breite von 30 oder 40 Fuß [9 bis 12 Meter] und besaß drei herunterhängende Kugeln, die sich nach oben und unten bewegten, wenn das UFO auf und nieder stieg.«[10]

Morris bezieht sich zweifellos auf die berühmte Reichsflugscheibe *Haunebu*, von der behauptet wird, dass sie erst später entwickelt und im NS-Deutschland erfolgreich getestet wurde. Hitler kam allerdings zwei Jahre danach an die Macht, 1933. Wenn 1931 und 1932 bereits Fliegende Untertassen abgestürzt sind, gibt es zwei mögliche Erklärungen für ihren Ursprung: Einerseits könnte es sich um die ersten Prototypen gehandelt haben, die von einer privat finanzierten Organisation in Deutschland entwickelt wurden. Zweitens könnten sie außerirdischen Ursprungs gewesen sein.

Dr. Schumann muss zu den am höchsten qualifizierten deutschen Wissenschaftlern gehört haben, die mit der Untersuchung untertassenförmiger Flugobjekte befasst waren, und sie wurden entweder selbst entwickelt oder aufgebracht. Dies führt zu zwei Fragen: Wie kam Schumann auf die Idee, Prototypen von Fliegenden Untertassen zu bauen? Und woher stammen die abgestürzten Fliegenden Untertassen?

Das Geheime Weltraumprogramm der Vril-Gesellschaft

Es gibt eine Reihe von Quellen, die nahelegen, dass Schumanns Beschäftigung mit Fliegenden Untertassen in den frühen Zwanzigerjahren begann und auf seine enge Zusammenarbeit mit Maria Oršić, der Gründerin der Vril-Gesellschaft, zurückgeht. Ein früherer CIA-Agent, der Pseudonyme wie »Stein«, »Kewper« und »Anonymus« benutzte, trat mit der Enthüllung hervor, dass er »Informationen zur Kenntnis genommen habe, nach denen die Konstruktion mancher Vril-Maschinen bis in die frühen Zwanzigerjahre zurückreicht!«[11]

Er wurde erstmals 1998 von der erfahrenen UFO-Forscherin Linda Moulton Howe interviewt und benutzte dabei die Pseudonyme »Stein« und »Kewper«. Nachdem eine Reihe von Interviews mit ihr aufgenommen war, wurde er schließlich von einer unbekannten Regierungsbehörde bedroht und zog sich aus der Öffentlichkeit zurück, bis er 2013 wieder in Erscheinung trat. Stein/Kewper war mittlerweile 77 Jahre alt und litt an akuten Nierenproblemen. Angeblich hatte er nur noch wenige Monate zu leben. Stein/Kewper oder »Anonymus«, wie er sich jetzt nannte, willigte in ein Interview mit dem UFO-Historiker Richard Dolan ein, der seine Video-Aufzeichnungen Ende April, Anfang Mai 2013 beim Citizen Hearing on Disclosure öffentlich machte, einer fünftägigen Bürger-Anhörung über Enthüllungsfragen in Washington, der sechs frühere Kongressmitglieder vorsaßen.[12] Dolan, Howe und die Organisatoren der Bürger-Anhörung waren überzeugt, dass Stein/Kewper ein glaubwürdiger Augenzeuge der Ereignisse war, die er enthüllt hatte.

Vor seiner Rekrutierung durch die CIA im Jahre 1958 hatte Stein/Kewper eine Ausbildung am Signal Training Center der US-Armee absolviert, aus der sich die Fernmeldetruppe des Heeres und ursprünglich auch der Fliegerei speist, und als Militär-Kryptologe zu arbeiten begonnen. Stein/Kewpers erste Aufgabe bestand darin, Unterlagen über UFOs und außerirdisches Leben, das ihm von dem USAF-Stützpunkt Fort Belvoir übermittelt worden war, zu studieren. Diese Akten unterschieden sich von denen des Projektes Blue Book, die er an der Air-Force-Basis Wright-Patterson untersucht hatte und die später der Öffentlichkeit zugänglich gemacht wurden.

Stein/Kewper sagt, dass er 1958 während eines Rundgangs durch die als streng geheim klassifizierte Anlage S-4 in Area 51, auf dem er von seinem CIA-Vorgesetzten und drei weiteren Agenten der CIA begleitet wurde, vier Fliegende Untertassen der Nazis sah, von denen zwei Vril-Maschinen waren:

> »Die ersten beiden Flugmaschinen, die wir in Area 51 erblickten, sahen nahezu identisch aus. Sie waren kleiner und bei Weitem nicht so groß wie eine andere weiter hinten. Colonel Jim erwähnte, dass es sich dabei um ›Vril-Flugscheiben‹ handele. Wir fragten ihn, was ›Vril‹ sei. Der Colonel antwortete, das sei eine ausländische Untertasse, die in den Zwanziger- und Dreißigerjahren in Deutschland gebaut worden sei.«[13]

Das stimmt mit Goodes Behauptung überein, dass die ersten Prototypen Fliegender Untertassen, nach den Berichten, die er während seines Dienstes für das Geheime Weltraumprogramm las, von Maria Oršić und der Vril-Gesellschaft entwickelt wurden.[14]

Informationen über die Vril-Gesellschaft und die Oršić sind in mysteriöses Dunkel gehüllt. Es gibt keine Dokumente, die Oršićs öffentliche Betätigungen belegen, abgesehen von der Vril-Gesellschaft, die sie angeblich 1919 gegründet hat. Alles, was man über Maria Oršić und die Vril-Gesellschaft weiß, ist nicht dokumentiert und Gegenstand mancher Auseinandersetzungen.

Das ist ziemlich verwirrend. Es scheint, als wären Dokumente über die Oršić, die Vril-Gesellschaft und Schumanns Mitarbeit absichtlich aus den historischen Archiven gelöscht worden. Dies ist verständlich, wenn Goode und andere Quellen mit Recht angaben, dass die Vril-Gesellschaft und Maria Oršić die Baupläne ihrer Fliegenden Untertassen von Wesenheiten übermittelt bekamen, die behaupteten, Außerir-

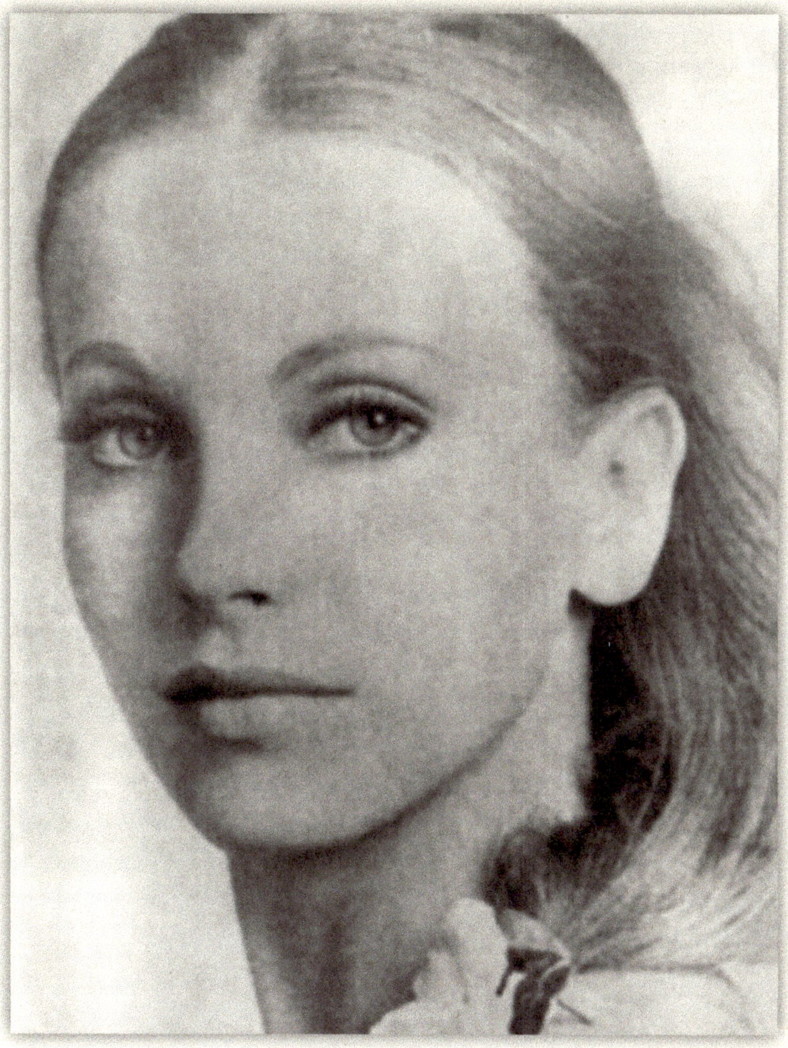

Abb. 9. Foto von Maria Oršić. Quelle: unbekannt

dische vom Aldebaran zu sein. Wenn das stimmt, würde es zweifellos erklären, warum derartige Informationen von Geheimgesellschaften in Deutschland und anderswo der Öffentlichkeit vorenthalten und später von der amerikanischen Regierung ebenso wie von anderen als besonders geheim eingestuft wurden.

Es gibt eine Reihe von Gründen, die dazu beitragen, die Verschwiegenheit über das Flugscheiben-Programm der Vril-Gesellschaft zu erklären.[15] Zunächst soll Maria Oršić angeblich gefürchtet haben, dass solches Wissen von größeren Nationen genutzt werden könnte, um überlegene Waffen zu bauen, weshalb sie es nur mit den richtigen Leuten teilen wollte. Zweitens seien Mitarbeiter wie Dr. Schumann wegen ihres Ansehens besorgt gewesen. Sie wollten nicht bekannt werden lassen, dass sie bedeutende Ressourcen für die Entwicklung von Flugmaschinen durch auf mysteriöse Weise übermitteltes Wissen erhalten hatten. Drittens schätzte die SS, anders als die Oršić, esoterisches Wissen, das zur Entwicklung von Superwaffen für den Krieg führen könnte, enorm hoch. Und schließlich wollten die siegreichen alliierten Mächte sicherstellen, dass das ganze Ausmaß von Hitlers Flugscheiben-Projekten und Waffenarsenal geheimgehalten wurde.

Es folgen nun einige Informationen über die Vril-Gesellschaft, Maria Oršić und ihre Verbindung zu Schumann, die auf einer Reihe zugänglicher Quellen beruhen, denen angeblich dokumentarische Zeugnisse oder erhaltene Berichte über die Genannten zugrunde liegen. Obwohl diese Quellen nicht dokumentiert sind, enthüllen sie verblüffende Details über das, was sehr wahrscheinlich das erste geheime Weltraumprogramm der Moderne war. Diese Quellen tragen dazu bei, Goodes eigene Informationen über die Oršić und das Fliegende-Untertassen-Programm der Vril-Gesellschaft zu untermauern.

Geheimgesellschaften in Deutschland: Vril, Thule und die Schwarze Sonne

Es gibt nicht nur eine ausgiebige Diskussion über das Gründungsdatum der Vril-Gesellschaft, sondern – angesichts des Fehlens öffentlicher Dokumente – auch darüber, ob sie überhaupt existierte. Gleichwohl kursieren zahlreiche Anekdoten über ihren Ursprung und ihre Aktivitäten. Diese anekdotischen Quellen behaupten, dass sie irgendwann im Jahre 1919 als Ableger einer von wohlhabenden deutschen Adligen geführten größeren metaphysischen Vereinigung, der Thule-Gesellschaft, ins Leben gerufen wurde.

Die Thule-Gesellschaft wurde am 17. August 1918 von Baron Rudolf von Sebottendorf als Nebenzweig des bereits 1912 entstandenen Germanen-Ordens gegründet.[16] Am bekanntesten ist sie als diejenige Organisation, die die Entstehung der am 5. Januar 1919 in München ins Leben gerufenen Deutschen Arbeiterpartei (DAP) förderte. Adolf Hitler wurde das 55. Mitglied der DAP und aufgrund seiner rhetorischen Begabung bald auch ihr 7. Vorstandsmitglied. Am 24. Februar 1920 wurde die Deutsche Arbeiterpartei dann in Nationalsozialistische Deutsche Arbeiterpartei (NSDAP) umbenannt.[17]

Die Führer der Thule-Gesellschaft glaubten, dass sie die neue Arbeiterpartei hinter den Kulissen dahingehend einsetzen könnten, auf der Grundlage metaphysischer Prinzipien aus der Asche des Ersten Weltkriegs eine neue deutsche Nation auferstehen zu lassen. Das Zeichen der Thule-Gesellschaft war eine Version der *swastika* (Sanskrit für das, was Glück und Heilung bringt), jenes uralten religiösen Symbols, das Hitler und seine Nazi-Partei später in abgewandelter Form übernahmen. Zu den Mitgliedern der Thule-Gesellschaft, die innerhalb der NSDAP in führende Positionen aufstiegen, zählte auch Rudolf Hess, der 1933 Stellvertreter des Führers wurde und dies bis 1941 blieb, als er seltsamerweise während einer gescheiterten Friedensmission nach Großbritannien floh.[18]

Die Thule-Gesellschaft glaubte an die Existenz einer hoch entwickelten nordischen (und unterirdisch lebenden) Zivilisation, die als »Hyperboräer« bezeichnet und in griechischen und römischen Sagen beschrieben wurde; ihre antike Hauptstadt war »Ultima Thule«. Die Mitglieder der Thule-Gesellschaft nahmen an, dass die Hyperboräer die Vorfahren der arischen Rasse waren. Angeblich hätten sich die Hyperboräer die »Vril«-Energie nutzbar gemacht und dadurch futuristische Technologien entwickelt, die bereits antiken Zivilisationen zur Verfügung standen. Außerdem waren die Mitglieder der Gesellschaft überzeugt, dass diese fortgeschrittenen Technologien an verschiedenen Orten auf der ganzen Welt verborgen seien. Mehr als ein Jahrzehnt später sollte die SS diese Vorstellungen der Thule-Gesellschaft in ihr 1935 gegründetes »Ahnenerbe« übernehmen, eine Forschungsgemeinschaft und Studiengesellschaft für Geistesurgeschichte, die sich im Zweiten Weltkrieg systematisch an Kunstraub und Menschenversuchen beteiligte.[19] Das »Ahnenerbe« der SS unterstützte Expeditionen zu abgelegenen Orten in Tibet, Peru und anderswo auf der Suche nach Schriften über die Wurzeln der arischen Rasse und die von Zivilisationen im Altertum verwendeten Technologien.

Enthusiastisch förderten die Führungspersonen der Thule-Gesellschaft das Studium von Edward Bulwer-Lyttons Roman *Vril – the Power of the Coming Race* von 1871 (dt. *Vril oder eine Menschheit der Zukunft*), in dem er darstellte, wie die Zukunft der Menschheit von jenen, die die Vril-Kraft am besten verstehen und zu gebrauchen wissen, gestaltet wird.[20] Auch von metaphysischen Vordenkern des Westens wie Rudolf Steiner und Helena Blavatsky, der Leiterin der 1875 in New York gegründeten Theosophischen Gesellschaft, wurde *Vril – the Coming Race* gepriesen.[21]

Die folgende Zusammenfassung der Handlung verweist auf den Glauben der Führer der Thule-Gesellschaft sowie künftiger SS-Funktionäre bezüglich der Vril-Kraft:

> »Im Mittelpunkt des Romans steht ein junger, unabhängiger und wohlhabender Reisender (der Erzähler), der zufällig den Weg in eine unterirdische Welt findet, die von Wesen bevölkert ist, welche Engeln gleichen und sich selbst Vril-ja nennen. Bald darauf bemerkt der Held der Geschichte, dass die Vril-ya Abkömmlinge einer uralten, vorzeitlichen Zivilisation sind, die in einem unterirdischen, durch Tunnel verbundenen Höhlensystem lebt. Es handelt sich um eine Utopie auf der Basis von Hochtechnologie, und die wichtigste Kraft unter ihren Hilfsmitteln ist eine ›alles durchdringende Strömung‹, die ›Vril‹ genannt wird, eine verborgene Energiequelle, die ihre spirituell hochstehenden Hüter durch die Steigerung ihres Willens bis zu einem Grad meistern können, der von ihrer jeweiligen Konstitution abhängt. Sie ermöglicht ihnen den Zugang zu einer außerordentlichen Kraft, die nach Belieben kontrolliert werden kann. Zu diesen Willenskräften

zählt die Fähigkeit, Wesen und Gegenstände zu heilen, zu verwandeln und zu vernichten; vor allem die destruktiven Kräfte sind unglaublich machtvoll und befähigen eine kleine Zahl von Vril-ya-Kindern sogar, ganze Städte auszulöschen, wenn es ihnen notwendig erscheint. Außerdem wird angedeutet, dass die Vril-ya vollkommen über die Fähigkeit der Telepathie verfügen.«[22]

Gerade dieser Punkt, dass Bulwer-Lytton die Telepathie als zentrale, von den Vril-ya genutzte Kommunikationsform hervorhob, ist wichtig zu begreifen. Von der Telepathie glaubten die Vordenker der westlichen Metaphysik wie Blavatsky, dass sie ein Zeichen für höhere Intelligenz sei, die man benötige, um die Vril-Kraft zu verstehen und zu beherrschen. Entsprechend große Aufmerksamkeit brachte die Thule-Gesellschaft der Überprüfung von Behauptungen eines jeden entgegen, der zweifelsfrei telepathische Fähigkeiten bewiesen hatte.

Angeblich hatte sich Maria Oršić bereits 1917 in Wien mit Sebottendorf und drei anderen Mitgliedern der Thule-Gesellschaft getroffen, um bei ihren telepathischen Gesprächen okkulte Themen zu diskutieren.[23] Den Leitern der Thule-Gesellschaft waren die bemerkenswerten telepathischen Fähigkeiten der Oršić daher bewusst, die in der Lage war, in einen Zustand der Volltrance einzutreten und dann mit einer Reihe von Wesen aus anderen Welten zu kommunizieren.

1919 zog die Oršić nach München und nahm Kontakt mit Sebottendorf und der Thule-Gesellschaft auf. Deren Führer glaubten, dass sie – neben einigen anderen – über wichtige Hinweise zur Nutzung der Vril-Kraft verfügte. Mit Feuereifer unterstützten sie daher die Oršić und den Kreis junger Damen mit ähnlichen spirituellen Begabungen, der sich in München um sie gebildet hatte; ungefähr zu dieser Zeit soll die Oršić die »Alldeutsche Gesellschaft für Metaphysik« gegründet haben, die später in »Vril-Gesellschaft (Gesellschaft für Vril-Frauen)« umbenannt wurde.[24]

Ein anderer Name wurde anscheinend 1941 bekannt, als Hitler Geheimgesellschaften verbot. Maria Oršić ließ die Gesellschaft nun als Firma unter dem Namen »Antriebstechnische Werkstätten« registrieren.[25] Die spirituell begabten jungen Frauen gaben an, Techniken für die Kommunikation mit andersweltlichen Lebewesen zu entwickeln und zu lernen, die Vril-Kraft zu beherrschen.

Bereits im Jahr 1919 hatte die Oršić begonnen, Wesen zu channeln, die behaupteten, Außerirdische vom Sternensystem Aldebaran zu sein. Mit Hilfe des automatischen Schreibens füllte sie zahlreiche Seiten mit Texten, die offenbar technische Informationen in zwei Fremdsprachen enthielten, von denen sie eine nicht kannte. Ein anderes bekanntes Medium namens »Sigrun« half dabei, den Inhalt dieser Schriften zu verstehen, indem sie klare geistige Bilder einer Fliegenden Untertasse empfing. Oršić und Sigrun glaubten, diese Informationen enthielten das Wissen, wie man Raumschiffe baut.

Später im selben Jahr trafen sich die Oršić und Sigrun mit Mitgliedern der Thule-Gesellschaft, denen es möglich war festzustellen, dass es sich bei einer der medial empfangenen Sprachen tatsächlich um antikes Sumerisch handelte. Man bat Experten, die auf dem Weg des automatischen Schreibens entstandenen Texte der Oršić zu übersetzen. Die Übertragung bestätigte Sigruns mentale Bilder: Es handelte sich um technische Anleitungen für den Bau einer revolutionären Art von Triebwerk, das ein Raumschiff antreiben könnte. Maria Oršić und die sie unterstützenden Mitglieder der Thule-Gesellschaft gewährten daraufhin verschiedenen Wissenschaftlern Einblick in die übersetzten Texte, um festzustellen, ob sie technisch umsetzbar seien.[26]

Es wird behauptet, dass auch Dr. Winfried Schumann die Angaben der Oršić studierte und sie für wissenschaftlich nutzbar hielt. In der Folge begannen sie sich angeblich zu treffen, um verschiedene Themen zu besprechen, die mit dem Bau des Raumschiffs zusammenhingen. Nach Ansicht des Forschers Rob Arndt fällt der erste Versuch, den Prototyp einer Fliegenden Untertasse zu bauen, in die Zeitspanne von 1922 bis 1924.[27] In diesem Zusammenhang ist sicher bemerkenswert, dass Schumann 1924 seine Professur an der Technischen Universität München antrat und die Leitung des Elektrophysikalischen Labors übernahm.

Mit privater Förderung durch Thule-Mitglieder könnte es Schumann ein Leichtes gewesen sein, anhand der Skizzen, die ihm die Oršić übergeben hatte, einen Prototyp zu bauen, ohne das Risiko einzugehen, seiner Karriere oder seinem Ansehen zu schaden. Jedenfalls hatte seine Kompetenz auf den Gebieten der Hochspannungs-Elektrostatik und Plasmaphysik danach ihren Höhepunkt erreicht. Der Bau von Prototypen auf der Grundlage von Oršićs Modellentwürfen könnte dazu beigetragen haben, vielerlei Informationen über die praktische Anwendung der Elektrostatik hoher Ladungen sowie der Plasmaphysik zu gewinnen.

Es wird auch angenommen, dass die Oršić zusätzliche Informationen von den Aldebaranern channelte, die immer wieder Hinweise für das Raumschiff weitergaben. Schumann entwarf schließlich einen Finanzierungsantrag für den Bau einer ersten Fliegenden Untertasse, der »Jenseitsflugmaschine«:

> »Schumann brauchte zwei Monate, um ein stimmiges wissenschaftliches Dossier zu verfassen, und anschließend noch einmal etwa fünf Monate, um die Finanzierung sicherzustellen, obwohl manche Mitglieder der Thule-Gesellschaft und der DHvSS [Die Herren vom Schwarzen Stein] wohlhabend und begütert waren ...«[28]

Angeblich war Schumann mit der Theorie Viktor Schaubergers (1885-1958) vertraut, der für die Idee der Implosion als fundamentalem natürlichen Prozess der Energieübertragung – und Gegenmodell zur Explosion – Pionierarbeit geleistet hatte. Während die Implosionsprinzipien in Übereinstimmung mit der Natur stünden, sei die Explosion etwas Unnatürliches. Man glaubte, dass man durch die Anwendung der Implosionsprinzipien Effekte produzieren könnte, die der Gravitation trotzten und neue Formen von Energie entstehen ließen. In einer sorgfältigen Biografie über Schauberger wurden seine Ideen zur Energiegewinnung als Teilaspekte verschiedener Flugscheiben- und Freie-Energie-Projekte nachgewiesen, an denen er zeitlebens gearbeitet hat.[29]

SS-Unterlagen zufolge, die nach dem Zweiten Weltkrieg entdeckt wurden, teilte Schumann anscheinend Schaubergers Sichtweise:

> »Überall erkennen wir zwei Prinzipien, die die Ereignisse bestimmen: Licht und Dunkelheit, Gutes und Böses, Schöpfung und Zerstörung – wie wir in der Elektrizität plus und minus kennen. Es gibt immer ein Entwe-

der – Oder. Diese beiden Prinzipien – das Schöpferische und das Zerstörerische – bestimmen auch unsere technischen Mittel ... Alles Zerstörerische hat seinen Ursprung in Satan, alles Schöpferische ist göttlich ... Auch Technologie, die auf Explosion oder Verbrennung beruht, muss daher als satanisch bezeichnet werden. Das kommende neue Zeitalter wird eine Epoche neuer, positiver, göttlicher Technologie sein.«[30]

Nach Quellen, die von Peter Moon, einem Experten für Geheimprogramme, zitiert werden, schaltete die Vril-Gesellschaft Anzeigen, um für die Finanzierung ihres Flugscheiben-Projekts zu werben:

> »Die Vril-Gesellschaft erhielt die benötigten Mittel nicht, obwohl deutsche Zeitungen Werbung machten, um Geld für das Vril-Luftschiff zu sammeln. Die Anzeigen verdeutlichen unmissverständlich, dass sie versuchte, uralte atlantische Technologie nutzbar zu machen, was für die Deutschen der Zwanzigerjahre kein fremdartiges, abwegiges Konzept war.«[31]

Die ersten Modelle Fliegender Untertassen scheiterten offenkundig. Die fortgesetzte Zusammenarbeit zwischen Schumann und Maria Oršić in den folgenden Jahren soll dann aber doch zum Bau funktionierender Untertassen-Prototypen geführt haben. Nach Moon wurde der erste funktionierende Prototyp 1934 gebaut:

> »Zwei besondere Abteilungen wurden gegründet, um sich auf die Entwicklung dieser neuen Flugtechnologie der Vril-Gesellschaft zu konzentrieren: U-13 und SS-E-4. Letztere stand unter der direkten Aufsicht Heinrich Himmlers und war als Entwicklungsgruppe vier der Schwarzen Sonne bekannt [einer Geheimgesellschaft der SS-Elite]. Das hauptsächliche Augenmerk der SS-E ruhte auf der Arbeit von Viktor Schauberger.«[32]

Hier ist nun das Jahr 1931 besonders hervorzuheben: Wie oben schon beschrieben, benennt das Memorandum von General Garland dieses Jahr als den Zeitpunkt, als in Deutschland fortgeschrittene aeronautische Projekte gestartet wurden, welche dann später die nationalsozialistische Regierung weiterverfolgte.

Außerdem bezieht sich Dan Morris auf zwei UFOs oder Fliegende Untertassen, die in den Jahren 1931 und 1932 entdeckt wurden. Eine plausible Erklärung wäre, dass es sich dabei um von Schumann entwickelte Prototypen handelte. Zweifellos qualifizierte ihn seine herausragende wissenschaftliche Kompetenz für ein solches Unternehmen; das spricht auch aus seiner späteren Arbeit im Rahmen von Operation Paperclip auf dem Air-Force-Stützpunkt Wright-Patterson. Am wichtigsten ist hier jedoch die Frage, welche Rolle Maria Oršić und die Vril-Gesellschaft bei der Forschung an Fliegenden Untertassen, die Schumann in den Zwanziger- und Dreißigerjahren höchstwahrscheinlich betrieben hat, eigentlich genau spielten.

Nach den bislang ausgewerteten Quellen begannen die Oršić und die Vril-Gesellschaft während der Zwanzigerjahre mit ihren Forschungen, um auf der Grundlage gechannelter Informationen, die angeblich von einer außerirdischen Rasse im Sternensystem Aldebaran stammten, eine Fliegende Untertasse zu bauen. Daraufhin initiierten sie ein geheimes Programm, das ursprünglich von der Thule-Gesellschaft finanziert wurde und an dem Professor Schumann bereits 1924 beteiligt war. Seine Fachkenntnis und seine Position als Leiter des Elektrophysikalischen Laboratoriums der Technischen Universität München dürften es sicher ermöglicht haben, Vril-Prototypen der Fliegenden Untertassen im Geheimen zu bauen. Laut dem Zeugnis von Stein/Kewper wurden Vril-Prototypen in der Tat erfolgreich entwickelt und später im Rahmen von Operation Paperclip in die USA überführt – möglicherweise, um in der Anlage S-4 in Area 51 erforscht zu werden.

Corey Goode über das Geheime Weltraumprogramm der Vril-Gesellschaft

Was bislang über das Geheime Weltraumprogramm der Vril-Gesellschaft enthüllt wurde, stimmt mit den Informationen überein, von denen Corey Goode behauptet, sie bei der Lektüre geheimer Berichte über die Vril- und die Thule-Gesellschaft, sowie über die der »Schwarzen Sonne«, erlangt zu haben. Goode sagt, die Wesen, mit denen Oršić in spiritueller Kommunikation gestanden habe, seien in Wirklichkeit Angehörige einer uralten, unbekannten menschlichen Zivilisation gewesen, die vorgetäuscht hätten, aus dem Sternensystem Aldebaran zu stammen:

»Die Vril-, Thule-, Schwarze-Sonne-Gesellschaften ... hatten an verschiedenen parallelen Programmen Anteil, in denen es darum ging, eine fortgeschrittene Technologie zu entwickeln. Sie verfügten über gechannelte Informationen, mit deren Hilfe sie antike orientalische Dokumente entschlüsselten, die es ihnen ermöglichten, ähnliche Maschinen wie die unterirdischen menschlichen Zivilisationen der Antike zu bauen, die sich ihnen gegenüber als Außerirdische von einem anderen Sternensystem ausgaben. Eine ganze Reihe dieser antiken Aussteiger-Zivilisationen hat die frühen Geheimen Weltraumprogramme ähnlich beeinflusst, bis man bemerkte, dass sie durchaus keine Außerirdischen, sondern in Wahrheit Menschen aus freiwillig isolierten genetischen Gruppen waren, welche uralten antiken Kulturen entstammten, die einstmals auf der Erdoberfläche existierten. Zuweilen sehen sie ein wenig anders aus als wir, aber sie waren zum großen Teil unsere genetischen Vorfahren.«[33]

Goode hob hervor, wie inbrünstig diese okkulten Gesellschaften an die mystische »Vril«-Energie glaubten, die wesentlich zur Entwicklung der ersten deutschen Flugscheiben-Programme beitrug:

»Die Orden von Vril, Tuhle und der Schwarzen Sonne waren alle an diesen [Geheimen Weltraum-]Programmen beteiligt. Ihre Ideologien und Absichten überschnitten sich. Viele Aspekte der *Star-Wars*-Weltanschauung von ›der Macht‹, den ›Dunklen Lords der Sith‹ und ihren ›Meistern‹ sowie der *Macht der Dunklen Seite*, der *Dunklen Energie* und der *Dunklen Sternenenergie* war bei ihnen eine Mischung aus Wissenschaft und Religion.«[34]

Goode stellt dar, wie die deutschen Geheimgesellschaften es schafften, ihre Unabhängigkeit trotz der späteren Bemühungen der Nazis, sie in ihre Kriegsmaschinerie einzufügen, zu behaupten:

»Die *deutschen Okkultisten* waren seit der Jahrhundertwende, besonders in der Zeit kurz vor, während und nach dem Ersten Weltkrieg, sehr beschäftigt. Ihre großen Durchbrüche hatten sie in den späten Dreißigerjahren, und diese *Geheimgesellschaften* hatten bereits angefangen, im Untergrund ihre eigenen kleinen Zivilisationen aufzubauen, die sie von der *deutschen Kriegsmaschinerie und ihrer Führung* fernhalten konnten.«[35]

Was Maria Oršić betrifft, so behauptet Goode, dass sie den Zweiten Weltkrieg überlebte und an geheime Orte gereist ist, zu denen die NS-Elite in Fliegenden Untertassen entkam. Wenn sie nach dem Krieg in einer Fliegenden Untertasse landete und mit einigen ihrer frühen Kontaktpersonen sprach, gab sie angeblich vor, einer außerirdischen Zivilisation zu entstammen:

»Viele in der *Intel Community* [den Nachrichtendiensten der westlichen Welt, die sich untereinander austauschen] waren zunehmend davon überzeugt, dass Maria Oršić eine der ›Blonden‹ war, die mit UFOs landen, Deutsch mit den Menschen sprachen und vortäuschten, von einem anderen Sternensystem zu kommen. Wenn einigen der UFO-Zeugen ihr Foto gezeigt wurde, hielten sie sie für dieselbe Person, die sie bei dem UFO getroffen hatten.«[36]

Wie bereits erwähnt, berichtete der frühere CIA-Agent, der die Pseudonyme »Stein« und »Kewper« benutzte, in Interviews mit Linda Moulton Howe, dass er auch Dokumente eingesehen habe, die die Beteiligung der Vril-Gesellschaft an den Bestrebungen NS-Deutschlands, Raumschiffe zu bauen, detailliert belegen. Er teilte den Inhalt einer Akte mit, in der Vril-Technologien und die Beziehungen zu außerirdischem Leben behandelt werden:

»Ich sagte, dass dort Medien waren, die zu Außerirdischen Kontakt hatten, und dass es Nachrichten von Außerirdischen gab, in denen beschrieben wurde, wie man den Levitationsapparat für das Antigravitationstriebwerk bauen soll.«[37]

Steins/Kewpers Zeugnis untermauert Goodes Behauptung, dass er Geheimdokumente eingesehen hat, welche die Beteiligung der Oršić am Bau der ersten Flugscheiben-Prototypen belegen, die von Vril- und Thule-Gesellschaft auf der Basis ihrer Kommunikation mit einer außerirdischen Rasse entwickelt worden seien. Es ist also sehr wahrscheinlich, dass Schumann während der Zwanziger- und bis hinein in die Dreißigerjahre an Flugscheiben-Prototypen als praktischen Anwendungen von Hochspannungs-Elektrostatik und Plasmaphysik gearbeitet hat. Aber erst in den Dreißigerjahren war dem Geheimen Weltraumprogramm der Vril-Gesellschaft endlich Erfolg beschieden. Goode nimmt an, dass Elektrostatik und Plasma auf der Grundlage von Quecksilber – auf beides war Schumann spezialisiert – für die Antriebssysteme der Vril-Luftschiffe verwendet wurden:

> »Das erste Raumschiff, das sie bauten, verwendete Quecksilber-Turbinen, und es wurden auch Elektrogravitationstriebwerke entwickelt.«[38]

Bis 1931 hat Schumann wahrscheinlich die ersten Prototypen seiner Flugscheiben entwickelt, wie in dem Garland-Memorandum behauptet wird. Die Abstürze von UFOs oder Fliegenden Untertassen, zu denen es nach Dan Morris' Bericht in den Jahren 1931 und 1932 angeblich kam, waren möglicherweise gescheiterte Testflüge. Diese Dokumente und Ereignisse stimmen mit Goodes Darstellung der Geschichte der Vril-Weltraumtechnik und der dabei verwendeten Technologien überein.

Im Jahre 1931 gab es in Deutschland noch die Weimarer Republik, aber die Große Depression in den USA, ausgelöst durch den Börsencrash am Schwarzen Donnerstag im Oktober 1929, ließ auch sie die weltweite ökonomische Rezession spüren. Die Weimarer Republik war politisch und militärisch schwach, und die Kriegsreparationen zogen es nach sich, dass ihre wirtschaftlichen Herausforderungen weitaus größer waren als die anderer europäischer Staaten, die ebenfalls unter der Großen Depression zu leiden hatten. Doch Deutschland war eine demokratische Nation mit einem großen wissenschaftlichen Genius und wohlhabenden Landbesitzern, die bereit waren, visionäre Projekte zu unterstützen, um Deutschlands Größe wiederherzustellen.

Dieses Deutschland von Weimar war der ideale Ort für die Entwicklung eines geheimen zivilen Weltraumprogramms, das die Menschheit zu den Sternen befördern würde. Professor Schumann sorgte für das wissenschaftliche Fachwissen, während Geheimgesellschaften wie Vril und Thule die finanzielle Förderung für die Konstruktion der Flugscheiben-Prototypen begünstigten.

Im Januar 1933 begann freilich eine seltsame dunkle Wolke über der Weimarer Republik aufzuziehen. Adolf Hitler wurde zum deutschen Reichskanzler ernannt, und seine Nazi-Partei fing an, ihren Einfluss auf alle Bereiche der deutschen Gesellschaft gewaltsam auszudehnen. Vielleicht war es ein Ausdruck dieser eigenartigen dunklen Wolke, dass – wie Dokumente enthüllen – im nahegelegenen Italien im Juni 1933 eine Fliegende Untertasse abstürzte und von Regierungsbeamten entdeckt wurde. Handelte es sich um den Absturz eines von Schumann gebauten Flugscheiben-Prototyps? Wenn es so war, wird das faschistische Italien nicht lange gebraucht haben, um die Wahrheit hinter dem Unfall herauszufinden und die Bauweise der Fliegenden Untertassen zu studieren – mit dem Ziel, selbst ein eigenes offizielles Flugscheiben-Programm unter Anwendung innovativer Antigravitationsprinzipien ins Leben zu rufen.

Anmerkungen

1 »Memorandum for General Samford«, http://www.project1947.com/fig/1952a.htm (aufgerufen am 29.07.2015)
2 Bericht von Kenneth Arnold, http://www.project1947.com/fig/ka.htm (aufgerufen am 29.07.2015)
3 Bericht von Kenneth Arnold, http://www.project1947.com/fig/ka.htm (aufgerufen am 29.07.2015)
4 Bericht von Kenneth Arnold, http://www.project1947.com/fig/ka.htm (aufgerufen am 29.07.2015)
5 »Mantell UFO incident«, Wikipedia, http://en.wikipedia.org/wiki/Mantell_UFO_incident (aufgerufen am 29.07.2015)
6 Die biografischen Angaben über Schumann stammen aus Wikipedia, https://en.wikipedia.org/wiki/Winfried_Otto_Schumann (aufgerufen am 29.07.2015). Siehe auch George Romero, *The Rescue* (Createspace, 2011), 357.

7 George Romero, *The Rescue* (Createspace, 2011), 357-358.

8 Weitere Informationen bei Richard Sauder, *Hidden in Plain Sight: Beyond the X-Files* (Keyhole Publishing, 2011). Siehe auch »Vorticular Madness Of The Dark Magicians«, https://truthtalk13.wordpress.com/category/operation-paperclip/ (aufgerufen am 11.08.2015)

9 »What is a Schumann Resonance?«, http://image.gsfc.nasa.gov/poetry/ask/q768.html (aufgerufen am 29.07.2015)

10 Dan Morris in Steven Greer, *Disclosure: Military and Government Witnesses Reveal the Greatest Secrets in Modern History* (Crossing Point, 2001), 363.

11 Linda Moulton Howe, *Earthfiles*, http://www.earthfiles.com/news.php?ID=1503&category=Real+X-Files (aufgerufen am 24.09.2014)

12 Näheres über das Zeugnis des CIA-Agenten in: »Eisenhower threatened to invade Area 51 former US Congress members hear testimony«, http://exopolitics.org/eisenhowerthreatened-to-invade-area-51-former-us-congress-members-hear-testimony/ (aufgerufen am 08.08.2015)

13 Linda Moulton Howe, *Earthfiles*, http://www.earthfiles.com/news.php?ID=1501&category=Real+X-Files (aufgerufen am 24.09.2014)

14 Interview mit Corey Goode vom 19. Mai 2014: »Corporate bases on Mars and Nazi infiltration of US Secret Space Program«, http://exopolitics.org/corporate-bases-on-mars-and-nazi-infiltration-of-us-secret-space-program/ (aufgerufen am 30.06.2015)

15 Zur Frage, warum die Oršić ihr Flugscheiben-Programm geheimgehalten haben könnte, siehe hier: Maximillian Lafayette, *Maria Orsic: The Woman Who Originated and Created Earth's First Flying Saucers*, Vol 2 (*Art, UFOs & Supernatural Magazine*, 2013), 177-178.

16 »Thule Society«, *Wikipedia*, http://en.wikipedia.org/wiki/Thule_Society (aufgerufen am 06.06.2015)

17 »German Workers' Party«, *Wikipedia*, http://en.wikipedia.org/wiki/German_Workers%27_Party (aufgerufen am 06.06.2015)

18 »Rudolf Hess«, *Wikipedia*, http://en.wikipedia.org/wiki/Rudolf_Hess (aufgerufen am 06.06.2015)

19 »Ahnenerbe«, *Wikipedia*, https://en.wikipedia.org/wiki/Ahnenerbe (aufgerufen am 06.06.2015)

20 Ursprünglich veröffentlicht als *The Coming Race*. Online auf Englisch erhältlich unter: http://www.theosophical.ca/books/VrilThePoweroftheComingRace_EBulwer-Lytton.pdf (aufgerufen am 29.07.2015). Es gibt zahlreiche deutsche Buchausgaben.

21 »Thule Society«, *Wikipedia*, http://en.wikipedia.org/wiki/Theosophical_Society (aufgerufen am 06.06.2015)

22 »Vril«, *Wikipedia*, http://en.wikipedia.org/wiki/Vril (aufgerufen am 05.06.2015)

23 »Maria Orsic«, http://1stmuse.com/maria_orsitsch/ (aufgerufen am 06.06.2015)

24 »Maria Orsic«, http://1stmuse.com/maria_orsitsch/ (aufgerufen am 06.06.2015)

25 »Maria Orsic«, http://1stmuse.com/maria_orsitsch/ (aufgerufen am 06.06.2015)

26 Eine Zusammenfassung dieser Ereignisse liefert Peter Moon, *The Black Sun: Montauk's Nazi-Tibetan Connection* (Skybooks, 1997), 172ff. – Dt. Ausgabe: *Die Schwarze Sonne*, Michaels Verlag, Peiting 1999.

27 Rob Arndt nimmt 1922 an: »Otherworld Flight Machine (1922-24)«, http://discaircraft.greyfalcon.us/JFM.htm (aufgerufen am 29.07.2015)

28 Maria Oršić, »The Woman who orginated and created Earth's Flying Saucers«, in: *Art, UFOs & Supernatural Magazine*, Vol. 2/2013, 25

29 Alick Bartholomew, *Hidden Nature: The Startling Insights of Victor Schauberger* (Floris Books). – Dt. Ausgabe: *Das Verborgene in der Natur*, AT Verlag, Aarau 2006.

30 Peter Moon, *The Black Sun: Montauk's Nazi-Tibetan Connection* (Skybooks, 1997), 173.

31 Peter Moon, *The Black Sun: Montauk's Nazi-Tibetan Connection*, 175.

32 Peter Moon, *The Black Sun: Montauk's Nazi-Tibetan Connection*, 175.

33 Interview mit Corey Goode vom 19. Mai 2014: »Corporate bases on Mars and Nazi infiltration of US Secret Space Program«, http://exopolitics.org/corporate-bases-on-mars-and-nazi-infiltration-of-us-secret-space-program/ (aufgerufen am 30.06.2015)

34 Interview mit Corey Goode vom 19. Mai 2014: »Corporate bases on Mars and Nazi infiltration of US Secret Space Program«, http://exopolitics.org/corporate-bases-on-mars-and-nazi-infiltration-of-us-secret-space-program/ (aufgerufen am 30.06.2015)

35 Interview mit Corey Goode vom19. Mai 2014: »Corporate bases on Mars and Nazi infiltration of US Secret Space Program«, http://exopolitics.org/corporate-bases-on-mars-and-nazi-infiltration-of-us-secret-space-program/ (aufgerufen am 30.06.2015)

36 Interview mit Corey Goode vom 19. Mai 2014: »Corporate bases on Mars and Nazi infiltration of US Secret Space Program«, http://exopolitics.org/corporate-bases-on-mars-and-nazi-infiltration-of-us-secret-space-program/ (aufgerufen am 30.06.2015)

37 Linda Moulton Howe, *Earthfiles*, http://www.earthfiles.com/news.php?ID=1503&category=Real+X-Files (aufgerufen am 24.09.2014)

38 Interview mit Corey Goode vom 19. Mai 2014: »Corporate bases on Mars and Nazi infiltration of US Secret Space Program«, http://exopolitics.org/corporate-bases-on-mars-and-nazi-infiltration-of-us-secret-space-program/ (aufgerufen am 30.06.2015)

3 Geheime Geschäfte: UFO-Waffenprogramme der Nationalsozialisten und Faschisten

Die erste dokumentierte Forschung an einer hoch entwickelten Fliegenden Untertasse kann in das faschistische Italien zurückverfolgt werden. Am 13. Juni 1933 gelangte Benito Mussolini (1883-1945) in den Besitz eines UFOs, dessen Ursprung und untertassenartige Bauweise unbekannt waren. Als eine der in der Luftfahrt führenden Nationen der Welt hatte Italien die Möglichkeit, vergleichende Untersuchungen fortgeschrittener Technologien zu betreiben, die die Luftfahrt-Industrie letztlich verändern sollte.

Vierzehn Jahre vor dem berühmten Absturz einer Fliegenden Untertasse bei Roswell wurde die Weltöffentlichkeit 1947 über Dokumente aus der faschistischen Ära informiert, die enthüllten, dass Italien über eine äußerst fortschrittliche Luftfahrttechnologie unbekannter Herkunft verfügt hat, die geeignet war, das globale Machtgleichgewicht zu verändern. Die Frage lautete also: Mit wem würde Italien seine unglaubliche Entdeckung teilen? Sollten es die britischen und amerikanischen Alliierten des Ersten Weltkriegs sein oder das neu an die Macht gekommene NS-Regime unter der Führung Adolf Hitlers? Mit welcher der Großmächte würde Mussolini zusammenarbeiten, um die aufgefundene Fliegende Untertasse zu erforschen? Und vielleicht noch wichtiger war die Frage, welche dieser Nationen im Geheimen ein solches außergewöhnliches Luftfahrzeug entwickelte? Mussolini sollte seine Geheimdienst-Netzwerke herausfinden lassen, um wen es sich handelte, und dann eine Kooperation mit der betreffenden Nation beginnen, um diese Technologien richtig zu verstehen und zu entwickeln.

In den späten Neunzigerjahren wurden Forschern achtzehn geleakte Dokumente aus dem faschistischen Italien der Dreißigerjahre zugänglich gemacht, bei denen es um UFOs geht.[1]

Die Akten waren angeblich offizielle Dokumente, die von jemandem verbreitet wurden, der sie von einem früheren hochrangigen Insider des italienischen Geheimdienstes geerbt hat. Anders als die staatlichen Dokumente der USA, bei denen es sich um Kopien geleakter UFO-Akten handeln soll, waren die italienischen Unterlagen Originale. Dies ermöglichte eine forensische Analyse, um Alter und Echtheit zu bestimmen. Nach einer solchen Untersuchung, die die Möglichkeit ausschloss, dass es sich um moderne Fälschungen handeln könnte, verbreiteten italienische Forscher die Dokumente und ihre Erkenntnisse. Unter den Akten waren Dokumente, die einen UFO-Absturz im Jahre 1933 in der Lombardei erwähnen und von einer hoch entwickelten Maschine reden, die einer Fliegenden Untertasse geähnelt habe. Man gründete sodann eine streng geheime Organisation, um das gefundene Gerät sowie die wachsende Zahl von UFO-Sichtungen zu studieren.

Einer der führenden italienischen Forscher auf dem Gebiet dieser staatlichen Dokumente aus Italien ist Alfredo Lissini. Hier folgt seine Beschreibung des Absturzes von 1933:

»13. Juni 1933. Ein rundes Objekt, das einem Paar an den Rändern verbundener Untertassen gleicht, stürzt in der Nähe der Stadt Maderno in der Lombardei [Norditalien] ab. Das Objekt aus einem dünnen, silbergrauen Metall misst rund 50 Fuß [15 Meter] im Durchmesser und ist weniger als 7 Fuß [2,13 Meter] hoch. Auf der Oberseite ragen zwei antennenartige Teile in entgegengesetzten Richtungen von einer deltaförmigen Struktur auf, die von einem durchsichtigen Beobachterstand umschlossen ist. Zwei Röhren sind an einer Stelle verbunden, wo die Form von der flachen Unterseite aus ansteigt; jede ist mit weiteren Paaren länglicher Teile verschlungen. Elf Bullaugen laufen in gerader Linie an jeder Seite der oberen Hälfte des Fluggerätes entlang. Weitere acht befinden sich auf seinem unteren Abschnitt, wiederum auf beiden Seiten, jedoch in der Mitte ihrer Reihe von drei ovalen Fenstern in einer Art rechteckigen Luke unterbrochen. Zusätzlich sind noch sechs schmalere, ovale Fenster oder Scheinwerfer an jedem Ende der Maschine angeordnet, die durch den Absturz erheblich beschädigt wurde. Eine Besatzung wurde in dem Objekt nicht angetroffen.«[2]

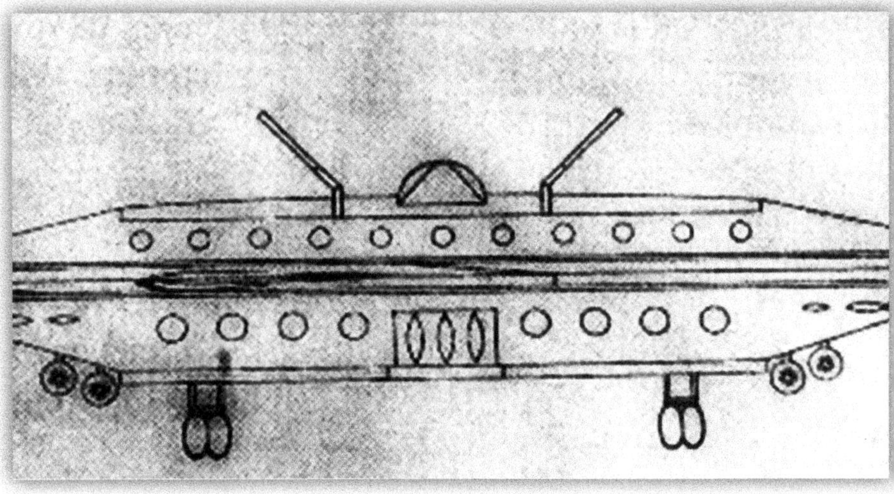

Abb. 10. Ein Dokument aus der Zeit des Faschismus enthält diese Zeichnung eines abgestürzten UFOs.

Lissini fährt mit einer Beschreibung der Geheimorganisation fort, die gegründet worden war, um das entdeckte UFO zu erforschen:

»Der Duce gründete das Kabinett RS/33 (›Forschung/Spionage 1933‹). Dessen Hauptquartier war an der angesehenen Universität La Sapienza in Rom, und das erste MJ-12 begann unter der Führung von Marconi, die Situation abgestürzter UFOs in Italien zu ermitteln.

›Unter den Mitgliedern des Kabinetts … waren viele der namhaftesten italienischen Wissenschaftler, Mitglieder der Königlich-Italienischen Akademie der Wissenschaften‹, darunter der berühmte Turiner Astronom Gino Cecchini. Marconis politischer Assistent. Um Zensur und öffentliche Desinformation sicherzustellen, beauftragten sie den Meisterspion Tommaso David mit Codenamen ›De Santi‹, einen der führenden Spione Italiens.«[3]

Die geleakten Dokumente legen dar, wie der Flugscheiben-Fund im Geheimen studiert und die Öffentlichkeit über das Geschehene in die Irre geführt wurde.

»Es gab auch einen Brief aus dem Senat, der detailliert die Strategie beschrieb, die nach der Bergung des UFOs zu verfolgen war; dazu gehörten die Zensur der Zeitungen, die Inhaftierung der Augenzeugen durch die OVRA [Organizzazione di Vigilanza e Repressione dell'Antifascismo, Organisation zur Überwachung und Bekämpfung des Antifaschismus = die politische Polizei der italienischen Regierung], die Ausarbeitung einer Reihe von konventionellen Erklärungen für die Scheibe (Ballons, Meteoriten, ein Wetterphänomen), mit denen die Öffentlichkeit vom Astronomischen Observatorium von Breara in Mailand gefüttert werden sollte, sowie die Benachrichtigung des Präfekten [Titel eines höheren Verwaltungsbeamten, beispielsweise dem Leiter des Nachrichtendienstes].«[4]

Das geheime Komitee, das zur Erforschung der Entdeckung einberufen worden war, unterstand der direkten Aufsicht von Benito Mussolini und seinem Schwiegersohn Galeazzo Ciano, der 1936 italienischer Außenminister und damit zweitmächtigster Mann im faschistischen Italien wurde:

»Aufgrund dieser einen Bergung wurde das streng geheime Kabinett RS/33 an der Universität La Sapienza geschaffen. Die einzigen unmittelbaren Kontrolleure von RS/33 waren Benito Mussolini, Graf Galeazzo Ciano (Mussolinis Schwiegersohn und Außenminister Italiens) und der italienische Luftwaffengeneral Italo Balbo. Es war damit beauftragt, sowohl zu erforschen als auch zu verschleiern, was die Dokumente ›ungewöhnliche Flugobjekte‹ oder ›Aeromobile‹ nannten.«[5]

Marconi wurde nicht zuletzt aufgrund des Verdachts, dass die aufgefundene Flugscheibe außerirdischen Ursprungs sein könnte, mit der Leitung von Kabinett RS/33 betraut:

»Das Kabinett RS/33 hatte Verbindungen zur faschistischen Geheimpolizei OVRA und zur ›Agenzia Stefani‹, der neuen Behörde des Regimes mit der Aufgabe, faschistische Propaganda zu verbreiten. Geleitet wurde das Kabinett RS/33 von dem italienischen Physiker Guglielmo Marconi (der für seinen Glauben an Marsbewohner bekannt war, obwohl er niemals eine aktive Rolle im Kabinett spielte und als Vertretung stets den Astronomen Gino Cecchini aus Turin schickte). Marconi glaubte, dass es außerirdisches Leben auf dem Mars gäbe und dass ein Kontakt zu den ›Marsianern‹ mit Hilfe starker Funkwellen möglich wäre. Vielleicht wurde er wegen dieser Überzeugung zum Leiter des RS/33 ernannt, nachdem bekannt geworden war, dass es sich bei der entdeckten Flugscheibe nicht um ein Artefakt aus einem westlichen Land handelte – insbesondere einem Feind Italiens.«[6]

Die italienischen Dokumente bezogen sich noch auf weitere Sichtungen Fliegender Untertassen in der Vorkriegszeit, die vom Kabinett RS/33 untersucht wurden. Eine dieser Sichtungen trat im Jahr 1936 auf und wurde damals von einem Geheimagenten gemeldet, der den Namen »Andrea« verwendete und eine Skizze der »metallischen Scheibe« anfertigte:

»Sie wurde am Montagmorgen (nicht am Abend) gesichtet, wie er schreibt, und es war eine metallische Scheibe von zehn oder zwölf Metern Länge, die glänzend poliert war und das Licht reflektierte. Zwei Flieger einer nahegelegenen Basis hoben ab, waren aber nicht imstande, sie mit 130 km/h zu erreichen. Von dem Fluggerät gingen keine Geräusche aus, was zu der Annahme eines Ballons führen könnte. Niemand kennt aber Ballons, die schneller als der Wind fliegen können. Ich weiß mit Sicherheit, dass sie auch von anderen Flugzeugpiloten gesichtet wurde … Er [der Bericht] wurde Ciano übergeben.«[7]

1936 gab es noch ein weiteres Ereignis, bei dem zwei Scheiben eine größere, zigarrenförmige Flugmaschine begleiteten (siehe Abb. 12). Das italienische Dokument liefert einen Beleg dafür, dass jemand in Europa 1936 möglicherweise nicht nur Flugscheiben baute, sondern auch erheblich größere zigarrenförmige Maschinen, die beide auf ungewöhnliche Weise angetrieben wurden.

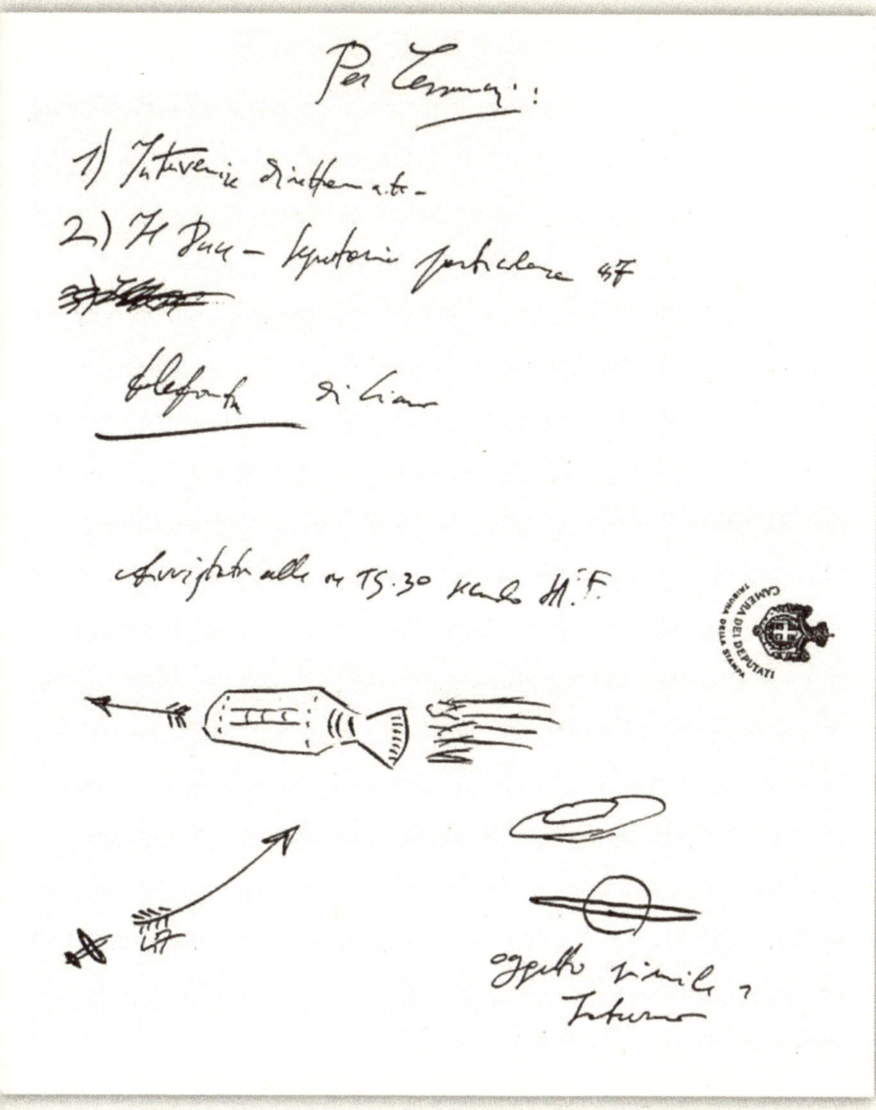

Abb. 11. Ein Dokument aus der Zeit des Faschismus zeigt UFOs.

Im weiteren Verlauf seines Berichts bezog sich der Agent Andrea auf einen Zwischenfall mit einer Fliegenden Untertasse im Jahre 1931 sowie auf die Sorge, dass Frankreich oder Großbritannien für die Flugmaschine verantwortlich sein könnten:

»Das Dokument teilt mit, dass die Präfektur eine Untersuchung begonnen habe, aber man kann sich vorstellen, dass dabei wenig herauskommt und das Ergebnis ähnlich aussehen wird wie 1931. Der Duce hat seine Zweifel zum Ausdruck gebracht, als er sagte, wenn es sich um ein englisches oder französisches Flugzeug handle, müsse er seine Außenpolitik völlig neu ausrichten.«[8]

Während der Ort des Unfalls von 1931 nicht erwähnt wird, ist doch bemerkenswert, dass es sich um dasselbe Jahr handelt, das in dem Memorandum von General Garland (in Kapitel 2 behandelt) als Schlüsseljahr für die Entwicklung der Luftfahrt in Deutschland erwähnt wird. Morris erwähnte auch, dass 1931 in Deutschland ein Luftfahrzeug entdeckt wurde. Es ist gut möglich, dass dieses aufgefundene UFO mit den von Schumann in München getesteten Prototypen zu tun hatte.

Der Bericht des Agenten Andrea deutet an, dass das Kabinett RS/33 im Jahr 1936 noch immer daran arbeitete herauszufinden, wer für den Bau der im selben Jahr gesichteten Flugscheibe und des größeren zigarrenförmigen Raumschiffes verantwortlich war. Nach Roberto Pinotti, einem der tonangebenden Persönlichkeiten bei der Erforschung der italienischen UFO-Dokumente, stand auch Deutschland auf der Liste der Länder, die in Mussolinis Augen hinter den gesichteten UFOs stecken könnten.[9]

Als das Kabinett RS/33 die Erforschung des 1933 entdeckten UFOs und die Beobachtung ähnlicher Flugobjekte in den folgenden Jahren fortsetzte, wurde es wahrscheinlich, dass Mussolini irgendwann feststellte, dass das NS-Deutschland damit zu tun hatte. Das UFO von 1933 im Besitz Italiens und/oder die späteren Sichtungen gehörten entweder zu dem streng geheimen, sehr hoch entwickelten Luftfahrt-Programm der Nazis oder standen mit diesem in Zusammenhang.

Sollte Schumann 1931 in seinem Elektrophysikalischen Labor an der Technischen Universität München Prototypen gebaut haben, dann ist es möglich, dass der Absturz in Italien 1933, ebenso wie das Vorkommnis von 1931, gescheiterte Test waren. Die Entfernung von

Modena in Italien (wo das Flugobjekt gefunden wurde) zu München beträgt nur rund 300 Meilen oder 500 Kilometer.

Adolf Hitler war am 30. Januar 1933 von Reichspräsident Paul von Hindenburg zum deutschen Reichskanzler ernannt worden. Nach Hindenburgs Tod am 2. August 1934 vereinigte Hitler die Ämter und Befugnisse von Kanzler- und Präsidentschaft, um Deutschlands unumstrittener Führer zu werden. Rudolf Hess, ein frühes prominentes Mitglied der Thule-Gesellschaft, war das Geheime Weltraumprogramm der Vril-Gesellschaft bekannt. Als Hitlers Stellvertreter könnte er ein hohes Interesse an der Weiterentwicklung der UFO-Prototypen und deren Auswirkungen auf das NS-Deutschland gehabt haben.

Nachdem Hitlers Regime in der zweiten Hälfte des Jahres 1934 die vollständige Macht in Deutschland übernommen hatte, wurden Schumanns Arbeiten und das Geheimprogramm der Vril-Gesellschaft der Aufmerksamkeit der führenden NSDAP-Funktionäre nahegebracht. Nach Peter Moon, dem Autor von *The Black Sun: Montauk's Nazi-Tibetan Connection* (»Die Schwarze Sonne: Montauks Nazi-Tibet-Verbindung«),

> »wurden zwei spezielle Abteilungen eingerichtet, um sich auf die Entwicklung dieser neuen Flugtechnologie der Vril-Gesellschaft zu konzentrieren: U-13 und SS-E-14. Letztere stand unter der direkten Kontrolle von Heinrich Himmler und war als Entwicklungsgruppe vier der Schwarzen Sonne bekannt. Das Hauptaugenmerk von SS-E-4 war auf die Arbeit von Viktor Schauberger gerichtet.«[10]

Auf der Basis von Vril-Technologien begann die SS, ihre eigenen Flugscheiben-Modelle zu bauen. Im Jahre 1938 hatte sie damit bereits einigen Erfolg erzielt:

> »An die Arbeiten Schaubergers und der Vril-Gesellschaft anknüpfend, fing Himmlers SS-E-4 an, ihre eigenen Flugscheiben zu konstruieren. Gegen Ende des Jahres 1938 bauten sie tatsächlich untertassenförmige Flugmaschinen.«[11]

Dem früheren CIA-Whistleblower Stein/Kewper zufolge wusste der britische Geheimdienst von dem UFO-Programm der Nazis:

»Wir fanden eine weitere Akte über die Vril-Technologie. Das Erste, worauf wir stießen, als wir sie öffneten, war ein britisches Geheimdokument aus den Dreißigerjahren vor Beginn des Zweiten Weltkriegs. Es zeigte, dass die Deutschen in Peenemünde eine Flugscheibe mit einem völlig anderen Antriebssystem entwickelt hatten. Der Geheimdienst wusste nicht genau, um was für eine Art von Antrieb es sich handelte, aber ihm war bekannt, dass diese Maschine keine fossilen Brennstoffe verbrannte. Sie verfügte über einen Levitationsapparat – so, glaube ich, stellten sie es in dem Dokument dar.«[12]

Weiterhin beschreibt Peter Moon, wie die SS bis 1939 ihre erste voll einsatzfähige Fliegende Untertasse, genannt *Haunebu 1* (siehe Abb. 13), entwickelte:

»Bis 1939 hatte die SS aus ihren Fehlern gelernt und die RFZ-4 neu konzipiert. Sie ließ ein Fluggerät für große Distanzen bauen, das 65 Fuß [20 Meter] lang und anfangs als RFZ-5 bekannt war. Später wurde ihm der Name *Haunebu* oder *Haunebu 1* gegeben.«[13]

Moons Behauptung wird von Stein/Kewper bestätigt, der angibt, 1958 in der Anlage S-4 vier Fliegende Untertassen der Nazis gesehen zu haben:

»Die Scheibe ganz am Ende war sehr groß, und Colonel Jim sagte, dass es sich dabei um eine deutsche, im Jahr 1938 gebaute Flugscheibe handele, die auf einem höheren Gestell aufgebaut worden sei, da sie an der Unterseite eine Vorrichtung für eine Kanone hätte, die von den Deutschen als ›Todesstrahler‹ bezeichnet worden sei. Sie hatte eine andere Form als die anderen beiden (die kleinen Vril-)Maschinen, war von dunklerer Farbe und hatte einen höheren Aufbau, der etwa 10 oder 12 Fuß [3 bis 3,7 Meter] über die Untertasse hinausragte. Der Durchmesser betrug ungefähr 50 oder 60 Fuß [15 bis 18,3 Meter].«[14]

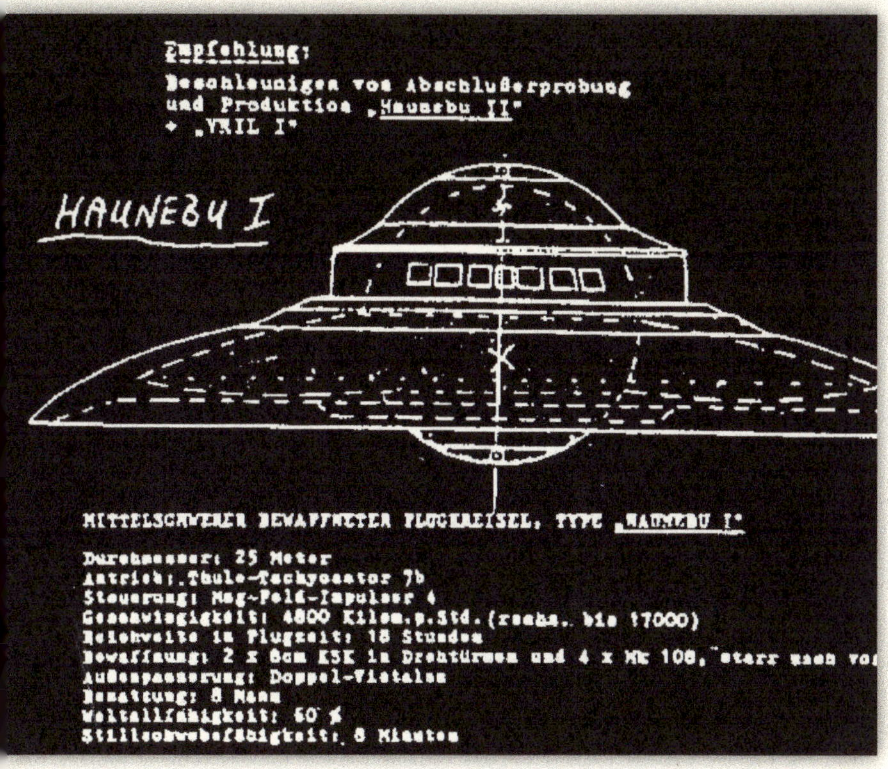

Abb. 12. Eine Blaupause der Flugscheibe Haunebu 1

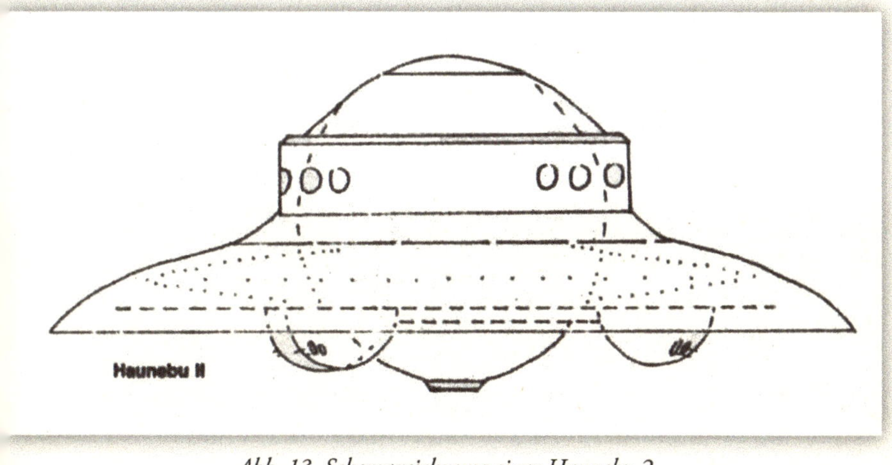

Abb. 13. Schemazeichnung einer Haunebu 2

Gegen Ende des Jahres 1942 soll die SS, wie Moon mitteilt, ihre *Haunebu 2* (oder RFZ-6) fertiggestellt haben. Sie hatte einen Umfang von 100 Fuß [30,48 Meter], war in der Mitte 30 Fuß [9,14 Meter] hoch und konnte mit einer Geschwindigkeit von Mach 4 [4.939 km/h] in die Erdatmosphäre und darüber hinaus in den offenen Weltraum reisen.[15] Laut Moon ließ die SS daraufhin die *Haunebu 3* entwickeln, die mit Mach 10 [12.348 km/h] fliegen und 32 Mann Besatzung transportieren konnte.[16]

Die entscheidende Frage, die sich nun stellt, lautet: Welche Teile des Weltraumprogramms der Vril-Gesellschaft hat die NSDAP unter ihre Kontrolle gebracht, um diese Technologien als Waffen zu nutzen? Nach den üblichen historischen Deutungen misstraute Hitler den Geheimgesellschaften und verbot sie 1942. Allerdings wurde bei der Vril-Gesellschaft, die zur Gründung der Gesellschaft der Schwarzen Sonne innerhalb Himmlers SS geführt hatte, verschiedenen Quellen zufolge eine Ausnahme gemacht. Peter Moon, der Autor des Buches *The Black Sun: Montauk's Nazi-Tibetan Connection* (»Die Schwarze Sonne: Montauks Nazi-Tibet-Verbindung«), sagt dazu:

> »Die Vril-Gesellschaft hatte ihren Ursprung zur selben Zeit wie die Thule-Gesellschaft, als Karl Haushofer die ›Brüder des Lichts‹ gründete. Diese Organisation wird manchmal auch als ›Leuchtende Loge‹ bezeichnet. Schließlich wurde diese Gruppierung in ›Vril-Gesellschaft‹ umbenannt, als sie zunehmend bekannt wurde und drei größere Gesellschaften vereinigte: die Herren vom Schwarzen Stein, die 1917 aus dem Germanen-Orden hervorgegangen waren, die Schwarzen Ritter der Thule-Gesellschaft und die Schwarze Sonne, die später mit der Elite von Heinrich Himmlers SS identifiziert wurde. Während sich die Thule-Gesellschaft zuletzt vor allem materialistischen und politischen Zielen verschrieb, richtete die Vril-Gesellschaft schließlich ihre Aufmerksamkeit auf die ›andere Seite‹.«[17]

Oršić und der Vril-Gesellschaft wurden aufgrund ihres großen okkulten Ansehens, ihrer angeblichen Kommunikation mit Außerirdischen und mit Thule sowie der engen Beziehungen zu Himmlers SS und deren Elite der Schwarzen Sonne ein gewisser Grad an Unabhängigkeit zugestanden.

Die Unabhängigkeit der Vril-Gesellschaft und ihres von Oršić und Schumann geleiteten UFO-Programms führten zu einem Ausbau paralleler Raumfahrtprogramme im Hitler-Deutschland. Auch Corey Goode behauptet, dass solche Weltraumprogramme im NS-Deutschland aufkamen und Geheimgesellschaften umfassten: »Die Gesellschaften Vril, Thule und Schwarze Sonne … wurden in verschiedene parallele Programme einbezogen, um eine fortgeschrittene Technologie zu entwickeln.«[18]

Dies mag für eine totalitäre Gesellschaft merkwürdig erscheinen, macht aber beträchtlichen Sinn angesichts der konkurrierenden NS-Fraktionen, die Hitler gegeneinander ausspielte, um seine unumschränkte Führerschaft zu behaupten. Albert Speer, der im nationalsozialistischen Deutschland von 1942 bis 1945 Reichsminister für Bewaffnung und Munition war, beschrieb in seinen Memoiren *Inside the Third Reich*, der amerikanischen Ausgabe seiner *Erinnerungen*, dass Hitler einander widerstreitende Fraktionen gerne in dieser Weise manipulierte.[19] Entsprechend kann es durchaus möglich gewesen sein, dass er die Bildung paralleler Weltraumprogramme unterstützte. Ein Programm hätte dann der Vril-Gesellschaft und Oršić unterstanden, ein anderes der »Schwarzen Sonne« wäre offiziell mit Himmlers SS assoziiert gewesen. Letzteres hätte als Ableger der SS gedient, die eigens vom ersten Programm für kriegerische Zwecke entwickelte Technologien verwendet hätte.

Zuverlässige Quellen beschreiben die schwierige Beziehung zwischen Himmlers SS und Oršićs Vril-Gesellschaft mit Blick darauf, wie die Geheimen Weltraumprogramme geleitet wurden und welche Rolle sie im Rahmen der gesamten Kriegsanstrengungen spielen sollten. Es gibt gute Gründe für die Annahme, dass die Beziehung angespannt war, wenn man Oršićs eher friedlichen metaphysischen Hintergrund und Himmlers Wunsch nach neuen Waffensystemen bedenkt, die den Zielen des baldigen NS-Krieges hatten dienen sollen. Obwohl das Folgende eine undokumentierte Zusammenfassung ist, passt es genau zu dem, was über die Persönlichkeiten und Fraktionen innerhalb des NS-Weltraumprogramms bekannt ist.

»Himmler fühlte sich von Maria Oršićs stetig wachsendem Einfluss bedroht und teilte Hitler bei zwei Gelegenheiten mit, dass ihr aufgrund ihrer unberechenbaren Haltung nicht zu trauen sei und sie enge Verbindungen zu den Juden habe … Hitler sagte nur: ›Wir brauchen sie derzeit noch, aber behalte sie im Auge …‹, und fügte hinzu: ›Ich traue Geheimgesellschaften nicht …‹ Himmler sowie die SS-Generäle Jakob Sporrenberg und Hans Kammler hielten Maria Oršić isoliert und hinderten sie daran, Zugang zu Adolf Hitler zu erlangen. Obwohl die Treffen ihrer [Vril-] Gesellschaft exklusiv den Mitgliedern vorbehalten blieben, die sie persönlich eingeladen hatte, waren Himmlers SS-Offiziere und Agenten der Gestapo doch bei allen Versammlungen anwesend. Gleichwohl wusste Himmler sehr genau, dass Oršićs Interesse am Bau einer Super-Flugmaschine vornehmlich metaphysischer Natur war und dass sie niemals irgendwelche Konzessionen an die Kriegstreiberei der Nazis gemacht hatte. Himmler sah sie nie als richtige Nationalsozialistin an. In der Tat war die Oršić auch nie der NSDAP beigetreten und sah darin keinen Sinn, obwohl viele ihrer Botschaften und Mitteilungen an Mitstreiter und Weggefährten auf die Idee einer arischen Rasse und deren höherer Erleuchtung auf einer metaphysischen Ebene hindeuten könnten.«[20]

Himmlers SS und Rudolf Hess als Stellvertreter des Führers nahmen Schlüsselstellungen im nationalsozialistischen Weltraumprogramm ein, das durch die allerhöchste Geheimhaltungsstufe geschützt war. Selbst Albert Speer behauptet in seinen *Erinnerungen*, dass er von diesen mit »Superwaffen« verbundenen Programmen nichts gewusst habe. Ganz ähnlich hatte auch Mussolini die Arbeit der Gruppe RS/33 als strengstens geheim eingestuft und nur Personen zugänglich machen lassen, deren Kenntnis davon unerlässlich war.

Ausgestattet mit der finanziellen Unterstützung der NS-Regierung sollte sich das Weltraumprogramm Schumanns und der Vril-Gesellschaft schnell von den ersten Prototypen-Tests des Jahres 1931 weiterentwickeln. Goode zufolge sind die Programme in den späten Dreißigerjahren zur Einsatzfähigkeit gereift.[21]

So waren die größeren zigarrenförmigen Flugmaschinen, die 1936 in Italien gesichtet wurden, möglicherweise Raumschiffe, die im NS-

Deutschland im Rahmen nach wie vor als geheim eingestufter Programme unter Leitung von Oršićs Vril-Gesellschaft und in enger Zusammenarbeit mit der Gemeinschaft der Schwarzen Sonne gebaut wurden. Himmlers SS beobachtete den Fortschritt des Vril-Weltraumprogramms sehr genau, während sie gleichzeitig ein speziell auf den Kriegsbedarf ausgerichtetes Parallelprogramm verfolgte. Es war dieses zweite oder ausgelagerte Weltraumprogramm unter Himmlers SS, das den Gegenstand einer streng geheimen Zusammenarbeit zwischen dem faschistischen Italien und NS-Deutschland bildete.

Die Kooperation bei Weltraumprogrammen zwischen NS-Deutschland und dem faschistischen Italien

Nachdem Mussolinis Kabinett RS/33 verstanden hatte, dass NS-Deutschland und nicht Frankreich oder Großbritannien hinter dem Phänomen der Fliegenden Untertassen stand, sollte diese Erkenntnis das faschistische Italien dazu veranlassen, seine Luftwaffe, angesichts der wachsenden Wahrscheinlichkeit eines neuen großen europäischen Krieges, fieberhaft zu modernisieren. Die Entdeckung eines UFOs beziehungsweise der hinter ihm stehenden Flugindustrie der in Deutschland initiierten Geheimen Weltraumprogramme erklärt Mussolinis rätselhafte Entscheidung, sich selbst zunehmend mit Hitler zu verbünden. Im Juli 1936 begann sowohl die italienische als auch die deutsche Luftwaffe, offiziell General Francos nationalistische Truppen im spanischen Bürgerkrieg zu unterstützen.[22] Dies war der Anfang des faschistischen Bündnisses zwischen Italien und Deutschland sowie einer weltweiten Kooperation mit verwandten Regierungen in Spanien und Lateinamerika.

Irgendwann im Jahre 1938 war eine geheime Übereinkunft zwischen Hitler und Mussolini in der Erforschung und Entwicklung der Technologie Fliegender Untertassen erzielt, wie eines der geleakten italienischen UFO-Dokumente bezeugt:

»… dieser neusten Sendung von Materialien fügte er neue Dokumente bei, die – wie er sagte – die Existenz einer Übereinkunft zwischen Hitler und Mussolini bezüglich der Beschäftigung mit außerirdischer Technologie bewiesen; es handelte sich um Abmachungen aus dem Jahr 1938. Diese Unterlagen waren: eine Mitteilung der Agentur Stefani in Florenz, die ein Interview mit dem Führer bei einem Besuch in Italien enthielt; eine Banknote mit dem Nennwert von einer Million Lire (vielleicht ›Schwarzgeld des Kabinetts RS/33‹); Protokolle des Eides der Verschwiegenheit, den die Professoren gaben, die mit der faschistischen Regierung zusammenarbeiteten; eine (eingeschriebene) Einladung an Benito und Rachele Mussolini zur Villa Torlonia (ausgesprochen von ›Mr. X‹ für … ein exklusives privates Treffen, das dem Kabinett RS/33 gewidmet war).«[23]

Die geheime Abmachung zwischen dem faschistischen Italien und NS-Deutschland, bei der Entwicklung Fliegender Untertassen und eines Geheimen Weltraumprogramms zu kooperieren, gipfelte in einem offiziellen Vertrag zwischen beiden Nationen. Am 22. Mai 1939 unterzeichneten das faschistische Italien und NS-Deutschland den Stahlpakt, in dem sie einander wechselseitigen Beistand in der Verteidigung und wirtschaftliche Zusammenarbeit während einer Kriegszeit zusicherten. Die Artikel III und IV hoben die geplante umfassende militärische und ökonomische Kooperation der beiden autoritären Regime deutlich hervor.[24]

Ein weiterer Beleg für ein geheimes Abkommen zwischen dem faschistischen Italien und dem Dritten Reich bei der Erforschung und Entwicklung hoch entwickelter UFO-Projekte stammt von dem äußerst angesehenen italienischen Wissenschaftler Giuseppe Belluzzo, der 1905 die erste Dampfturbine in Italien baute und zu einem Fachmann für Geschosse und Kanonen wurde. Belluzzo diente der faschistischen Regierung von 1925 bis 1928 als Nationaler Wirtschaftsminister und von 1928 bis 1929 als Minister für Öffentliche Erziehung.[25]

Nach dem Krieg – am 24. März 1950 – trat Belluzo mit der Behauptung an die Öffentlichkeit, an dem Flugscheiben-Programm der Nazis beteiligt gewesen zu sein. Er sagte, dass die Design-Entwürfe »Fliegender

Untertassen« aus Italien stammten und an die Deutschen weitergegeben wurden. Zweifellos bezog er sich dabei auf Vorlagen, die von RS/33 entwickelt und danach NS-Deutschland übergeben worden sind.

Seine bemerkenswerten Behauptungen wurden erstmals im unabhängigen *Giornale d'Italia* publiziert und kurz darauf in führenden italienischen Zeitungen erneut abgedruckt; viele davon platzierten diese Story prominent auf der ersten Seite. Darunter waren *Il Corriere della Sera, La Nazione, Il Messaggero, La Stampa* und *La Gazzetta del Popolo.*

ULTIMA EDIZIONE — NUMERO A SEI PAGINE

IL GIORNALE

ROMA — Palazzo Sciarra — Telefono centralino 63041

I DISCHI VOLANTI furono ideati nel 1942 IN ITALIA E IN GERMANIA

Mussolini e Hitler se ne interessarono - Oggi qualche grande potenza sta utilizzando l'arma a scopo di studio

Il mondo è oggi posto a rumore dalla notizia della, secondo alcuni presunta e secondo altri constatata, esistenza dei cosidetti "dischi volanti" che hanno fatto lavorare la fantasia di coloro i quali, non conoscendo i progressi e le nuove possibilità della tecnica, hanno sollevato dei dubbi sulla possibile esistenza di questi nuovi strumenti di distruzione.

La verità vera è che questi strumenti di distruzione si possono costruire e forse funzionare, e che di essi già nel 1942 si erano studiati e disegnati in Germania ed in Italia alcuni prototipi [...]

[...]

Ing. Giuseppe Belluzzo

L'INIZIATIVA DI ...

Comun... l'adesi... alla riunion...

Il Ministro degli es...

Visite a Sforza e al ... siglio - Questa sera ...

LE TRUPPE AGITAZIONI ...

Abb. 14. Ein Bericht in einer italienischen Zeitung zeigt den Entwurf einer Fliegenden Untertasse, an der Belluzzo gearbeitet hat.

Eine geringere Verbreitung erreichte eine AP-Pressemitteilung vom 24. März 1950, die in einer Reihe von englischsprachigen Zeitungen auf der ganzen Welt abgedruckt wurde. Auch diese Story schaffte es aber auf viele Titelseiten:

»[Rom – AP] Ein italienischer Wissenschaftler sagte heute, dass Modelle Fliegender Untertassen bereits 1942 in Deutschland und Italien entstanden und erforscht wurden. Er fügte hinzu, dass Adolf Hitler und Benito Mussolini an diesen Geräten interessiert waren, deren Konzepte in Italien und Deutschland in Konkurrenz zueinander entwickelt wurden. Fliegende Scheiben oder Untertassen sollen in jüngster Zeit in vielen Teilen der Welt gesichtet worden sein. Bislang gibt es weder eine wissenschaftliche Bestätigung der Existenz solcher Dinge noch irgendeine allgemein akzeptierte Erklärung, worin ihr möglicher Zweck bestehen könnte …

›Es gibt nichts Übernatürliches oder Marsianisches an Flugscheiben‹, sagte er, ›sondern sie sind ganz einfach die rationale Anwendung neuartiger Technologien.‹ Prof. Belluzzo … brachte die Meinung zum Ausdruck, dass ›eine gewisse Großmacht Flugscheiben starten lässt, um sie zu studieren‹. … Prof. Belluzzos Artikel war mit einer Skizze illustriert, die die mögliche Konstruktion verdeutlichte. … ›Die Wahrheit ist‹, schrieb Prof. Belluzzo, ›dass diese Instrumente der Zerstörung erbaut und eingesetzt werden können. Das Prinzip der Fliegenden Scheibe ist simpel und ihre Herstellung aus leichtem Metall sehr einfach. Der Start der Scheiben‹, sagte er, ›kann durch schnelle Verbrennung einer Patrone ähnlich der, mit der Torpedos abgeschossen werden, erfolgen.‹«[26]

In den ausführlicheren italienischen Berichten erläuterte Belluzzo darüber hinaus die Konstruktion der Fliegenden Untertassen und erklärte, wo er sie studiert habe. Belluzzos Enthüllung vom 24. März 1950 wurde in Deutschland wiederabgedruckt und veranlasste weniger als eine Woche später einen anderen Forscher, Rudolf Schriever, seine eigene Mitarbeit am Flugscheiben-Programm der Nazis bekannt zu machen. Schriever berichtete das Folgende in seinem am 30. März 1950 veröffentlichten Interview mit dem Nachrichtenmagazin *Der Spiegel* über den Entwurf einer Fliegenden Untertasse, die er »Flugkreisel« nannte:

»Er sagte, dass das Projekt von ihm und seinem Team in den Prager BMW-Werken [Pilsen] bis April 1945, als er aus der Tschechoslowakei floh, entwickelt wurde. Er erstellte Entwürfe für die Flugscheibe, ein Modell wurde 1948 von seinem Arbeitsplatz in Bremerhaven-Lehe gestohlen, und er sei davon überzeugt, dass tschechische Agenten diese Maschine für ›eine fremde Macht‹ gebaut haben.«[27]

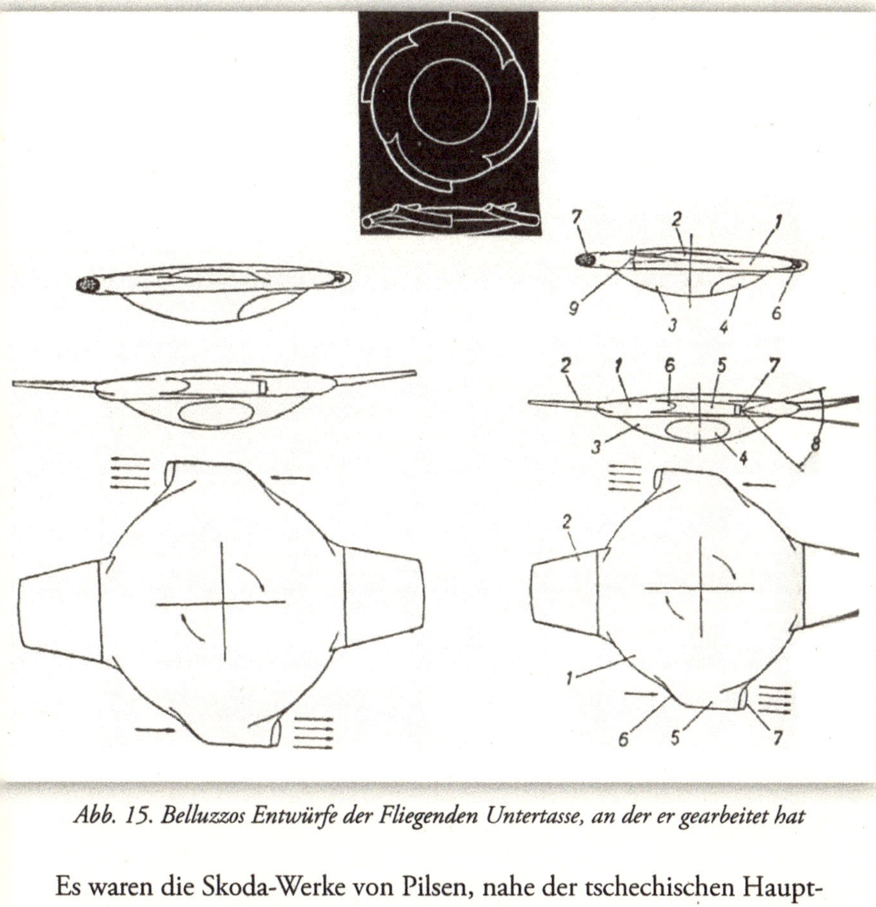

Abb. 15. Belluzzos Entwürfe der Fliegenden Untertasse, an der er gearbeitet hat

Es waren die Skoda-Werke von Pilsen, nahe der tschechischen Hauptstadt Prag, wo Belluzzo Schriever und andere an der Entwicklung der Fliegenden Untertassen der Nazis arbeiteten.

Der Forscher Rob Arndt fand heraus, dass Belluzzo zusammen mit deutschen Forschern aus einer italienischen Forschungseinrichtung nach Pilsen gebracht wurde, um Schriever dort bei der Entwicklung seines Prototypen im BMW-Werk zu unterstützen:

> »... die SS brachte drei weitere bekannte Spezialisten, damit sie am Flugkreisel-Projekt mitwirkten: Klaus Habermohl, Dr. Richard Miethe und den Italiener Giuseppe Belluzzo von der Anlage Riva Del Garda. Sechs weitere, nicht genannte Ingenieure nahmen ebenfalls an dem Geheimprojekt teil.«[28]

Es gibt eine Reihe von Zeugen, die erfolgreiche Tests der Nazi-Flugscheiben, die offenbar große Geschwindigkeiten erreichten, beschrieben haben. Rudolf Lusar stieg während des Zweiten Weltkriegs zum Major einer deutschen militärtechnischen Einheit auf. In den späten Fünfzigerjahren schrieb er das Buch *Die deutschen Waffen und Geheimwaffen des Zweiten Weltkrieges und ihre Weiterentwicklung* und berichtete von einem erfolgreichen Test einer Fliegenden Untertasse am 14. Februar 1945 etwas außerhalb von Prag: »Innerhalb von drei Minuten stiegen sie bis zu einer Höhe von 12.400 Metern auf und erreichten im horizontalen Flug eine Geschwindigkeit von 2.000 Stundenkilometern.«[29]

Nick Cook, der Autor von *Die Jagd nach Zero Point*, erläuterte die Implikationen von Lusars Behauptung:

> »Zu einer Zeit (in den späten Fünfzigerjahren), in der die modernsten Abfangjäger darum kämpften, solche Geschwindigkeiten zu erreichen, war dies eine haarsträubende Behauptung, aber sie muss nicht vollkommen für bare Münze genommen werden, um doch ein Körnchen Wahrheit zu enthalten.«[30]

Ein CIA-Dokument von 1952 enthüllt, dass Georg Klein, ein früherer Ingenieur in Albert Speers Ministerium für Bewaffnung und Munition, von einem Flugscheiben-Projekt berichtete, das spätestens seit 1941 betrieben wurde. Er behauptet, dass er mit seinen eigenen Augen den erfolgreichen Testflug in Prag zu Beginn des Jahres 1945 beobachtet habe.

»Georg Klein, ein deutscher Ingenieur, gab kürzlich bekannt, dass ›Fliegende Untertassen‹, die von vielen Menschen für ein Produkt der Nachkriegszeit gehalten werden, tatsächlich schon 1941 in deutschen Flugzeug-Fabriken in der Entwicklungsphase waren. Klein sagt, dass er ... am 14. Februar 1941 in Prag beim ersten experimentellen Flug einer Fliegenden Untertasse dabei war.«[31]

Ein anderes Dokument der CIA von 1954 fasst einen deutschen Zeitungsbericht des von Klein bezeugten Ereignisses zusammen:

»Eine deutsche Zeitung (nicht weiter identifiziert) publizierte kürzlich ein Interview mit Georg Klein, einem bekannten deutschen Ingenieur und Flugzeug-Experten, der den experimentellen Bau von ›Fliegenden Untertassen‹ beschreibt, wie er von ihm von 1941 bis 1945 durchgeführt wurde. Klein teilt mit, dass er anwesend war, als die erste bemannte ›Fliegende Untertasse‹ 1945 abhob und innerhalb von drei Minuten eine Geschwindigkeit von 1.300 Meilen pro Stunde erreichte.«[32]

Ein Bericht des FBI aus dem Jahre 1967 enthüllt, dass sich ein anderes Testgelände des Untertassen-Programms der Nazis im Schwarzwald befunden habe:

»Am 26. April 1967 erschien [der Zeuge] im Büro in Miami und lieferte die folgende Information über ein Objekt, das derzeit als unbekanntes Flugobjekt angesehen wird und das er angeblich im November 1944 fotografiert hat.

Irgendwann im Jahre 1943 schloss er sein Studium an der Deutschen Luftfahrt-Akademie ab und wurde als Mitglied der Luftwaffe an die Ostfront nach Russland geschickt. Gegen Ende 1944 wurde er von seinen Verpflichtungen freigestellt und als Testpilot einem streng geheimen Projekt im Schwarzwald zugewiesen. In dieser Zeit beobachtete er die oben beschriebene Flugmaschine. Sie war untertassenförmig, ferngesteuert, maß etwa 21 Fuß [6,40 Meter] im Durchmesser und hatte einige Düsentriebwerke im Außenbereich montiert. Weiterhin beschrieb er dieses äußere Teil als sich um die unbewegliche Kuppel in der Mitte drehend. Seine Aufgabe war, das Objekt während des Fluges zu fotografieren. Er versicherte, dass es ihm gelungen war, ein Negativ einer Fotografie, die er in einer Höhe von 7.000 Metern (21.000 Fuß) machte, aufzubewahren.«[33]

Die Fliegenden Untertassen, die in Prag und an anderen streng geheimen Orten entwickelt wurden, gehörten zu den sogenannten »Wunderwaffen« der Nazis, mit denen Hitler hoffte, den Krieg doch noch gewinnen zu können. Albert Speer war Leiter der konventionellen Rüstungsindustrie NS-Deutschlands, zog aber gegenüber Himmlers SS den Kürzeren im Kampf um die Kontrolle über modernere Waffen wie die V2-Rakete. In seinem Buch *Erinnerungen* beschreibt Speer die fortschrittlichsten Waffensysteme im Entwicklungsprozess, von denen er wusste:

»Das Düsenflugzeug war nicht die einzige effektive neue Waffe, die 1944 für die Massenproduktion hätte vorgeschlagen werden können. Wir besaßen eine ferngesteuerte fliegende Bombe, ein Raketenflugzeug, das sogar noch schneller war als der Düsenjäger, eine Rakete, die ein Feindflugzeug anpeilen konnte, indem sie die Hitzewellen seiner Motoren verfolgte, und einen Torpedo, der auf Geräusche reagierte und dadurch ein Schiff im Zickzackkurs verfolgen und treffen konnte. Die Entwicklung einer Boden-Luft-Rakete war abgeschlossen. Der Designer Lippisch hatte Düsenflugzeuge auf seinem Reißbrett, die auf der Grundlage des Nurflügel-Prinzips allem damals Bekannten weit voraus waren.«[34]

Bemerkenswerterweise werden hier Flugscheiben mit keinem Wort erwähnt. Wir wissen aber durch die Aussagen von Belluzzo und Schriever, dass es solche Programme gab. Außerdem wurden Informationen über das streng geheime italienische RS/33-Programm spätestens seit 1938 mit NS-Deutschland geteilt.

Speer war nicht in das Untertassen-Programm in Pilsen eingeweiht, das der direkten Kontrolle der SS unterstand. Besonders Generalleutnant Hans Kammler, ein Rivale Speers, konnte zunehmend Macht gewinnen, seitdem Hitler seine Hoffnungen auf Himmlers Wunderwaffen-Versprechungen setzte, die den Krieg noch zu seinen Gunsten wenden könnten. Die SS und Kammler erhielten gewaltige Summen Geldes, um mit Sklavenarbeit die geheimen unterirdischen Fabriken zu bauen, die Hitlers Wunderwaffen entwickeln sollten. In seinem Buch *Der Sklavenstaat*, in den USA unter dem Titel *Infiltration* erschienen, berichtet Speer über die von Himmlers SS vorangetriebene parallele industrielle Infrastruktur:

> »Im Frühjahr 1944 genehmigte Hitler Himmlers Vorschlag, einen SS-eigenen Industriekonzern zu gründen, um die SS vom Staatshaushalt dauerhaft unabhängig zu machen. Hitler nannte ähnliche Gründe, als er mich aufforderte, Himmlers Projekt zu unterstützen. Dadurch erreichte Himmler etwas, was er seit Jahren anstrebte. ... Er wollte der SS eine gesicherte Position verschaffen, die sie unabhängig vom Staat *und* der [Nazi-]Partei machte. ... Hitler wollte für die SS eine Finanzquelle erschließen, um sie mit einem eigenen Budget auszustatten.«[35]

Speer wurde an den Rand gedrängt und sah mit Unbehagen, dass Himmlers SS große Summen übertragen wurden, um die Wunderwaffen-Projekte voranzutreiben, die er für abwegig hielt.

Hans Kammler und die parallelen Geheimen Weltraumprogramme im nationalsozialistischen Deutschland

Der Mann, der über das Industrie-Imperium der SS und die Geheimwaffen-Projekte gebot, war Hans Kammler. Speer schreibt:

> »Im Frühjahr 1942 hat Himmler Kammler, der zuvor ein hochrangiger technischer Mitarbeiter im Luftfahrt-Ministerium gewesen war, mit der Leitung der SS-Bautätigkeit beauftragt, und im Sommer 1943 wählte er ihn dazu aus, das [V2-]Raketenprogramm zu organisieren. Im Laufe meiner wachsenden Zusammenarbeit mit diesem Mann erkannte ich ihn als

einen kalten, rücksichtslosen Intriganten, der mit fanatischem Eifer sein Ziel verfolgte und dabei so gründlich berechnend wie skrupellos vorging. Himmler überhäufte ihn mit Aufgaben und brachte ihn bei jeder Gelegenheit in Hitlers Nähe. Bald kamen Gerüchte auf, dass Himmler versuchte, Kammler als meinen Nachfolger aufzubauen.«[36]

Tom Agostons Buch *Teufel oder Technokrat?* stellt dar, wie Kammler Macht über geheime Projekte erhielt, die jenseits der Übersicht von Speers Rüstungsministerium und Goerings Luftwaffe stehen sollten:

> »Die Tatsache, dass Himmler Kammler die verdeckte Aufgabe übertrug, ein streng geheimes Forschungszentrum der SS einzurichten, das in Pilsen, hinter dem Rücken sowohl von Goering als auch von Speer, operieren sollte, wurde totgeschwiegen.«[37]

Kammler war der führende Nazi-Funktionär mit genauem Wissen über das Geheime Weltraumprogramm der Vril-Gesellschaft, mit dem erstaunliche technologische Durchbrüche erzielt wurden. Es war Kammlers Aufgabe, diese technischen Errungenschaften in Waffen für die SS zu verwandeln, die ihr Augenmerk exklusiv auf ein paralleles Luft- und Raumfahrtprogramm gerichtet hatte, das für Kriegszwecke genutzt werden könnte.

Das Schicksal Hans Kammlers, der am 17. April 1945 zum letzten Mal gesehen wurde, liegt im Dunkeln. In *Teufel oder Technokrat?* überprüft Agoston vier Theorien, denen zufolge Kammler gestorben sein soll, von denen er keine schlüssig fand:

> »Abgesehen von der Verbreitung substanzloser Behauptungen, die alle vier Versionen von Kammlers Tod durchdringen, weist der Fall hinreichende Belege dafür auf, dass es sich hierbei um mehr als nur zufällige, nämlich um beabsichtigte und organisierte Fehlinformationen handeln könnte. Dahinter stand möglicherweise die Absicht, die Umstände von Kammlers weiterem Lebensweg nach dem 17. April 1945, als er den letzten Kontakt mit seinem Berliner Hauptquartier hatte, zu vertuschen.«[38]

Abb. 16. Nazi-Offiziere mit einer Fliegenden Untertasse im Hintergrund

Wenn Kammlers Verschwinden eine Art »organisierter Desinformation« widerspiegelt, deutet dies an, dass es sich dabei um das Ergebnis verdeckter Aktionen der Nazis und alliierter Hilfestellungen aufgrund einer geheimen Übereinkunft gehandelt hat.

Später teilte Speer mit, dass Kammler zu der Liste von Nazi-Führern gehörte, die versuchten, günstige Deals mit den alliierten Streitkräften auszuhandeln. Kammlers Wissen über die Wunderwaffen der Nazis wird dabei sicher von hohem Wert gewesen sein. Und am allerwenigsten wollten die USA, dass Kammler den Sowjets in die Hände fallen könnte.

»Zum ersten Mal während unserer vierjährigen Zusammenarbeit zeigte Kammler nicht seine gewohnte Schneidigkeit. Im Gegenteil wirkte er ziemlich unsicher und schleimig mit seinen vagen, obskuren Andeutungen, warum ich mit ihm nach München gehen sollte. Er sagte, es gebe Bestrebungen in der SS, den Führer loszuwerden. Er selbst habe allerdings vor, mit den Amerikanern in Kontakt zu treten. Wenn sie ihm die Freiheit garantierten, würde er ihnen als Gegenleistung die gesamte Technologie unserer Düsenflugzeuge, ebenso wie die A4-Rakete [Aggregat 4 = V2 = Vergeltungswaffe 2] und weitere bedeutende Entwicklungen, anbieten. …«[39]

Das Schweizer Hauptquartier des Office of Strategic Services (OSS), des Amts für Strategische Dienste, wurde von Allen Dulles geleitet, der später zu dem am längsten – von 1953 bis 1961 – amtierenden CIA-Direktor werden sollte. Dulles verbrachte den gesamten Zweiten Weltkrieg als amerikanischer Chefspion in der Schweiz. Er war nicht prinzipiell gegen solche erstaunlichen Abmachungen mit führenden NS-Funktionären, um den alliierten Armeen weitere Kämpfe zu ersparen und relevante Nazi-Waffen auf die Seite der Alliierten zu schaffen. Einer von Dulles' bekanntesten Deals betraf die Kapitulation Korsikas, wo die deutsche Armee ganz einfach floh und es den alliierten Streitkräften erlaubte, ohne Gegenwehr einzudringen. Dulles erwarb sich so den neidvollen Respekt der Armee, die zuvor nicht allzu hoch von ihm gedacht hatte.

Wenn Kammler ein Geschäft mit dem US-Militär machen wollte, dann war Dulles sein Ansprechpartner. Dulles saß bequemerweise in der von Deutschland aus leicht erreichbaren Schweizer Stadt Bern. Als Kammler Ende April 1945 verschwand, war der Ausgang des Krieges bereits klar, weshalb es mehr als wahrscheinlich ist, dass er heimlich nach Bern reiste, um Dulles dort zu treffen und etwas mit ihm auszuhandeln. Offenkundig kam ein Deal zustande.

Jahre später berichtete Clark McClelland, ein Mitarbeiter an NASA-Raumfahrzeugen, dass er Hans Kammler bei der NASA gesehen habe. McClelland sagte, er habe sich mit Kammler im Büro des Direktors des Kennedy Space Centers getroffen, als Kurt Debus dort als Direktor amtierte – von 1962 bis 1966:

»Ich öffnete die Tür zu seinem Büro und sah zwei Personen, die mir am KSC noch nicht begegnet waren. Er stellte mich beiden Männern vor, wobei er mir nur ihre Vornamen nannte. … Einer wurde mir als Siegfried und der andere als Hans vorgestellt. ... Beide sahen aus wie hochrangige Nazi-Funktionäre. ... Heute bin ich sicher, wer diese beiden Männer waren. Ich habe später von anderen deutschen Wissenschaftlern gehört, dass es sich bei dem einen um Siegfried Knemeyer, einen ehemaligen Luftwaffen-Oberst der Wehrmacht, handelte. ... Der andere war schwer wiederzuerkennen, bis ich ein älteres Foto von ihm aus der Zeit sah, nachdem er in die USA gekommen war. Meines Erachtens war es Heinz (Hans) Kammler. ... Nach dem Zweiten Weltkrieg hatte es Gerüchte gegeben, dass Kammler einen Deal mit General George Patton abgeschlossen hatte, ihm deutsche Geheimtechnologie zugänglich zu machen, wenn dieser ihn dafür dabei unterstützte, in die USA zu gelangen. Das mag tatsächlich so gewesen sein. Ich glaube jedenfalls, dass es so geschehen ist.«[40]

Weitere Belege für einen Deal mit Kammler finden sich in Agostons Buch *Teufel oder Technokrat?*, das seine Interviews mit einem SS-Oberst und früheren Industriellen, Wilhelm Voss, enthält, der als Kammlers Untergebener die Skoda-Werke leitete. Voss beschrieb seine Interviews mit dem U.S. Counter-Intelligence Corps wie folgt:

»Als Voss den Agenten von Kammlers Geheimwaffenprogramm erzählte, bemerkte er, dass die Amerikaner darüber nicht überrascht waren, und musste daraus schließen, dass sie schon von irgendwoher davon wussten. Voss hatte auch den Eindruck, dass die Agenten gar nicht daran interessiert waren, Kammler zu finden. Weiterhin stellte sich heraus, dass ›es Dutzende hochrangiger SS- oder Partei-Mitglieder gab, die niemals zur Verantwortung gezogen worden waren. Sie waren einfach verschwunden. Viele von ihnen standen in dem Ruf, Zugang zu besonders fortschrittlicher Technologie gehabt zu haben‹.«[41]

Wenn McClellands und Voss' Zeugnisse stimmen, ist klar, warum Kammler eine Abmachung mit den USA erzielen konnte, und ebenso klar ist auch, dass diese mit hoher Wahrscheinlichkeit bei einem geheimen Treffen mit Dulles kurz nach Kammlers Verschwinden im April 1945 getroffen wurde.

Es gibt also eine zwingende Evidenz der Umstände, dass Kammler tatsächlich einen Handel mit Dulles abgeschlossen hat und das US-Militär von den Superwaffen, über die Kammler die Aufsicht führte, wusste. Kammlers geheimste SS-Projekte wurden in den Skoda-Werken in Pilsen, nur fünfzig Meilen von der tschechischen Hauptstadt Prag entfernt, betrieben. Man hatte 1944 in Jalta ausgehandelt, dass die Tschechoslowakei in die sowjetische Einflusssphäre übergeht, und erwartete daher, dass die Rote Armee tschechische Gebiete befreien würde. Was stattdessen als Nächstes passierte, gehört allerdings zu den größten Rätseln des Zweiten Weltkriegs.

General George Patton zog der tschechischen Hauptstadt mit der größten US-Armee entgegen, die während des gesamten Krieges zusammengestellt worden war. Der militärische Geheimdienst der Amerikaner hielt es für ausgemacht, dass Prag dank einer umtriebigen tschechischen Widerstandsbewegung, die ein leichtes Eindringen in die Stadt und eine freudige Begrüßung der vorrückenden US-Armee sicherstellte, reif für die Befreiung sei. Nichtsdestotrotz hielt Pattons große Armee nach der Einnahme Pilsens inne und legte die 56 Meilen, um auch Prag zu befreien, nun nicht mehr zurück. Patton bat Eisenhower dringend darum, den Marsch fortzusetzen und Prag zu besetzen, erhielt aber den strikten Befehl zu bleiben, wo er war. Vergeblich protestierte er dagegen:

»Die amerikanischen Soldaten erfuhren bald von der Erhebung in Prag. Die Berichte stammten von einem Drei-Mann-Team des Büros für Strategische Dienste, das in Prag eingedrungen war und zurückkehrte, um Patton über die Situation zu informieren. Nachdem er von der Notlage der Tschechen erfahren hatte, rief Patton Bradley an, um die Erlaubnis zur Befreiung Prags zu erhalten. ›Um Gottes Willen, Brad, die Patrioten in der Stadt brauchen unsere Hilfe!‹, bat Patton seinen Vorgesetzten inständig. Er ging sogar so weit anzudeuten, dass er solange ›abhauen‹ könnte, bis seine Truppen die Stadt eingenommen hätten. Bradley hatte keine geringen Sympathien für die Tschechen und versuchte, Eisenhower umzustimmen, aber der Oberste Befehlshaber lehnte es ab, seine Entscheidung zurückzunehmen. Darüber hinaus befahl er

Bradley, Patton zu verbieten, die Linie von Karlovy Vary über Pilsen bis Ceske Budejovice zu überschreiten.«[42]

Pattons Armee übernahm die Kontrolle über die großen Skoda-Werke mit all ihren Top-Secret-Projekten. Teams von Ingenieuren und Spezialisten der Armee saßen grübelnd über den Fabrik-Dokumenten, um die Geheimnisse der Nazi-Superwaffen zu ergründen. Dieselben spezialisierten Teams der Dritten Armee, die zuvor in den Harz gefahren waren, um dort die hoch gerühmten, geheimnisvollen V2-Raketen der Nazis mitzunehmen, kamen nun nach Pilsen, um dort die großen Geheimnisse fortzuschaffen, bevor die Stadt den Sowjets übergeben würde.[43] Sämtliche Flugscheiben-Prototypen, Akten und Wissenschaftler, die noch bei Skoda waren, wurden entdeckt und in die USA gebracht.

Nachdem sie Pilsen nur für wenige Wochen kontrolliert hatte, zog sich Pattons Armee zurück und übergab die von den USA befreiten tschechischen Gebiete der vorrückenden sowjetischen Armee. Nach Agoston war das, was in Pilsen geschah, einer der größten Fehler der USA, weil dadurch geheime NS-Forschungsprojekte der Sowjetunion in die Hände fallen sollten. Was Agoston jedoch nicht wusste, war, dass die Deals zwischen Kammler und Dulles bereits abgemacht waren. Die Fliegenden Untertassen und andere fortschrittliche Errungenschaften der NS-Technologie wurden heimlich aus den Skoda-Werken weggeschafft, bevor die sowjetischen Armeen sie in Besitz nehmen konnten. Teile der Abmachung betrafen auch viele tschechische Top-Wissenschaftler, die bei Skoda unter der Oberaufsicht der Nazis Führungsaufgaben versahen und denen erlaubt wurde, Skoda zu verlassen und sich der vorrückenden US-Armee zu ergeben.

Agoston beschreibt, wie Voss, ein deutscher Industrieller, der zuvor unter Kammlers Leitung Skoda vorgestanden hatte, zurückkehrte und von der Flucht seiner früheren Manager erfuhr:

»Voss war froh, dies zu erfahren, denn aufgrund ihrer jahrzehntelangen Loyalität zum Reich und ihrem vorhersagbaren Schicksal, falls sie in russische Hände fielen, gab Hitler ihnen in letzter Minute die Möglichkeit, nach Deutschland in die amerikanische Zone zu gelangen, um sich dort der US-Armee zu ergeben.«[44]

Bei Skoda blieben diejenigen tschechischen Manager und Forscher zurück, die sich entschieden hatten, nicht mit den amerikanischen Machthabern zusammenzuarbeiten und ihr Wissen sowie sämtliche Dokumente, die sie über die Nazi-Programme besaßen, der zukünftigen tschechischen Regierung und der vorrückenden Roten Armee zu übergeben.

Weitere Zeugnisse dafür, dass die USA einen Deal mit NS-Deutschland bezüglich der Flugscheiben abgeschlossen haben, stammen von Stein/Kewper, dem bereits behandelten früheren Agenten, der die Anlage S-4 in Area 51 begutachtet hat. Stein/Kewper erhielt Erläuterungen, sah Dokumente und vier der Fliegenden Untertassen der Nazis, die nach dem Krieg in die USA überführt worden waren. Er bestätigt, dass diese Flugscheiben Hitlers Wunderwaffen waren und beantwortete in einem Interview mit Linda Moulton Howe die Frage, warum sie nicht eingesetzt wurden:

»Colonel Jim sagte, er verstünde, warum Hitler sich entschieden habe, diese von Hitler und Mussolini erwähnten ›Wunderwaffen‹ nicht zu verwenden. Viele Leute glauben, dass die deutschen V1-, V2- und V3-Raketen die ›Wunderwaffen‹ der Nazis gewesen wären, aber das sei nicht wahr. Stattdessen waren diese Flugscheiben aufgrund ihrer Geschwindigkeit und Antigravitationstechnologie die Wunderwaffen.«[45]

Angesichts der bislang behandelten Zeugnisse und Dokumente kann als erwiesen gelten, dass hinsichtlich der Flugscheibentechnologie-Projekte, die in Pilsen unter der Kontrolle von Himmlers SS verfolgt worden waren, ein Deal mit Kammler stattgefunden hat. Wie bereits herausgestellt, war das Weltraumprogramm der SS ein militärischer Ableger des früheren parallelen Raumfahrtprogramms, das unter der Führung von Oršić und Schumann betrieben wurde. Kammler gehört zu den Wenigen, die von diesen Parallelprogrammen der Nazis wussten.

Als sich der Zweite Weltkrieg allmählich seinem offenkundigen Ende zuneigte, erfüllte Kammler die Wünsche der Geheimdienste, die technische Infrastruktur der SS aufgrund der Nutzung der Fliegenden Untertassen als Waffen in die USA zu verlegen. Was in den Skoda-Werken und anderen Fabriken der SS in Europa zurückblieb, waren Technologien und Wissenschaftler, die für die erfolglosen Versuche einer militärischen Verwendung der Fliegenden Untertassen verantwortlich waren. Sie wurden für Kammler bei seinen Abmachungen mit dem US-Militär zu einer nützlichen Verhandlungsmasse und erleichterten die zukünftige Infiltrierung des Militärisch-Industriellen Komplexes der USA mit ehemaligen Nazis.

Außerdem knüpfte Kammler ein noch komplizierteres Netzwerk hinsichtlich der erfolgreichen Untertassen-Technologien, die von einer weiteren von ihm überwachten Flugscheibentechnik-Forschungsgruppe entwickelt worden waren. Sie ermöglichten die fortgeschrittensten Teilbereiche der Geheimen Weltraumprogramme des nationalsozialistischen Deutschland, die noch deutlich vor dem Ende des Zweiten Weltkriegs in Gebiete Südamerikas und der Antarktis verlagert worden waren.

Diese Schlüsse stimmen mit Corey Goodes Behauptungen überein, dass Kammler den Krieg überlebt und mit den USA bei der Forschungsarbeit an Fliegenden Untertassen kooperiert hat. In seiner Antwort auf eine Frage nach Kammler und seinen geheimen Untertassen-Technologien betont Goode weiterhin, dass er Dokumente über Kammlers Flucht zu Bastionen der Nazis in der Antarktis und in Südamerika eingesehen habe: »Ja, es gab viele Akten über ihn und seine Forschungsgruppen sowohl in den drei bekannten antarktischen (Städten/Basen) als auch in diversen unterirdischen Stützpunkten in Argentinien.«[46] Nach Goode waren das, was die Nazis insgeheim nach Südamerika und in die Antarktis schaffen konnten, später die Sprungbretter des erfolgreichen Weltraumprogramms der Vril-Gesellschaft zum Mond und zu den Sternen.

Anmerkungen

1 Diese Dokumente sind online zugänglich unter »The Mussolini UFO files«, http://web.tiscali.it/lareteufo/mussof1.htm (aufgerufen am 30.06.2015)

2 Alfredo Lissoni: »Mussolini RS33 & The Maderno UFO Crash«, ttp://ufore searchnetwork.proboards.com/thread/3139/ufo-filesitalian?page=1&scroll To=10714 (aufgerufen am 30.06.2015)

3 Alfredo Lissoni: »Mussolini RS33 & The Maderno UFO Crash«, http://ufo researchnetwork.proboards.com/thread/3139/ufo-filesitalian?page=1&scroll To=10714 (aufgerufen am 30.06.2015)

4 Rob Arndt: »Mussolini FIAT Riva Del Garda Disc (1943-1945)«, http://dis caircraft.greyfalcon.us/MUSSOLINI%20FIAT%20RIVA%20DEL%20 GARDA%20DISC.htm (aufgerufen am 30.06.2015)

5 Rob Arndt: »Mussolini FIAT Riva Del Garda Disc (1943-1945)«, http://dis caircraft.greyfalcon.us/MUSSOLINI%20FIAT%20RIVA%20DEL%20 GARDA%20DISC.htm (aufgerufen am 30.06.2015)

6 Rob Arndt: »Mussolini FIAT Riva Del Garda Disc (1943-1945)«, http://dis caircraft.greyfalcon.us/MUSSOLINI%20FIAT%20RIVA%20DEL%20 GARDA%20DISC.htm (aufgerufen am 30.06.2015)

7 Alfredo Lissoni: »The Mussolini UFO files«, http://web.tiscali.it/lareteufo/mussof1. htm (aufgerufen am 30.06.2015)

8 Alfredo Lissoni: »The Mussolini UFO files«, http://web.tiscali.it/lareteufo/mussof1. htm (aufgerufen am 30.06.2015)

9 Roberto Pinotti, Interview in: »Italy's Fascist UFO Files – Your Need to Know«, https://www.youtube.com/watch?v=ZVpFW_Aecm8 (aufgerufen am 30.06.2015)

10 Peter Moon, *The Black Sun: Montauk's Nazi-Tibetan Connection* (Skybooks, 1997), 175. – Dt. Ausgabe: *Die Schwarze Sonne*, Michaels Verlag, Peiting 1999.

11 Peter Moon, *The Black Sun: Montauk's Nazi-Tibetan Connection*, 176.

12 Interview mit Linda Moulton Howe, *Earthfiles*, http://www.earthfiles.com/news. php?ID=1503&category=Real+X-Files (aufgerufen am 04.04.2015)

13 Peter Moon, *The Black Sun: Montauk's Nazi-Tibetan Connection*, 176.

14 Stein im Gespräch mit Linda Moulton Howe, *Earthfiles*, http://www.earthfiles. com/news.php?ID=1501&category=Real+X-Files (aufgerufen am 24.09.2014)

15 Peter Moon, *The Black Sun: Montauk's Nazi-Tibetan Connection*, 182.

16 Peter Moon, *The Black Sun: Montauk's Nazi-Tibetan Connection*, 182.

17 Peter Moon, *The Black Sun: Montauk's Nazi-Tibetan Connection*, 172.

18 Interview mit Corey Goode vom 19. Mai 2014: »Corporate bases on Mars and Nazi infiltration of US Secret Space Program«, http://exopolitics.org/corporate-bases-on-mars-and-nazi-infiltration-of-us-secret-space-program/ (aufgerufen am 30.06.2015)

19 Albert Speers Buch *Inside the Third Reich* (Simon & Schuster, 1997). – Dt. Ausgabe: *Erinnerungen*, erstmals 1969 im Propyläen Verlag, zuletzt als Ullstein-Taschenbuch, Berlin 2005.

20 Quelle: Maximillien De Lafayette, *UFOs: Maria Orsic, The Woman Who Originated and Created Earth's First UFOs*, Volume I.

21 Interview mit Corey Goode vom 19. Mai 2014: »Corporate bases on Mars and Nazi infiltration of US Secret Space Program«, http://exopolitics.org/corporate-bases-on-mars-and-nazi-infiltration-of-us-secret-space-program/ (aufgerufen am 30.06.2015)

22 »Foreign Involvement in the Spanish Civil War«, *Wikipedia*, https://en.wikipedia. org/wiki/Foreign_involvement_in_the_Spanish_Civil_War#Italy (aufgerufen am 02.07.2015)

23 Alfredo Lissoni: »New Documents ›Will Revolutionize UFOlogy‹! (UFO Cover-Up By Mussolini)«, http://www.ufoevidence.org/documents/doc1885.htm (aufgerufen am 29.07.2015)

24 Zum »Stahlpakt« siehe *Wikipedia*, http://en.wikipedia.org/wiki/Pact_of_Steel (aufgerufen am 02.07.2015)

25 Siehe italienisches *Wikipedia* unter »Giuseppe Belluzzo«, https://it.wikipedia.org/wiki/Giuseppe_Belluzzo (aufgerufen am 29.07.2015)

26 »The Indiana Gazette from Indiana, Pennsylvania« vom 25. März 1950, Seite 4; http://www.newspapers.com/newspage/20852736/ (aufgerufen am 29.07.2015)

27 »Nazi-UFOs«, *Wikipedia*, http://en.wikipedia.org/wiki/Nazi_UFOs (aufgerufen am 30.06.2015)

28 Rob Arndt: »Rudolf Schriever Flugkreisel (1941-1945)«, http://discaircraft.greyfalcon.us/Rudolf%20Schriever.htm (aufgerufen am 29.07.2015).

29 Nick Cook, *The Hunt for Zero Point*, 46. – Dt. Ausgabe: *Die Jagd nach Zero Point*, Mosquito Verlag, Potsdam 2006.

30 Cook, *The Hunt for Zero Point*, 46.

31 Das CIA-Document ist zugänglich unter http://greyfalcon.us/restored/myPictures/klein.jpg (aufgerufen am 29.07.2015)

32 »Hitler's Saucers and Secret Files«, http://mysteriousuniverse.org/2011/11/hilterssaucers-and-secret-files/1345994647000/ (aufgerufen am 29.07.2015)

33 »Unnamed Soldiers«, http://naziufomythos.greyfalcon.us/unnamedsoldiers.html (aufgerufen am 29.07.2015)

34 Albert Speer, *Inside the Third Reich*, 364.

35 Albert Speer, *Infiltration: How Heinrich Himmler Schemed to Build an SS Industrial Empire* (MacMillan 1981), 9. – Dt. Ausgabe: *Der Sklavenstaat*, Deutsche Verlagsanstalt, Stuttgart 1981; mehrere weitere Ausgaben.

36 Albert Speer, *Inside the Third Reich*, 373-374.

37 Tom Agoston, *Blunder! How the U.S. Gave Away Nazi Supersecrets to Russia* (Dodd, Mead & Company, 1985), 109. – Dt. Ausgabe: *Teufel oder Technokrat?*, Nikol Verlag, Hamburg 1993; mehrere frühere Ausgaben.

38 Tom Agoston, *Blunder!*, 103.

39 Jim Marrs, *The Rise of 4th Reich: The Secret Societies That Threaten to Take Over America* (William Morrow, 2009), 55. – Dt. Ausgabe: *Der Aufstieg des Vierten Reiches*, Kopp Verlag, Rottenburg 2009.

40 Clark McClelland, *The Stargate Chronicles*, Chapter 15, http://tinyurl.com/ox66j9y (aufgerufen am 30.06.2015)

41 Tom Agoston, zitiert auf http://bell.greyfalcon.us/Kammler.htm (aufgerufen am 29.07.2015)

42 Bryan J. Dickerson, »The Liberation of Western Czechoslovakia 1945«, http://www.militaryhistoryonline.com/wwii/articles/liberation1945.aspx (aufgerufen am 04.07.2016).

43 Agoston, *Blunder!*, 16-20.

44 Agoston, *Blunder!*, 83.

45 *Earthfiles*, http://www.earthfiles.com/news.php?ID=1503&category=Real+X-Files (aufgerufen am 30.06.2015)

46 »Questions for Corey Goode on Mars, Moon and Nazi Space Program – May 14, 2015«, http://exopolitics.org/corporate-bases-on-mars-and-nazi-infiltration-of-us-secret-spaceprogram/ (aufgerufen am 30.06.2015)

4 Die Ursprünge der Dunklen Flotte

Das Geheime Weltraumprogramm der Vril-Gesellschaft erreichte erstaunliche technologische Durchbrüche unter dem aufmerksamen Auge von Himmlers SS, die begierig war, alles, was irgendwie verwendbar war, für den Krieg zu nutzen. Dank Hitlers Unterstützung verfügte die Vril-Gesellschaft über die nötigen Mittel, einsatzfähige Luftschiffe zu bauen. Die Antriebssysteme dieser Fluggeräte beruhten auf Antigravitation und mit Hochfrequenz rotierendem Plasma, um Gewicht zu reduzieren. Diese Antigravitationstechnologien wurden von Professor Schumann beaufsichtigt, der an dem Vril-Flugscheibenprojekt von Anfang an beteiligt war. Die Vril-/NS-Raumschiffe konnten dank dieser Technik Hyperschallgeschwindigkeiten (von mehr als Mach 5,1) [6.297 km/h] erreichen und Luftmanöver mit 60-Grad-Drehungen durchführen, die bis heute für düsen- oder raketengetriebene Flugzeuge unmöglich sind.

Die Luftschiffe der Vril-Gesellschaft erreichten nicht nur erstaunliche Geschwindigkeiten in der Atmosphäre, sondern waren auch zu Weltraumreisen in der Lage. Corey Goode glaubt, dass die Raumschiffe der Vril-Gesellschaft bis in die späten Dreißigerjahre so weit entwickelt waren, dass sie die 239.000 Meilen [384.400 Kilometer] Distanz zum Mond zurücklegen, dort die ersten Astronauten absetzen und sogar eine Mondstation errichten konnten:

> »Sie [die Nazis] hatten mehrere Versuche unternommen, eine Basis auf dem Mond zu errichten, die sich in den Dreißigerjahren über längere Zeit hinzogen. Schließlich fanden sie ein altes Gebäude, das offenbar von weitaus größeren Wesen stammte, und konnten es so weit ausbessern, dass es dem Druck standhielt und als temporäre Station dienen

> konnte, bis sie eine Untergrundstation fertiggestellt hatten, die nur über wenige sichtbare Teile an der Oberfläche verfügte; eines davon hatte die Form einer Swastika.«[1]

Goodes unglaubliches Zeugnis wird von einem anderen Whistleblower unterstützt. Al Bielek behauptet, an einer Reihe von verdeckten Programmen, angefangen mit dem Philadelphia-Experiment, beteiligt gewesen zu sein. Nach Bielek gab es mehrere geheime Mondlandungen; die erste war von dem Stützpunkt der Vril-Gesellschaft beziehungsweise NS-Deutschlands in der Antarktis aus gestartet worden: »Vor den Augen der Weltöffentlichkeit flogen wir 1969 zum Mond, aber die Deutschen waren dort schon 1947. Und wir waren bereits 1962 im Rahmen einer russisch-amerikanischen Expedition dort.«[2]

Der bulgarische Forscher Vladimir Terziski gibt an, Zugang zu geheimen SS-Akten gehabt zu haben, unter denen er Dokumente und Bilder fand, die das NS-Weltraumprogramm detailliert beschrieben. Er berichtet, dass die Nazis den Mond zum ersten Mal 1942 erreichten:

> »Die erste Landung der Deutschen auf dem Mond erfolgte am Mare Imbrium am 23. August 1942 um 11.26 Uhr MEZ mit einer Miethe-Rakete. Der erste Mann auf dem Mond war der Kapitänleutnant der Kriegsmarine Werner Theisenberg. Tatsächlich leistete die Marine die Hauptarbeit bei den Mondflügen, nicht die Luftwaffe. Die Landung fand ohne Funkkontakt zur zentralen Kontrollstation in Wilhelmshaven oder der zweiten Station in der Nähe von Anzio in Italien statt. Seit ihrem ersten Tag auf dem Mond gruben die Deutschen Tunnel unter der Mondoberfläche, und gegen Kriegsende war eine kleine Forschungsstation der Nazis auf dem Mond eingerichtet.«[3]

Nach Goode bestand der Grund für den beeindruckenden Erfolg der Vril-Gesellschaft in der Unterstützung durch eine außerirdische Rasse aus dem Alpha-Draconis-Sternensystem, die außerdem noch mit einer hoch entwickelten unterirdischen Erdzivilisation zusammenarbeitete. Unterstützt wird Goodes bemerkenswerte Behauptung von Professor Hermann Oberth, dem Vater der deutschen Raketenindustrie, der angeblich gesagt hat: »Wir können uns unsere Rekorde auf gewissen Forschungsgebieten nicht als alleiniges Verdienst anrechnen – schließlich wurde uns dabei geholfen.« Auf die Frage, von wem, antwortete er: »Von Völkern aus anderen Welten.«[4]

Auch der frühere CIA-Agent Stein/Kewper sagte in einem Interview mit Linda Moulton Howe, dass Berichte die Unterstützung der Nazis durch eine außerirdische Rasse belegen:

> »[Howe:] Wenn sechsfingrige Wesen 1938, vor dem Zweiten Weltkrieg, mit den Untertassen in Deutschland zu tun hatten, fragten Sie jemals ihren Vorgesetzten, ob diese Wesen Helfer für Deutschland waren?
>
> [Kewper:] Sie waren Helfer auf deutscher Seite.«[5]

Als Hitlers Bemühungen im Zweiten Weltkrieg allmählich unaufhaltsam verpufften, soll die Vril-Gesellschaft trotzdem weiterhin erstaunliche technologische Errungenschaften verwirklicht haben. Dazu zählte nach der erfolgreichen Mondlandung eine interstellare Reise zum Sternensystem des Aldebaran in den frühen Vierzigerjahren.

Goode schreibt dazu:

> »Ja, es gab einen frühen Versuch, die Luftschiffe durch natürliche Portale zu schicken, bevor man die Portalphysik überhaupt richtig verstanden hatte. Diese ›Expedition‹ endete ähnlich wie das Philadelphia-Experiment, das die Amerikaner Jahre später durchführen sollten. Es wurde viel an Portalreisen gearbeitet, und man entwickelte für die Reiseberechnungen ganz neue physikalische und mathematische Modelle. Ohne die Hilfe sowohl außerweltlicher Gruppierungen als auch der antiken Unterwelt-Zivilisationen, die sich als Außerirdische ausgaben, hätten sie und die frühen ›Gemeinschaftsprogramme‹ (der Vertragsära nach Eisenhower, woraus die verschiedenen GWPs [Geheimen Weltraumprogramme, engl. SSP für Secret Space Programs] entstanden) diese Modelle von Grund auf neu entwickeln und viele Lektionen in mühsamer Kleinarbeit erlernen müssen.«[6]

In jeder anderen Zeit wären solche technologischen Errungenschaften sensationelle Nachrichten gewesen, aber in einer Ära weltweiter Kriegführung waren sie nur ein weiteres Geheimnis auf einer langen Liste vieler anderer, die von beiden Kriegsparteien sorgsam gehütet wurde. Als NS-Deutschland durch das Vorrücken der sowjetischen und der westlichen Armeen langsam zusammenbrach, blieb Flucht die einzige Option für die Nazi-Elite und die Mitglieder der Vril-Gesellschaft.

Der Nazi-Rückzug in die Antarktis und nach Südamerika

Die »offizielle« Niederwerfung NS-Deutschlands im Mai 1945 war in Wirklichkeit nur ein »taktischer Sieg«, der eine große strategische Schlappe der »siegreichen Alliierten« tarnte, die aber vor der Öffentlichkeit geheimgehalten wurde. Ein bedeutsamer Teil der politischen Elite NS-Deutschlands war den alliierten Besatzungstruppen entkommen und hatte die modernste Technologie und voll einsatzfähige »Untertassen-Schiffe« mitgenommen.[7]

Richard Wilson und Sylvia Burns behaupten, während der Recherchen für ihr Buch *Secret Treaty: The United States Government and Extraterrestrial Entities* (»Geheimvertrag: Die Regierung der Vereinigten Staaten und außerirdische Wesenheiten«) Insider interviewt und geheime Dokumente eingesehen zu haben. Folgendes haben sie ihren Angaben nach über NS-Deutschland herausgefunden:

> »In wissenschaftlichen Kreisen wusste man in Deutschland bereits 1942, dass der Krieg verloren war. Die deutschen Eliten entschieden sich dafür, einen Plan zu schmieden, der den Traum vom Dritten Reich nach dem Krieg weiterführen sollte. Die Lösung sollte die Gründung einer besonderen Gesellschaft auf der Basis der NS-Prinzipien von genetischer Reinheit sein. Die Entwicklung der Gravitationstechnologie unterstützte diesen Plan. Am 23. Februar 1945 wurden die neuesten Triebwerke des ›Kugelblitz‹ getestet und dann aus dem Fluggerät entfernt. Der Kugelblitz war von SS-Angehörigen und Wissenschaftlern gezündet worden; Baupläne und Triebwerke wurden aus Deutschland in die Südpolarregio-

nen verschifft, wo die Deutschen seit 1941 unterirdische Bastionen unterhielten. Zwei Tage später, am 25. Februar 1945, wurde die Untergrundanlage bei Khala geschlossen, und sämtliche Arbeiter wurden nach Buchenwald geschickt und vergast. Die Deutschen sendeten auch die Kinder ihrer ›arischen Elite‹ und andere Teile ihrer Gesellschaft zu der Station im Erdinneren. General Hans Kammler, der im April 1945 verschwand, war ebenso wie General Nebe führend an diesen Evakuierungsmaßnahmen beteiligt. Die Deutschen gründeten dort eine eugenische Gesellschaft, die offenkundig auf eine bestimmte Anzahl von Menschen begrenzt ist. Es gibt sie dort noch immer. Anscheinend unterhalten sie auch technische Kolonien in Südamerika.«[8]

Tatsächlich wurden – nach den Aussagen des anonymen CIA-Agenten Stein/Kewper – die fortgeschrittensten Flugscheiben-Programme vor dem Ausbruch des Zweiten Weltkriegs von NS-Deutschland nach Südamerika und in die Antarktis verlagert.

»Die Briten haben bereits in den Dreißigerjahren Fotos der Untertassen machen können, und wir wussten dadurch, dass Deutschland Flugscheiben mit aufmontierten ›Lasergewehren‹ besaß. Hitler schickte tatsächlich alles, was er von dieser Technologie hatte, nach Argentinien und in die Antarktis, um sicherzustellen, dass, nachdem er den Zweiten Weltkrieg begonnen hatte, nichts davon in feindliche Hände gelangen könne.«[9]

In einem Interview mit Linda Moulton Howe beschrieb Stein/Kewper einige der Nazi-Flugschiffe, die von Peenemünde nach Südamerika verlagert worden waren:

»[Howe:] Sie haben ein Foto, welches belegt, dass die Deutschen in Südamerika immer noch mit einigen ihrer Flugmaschinen aus Peenemünde flogen?

[Kewper:] Oh ja! Die Maschinen mit einem höheren Mittelteil – von rund zwölf Fuß [3,66 Meter] Höhe – sehen alle wie die *Haunebu 2* aus. Trotzdem könnten sie auch außerirdische Raumschiffe sein. Wir betitelten diese Fotos aber als solche von deutschen Flugschiffen aus Argentinien. Auf dem Radar sahen wir nichtsdestoweniger des Öfteren *echte* außerirdische Raumschiffe aus dem Weltraum nach Argentinien fliegen. Ebenso bemerkten wir durch Radar, das wir mit den Briten auf den Falkland-Inseln im Südost-Atlantik östlich von Argentinien teilten, dass Raumschiffe von irgendwoher in antarktische Regionen eindrangen. ... 1959 oder 1960 unterschied unsere Einheit außerirdische Raumschiffe von den bekannten deutschen durch ihren Anflug. Wir stellten stets fest, dass die deutschen deutlich langsamer waren als die außerirdischen. Bei einigen der letzteren, die aus dem Weltraum kamen, wurden Geschwindigkeiten von 30.000 mph [48.280 km/h] gemessen!«[10]

Was von den modernsten Waffenprogrammen NS-Deutschlands zurückblieb, war auch vor dem Hintergrund sämtlicher technologischer Fortschritte, die die Nazis auf vielen Gebieten der Waffenproduktion erreicht hatten, erstaunlich genug.[11] Es war einer der von Militärpersonen genannten Hauptgründe, der von der Truman-Administration zugunsten der Operation Paperclip anerkannt wurde.

Die Operation Paperclip wurde von der Joint Intelligence Objectives Agency (JIOA) beaufsichtigt, einer mehrere Behörden umfassenden Organisation, die in erster Linie von der U.S. Army und der Navy geleitet wurde. Der Marineminister James Forrestal hatte Präsident Franklin D. Roosevelt gebeten, die JIOA nach den Erkenntnissen der Geheimdienste über das hoch entwickelte Technologie-Programm der Nazis ins Leben zu rufen. Im Juli/August 1945 reiste Forrestal in das besetzte Deutschland, um sich aus erster Hand durch den Besuch von Marine- und Armee-Einrichtungen einen Eindruck vom Fortschreiten der Operation Paperclip und dem Abtransport von NS-Technologie durch das amerikanische Militär zu verschaffen. Kammlers erfolgreiche Verhandlungen über diese Technologie werden Forrestal bekannt gewesen sein.

Forrestal beriet die U.S. Navy auch bei der Entscheidung, welche der beschlagnahmten NS-Technologien in Zukunft von Nutzen sein könnten. An der Entwicklung moderner U-Boote durch die Nazis hatte die amerikanische Marine ein besonderes Interesse; diese verfügte auch über verwandte Konstruktionstechniken für den Bau Fliegender Untertassen und der größeren zigarrenförmigen Raumschiffe, die geeignet waren, in den Erdorbit und über diesen hinaus zu fliegen. Nach Goodes Einschätzung war die Navy bei der Entwicklung des ersten Geheimen Weltraumprogramms der USA unter den amerikanischen Streitkräften führend, was in Kapitel 5 behandelt wird.

Eine bemerkenswerte Fußnote zu Forrestals Deutschlandtrip von 1945 besteht darin, dass er vom jungen John F. Kennedy begleitet wurde, den er für seinen persönlichen Stab rekrutieren wollte. Kennedy leistete Forrestal bei dessen Erkundungstour zu den erbeuteten Nazi-Superwaffen und während seiner Treffen mit den höchsten alliierten Generälen wie Eisenhower Gesellschaft. Später zeichnete er seine Erinnerungen an diese Reise in einem Tagebuch auf, das posthum unter dem Titel *Prelude to Leadership* (»Vorspiel zur Führerschaft«) veröffentlicht wurde.[12] Kennedys Tagebuch belegt eindeutig, dass er bei Forrestals Inspizierung deutscher Hochtechnologie, an der die Navy Interesse hatte und die teilweise im Rahmen von Paperclip in die USA überführt wurde, dabei war. Obwohl in Kennedys Tagebuch keine Fliegenden Untertassen erwähnt werden, ist unzweifelhaft, dass er NS-Hochtechnologie vorgeführt bekam und darüber informiert war, worüber er schreiben durfte und was geheim zu halten war. Kennedys spätere Versuche, als Präsident Zugang zu geheimen UFO-Dokumenten und UFO-Technologien zu erlangen, wurden als wesentliche Gründe seiner Ermordung dargestellt.[13] Folglich war auch die Hochtechnologie der Nazis, die er während seiner Deutschlandreise 1945 zur Kenntnis nahm, ein Faktor, der zu diesem Verbrechen geführt hat.

Die Entdeckung, dass die SS besondere Geheimnisse, technologische Spitzenprodukte und wichtige Persönlichkeiten während des Ringens um die letztliche Niederwerfung Deutschlands beiseite geschafft hat, wird für die alliierten Führer ein großes Ärgernis gewesen sein; plötzlich wurde ihnen klar, was passiert war.[14] Die letzten Monate des Zweiten Weltkriegs waren nicht nur die letzten Züge im verzweifelten Spiel einer größenwahnsinnigen Nazi-Führung, die ihre unausweichliche Niederlage nicht hinnehmen wollte, sondern in weitaus größerem Maße die Schlussphase einer methodisch durchgeplanten Überführung der für die Nazis wertvollsten Güter und Menschen in gründlich vorbereitete, abgelegene Gegenden in der Antarktis und Südamerika. Kammlers erfolgreiche Verhandlungen mit den alliierten Streitkräften betrafen nur die zweite Reihe der dem NS-Regime bekannten fortgeschrittensten Technologien. Gemäß geheimer Berichte, die Corey Goode vorlagen, beschreibt er »drei bekannte antarktische (Städte/Basen) und einige geheime Untergrundbasen in Argentinien«, die von den Nazis errichtet worden waren.[15]

Die Nazis hatten aufgrund ihrer geschäftlichen Verbindungen, Tarnfirmen und Beziehungen zu südamerikanischen Regierungen und Firmen genug Zeit und Ressourcen, um sich auf einen solchen Exodus vorzubereiten. Die gut ausgerüsteten Expeditionen der Nazis in die Antarktis in der Vorkriegszeit ermöglichten ihnen, sich an dieses Gelände zu gewöhnen und sämtliche Rollen vorzubereiten, die sie in diesen Gegenden in der Zeit nach dem Krieg noch spielen sollten.

Die ambitionierteste NS-Expedition fand 1938/39 statt, als Kapitän Alfred Ritscher im Namen der nationalsozialistischen Regierung auf weite Teile der Antarktis Anspruch erhob. Vom Flugzeugträger *Schwabenland* aus wurden Flugzeuge entsandt, um die von der NS-Regierung beanspruchte, »Neuschwabenland« genannte Region zu erkunden.[16] Zu den Zielen der *Schwabenland*-Expedition gehörte auch die Einrichtung mehrerer Stützpunkte in der Antarktis.

Um den Bau von antarktischen NS-Basen begann sich auch Präsident Roosevelt zu kümmern, der den Befehl zu einer militärischen Expedition gab, um die Nazis aus Teilen der Antarktis, die er der westlichen Hemisphäre zuschrieb, zu vertreiben. Folgendes berichtete die *New York Times* am 7. Juli 1939:

> »Präsident Roosevelt begann heute, einer möglichen Ausweitung deutscher Ansprüche auf antarktische Gebiete in der westlichen Hemisphäre entgegenzutreten, indem er Rear Admiral Richard E. Byrd anwies, im Oktober ein Territorium innerhalb der Reichweite der Monroe-Doktrin anzusteuern … Es [ist] offensichtlich, dass diese Regierung mit Entschiedenheit die Position einnahm, jeden Versuch fremder Mächte, Stütz-

punkte westlich des 180. Längengrades in der Antarktis einzurichten, als feindseligen Akt aufzufassen ...«[17]

Während des Krieges selbst deuteten ausgiebige U-Boot-Aktivitäten in antarktischen Gebieten an, dass die Nazis weitere Stützpunkte, zusätzlich zu den von Kapitän Richter auf seiner Expedition bereits angelegten, etablierten. Diese Möglichkeit wurde durch einen Kommentar von Admiral Karl Dönitz, dem Kommandeur der deutschen U-Boot-Flotte, noch bestärkt, als dieser behauptete, seine Flotte habe »in einem anderen Teil der Welt ein Shangri-La – eine unbezwingbare Festung« – gebaut.[18]

Nach Deutschlands bedingungsloser Kapitulation am 8. Mai 1945 dauerten die Aktivitäten von U-Booten der Nazis in antarktischen Regionen weiter an, wie durch den folgenden Bericht der Agence France Press vom 25. September 1946 belegt wird:

»Die fortwährenden Gerüchte um deutsche U-Boot-Aktivitäten in der Region um Feuerland zwischen der äußersten Spitze Lateinamerikas und dem antarktischen Kontinent beruhen auf wahren Begebenheiten.«[19]

Was die Alliierten in ihrer Erkenntnis bestärkte, dass die NS-Elite einen Exodus in die Antarktis vorantrieb, war die nicht mehr zu leugnende Tatsache, dass die Vril-Gesellschaft mit Erfolg Kontakte zu außerirdischen Rassen und hoch entwickelten menschlichen Zivilisationen im Erdinnern aufgenommen hatte. Die Zusammenarbeit der Nazis mit außerirdischem Leben und/oder alten Kulturen der inneren Erde sollte nun ein wesentlicher Antrieb der Alliierten bei der Verfolgung und Auslöschung der Reste NS-Deutschlands sein, die in die Antarktis und nach Südamerika evakuiert worden waren.

Wie oben schon angeführt, gab Hitler nach den Aussagen von Stein/Kewper Befehle, das Weltraumprogramm der Vril-Gesellschaft vor dem Beginn des Zweiten Weltkriegs in die Antarktis und nach Argentinien zu verlagern.[20] Dieses Szenario wird durch Dokumente belegt, die zeigen, dass Hitler in der Vorkriegszeit eine Reihe von militärischen Missionen in die Antarktis autorisiert hat.[21] NS-

Deutschland stellte der Ausbeutung der Antarktis signifikante Ressourcen zur Verfügung und richtete sich vor dem Krieg seit seiner ersten Mission im antarktischen Sommer 1938/39 dort ein. Dies lässt es möglich erscheinen, dass eine oder mehrere Untergrund-Basen eingerichtet oder entdeckt wurden, in denen das Geheime Weltraumprogramm der Vril-Gesellschaft vor dem Ausbruch des Zweiten Weltkriegs untergebracht werden konnte.

Das war bei Himmlers SS nicht der Fall, die unter Kammlers Führung daran scheiterte, in einer allerletzten Anstrengung rechtzeitig Fliegende Untertassen zu bewaffnen, um das Schicksal des Krieges noch zu wenden. Kammler nahm mit, was ihm an Infrastruktur und einsatzfähigen Flugscheiben zur Verfügung stand, bevor die vorrückenden alliierten Armeen die streng geheimen Produktionsstätten der SS im tschechoslowakischen Pilsen und anderswo erreichten.

Folgendermaßen beschreibt Ivo Harbinson, ein Experte für den Zweiten Weltkrieg, den Rückzug der Nazis in die Antarktis anhand von Dokumenten, die er einsehen konnte:

> »Im März 1945, kurz vor Kriegsende, stachen zwei deutsche Reserve-U-Boote, U-530 und U-977, in einem Hafen an der Ostsee in See. Wie berichtet wird, hatten sie Mitglieder des Flugscheiben-Forschungsteams an Bord, außerdem die letzten besonders wichtigen Untertassen-Bauteile, Aufzeichnungen und Notizen für die Untertassen und die Entwürfe für gewaltige Untergrund-Anlagen und Wohnbereiche nach dem Vorbild der bemerkenswerten unterirdischen Fabriken von Nordhausen im Harz. Die beiden U-Boote erreichten auftragsgemäß Neuschwabenland, besser bekannt als Queen Maud Land, wo sie ihre Fracht löschten.«[22]

Auf die Frage, welche Rolle die Oršić und die Vril-Gesellschaft für die Nachkriegsbasen der Nazis spielten, antwortete Goode:

> »Sie hat es zweifellos bis zu den antarktischen Basen oder Städten geschafft. … Ich weiß genau, dass diese ›Gesellschaften‹ in starkem Maße das Rückgrat derjenigen waren, die den Krieg überlebten, sowie jener, die die Kontrolle über die Anlagen gemeinsam mit der Gruppe innehat-

ten, die sie für Außerirdische hielten, ebenso wie die Draco-Föderation, mit der sie sich selbst verbündet haben.«

Das ist eine äußerst bedeutsame Enthüllung! Die Vril-Gesellschaft hatte nicht nur, gemeinsam mit ihren Verbündeten von der Thule- und der Gesellschaft der Schwarzen Sonne, ihre Unabhängigkeit von Himmlers SS behauptet, sondern sie hatte nun in den antarktischen Anlagen auch die Führungspositionen inne.

Die Niederlage der Nazis hatte eine Vereinigung der Reste von Kammlers Flugscheiben-Geheimwaffenprogramm mit dem geheimen Weltraumeinsatz-Programm der Vril-Gesellschaft, das den Zweiten Weltkrieg unentdeckt und unzerstört überstanden hatte, zur Folge. Der Erfolg der Vril-Gesellschaft bei der Behauptung ihrer Unabhängigkeit von der SS sowie die Einnahme einer führenden Rolle in der Exilgemeinschaft zeigt, wie mächtig die Vril-, Thule- und Schwarze-Sonne-Führer in Hitlers totalitärer Gesellschaft geworden waren. Dies geschah nicht lange nach der Verschmelzung der NS-Raumfahrtprogramme, allerdings noch bevor ihre Führer sich mit dunklen okkulten Mächten verbündeten (oder von diesen vereinnahmt wurden), die mit einer bösartigen außerirdischen Gruppierung, den Draco-Reptiloiden, zusammenarbeiteten.

Goode beschreibt die Weltanschauung der düsteren okkulten Mächte als vergleichbar mit der »Sith«-Ideologie in den *Star Wars*-Filmen.[23] Seine Erläuterung passt zu dem, was wir über die Praktiken der Gesellschaft der Schwarzen Sonne wissen, die an der Spitze von Himmlers SS gegründet wurde. Der Historiker Peter Levanda, Verfasser des Buches *Unholy Alliance*, erläuterte, wie Himmler in der mittelalterlichen Wewelsburg die okkulten Grundlagen der SS-Führung entwarf:

»Hier traf die geheime Gruppe des Ordens [der Schwarzen Sonne] einmal im Jahr zusammen. Jedes Mitglied hatte seinen eigenen Lehnstuhl mit einem gravierten Namensschild aus Silber, und jeder hatte sich einem Ritual spiritueller Übungen zu unterwerfen, die primär dem Ziel geistiger Konzentration dienten. … Der Mittelpunkt der Wewelsburg, der stark an die Sage von König Arthus und den Rittern der Tafelrunde erinnert, war ein großer Speisesaal mit einem Tisch aus Eichenholz, an dem zwölf herausragende Gruppenführer sitzen konnten.«[24]

In diesem großen Saal in der Wewelsburg kommunizierte die Führung der SS mit spirituellen Mächten aus dem Totenreich: »Es war in der Mitte des großen Speisesaales mit seinem runden Tisch, dass Himmler und sein innerer Kreis von Gruppenführern in mystischen Austausch mit der Totenwelt der germanischen Ahnen treten und andere spirituelle Übungen ausführen sollten.«[25]

Levanda beschreibt ein Treffen an diesem runden Tisch, an dem Himmler und seine SS-Elite der Schwarzen Sonne beteiligt war und das eine Befragung des Obersten Befehlshabers der regulären deutschen Armee, General von Fritsch, zum Gegenstand hatte:

»Er [Himmler] versammelte zwölf seiner vertrautesten SS-Führer in einem Raum, der direkt an den angrenzte, in dem von Fritsch befragt wurde, und befahl allen, ihren Geist darauf zu konzentrieren, einen suggestiven Einfluss auf den General auszuüben, der ihn veranlassen würde, die Wahrheit zu sagen. Ich kam zufällig in den Raum hinein, und diese zwölf SS-Führer, alle in tiefe, schweigende Kontemplation versunken, im Kreis sitzen zu sehen, war in der Tat ein bemerkenswerter Anblick.«[26]

Es ist leicht zu sehen, wie das dunkle okkulte Wissen, das der Orden der Schwarzen Sonne praktizierte, mit der Zeit zu einer Verständigung mit der Vril-Gesellschaft und schließlich zur Übernahme ihres Weltraumprogramms führte.

Durch ihre drei antarktischen Basen und diejenige in Argentinien verfügten die Weltraumprogramme der nun zusammenarbeitenden SS- und Vril-Gesellschaft über voll einsatzfähige »Untertassen-Schiffe«, mit denen man um den gesamten Planeten und sogar zu einem geheimen Stützpunkt auf dem Mond fliegen konnte. Viele der in der unmittelbaren Nachkriegszeit gesichteten UFOs waren, gemäß den Berichten einer Anzahl von Militär-Offizieren, denen die Errungenschaften der NS-Technologie bekannt waren, vollkommen flugfähige Nazi-Raumschiffe.[27]

Die Operation Highjump trifft auf Nazis und außerirdische Alliierte

Eine militärische Expedition der Marine unter Leitung von Rear Admiral Richard Byrd 1946/47 stellte einen Versuch der USA dar, die antarktischen Stützpunkte der Nazis zu übernehmen und gegebenenfalls zu zerstören. Byrds militärische Expedition in die Antarktis wurde »Operation Highjump« genannt und umfasste »4.700 Militärpersonen, sechs Hubschrauber, sechs Martin-PBM-Flugboote, zwei Begleitschiffe für Wasserflugzeuge, fünfzehn weitere Flugzeuge, dreizehn Navy-Tender und einen Flugzeugträger, die *U.S.S. Philippine Sea*«.[28] Byrd hatte sowohl Geheimbefehle als auch öffentlich bekannte Weisungen erhalten, was für Marine-Kommandeure nicht ungewöhnlich ist. Für die Öffentlichkeit war der offizielle Grund größtenteils wissenschaftlich definiert und bestand neben Forschung und Kartografierung in der Suche nach Orten für zukünftige Stützpunkte.

Zu diesen nicht als geheim eingestuften Befehlen, die Admiral Byrd vom Befehlshaber der U.S. Navy Admiral Chester Nimitz erhalten hatte, zählten:

a) die Ausbildung von Personal und die Durchführung von Materialtests in der Polarzone;
b) die Behauptung und Erweiterung der amerikanischen Souveränität über das größte zugängliche Gebiet des antarktischen Kontinents;
c) die Prüfung, inwiefern sich Stützpunkte in der Antarktis einrichten und unterhalten lassen, und die Suche nach geeigneten Orten;
d) die Entwicklung von Techniken zur Einrichtung und Betreuung von Flugstationen auf dem Eis (unter besonderer Berücksichtigung einer späteren Anwendbarkeit solcher Techniken in Grönland);
e) die Erweiterung des bestehenden Wissens bezüglich der Hydrografie, Geografie und Geologie sowie der meteorologischen und elektromagnetischen Bedingungen in der Region.[29]

Die freigegebenen wissenschaftlichen Gründe für die Expedition dienten der Tarnung ihrer geheimen Ziele. Byrds Navy-Armada verfolgte keinen wissenschaftlichen Auftrag, sondern war, wie schon aus ihrer Größe eindeutig hervorgeht, eine militärische Expedition gegen einen geheimen, der Öffentlichkeit nicht enthüllten Feind.

Der antarktische Sommer von 1946/47 bot die erste Gelegenheit, eine derart große Expedition in die eisigen Regionen der Antarktis zu führen. Die japanische Kapitulation erfolgte am 2. September 1945, so dass der U.S. Navy nicht genug Zeit blieb, um die nötige militärische Aufklärung durchzuführen und sodann eine hinreichend große Militärexpedition für den kommenden antarktischen Sommer zu planen und auszurüsten, der schon im Dezember 1945 beginnen würde. Die USA mussten also mehr als ein Jahr warten, um eine militärische Expedition auszurüsten.

So bald nach dem Ende des Zweiten Weltkriegs erscheint es sehr merkwürdig, dass eine derart große Armada in einer Zeit wachsender Spannungen des beginnenden Kalten Krieges, der Außerdienststellung von Marinepersonal und der Ausrangierung von Schiffen in die Antarktis fährt, es sein denn, dass die Expedition aus militärischen Gründen erfolgte, um einige übrig gebliebene Probleme des Krieges zu lösen: insbesondere bezüglich der Reste der NS-Elite, die sich in unterirdischen Stationen oder bereits vor dem Krieg eingerichteten Basen versteckt hatte. Byrds geheime Mission hatte also den Auftrag, die antarktischen Basen der Nazis zu lokalisieren, zu übernehmen und gegebenenfalls zu zerstören.

Es ist eine Ironie der Geschichte, dass Admiral Byrd selbst zuvor als Ehrengast zu Kapitän Ritschers *Schwabenland*-Expedition in die Antarktis nach NS-Deutschland eingeladen worden war, bevor sie am 17. Dezember 1938 startete.

»1939 – vor der deutschen Expedition – war die einzige Luftaufnahme von der Antarktis die des berühmten amerikanischen Expeditionsleiter Richard E. Byrd von 1933. Byrd besuchte die deutsche Expedition in Hamburg auf Einladung der Deutschen Gesellschaft für Polarforschung, die mit der Zusammenstellung und Ausbildung der Mannschaft betraut war. Die Gesellschaft lud Byrd zu der Expedition ein; er traf die Crew und wurde über die Vorbereitungen informiert. Dennoch lehnte er die

Einladung ab, kehrte in die USA zurück und übernahm auf Verlangen Präsident Roosevelts das antarktische Kommando, obwohl dieses bereits in ihrem ersten Jahr aufgrund des herannahenden Zweiten Weltkrieges wieder beendet wurde.«[30]

Wie bereits erwähnt, erhielt Admiral Byrd am 8. Juli 1939 erstmals Anweisungen von Präsident Roosevelt, sämtliche arktische NS-Basen, die in der amerikanischen Einflusssphäre lagen, zu lokalisieren und zu bekämpfen.[31] Diese Befehle wurden dann allerdings, während des Eintritts der USA in den Krieg, nicht ausgeführt. Erst 1947 führte Admiral Byrd eine Expedition der Navy an, um Basen, die während und möglicherweise auch erst nach der *Schwabenland*-Fahrt von 1938 eingerichtet oder »entdeckt« worden waren, zu finden, zu übernehmen oder zu zerstören. Die antarktischen Stützpunkte der Nazis hatten also neun Jahre ununterbrochen Zeit, sich auf die drohende Konfrontation mit der U.S. Navy vorzubereiten.

Byrds Mission war auf sechs Monate angelegt, endete aber schon nach acht Wochen, da sie, laut chilenischer Berichte, »auf Probleme stieß« und weil »zahlreiche Todesfälle auftraten«.[32] Wenn ihr eigentliches Ziel in der Lokalisierung und Vernichtung von Nazi-Basen bestand, legen diese Nachrichten und das frühe Ende der Mission ein klägliches Scheitern und böses Erwachen der U.S. Navy nahe.

Nach dem sowjetischen Zusammenbruch 1991 verbreitete der KGB zuvor geheime Akten, die ein Licht auf die geheimnisvolle, von Byrd geführte Antarktis-Expedition werfen. Eine russische Dokumentation aus dem Jahr 2006 machte erstmals einen sowjetischen Geheimdienstbericht von 1947 bekannt, der von Josef Stalin über die Antarktis-Mission der Task Force 68, so der offizieller Name von Operation Highjump, in Auftrag gegeben worden war.[33] Dieser von sowjetischen Spionen in den USA verfasste Bericht enthüllte, dass die U.S. Navy ihre Militärexpedition entsandt hatte, um eine oder mehrere verborgene Nazi-Bastionen zu finden und zu zerstören. Dabei stießen die Amerikaner auf ein mysteriöses UFO-Geschwader, das ihre Expedition attackierte und mehrere Schiffe und eine größere Zahl Flugzeuge zerstörte. Operation Highjump hatte also tatsächlich »zahlreiche Todesfälle« erlitten, wie es damals in chilenischen Zeitungsartikeln stand. Es gibt zwar die Möglichkeit, dass der Bericht auf amerikanischer Desinformation beruhte, mit der ein sowjetischer Maulwurf »gefüttert« wurde, aber wahrscheinlicher ist, dass der Bericht den ersten bekannten militärischen UFO-Zwischenfall behandelte, eine Schlacht zwischen US-Marine-Einheiten und einer unbekannten UFO-Streitmacht, die in der Nähe der Antarktis stationiert war.

In dem sowjetischen Geheimdienst-Gutachten wurden bislang noch nie veröffentlichte Zeugnisse von zwei amerikanischen Soldaten mitgeteilt, die an der Operation Highjump beteiligt waren. Ein kürzlich erschienener Artikel in *New Dawn* von Frank Joseph liefert eine detaillierte Analyse der beiden Augenzeugenberichte, von denen nur der letztere in der russischen Dokumentation von 2006 erwähnt wurde. John P. Szehwach, ein auf der *U.S.S. Brownson* stationierter Funker, beschrieb, wie plötzlich UFOs aus den Tiefen des Ozeans aufstiegen. Am 17. Januar 1947 um 7.00 Uhr sagte Szehwach:

> »Meine Schiffskameraden im Ruderhaus Backbord und ich beobachteten für mehrere Minuten die hellen Lichter, die sehr schnell mit 45 Grad in den Himmel aufstiegen. … Wir konnten die Lichter nicht identifizieren, weil unser Radar auf 250 Meilen in gerader Linie begrenzt war.«[34]

Während der nächsten Wochen flgen die UFOs, laut dem sowjetischen Bericht, dicht über der Navy-Flottille, die auf sie schoss, was die UFOs mit tödlicher Wirkung erwiderten. Nach Leutnant John Sayerson, einem Flugboot-Piloten, geschah Folgendes:

> »Das Ding schoss senkrecht mit gewaltiger Geschwindigkeit aus dem Wasser empor, als wenn es vom Teufel gejagt würde, und sauste derart schnell zwischen den Masten [des Schiffes] hindurch, dass die Funk-Antenne durch die Turbulenzen vor und zurück federte. Ein Flugzeug [Flugboot *Martin*], das einige Augenblicke später von der *Currituck* abhob, wurde von dem Objekt aus mit einer unbekannten Art von Strahlen beschossen und stürzte fast augenblicklich in der Nähe unseres Schiffes

in die Fluten. ... In rund zehn Meilen Entfernung brach das Torpedoboot *Maddox* in Flammen aus und begann zu sinken. ... Nachdem ich den Angriff dieses Objektes, das aus dem Meer hervorstieg, persönlich erlebt habe, kann ich nur sagen: Es war furchtbar.«[35]

Es gibt allerdings ein großes Problem bei der zitierten Äußerung von Sayerson: Ein Torpedoboot namens *Maddox* hat es in der U.S. Navy niemals gegeben.[36] Die russische Dokumentation bezieht den von Sayerson (als »Sireson« falsch wiedergegeben) beschriebenen Vorfall stattdessen auf den Zerstörer »*Murdoch*«. Aber auch einen Zerstörer namens *Murdoch* hat es 1947 in der amerikanischen Flotte nicht gegeben. Es existierte zwar ein Zerstörer namens *Maddox* (DD-731), doch wurde dieser bei der Operation Highjump nicht eingesetzt. Bei der *U.S.S. Maddox* handelte es sich um den Zerstörer, auf den beim Zwischenfall im Golf von Tonkin 1964 geschossen wurde.[37]

Nach Frank Joseph war die *U.S.S. Maddox* »weder ein Torpedoboot noch ein Torpedos tragender Zerstörer«. Er fährt fort zu beschreiben, was mit der in dem sowjetischen Bericht erwähnten *Maddox* passiert sein könnte:

»Tatsächlich ist eine *U.S.S. Maddox* aufgrund feindlicher Einwirkung gesunken, allerdings fünf Jahre früher durch einen deutschen Sturzkampfbomber während der alliierten Invasion auf Sizilien. Es gab sogar mindestens drei amerikanische Zerstörer, die unter diesem Namen bekannt waren (DD-168, DD-622 und DD-731); bei allen handelt es sich um zeitgenössische Schiffe. Die U.S. Navy war lange dafür berüchtigt, die Identität ihrer Schiffe zu fälschen und deren Geschichte umzuschreiben, wenn diese die offizielle Politik in Verlegenheit brachten. ... So wird auch die von sowjetischen Spionen erwähnte *Maddox* in einer offiziellen Gedächtnislücke verschwunden sein.«[38]

Wenn Joseph damit richtig liegt, ist es sehr wahrscheinlich, dass eine *U.S.S. Maddox* bei der Operation Highjump zerstört wurde und die Navy die offiziellen Darstellungen fälschte, um diese Schmach zu verschleiern. Eine alternative Erklärung könnte darin bestehen, dass der sowjetische Bericht von 1947 eine bewusste Desinformation durch die USA enthielt, die sowjetischen Behörden von einem den amerikanischen Geheimdiensten bekannten sowjetischen Maulwurf mitgeteilt wurde. Obwohl dies möglich wäre, erscheint es doch höchst unwahrscheinlich, wenn man bedenkt, dass die USA und die UdSSR zur Zeit von Operation Highjump immer noch Alliierte waren und ein gemeinsames Interesse daran hatten, NS-Basen im Südatlantik zu finden und zu zerstören.

Ein Interview mit Admiral Byrd in der chilenischen Presse vom 5. März 1947, nach dem vorzeitigen Ende von Highjump, legt den Schluss nahe, dass es tatsächlich eine militärische Niederlage gegeben hat und dass eine neue Bedrohung am Südpol aufgekommen ist:

> »Admiral Byrd erklärte heute, dass es für die USA zwingend erforderlich sei, unmittelbare Verteidigungsmaßnahmen gegen feindliche Gebiete zu beginnen. Weiterhin behauptete der Admiral, dass er niemanden unnötig ängstigen wolle; es sei aber eine bittere Realität, dass die kontinentalen Vereinigten Staaten in einem neuen Krieg von Flugobjekten attackiert würden, die mit ungeheurer Geschwindigkeit von Pol zu Pol fliegen könnten.«[39]

Es war also klar, dass selbst das Beste, was die U.S. Navy aufzubringen vermochte, der kleinen, aber hochgerüsteten Nazi-Elite nicht gewachsen war, die den Krieg an ihrem abgelegenen Rückzugsort in der Antarktis überdauert hatte. Die Möglichkeit, dass die Nazis bei der Abwehr der amerikanischen Attacke Unterstützung von einem technologisch weit fortgeschrittenen Bundesgenossen erhielten, kann nicht außer Acht gelassen werden. Die Betätigungen von Maria Oršić und anderen Mitgliedern der Vril-Gesellschaft lassen darauf schließen, dass die Nazis über esoterische Kommunikationsmittel mit Verbündeten verfügten – einer außerirdischen und/oder einer hoch entwickelten unterirdischen Zivilisation.[40]

Dieses Szenario wird durch die Äußerungen von Stein/Kewper unterstützt, der Dokumente und Informationen über das Schicksal der Operation Highjump erhielt:

»1946/47 führten die USA eine Forschungsexpedition in die Antarktis unter Leitung von Admiral Byrd durch, und wir hatten dort militärische Auseinandersetzungen mit Außerirdischen und ihren Flugscheiben wie in einem kleinen Krieg. Wir verloren dabei sämtliche Flugzeuge.«[41]

Nachfolgende Berichte über ausgiebige UFO-Aktivitäten in der Antarktis bestätigten, dass dieser Raum von einem neuen Feind als Operationsbasis genutzt wurde – einem, der Admiral Byrd entmutigte und, nach dem chilenischen Presse-Artikel, »von Pol zu Pol« fliegen konnte.[42]

Corey Goode geht davon aus, dass die Nazis bei der Gründung und dem Schutz von drei antarktischen Basen Unterstützung bekommen hatten:

»Es gab Hilfe durch die Draco-Föderation sowie von einer Gruppe, die die Nazis für Außerirdische hielten (man sprach von ›Arianni‹ oder ›Ariern‹, manchmal auch von ›den Nordischen‹); tatsächlich aber waren sie eine antike Zivilisation, die sich von der Erde zurückgezogen, ein Weltraumprogramm (genannt ›die Silberflotte‹) und schließlich große Basen unter dem Himalaya-Gebirge (die größten davon bilden das sogenannte ›System Agartha‹ in Tibet) und in einigen wenigen anderen Gegenden eingerichtet hatte.«[43]

Weiterhin behauptet Goode, dass das überlebende Nazi-Regime seine verborgenen Bastionen und hoch entwickelten Flugscheiben-Technologien nach Byrds überraschender antarktischer Niederlage nutze, um sowohl die Truman- als auch die Eisenhower-Administration zu nötigen, geheimen Abmachungen zuzustimmen:

»Nach dem Scheitern der Operation Highjump wurden die Wissenschaftler der Operation Paperclip aufgefordert, Treffen auszuhandeln. Die entkommenen ehemaligen Nazis wussten, dass die Amerikaner abgestürzte Flugmaschinen verschiedener Rassen entdeckt hatten, die so hoch entwickelt waren, dass sie niemanden fanden, der ihre Technologie rekonstruieren konnte. Außerdem hatten sie von ihren Paperclip-Spionen erfahren, dass die Amerikaner die Anweisung verfolgten, die Existenz außerirdischen Lebens zu dem am strengsten gehüteten Geheimnis auf diesem Planeten zu machen. Der Grund bestand darin, dass die Entwicklung und Verbreitung freier Energie sehr schnell das Geschäft mit dem Öl zerstören und bald darauf auch das ganze Sklavensystem der babylonischen Geld-Magie, das sämtliche Eliten verwenden, um die Massen zu knechten, zu Fall bringen würde. Die Nazis wandten sie in einigen äußerst bekannt gewordenen Flugeinsätzen über Washington D.C. und streng geheimen Rüstungsanlagen der Waffenindustrie an, um nur einige zu nennen. Eisenhower lenkte schließlich ein und unterzeichnete einen Vertrag mit ihnen (und einer kleinen Anzahl anderer Gruppen sowohl von Außerirdischen als auch von alten Zivilisationen, die sich als Außerirdische ausgaben).«[44]

Eine Bestätigung der bemerkenswerten Ausführungen Goodes stammt von einem früheren Raumfahrt-Ingenieur der NASA, Clark McClelland, der mit deutschen Wissenschaftlern der Operation Paperclip gesprochen hatte. Sie teilten ihm Folgendes mit:

»Es waren sehr flinke deutsche Flugmaschinen, die Washington D.C. überflogen und selbst den besten amerikanischen Flugzeugen blitzschnell entkamen. Am 12. Juli 1952 beobachtete Präsident Truman mehrere UFOs und war völlig verwundert über deren Fähigkeiten, die höchstentwickelten Jagdflugzeuge der amerikanischen Luftwaffe und Marine, die F-4D, auszumanövrieren. Die US-Flieger wurden losgeschickt, um eines vom Himmel zu holen, aber keiner war in der Lage, die Geschwindigkeit der deutschen Flugscheiben zu erreichen.«[45]

Zusätzlich zu der brachialen Demonstration technologischer Überlegenheit durch das überlebende NS-Regime gab es – so Goode – auch eine tiefgehende Infiltration des Militärisch-Industriellen Komplexes durch NS-Sympathisanten. Unter den Tausenden früherer NS-Wissenschaftler und -Techniker, die an der Operation Paperclip teilhatten, waren auch Spione der antarktischen NS-Exilgruppe, deren Aufgabe darin bestand, das amerikanische Weltraumprogramm und den Militärisch-Industriellen Komplex zu unterwandern. Letzterer war gerade dabei, seine eigene »Abgespaltene Zivilisation« zu erschaffen, die Goode zufolge von geförderten Nazi-Spionen durchsetzt und übernommen war:

> »Als Truman und Eisenhower Verträge mit den abgeschiedenen NS-Gruppierungen abschlossen, rutschten die bereits gut (in Militär, Großkonzernen, Geheimdiensten und den sowohl geheimen als auch öffentlichen Weltraumprogrammen) platzierten Spione leicht in noch machtvollere und einflussreichere Führungspositionen im gesamten Militärisch-Industriellen Komplex der USA hinein und strebten danach, ihre Tätigkeiten in den Weltraum auszudehnen ...«[46]

McClelland untermauert Goodes Behauptung, dass die SS im Jahr 1946 die Operation Paperclip unterwanderte und seitdem bis in die Sechzigerjahre hinein deutsche Forscher am Kennedy Space Center (KSC) einschüchterte:

> »Einige der deutschen Ingenieure und Techniker, die ich am KSC traf, waren darüber besorgt, dass eine Anzahl ehemaliger SS-Angehöriger in Cape Canaveral und am Kennedy Space Center arbeitete, die 1946 im Rahmen von Projekt Paperclip mit Dr. [Wernher] von Braun gekommen war. ... Die SS-Männer waren am KSC gefürchtet, da sie während des Zweiten Weltkriegs in der deutschen Armee gedient hatten.«[47]

Goodes teilt mit, dass es eine Art Wettstreit zwischen beiden Parteien, der US-Elite und der exilierten NS-Gruppe, darüber gab, wer die andere Seite schneller unterwandern und übernehmen könne:

> »Nachdem der Vertrag unterzeichnet war und das gemeinsame Geheime Weltraumprogramm Wirklichkeit wurde, verselbständigten sich die Dinge rasant, und die Nazi-Exilgemeinde gewann das Rennen um die schnellere Infiltration und Übernahme der anderen Seite. Bald kontrollierten sie jeden Bereich des Finanzsystems, des Militärisch-Industriellen Komplexes und kurz danach sogar alle drei Zweige der Regierung selbst. Dies mag für viele Menschen kaum zu glauben sein, aber je mehr Men-

schen aufwachen und begreifen, worauf unsere eigene Regierung in den letzten siebzig Jahren eigentlich aus war, desto mehr werden verstehen, was in den USA passiert ist.«[48]

Goode beschreibt die Übernahme als lautlosen Staatsstreich des exilierten NS-Regimes:

> »Während der Fünfzigerjahre und danach haben sie den Militärisch-Industriellen Komplex und die Vorstände großer Konzerne erfolgreich infiltriert und unterwandert; sie haben nicht nur die Kontrolle über die Ziele im Umgang mit den Bastionen der Geheimzivilisationen, sondern auch über die gewöhnliche Regierungsarbeit und das Finanzsystem. Es war ein sehr effektiver, verschwiegener Staatsstreich, der den Staat ausweidete, der einmal die amerikanische Republik gewesen war, und ihn in eine Art Firma verwandelte, in der jeder von uns nur noch ein Bediensteter mit seiner eigenen Seriennummer ist. Dieser Plan wurde bereits lange vor dem Ersten Weltkrieg von diversen Geheimgesellschaften verfolgt, die das Finanzsystem beherrschten und, wie viele mittlerweile wissen, während der Kriege beide Seiten finanzierten.«[49]

Goodes Aussagen sind sehr umstritten, werden aber von bekannten Forschern unterstützt. Jim Marrs behauptet in seinem Buch *Der Aufstieg des Vierten Reiches*, dass die USA tatsächlich von unermüdlich tätigen Nazis unterwandert wurden, die durch die Operation Paperclip in dieses Land gekommen waren und dabei nicht nur fortschrittliche Technologien, sondern auch ihre NS-Ideologie mitbrachten.[50]

Ein Rezensent führt dazu aus:

> »In seiner explosiven Zusammenfassung erläutert der legendäre Jim Marrs die erschreckend reale Möglichkeit, dass in den USA heute eine heimtückische Ideologie blüht, von der man dachte, dass sie seit mehr als einem halben Jahrhundert besiegt sei. Am Ende des Zweiten Weltkriegs benutzten hochrangige Nazis, gemeinsam mit ihren jungen und fanatischen Günstlingen, die Kriegsbeute aus Europa, um Tarnfirmen in vielen Ländern zu gründen und sich in die amerikanische Wirtschaft

einzuschleichen. Sie brachten eine geheimnisvolle Waffentechnologie mit, die dabei half, den Wettlauf im Weltraum zu gewinnen. Aber sie hatten auch ihre Nazi-Philosophie im Gepäck, die auf der autoritären Prämisse beruhte, dass der Zweck die Mittel heilige – unprovozierte Angriffskriege und die Beschneidung individueller Freiheiten eingeschlossen – und die seitdem im ›Land der Freien‹ eisern durchgreifen. Jim Marrs hat zwingende Beweise für die Bestrebungen vorgelegt, die in den vergangenen sechzig Jahren unternommen wurden, um eine Form von Nationalem Sozialismus im modernen Amerika zu verankern, ja um letztlich ein neues Imperium – ein ›Viertes Reich‹ – zu schaffen!«[51]

Nach Goode war ein Ergebnis der erfolgreichen nationalsozialistischen Bemühungen, ihre antarktischen Basen zu schützen, sowie ihrer geheimen Abmachungen mit der US-Regierung, dass die überlebenden Nazis in der Lage waren, einen großen Stützpunkt auf dem Mond einzurichten. Die Basis wurde letztlich in das Geheime Weltraumprogramm der USA eingegliedert, das von Nazi-Sympathisanten unterwandert worden war und als Lunar Operations Command (LOC, Lunares Einsatzkommando) bekannt wurde:

»Die Station war bereits errichtet, als sie bei den Verhandlungen mit den Amerikanern in den frühen Fünfzigerjahren die Durchbrüche erzielten, die ihnen Zugang zu jener *industriellen Macht* verschaffte, die sie den Sieg im europäischen Krieg gekostet hatte. Sie nutzten diese *industrielle Macht* (bald als Militärisch-Industrieller Komplex bekannt) nun zu ihren Gunsten und erschufen einen massiven Stützpunkt, der sich über viele Ebenen in ›Glockenform‹ nach unten erstreckte, wobei die Oberflächenstrukturen um diese älteren Formen herum errichtet wurden. Daraus entstand das, was wir heute als Lunar Operations Command (LOC) bezeichnen.«[52]

Goode führt aus, dass die exilierte Nazi-Gruppierung nach ihrer erfolgreichen Unterwanderung des Militärisch-Industriellen Komplexes und der verschiedenen Geheimen Weltraumprogramme, die in den späten Fünfziger- und Sechzigerjahren verfolgt werden sollten, ihren Ehrgeiz auf den Weltraum jenseits des Sonnensystems richtete. Dies führte zur Schaffung dessen, was Goode als die »Dunkle Flotte« bezeichnet, die hauptsächlich außerhalb unseres Sonnensystems operiert.

Die Entstehung des Geheimen Weltraumprogramms der »Dunklen Flotte«

Wie Goode annimmt, gehört die »Dunkle Flotte« zu den fünf wichtigsten Geheimen Weltraumprogrammen, die in neuerer Zeit initiiert wurden. Wie ihr Name schon andeutet, ist sie mit negativen okkulten Mächten verbunden; sie ist mit den Geheimgesellschaften verknüpft, die finstere Wege beschreiten und mit einer Gruppe von Außerirdischen zusammenarbeiten, die einen unheilvollen historischen Hintergrund haben. Goodes fasst seine Erkenntnisse über die Dunkle Flotte folgendermaßen zusammen:

> »**Dunkle Flotte** – wurde meist völlig außerhalb des Sonnensystems eingesetzt, ist stark militärisch (offensiv) ausgerichtet, wird mehr als alles andere als strengstens geheim eingestuft und verfügt über große Geschwader (mit Raumschiffen, die den keilförmigen Weltraumfrachtern in den *Star Wars*-Filmen ähneln). Sie war an der Seite der Draco-Allianz tätig und kämpft möglicherweise gemeinsam mit ihr in Kriegen in anderen Sternensystemen.«[53]

Die Kooperation mit dem Draco-Bündnis ist äußerst bedeutsam. Es gibt viele Zeugnisse von Whistleblowern und Menschen mit entsprechenden Erfahrungen, dass es sich bei den Draco-Reptiloiden um eine imperialistische außerirdische Rasse handelt, die viele Welten erobert hat und Gefangene als Sklavenarbeiter einsetzt. Die führende Klasse der Draco-Reptiloiden – die in Kapitel 12 behandelt wird – hält man für Wesen mit sehr kraftvollen psychischen Energien.

Wir haben bereits beschrieben, wie der SS-Orden der Schwarzen Sonne okkulte Kommunikationen mit verstorbenen germanischen

Geistwesen durchführte. Es ist nicht schwer einzusehen, wie leicht die Führungsspitze der Draco-Reptiloiden die Schwarze Sonne der SS infiltrieren und deren Führung durch die Vorspiegelung toter Germanen vereinnahmen konnte. Diese Verbindung von Draco-Reptiloiden und »dunkler« oder »Schwarzer Magie« führte viele Forscher zu der Annahme, dass sie dämonische Wesenheiten sind, wie sie bei satanistischen Ritualen herbeigerufen werden.[54]

Goode antwortete wie folgt auf eine Frage, die zu einem besseren Verständnis der Dunklen Flotte und ihrer Besatzung beiträgt, welche stark von Nazi-Idealen und Nazi-Überzeugungen geprägt ist, die gut mit dem imperialistischen Geist der Dracos von Eroberung und radikaler Reinheit zusammenpassen:

> »Es ist wahr, dass die Besatzung der Dunklen Flotte ›Sturmtruppen‹ und ›Weltraum-Nazis‹ genannt wurden; zum einen wegen der Art und Weise, wie sie auftreten, sich kleiden und welche Symbole sie dabei tragen, und zum anderen aufgrund der Form ihrer an *Star Wars* erinnernden Raumschiffe. Es handelt sich um sehr düstere Individuen, die die Besatzungen der Draco-Schiffe unterstützen – hauptsächlich außerhalb des Sonnensystems – und ihnen bei Angriffen auf Feinde der Vereinigten Draco-Föderation zur Seite stehen.«[55]

Von den fünf zeitgenössischen, von Goode identifizierten geheimen Raumfahrtprogrammen ist die »Dunkle Flotte« die älteste. Letztlich erwuchs sie aus dem einzigen ideologisch friedlichen Weltraum-Geheimprogramm der Vril-Gesellschaft. Dazu konnte es erst nach dramatischen Veränderungen infolge der Kriegsbedingungen kommen, als sich die notwendige Ortsveränderung immer dringlicher als wichtiges Ziel herauskristallisierte. Am Ende führte diese Entwicklung zur Auswanderung einer NS-Gruppe in die Antarktis und nach Südamerika, mitsamt ihren fantastischen technologischen Errungenschaften.

Die Vril-Gesellschaft hatte während des Krieges mit der Thule-Gesellschaft und dem Schwarze-Sonne-Orden zusammengearbeitet, einem elitären Kreis innerhalb Himmlers SS. Durch die Übernahme der Weltraumprogramme von Vril und SS nach dem Krieg wurde die Bedeutung des Ordens wesentlich erweitert. Es war der Orden der Schwarzen Sonne, der die weitere Entwicklung anführen sollte, nachdem sich ein einheitliches Weltraum-Geheimprogramm von Nazis und Vril-Gesellschaft herausgebildet hatte.

Die Liaison mit den okkulten Dunkelmächten war für die geheime NS-Exilgruppe, die zunehmend von der Gesellschaft der Schwarzen Sonne beherrscht wurde, das Lebenselixier, das zur Verbindung mit den Draco-Außerirdischen führte. Während der geheime NS-Emigrantenzirkel in der Draco-Föderation die weltanschaulich passenden Partner für neue Arten von Eroberungszügen gefunden hatte, begann der Militärisch-Industrielle Komplex der Amerikaner sein eigenes Geheimes Weltraumprogramm auszubilden. Fast zwei Jahrzehnte nachdem die Vril-Gesellschaft einsatzfähige Raumschiffe entwickelt hatte, sollte das Geheime Weltraumprogramm der USA ähnliche Erfolge erzielen.

Anmerkungen

1 Interview mit Corey Goode vom 19. Mai 2014: »Corporate bases on Mars and Nazi infiltration of US Secret Space Program«, http://exopolitics.org/corporate-bases-on-mars-and-nazi-infiltration-of-us-secret-space-program/ (aufgerufen am 30.06.2015)

2 »Interview mit Al Bielek«, http://www.bibliotecapleyades.net/montauk/esp_montauk_7a.htm (aufgerufen am 30.06.2015)

3 »Interview mit Al Bielek«, http://www.bibliotecapleyades.net/montauk/esp_montauk_7a.htm (aufgerufen am 30.06.2015)

4 Robin Collyns, *Did Spacemen Colonize the Earth?* (Pelham Books, 1974), 236. – Ebenfalls zitiert in: »Secrets of the Third Reich«, http://www.violations.dabsol.co.uk/secrets/secretspart3.htm (aufgerufen am 30.06.2015)

5 Das Interview wurde geführt von Linda Moulton Howe, *Earthfiles*, http://www.earthfiles.com/news.php?ID=1464&category=Real%20X-Files (aufgerufen am 06.06.2015)

6 Interview mit Corey Goode vom 19.05.2014: »Corporate bases on Mars and Nazi infiltration of US Secret Space Program«, http://exopolitics.org/corporate-bases-on-mars-and-nazi-infiltration-of-us-secret-space-program/ (aufgerufen am 30.06.2015)

7 Die Frage nach einem solchen Exodus in die Antarktis und nach Südamerika wird intensiv diskutiert bei Joscelyn Godwin, *Arktos: The Polar Myth in Science, Symbolism, and Nazi Survival*; Jim Marrs, *Alien Agenda*, 107-113. Siehe auch Branton, *The Omega Files: Secret Nazi UFO Bases Revealed* (Inner Light Publications 2000). Online zugänglich unter http://www.think-about-it.com (aufgerufen am 30.06.2015). – Das Buch von Joscelyn Godwin liegt übrigens auf Deutsch vor: *Arktos*, Ares Verlag, Graz 2006.

8 Richard K. Wilson und Sylvan Burns, *Secret Treaty: The United States Government and Extraterrestrial Entities* (N.A.R, 1989), zitiert nach http://www.thewatcherfiles.com/alientreaty.htm (aufgerufen am 30.06.2015)

9 Interview von Linda Moulton Howe, *Earthfiles*, http://www.earthfiles.com/news.php?ID=1464&category=Real%20X-Files (aufgerufen am 04.04.2015)

10 Interview von Linda Moulton Howe, *Earthfiles*, http://www.earthfiles.com/news.php?ID=1464&category=Real%20X-Files (aufgerufen am 04.04.2015)

11 Zur weiteren Diskussion über hoch entwickelte Technologie aus NS-Deutschland siehe »Secrets of the Third Reich«, http://www.violations.dabsol.co.uk/secrets/secretspart1.htm (aufgerufen am 04.04.2015)

12 *Prelude to Leadership: The European Diary of John F. Kennedy*, Summer 1945 (Regnery Publishing, 1997)

13 Michael Salla, *Kennedy's Last Stand: UFOs, MJ-12, & JFK's Assassination* (Exopolitics Institute, 2013)

14 Zur Diskussion, wie führende Nationalsozialisten Vermögen und Ressourcen nach Südamerika transferieren konnten, siehe Marrs, *Alien Agenda*, 107-113.

15 Interview mit Corey Goode vom 19. Mai 2014, »Corporate bases on Mars and Nazi infiltration of US Secret Space Program«, http://exopolitics.org/corporate-bases-on-mars-and-nazi-infiltration-of-us-secret-space-program/ (aufgerufen am 30.06.2015)

16 »Antarctic Enigma«, http://www.bibliotecapleyades.net/tierra_hueca/esp_tierra_hueca_6c.htm (aufgerufen am 07.08.2015)

17 Zitiert nach: »Admiral Byrd's 1939 Antarctic And ... The Mysterious Snow Cruiser«, http://www.bibliotecapleyades.net/tierra_hueca/esp_tierra_hueca_18.htm (aufgerufen am 07.08.2015)

18 »Antarctic Enigma«, http://www.bibliotecapleyades.net/tierra_hueca/esp_tierra_hueca_6c.htm (aufgerufen am 07.08.2015)

19 »Antarctic Enigma«, http://www.bibliotecapleyades.net/tierra_hueca/esp_tierra_hueca_6c.htm (aufgerufen am 07.08.2015)

20 Interview mit Linda Moulton Howe, *Earthfiles*, http://www.earthfiles.com/news.php?ID=1464&category=Real%20X-Files (aufgerufen am 24.09.2014).

21 Über NS-Expeditionen in die Antarktis in der Vorkriegszeit siehe »Antarctic Enigma«, http://www.bibliotecapleyades.net/tierra_hueca/esp_tierra_hueca_6c.htm (aufgerufen am 08.07.2015). – Die Möglichkeit, dass die Nazis unterirdische Basen in der Antarktis »entdeckt« haben, lässt darauf schließen, dass die Thule-Gesellschaft bei ihrer Kontaktaufnahme mit antiken, an der Erdoberfläche vernichteten unterirdischen menschlichen Zivilisationen erfolgreich war.

22 In der Einleitung zu Renato Vesco and David Hatcher Childress, *Man-Made UFOs 1944-1994: 50 Years of Suppression* (AUP Publishers, 1994/2005).

23 Interview mit Corey Goode vom 19. Mai 2014: »Corporate bases on Mars and Nazi infiltration of US Secret Space Program«, http://exopolitics.org/corporate-bases-on-mars-and-nazi-infiltration-of-us-secret-space-program/ (aufgerufen am 30.06.2015)

24 Peter Levanda, *Unholy Alliance: A History of Nazi Involvement with the Occult* (Continuum, 2003), 175.

25 Peter Levanda, *Unholy Alliance: A History of Nazi Involvement with the Occult*, 176.

26 Peter Levanda, *Unholy Alliance: A History of Nazi Involvement with the Occult*, 176.

27 Zur Diskussion, ob von den Nationalsozialisten entwickelte Untertassen in der

Nachkriegszeit beobachtet wurden, siehe »Secrets of the Third Reich«, http://www.violations.dabsol.co.uk/secrets/secretspart3.htm (aufgerufen am 06.07.2015)

28 »Antarctic Enigma«, http://www.violations.dabsol.co.uk/ind2.htm. – Weiteres zur Operation Highjump siehe bei Branton, *The Omega Files*. Online verfügbar unter http://www.think-aboutit.com/Omega/files/omega3.htm (aufgerufen am 06.07.2015)

29 »Antarctic Enigma«, http://www.bibliotecapleyades.net/tierra_hueca/esp_tierra_hueca_6c.htm (aufgerufen am 07.08.2015)

30 John Livermore, »Goering's Hi Tech Mission: The German Antarctic Expedition 1938-9«, http://johnlivermore.com/files/GERMAN%20ANTARCTIC%20EXPEDITION%201938.doc (aufgerufen am 07.08.2015)

31 Zitiert nach »Admiral Byrd's 1939 Antartic And ... The Mysterious Snow Cruiser«, http://www.bibliotecapleyades.net/tierra_hueca/esp_tierra_hueca_18.htm (aufgerufen am 07.08.2015)

32 Siehe »Antarctic Enigma«, http://www.bibliotecapleyades.net/tierra_hueca/esp_tierra_hueca_6c.htm (aufgerufen am 07.08.2015)

33 »Third Reich – Operation UFO (Nazi Base In Antarctica) Complete Documentary«, https://youtu.be/MwUpPwyyvLw (aufgerufen am 06.07.2015)

34 »Our Real ›War of the Worlds‹«, http://www.newdawnmagazine.com/special-issues/newdawn-special-issue-vol-6-no-5 (aufgerufen am 06.07.2015)

35 »Our Real ›War of the Worlds‹«, http://www.newdawnmagazine.com/special-issues/newdawn-special-issue-vol-6-no-5 (aufgerufen am 06.07.2015)

36 »List of torpedo boats of the United States Navy«, *Wikipedia*, https://en.wikipedia.org/wiki/List_of_torpedo_boats_of_the_United_States_Navy (aufgerufen am 07.08.2015)

37 »USS Maddox«, Wikipedia, https://en.wikipedia.org/wiki/USS_Maddox (aufgerufen am 06.07.2015)

38 »Our Real ›War of the Worlds‹«, http://www.newdawnmagazine.com/special-issues/newdawn-special-issue-vol-6-no-5 (aufgerufen am 06.07.2015).

39 Zitiert in einem Interview von Lee van Atta mit Admiral Byrd: »On Board the Mount Olympus on the High Seas«, *El Mercurio* (Santiago, Chile, 5. März 1947). – Siehe »Antarctic Enigma«, http://www.violations.dabsol.co.uk/ind2.htm

40 Siehe Raymond W. Bernard, *The hollow Earth: the greatest geographical discovery in history made by Admiral Richard E. Byrd in the mysterious land beyond the Poles – the true origin of the flying saucers* (Bell Publishing Co.). Online-Debatten über Beobachtungen von Außerirdischen in der Antarktis finden sich in »Antarctic Enigma«, http://www.bibliotecapleyades.net/tierra_hueca/esp_tierra_hueca_6c.htm (aufgerufen am 07.08.2015)

41 Stein wurde von Linda Moulton Howe interviewt in: *Earthfiles*, http://www.earthfiles.com/news.php?ID=1464&category=Real%20X-Files (aufgerufen am 24.09.2014)

42 Zitiert in einem Interview von Lee van Atta mit Admiral Byrd, »On Board the Mount Olympus on the High Seas«, *El Mercurio* (Santiago, Chile, 5. März 1947). – Siehe »Antarctic Enigma«, http://www.bibliotecapleyades.net/tierra_hueca/esp_tierra_hueca_6c.htm (aufgerufen am 07.08.2015)

43 Interview mit Corey Goode vom 19. Mai 2014 »Corporate bases on Mars and Nazi infiltration of US Secret Space Program«, http://exopolitics.org/corporate-bases-on-mars-and-nazi-infiltration-of-us-secret-space-program/ (aufgerufen am 30.06.2015)

44 Interview mit Corey Goode vom 19. Mai 2014, »Corporate bases on Mars and Nazi infiltration of US Secret Space Program«, http://exopolitics.org/corporate-bases-on-mars-and-nazi-infiltration-of-us-secret-space-program/ (aufgerufen am 30.06.2015)

45 Clark McClelland, *The Stargate Chronicles*, Chapter 28, http://tinyurl.com/np95tz4 (aufgerufen am 30.08.2015)

46 Interview mit Corey Goode vom 19. Mai 2014, »Corporate bases on Mars and Nazi infiltration of US Secret Space Program«, http://exopolitics.org/corporate-bases-on-mars-and-nazi-infiltration-of-us-secret-space-program/ (aufgerufen am 30.06.2015)

47 Clark McClelland, *The Stargate Chronicles*, Chapter 28, http://tinyurl.com/np95tz4 (aufgerufen am 30.08.2015)

48 Interview mit Corey Goode vom 19. Mai 2014, »Corporate bases on Mars and Nazi infiltration of US Secret Space Program«, http://exopolitics.org/corporate-bases-on-mars-and-nazi-infiltration-of-us-secret-space-program/ (aufgerufen am 30.06.2015)

49 Interview mit Corey Goode vom 19. Mai 2014, »Corporate bases on Mars and Nazi infiltration of US Secret Space Program«, http://exopolitics.org/corporate-bases-on-mars-and-nazi-infiltration-of-us-secret-space-program/ (aufgerufen am 30.06.2015)

50 Jim Marrs, *The Rise of the Fourth Reich: The Secret Societies That Threaten to Take Over America* (William Morrow Paperbacks, 2009). – Dt. Ausgabe: *Der Aufstieg des Vierten Reiches*, Kopp Verlag, Rottenburg 2009.

51 Amazon.com Review, http://www.amazon.com/Rise-Fourth-Reich-Societies-Threaten/dp/0061245593/ref=sr_1_1?ie=UTF8&qid=1436380917&sr=8-1&keywords=mars+forth+reich (aufgerufen am 08.07.2015)

52 Interview mit Corey Goode vom 19. Mai 2014, »Corporate bases on Mars and Nazi infiltration of US Secret Space Program«, http://exopolitics.org/corporate-bases-on-mars-and-nazi-infiltration-of-us-secret-space-program/ (aufgerufen am 30.06.2015)

53 »Questions for Corey/GoodETxSG – 4/4/2015«, http://exopolitics.org/secret-space-programs-more-complex-than-previously-revealed/ (aufgerufen am 30.06.2015)

54 David Icke hat eine Reihe von Büchern über diese Beziehung geschrieben, zum Beispiel *The Biggest Secret: The Book That Will Change the World* (David Icke Books, 1999). Siehe auch Icke, *And the Truth Shall Set you Free*, online zugänglich unter www.bibliotecapleyades.net/biggestsecret/andtruthfreebook/truthfree.htm (aufgerufen am 29.07.2015). – Dt. Ausgaben jeweils in zwei Bänden: *Das Größte Geheimnis*, Mosquito Verlag, Potsdam 2004/2005 (Einzelausgabe 2009); *Und die Wahrheit wird euch frei machen*, Mosquito Verlag, Potsdam 2007 (als eBooks 2010).

55 Interview mit Corey Goode vom 19. Mai 2014, »Corporate bases on Mars and Nazi infiltration of US Secret Space Program«, http://exopolitics.org/corporate-bases-on-mars-and-nazi-infiltration-of-us-secret-space-program/ (aufgerufen am 30.06.2015)

5 Solar Warden: Das erste Geheime Weltraumprogramm der USA

Am 20. Februar 1944 schrieb Präsident Franklin D. Roosevelt angeblich ein Memorandum für das Special Committee on Non-Terrestrial Science and Technology, den Sonderausschuss für außerirdische Wissenschaft und Technologie, bezüglich der Erforschung und Entwicklung außerirdischer Technologie (Fliegender Untertassen), die während des Zweiten Weltkriegs entdeckt worden war. Das Memorandum zeigte, dass Roosevelt über ein aufgefundenes Raumschiff außerirdischer Herkunft informiert war, dessen Entdeckung es nötig machte, »sich mit der Tatsache auseinanderzusetzen, dass unser Planet nicht der einzige im Universum ist, der intelligente Wesen beherbergt«.[1] Zwar wurde die Echtheit des durchgesickerten Memorandums bestritten, aber eingehende Analysen von Experten haben ihm aufgrund »deutlicher Anzeichen von Echtheit im Hinblick auf Inhalt, Forensik, Typographie, Formulierungen und so weiter« einen »mittelmäßig hohen Grad an Authentizität« zugesprochen.[2]

Der Sonderausschuss, an den das Memorandum ging, wurde von Dr. Vannevar Bush geleitet, dem wissenschaftlichen Berater des Präsidenten, der ein Programm befürwortete, »außerirdisches Wissen« für die Entwicklung von Superwaffen für Kriegszwecke nutzbar zu machen. Roosevelt verwarf ein solches Programm in dem Memorandum explizit, da dessen Verfolgung die Entwicklung eher konventioneller Waffen wie der Atombombe negativ beeinflussen würde.

Der Präsident schrieb:

»Verschiedentlich wurden bereits die Schwierigkeiten benannt, mit denen ein solches Unterfangen die schon jetzt erschwerte Forschung an fortgeschrittenen Waffen und deren Unterstützern bei unseren militärischen Bemühungen zusätzlich belasten würde, und ich stimme zu, dass dies gerade nicht an der Zeit ist. Nach meiner persönlichen Überzeugung wird, wenn der Krieg gewonnen und der Frieden wiederhergestellt ist, eine Zeit kommen, in der zusätzliche Mittel verfügbar sein werden, um ein Programm zu unterstützen, das sich dem Verständnis außerirdischer Wissenschaft und Technologie, die noch weitgehend unerforscht sind, widmen wird. Ich habe mehrere private Gespräche mit Dr. Bush über dieses Thema geführt und beriet mich mit verschiedenen herausragenden Wissenschaftlern, die der Auffassung sind, die USA sollten jede Herausforderung annehmen, vor der wir durch solche Wunder stehen. Ich habe die Argumente von General Marshall und anderen Vertretern des Militärs zur Kenntnis genommen, dass die USA um der Sicherheit der Nation willen ihr Schicksal in dieser wichtigen Angelegenheit in der Welt nach dem Kriege annehmen muss, und ich habe ihnen versichert, dass dies der Fall sein wird.«[3]

Roosevelt hat mit guten Gründen einen Weg ausgeschlossen, wie ihn NS-Deutschland auf ähnliche Weise mit seinen Bestrebungen, außerirdisches Wissen zu Kriegszwecken einzusetzen, zu gehen versuchte. Entsprechend taten die USA im Zweiten Weltkrieg, während NS-Deutschland alles in seiner Macht Stehende unternahm, um Flugscheiben-Technologien militärisch zu nutzen, das genaue Gegenteil und hoben sich solche Programme für die Zeit nach dem Krieg auf. Der Präsident glaubte, dass konventionelle und nukleare Waffen genügen würden, um die Nazis zu besiegen, bevor ihre Superwaffen erfolgreich eingesetzt werden könnten. Sein militärischer Erfolg zeigte, dass er recht behalten sollte. Roosevelt starb am 12. April 1945, weniger als einen Monat vor der offiziellen Kapitulation NS-Deutschlands. Es lag nun an Präsident Harry Truman zu entscheiden, was mit den außerirdischen Technologien im Besitz der USA und den von den Nazis zu Kriegszwecken entwickelten und nun in den Händen alliierter Mächte befindlichen sehr irdischen Technologien geschehen sollte.

Als sich der Krieg am 8. Mai 1945 entschieden hatte, verfügten die NS-Wissenschaftler über einen großen Vorsprung bei der Erforschung und Rekonstruktion von Flugscheiben-Technologien. Forscher und Erfinder wie Professor Winfried Schumann, Viktor Schauberger und viele andere hatten bereits seit zwei Jahrzehnten für die Vril-Gesellschaft und später für die SS an der Technologie Fliegender Untertassen gearbeitet. Die USA mussten nun einiges aufholen, und dazu brauchten sie frühere NS-Wissenschaftler, die zeigen sollten, was sie bei der Entwicklung einsatzfähiger Flugscheiben gelernt hatten. Jeder Forscher, Ingenieur oder Verwalter, der Wissen über diese Programme besaß, wurde im Deutschland der Nachkriegszeit sorgfältig verhört, um herauszufinden, was er wusste.

Diejenigen, die besonders wertvoll und unverzichtbar für das zukünftige Flugscheiben-Programm der USA erschienen, wurden in die Vereinigten Staaten mitgenommen.

Technische Rekonstruktion Fliegender Untertassen von Nazis und Außerirdischen

Abb. 17. Wissenschaftler der Operation Paperclip in Fort Bliss. Quelle: Wikipedia

Unmittelbar nach dem Zweiten Weltkrieg starteten die U.S. Army und die U.S. Navy die Operation Paperclip. Dadurch wurden mehr als 1.500 deutsche Wissenschaftler und Erfinder, die unmittelbares Wissen über die hoch entwickelten Waffenprogramme der Nazis besaßen, in die USA umgesiedelt. Sie wurden dort zu verschiedenen abgesicherten Anlagen gebracht. Es ist gut dokumentiert, dass Wernher von Braun und andere nach Fort Bliss in Texas geschickt wurden – mit dem Ziel, amerikanischen Wissenschaftlern bei der Rekonstruktion der erbeuteten V2-Raketen behilflich zu sein, um daraufhin ballistische Raketen-Technologien zu entwickeln. Diese Beute-Technologien wurden zur Grundlage des Weltraumprogramms der NASA in den frühen Sechzigerjahren sowie der ballistischen Interkontinentalraketen, die die Air Force und die Navy verwendeten.

Winfried Schumann und andere wurden nach Dayton in Ohio gebracht, wo die Army Air Force (im September 1947 in USAF umbenannt) erbeutete Luft- und Raumfahrttechnik studierte, darunter auch die Fliegenden Vril- und NS-Untertassen sowie Baupläne für die noch fortschrittlicheren zigarrenförmigen Raumschiffe.

Wie in Kapitel 2 erläutert, erklärte Stein/Kewper, dass er während seiner Besichtigung der als streng geheim eingestuften S-4-Anlage in Area 51 im Jahre 1958 vier Vril- und Nazi-Flugobjekte gesehen habe, deren Ursprünge bis in die Zwanzigerjahre zurückreichten. Nachdem er die NS-Maschinen hatte sehen dürfen, teilte ihm sein Vorgesetzter in der CIA, Anthony Bardon, Folgendes mit:

> »Ich habe niemals damit gerechnet, dies hier zu sehen! Ich habe erwartet, mehr von Außerirdischen zu sehen, aber ich hätte nicht geglaubt, dass der Zweite Weltkrieg so viel mit der deutschen Technologie zu tun hatte. Und als wir die beiden Untertassen in Area 51 betrachteten, sah Anthony mich an und sagte: ›Eine Vril-Maschine!‹ Die große mit der Kanone an der Unterseite war laut Colonel Jim ebenfalls eine ›Vril-Maschine‹.«[4]

Auf die Frage nach dem Durchmesser der vier Nazi-Luftschiffe antwortete Stein/Kewper: »Ich denke, die [beiden] Vril-Maschinen hatten einen Durchmesser von 18 bis 20 Fuß [5,5 bis 6 Meter] ... und die [beiden] Maschinen weiter hinten maßen 60 Fuß [18,29 Meter] im Durchmesser.«[5] Stein/Kewper behauptete, dass die letzteren beiden Fluggeräte »unten in Süddeutschland in der Nähe zu

Österreich im hintersten Winkel einer Flugzeug-Anlage von Messerschmidt« gefunden wurden.[6]

Steins/Kewpers Zeugnis bestätigt, dass die Operation Paperclip vier Fliegende Untertassen der Nazis aufgefunden und in die USA ausgeführt hat. Die ersten beiden waren frühe Prototypen der Vril-Gesellschaft. Die beiden größeren waren zweifellos Fliegende Untertassen zur militärischen Verwendung. Der Ort, wo die Vril- und NS-Flugscheiben anfangs gelagert wurden, war sehr wahrscheinlich die Anlage der U.S. Army Air Force (USAF) in Dayton, Ohio; es war derselbe Ort, zu dem man später auch die Überreste der Fliegenden Untertasse vom Roswell-Unfall von Juli 1947 gebracht hat. Das Buch *Im Inneren der wahren Area 51 – die geheime Geschichte von Wright-Patterson* beschreibt detailliert die Geschichte der Anlagen von Dayton, an denen die Erforschung und Rekonstruktion sämtlicher außerirdischer Technologien, darunter auch diejenige Fliegender Untertassen, von der U.S. Air Force und seinem Nachfolger (der US Army Air Force) erfolgte.[7]

Die Errichtung der S-4-Anlage in Area 51 Mitte der Fünfzigerjahre steht mit einer Reihe von Fliegenden Untertassen, sowohl Vril-/NS- als auch außerirdischen Ursprungs, in Zusammenhang, die von der Wright-Patterson Air Force Base in Dayton (Ohio) dorthin gebracht worden sind. Die Abgelegenheit in der Wüste Nevadas ermöglichte es, diese Flugmaschinen unter völliger Geheimhaltung zu testen. Im Gegensatz dazu war Wright-Patterson eine sehr große Basis mit einem militärischen Personal von tausenden Personen, die nicht autorisiert waren, von den als top secret klassifizierten Untertassen im Besitz der USA zu wissen. Außerdem gab es noch zahlreiche zivile Mitarbeiter in Dayton, die Tests von gefundenen Fliegenden Untertassen oder neu entwickelten Prototypen hätten beobachten können.

Das vorrangige Ziel der geheimen Anlage S-4 lag darin, die erbeuteten Vril- und NS-Flugscheiben zusammen mit außerirdischen Raumschiffen zu studieren und ihre Funktion zu rekonstruieren. Dies wird von Stein/Kewper bestätigt, wenn er mitteilt, dass er auch drei außerirdische Untertassen in der Werksanlage gesehen hat, von denen behauptet wurde, dass sie aus New Mexico hergebracht worden sind:

»Das Einzige, was Colonel Jim dazu sagte, war: ›Wir haben diese drei außerirdischen Flugobjekte aus New Mexico.‹ Er verwies dabei nicht näher auf Roswell oder einen anderen Ort. Wie wir sehen konnten, hatte man eine der Flugmaschinen teilweise demontiert, da sie auf der einen Seite geöffnet war. Wir konnten allerdings von dort, wo wir uns befanden, nur sehen, dass sie offen war; es war unmöglich hineinzuschauen. Es könnte eventuell eine Maschine vom Roswell-Absturz gewesen sein, die sie untersucht und anschließend so zurückgelassen haben.«[8]

Linda Moulton Howe fragte Stein/Kewper nach dem Antriebssystem der drei außerirdischen Fluguntertassen:

»Ich fragte ihn, was die drei außerirdischen Raumschiffe für ein Antriebssystem haben. Colonel Jim von Area 51 sagte mir, die außerirdischen Antriebssysteme zweier Raumschiffe seien antimagnetisch und antigravitativ, und eines verfüge über eine Art von Antimaterie-Antrieb, der noch wesentlich komplizierter sei als derjenige der beiden anderen. Offenbar hielten sie den Antimaterie-Antrieb für älter und komplizierter als die neueren Antigravitationssysteme in den beiden anderen Raumfahrzeugen.«[9]

Steins/Kewpers Bericht wird von Bob Lazar bestätigt, der von sich behauptet, 1989 kurzzeitig auf dem S-4-Gelände gearbeitet zu haben. Er hat, wie er sagt, neun Fliegende Untertassen gesehen und hatte die Aufgabe, auf einem Raumschiff, das bei seinem Antriebssystem Antimaterie nutzte, zu arbeiten. Lazar konnte auch einigen seiner Kollegen ermöglichen, den Test eines oder mehrerer der in S-4 stationierten Flugscheiben zu beobachten. Offiziell wurde Lazar aus »schwarzen Kassen« der amerikanischen Marine bezahlt, wobei er nebenbei bestätigte, dass die Navy an diesen Versuchen, außerirdische Technologien zu erforschen, unmittelbar beteiligt war.

Das Zeugnis von Stein/Kewper wird auch noch von einem weiteren Whistleblower bestärkt, der angibt, von 1983/84 bis 1991 im Werk S-4 im Sicherheitsbereich tätig gewesen zu sein. Derek Hennessy (alias Connor O'Ryan) beschrieb die Flughallen in S-4, in denen sieben

Fliegende Untertassen standen, die von verschiedenen Absturzorten dorthin gebracht worden waren. Er sagt, dass es dort insgesamt zehn Hallenbereiche gab. Die Anlage S-4 wurde als »das Museum« beschrieben, woraus man schließen kann, dass sie als eine Art Lagerstätte für ältere Fliegende Untertassen diente, die mittlerweile ersetzt worden waren. Er berichtet auch, wie eine oder mehrere der Untertassen zu Testflügen ins Freie gebracht werden sollten. Dazu würde es jedoch nur kommen, wenn keine russischen oder anderen Spionage-Satelliten das Gebiet überflögen. Alle Tests würden sofort gestoppt, wenn man Satelliten entdecken sollte.[10]

Während Hennessy keine der Maschinen als SS- oder Vril-Flugscheiben bezeichnet, legt seine Mitteilung, man habe S-4 »das Museum« genannt, nahe, dass die Anlage dazu diente, in Jahrzehnten aufgefundene Fliegende Untertassen – ähnlich den Forschungen aus der Zeit des Zweiten Weltkriegs – zu studieren, wie Stein/Kewper behauptete. Hennessys Information lässt weiterhin darauf schließen, dass das wesentliche Ziel des S-4-Werks darin lag, erbeutete Untertassen zu erforschen, um ihre Funktionsweise zu rekonstruieren.

Um es noch einmal zu betonen: Dies stimmt genau mit dem überein, was sowohl Stein/Kewper als auch Lazar mitgeteilt haben. Der Hauptunterschied besteht nur darin, dass Stein/Kewper (1958) und Hennessy (1983/84 – 1991) sagen, sie hätten sieben Flugobjekte in S-4 gesehen, während Lazar 1989 dort neun gesehen haben will. Man könnte dies damit erklären, dass zwei weitere Flugmaschinen oder Prototypen in den späten Achtzigerjahren vor Lazars Dienst zu Test- und Studienzwecken ergänzt worden sind.

Die Zeugnisse von Stein/Kewper und Hennessy verdeutlichen, dass die Anlage S-4 in Area 51 eingerichtet wurde, um sowohl erbeutete Vril-/Nazi-Flugscheiben als auch außerirdische UFOs im Hinblick auf ihre Funktionsweisen zu erforschen. Gegenwärtig erfolgt die Weiterentwicklung von Fliegenden Untertassen wohl an anderen Orten. Sicherlich sind es große Luft- und Raumfahrtkonzerne, die im Geheimen eine Flotte Fliegender Untertassen für das US-Militär aufbauen und dabei auf die Antigravitationstechnologien zurückgreifen, die anhand erbeuteter Vril-/NS- und Alien-Flugscheiben erforscht worden sind.

Technologische Rekonstruktion der zigarrenförmigen Träger-Raumschiffe

Wie bereits in Kapitel 1 offengelegt, wurde die Entwicklung von Antigravitationstechnologien während der ausgehenden Fünfzigerjahre zu einer streng geheimen Angelegenheit.

Plötzlich hörte die Flugindustrie auf, Schriften über die Prinzipien der Antigravitation zu veröffentlichen. Das Konzept von Thomas Townsend Brown, einem Pionier in der Entwicklung der Elektrogravitation, untertassenförmige Flugmaschinen anhand der Elektrogravitationsprinzipien zu bauen, wurde von der U.S. Navy abgelehnt. Die Marine wies sein Projekt Winterhaven nicht deshalb zurück, weil es nicht durchführbar gewesen wäre, sondern weil die Navy bereits über funktionsfähige Antigravitationsfluggeräte verfügte, die Mitte der Fünfzigerjahre in S-4 erforscht worden sind.

Die für die einsatzfähigen Flugscheiben von SS und Vril-Gesellschaft entwickelten Antigravitationstechniken beruhten auf Elektrogravitation und mit hoher Frequenz rotierenden Plasma-Ringen. Daraus folgte die Entwicklung von elektrogravitativer Antriebstechnologie, mit der die beeindruckenden Hyperschallgeschwindigkeiten in der Atmosphäre möglich waren, die die Nazis bereits erreichten. Die Einführung des »Magnetfeldstörers« (oder des von Goode beschriebenen »Störers der magnetischen Gravitation«) durch die Verwendung von rotierendem Plasma auf Quecksilber-Basis reduzierte das Gewicht der NS-Fluggeräte sogar um 89 Prozent – was später bei der TR-3B der Fall gewesen sein soll. Darüber hinaus konnten die Antriebssysteme der größeren Vril-/NS-Untertassen noch durch traditionellere Schubtechnologien verstärkt werden, wie bereits in Kapitel 1 anhand der TR-3B dargestellt wurde.

Es gab zwei fundamental verschiedene Bauweisen der von den Nazis benutzten Antigravitationsflugmaschinen: Die ersten waren kleine untertassenförmige Fluggeräte, die ursprünglich von der Vril-Gesellschaft entwickelt und später in den verschiedenen Versionen der *Haunebu*-Reihen von der SS für Kriegszwecke waffentechnisch

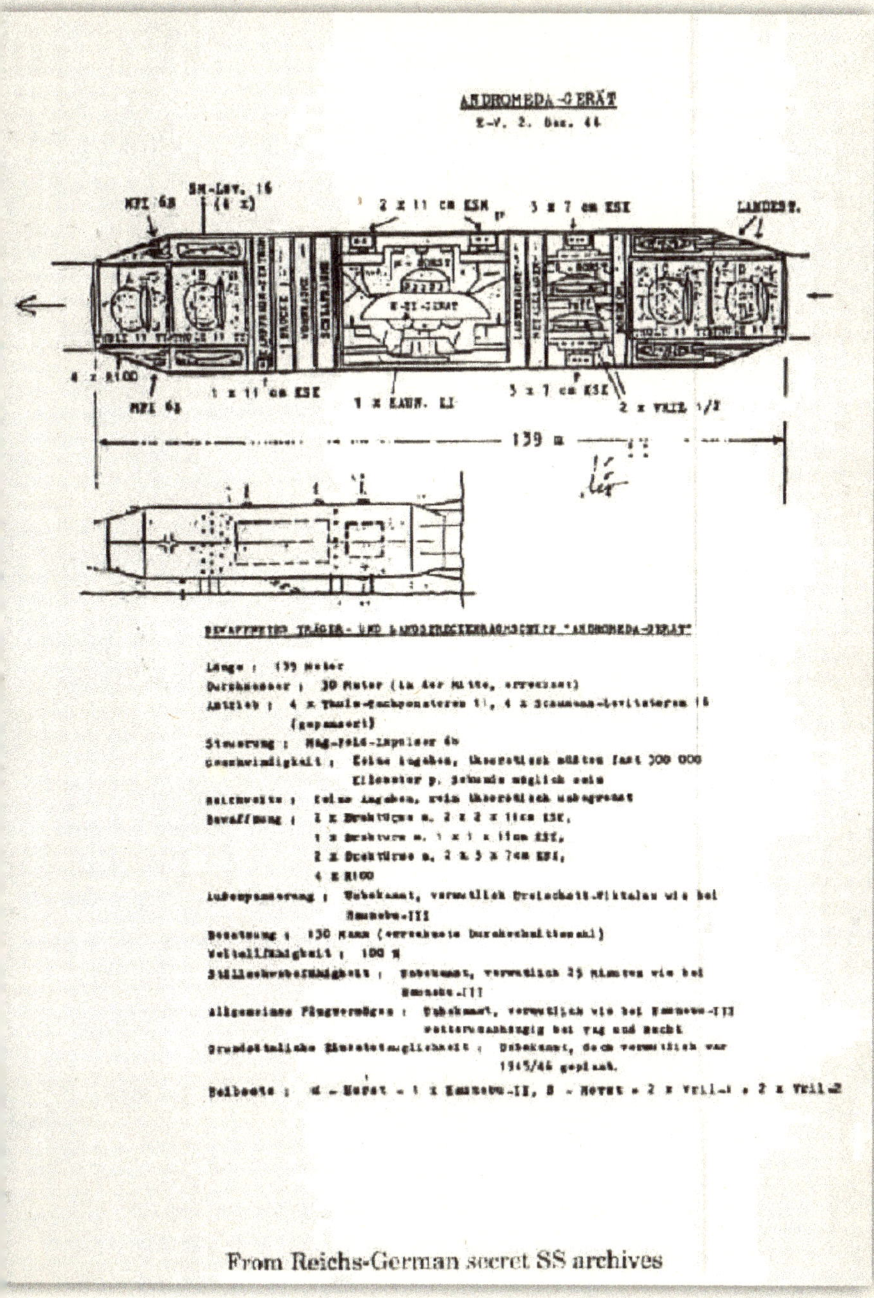

Abb. 18. Andromeda-Gerät. Quelle: Vladimir Terziski

umfunktioniert wurden. Zusätzlich gab es die wesentlich größeren zigarrenförmigen Flugschiffe, die man »Andromeda-Geräte« nannte; sie konnten *Haunebu*-Flugscheiben transportieren und waren ebenfalls ein Teil des Superwaffenprojekts der SS.[11] Der Forscher Rob Arndt beschreibt das Andromeda-Gerät folgendermaßen:

> »Der große Traum und Ansporn der Vril-Gesellschaft, der in den Visionen der spirituellen Medien Maria Oršić, Sigrun und Traute (bekannt als Leiterin der Vril-Gesellschaft) seinen Ursprung hatte, bestand darin, mit allen nur denkbaren Mitteln Reisen in den Weltraum durchzuführen, um das Aldebaran-System im Sternbild des Stiers zu erreichen – 64 Lichtjahre von der Erde entfernt.«[12]

Ein angeblicher Entwurf des Andromeda-Gerätes wurde von dem umstrittenen bulgarischen Forscher Vladimir Terziski veröffentlicht, der behauptet, das Dokument stamme aus Archiven der SS.

Nach dem Wissenschaftler Rob Arndt begann man 1943 in den alten Zeppelin-Luftschiffhallen in Deutschland mit dem Bau zweier Andromeda-Flugmaschinen:

> »Die Arbeit an diesen gewaltigen 139 Meter langen und 30 Meter breiten ›Fliegenden Zigarren‹ begann wahrscheinlich mit großem Aufwand Anfang 1943 in gründlich getarnten Hallen, ähnlich den alten Zeppelin-Hangars. Diese Raumschiffe waren dazu konzipiert, sowohl in einem großen Frachtraum eine Flugscheibe vom Typ *Haunebu 2* oder *4* zu transportieren als auch die beiden kleineren Vril-1- oder Vril-2-Flugscheiben in einem zweiten Frachtraum mitzuführen – beide von jeder Seite des Raumschiffs aus erreichbar. Jedes Raumschiff konnte 130 Mann Besatzung aufnehmen und war mit einer vierfachen Victalen-Hülle gepanzert. …«[13]

Während die *Haunebu*-Flugscheibe Elektrogravitation als Antriebsmittel und einen Magnetfeldstörer zur Gewichtsverminderung nutzte, lassen Name und Zweck des Andromeda-Gerätes darauf schließen, dass es neben diesen Antigravitationstechnologien noch speziellere Formen der Schubenergie nutzte, um für interstellare Reisen gerüstet zu sein:

»Diese Antriebssysteme, die sowohl vorne als auch hinten verbaut waren, gingen über den letzten Antrieb Thule Tachyonator 7c vom *Haunebu*-Typ hinaus. Diese Maschinen hatten zwei gewaltige Kraftzentren, zwei Tachyonator 11 an der Vorderseite und zwei rückwärtige mit vier zusätzlichen großen SM-Leviator-Einheiten, die paarweise oben und unten an jedem Fluggerät angebracht und auf einer Reihe von Kufen befestigt waren, um das hohe Gewicht zu stützen. Im Allgemeinen wird angenommen, dass diese Geräte vom selben EMG-Typ [elektromagnetischen Gravitations-Typ] waren, aber andere alliierte Geheimdienst-Offiziere glauben, dass sie auf Photonen-Basis arbeiteten, wobei sie sich auf Augenzeugenberichte von einem großen Flugobjekt stützen, von dessen Rückseite starke, helle Lichtstrahlen ausgingen. Die Thule[-Gesellschaft] hat den Begriff ›Tachyonator‹ wohl einfach nur verwendet, um hoch entwickelte Energie-Antriebe zu bezeichnen, die bei den letzten Modellen variiert haben dürften. Obwohl die Flugmaschinen als bewaffnete Raumschiffe mit Vorrichtungen für fünf Gefechtstürme für kraftvolle KSKs [Kraftstrahlkanonen] konzipiert waren, ist zweifelhaft, ob diese Prototypen, die sich nur in der Konstruktionsphase befunden haben, jemals tatsächlich mit Waffen ausgestattet wurden.«[14]

Arndts Bezugnahme auf verschiedene Versionen eines »Thule-Tachyonator«-Antriebs ist sehr aufschlussreich. Obwohl er vermutet, dass der Ausdruck nur verwendet wurde, um einen bestimmten Entwicklungsstand der Energie-Antriebstechnologie zu bezeichnen, deutet der Begriff die Möglichkeit an, dass die Vril-Gesellschaft und NS-Wissenschaftler mit Erfolg ein Antriebssystem auf der Grundlage von Tachyonen entwickelt haben könnten.

Hier folgt eine kurze Zusammenfassung zu Tachyonen in der theoretischen Physik:

»Tachyonen sind eine mutmaßliche Klasse von Teilchen, die sich schneller als das Licht fortbewegen können. Erstmals wurden Tachyo-

> nen von dem Physiker Arnold Sommerfeld angenommen und von Gerald Feinberg benannt. Das Wort ›Tachyon‹ leitet sich von dem Griechischen *tachus* her, das ›schnell‹ bedeutet. Tachyonen haben die seltsame Eigenschaft, ihre Geschwindigkeit zu steigern, wenn sie Energie verlieren. Umgekehrt verlangsamen sie sich, wenn ihnen Energie zugeführt wird. Die geringste mögliche Geschwindigkeit von Tachyonen ist die Lichtgeschwindigkeit.«[15]

Im Jahre 1910 führten Albert Einstein und Arnold Sommerfeld (ein deutscher theoretischer Physiker, der von 1868 bis 1951 lebte) ein Gedankenexperiment durch, das von einem theoretischen Gerät handelt, welches später das »tachyonische Antitelephon« genannt wurde:

> »Ein tachyonisches Antitelephon ist in der theoretischen Physik ein hypothetisches Gerät, das verwendet werden kann, um Signale in die eigene Vergangenheit zu senden. Albert Einstein formulierte 1907 ein Gedankenexperiment, wie Signale, die schneller als das Licht sind, eine Paradoxie der Kausalität bewirken können, die von Einstein und Sommerfeld 1910 als ›Telegraph in die Vergangenheit‹ beschrieben wurde.«[16]

Ein Raumschiff, das über ein Tachyonen-Gerät verfügt, könnte also die Lichtgeschwindigkeit überschreiten und wäre »ein Telegraph in die Vergangenheit«. Das heißt, ein Tachyonen-Antrieb auf der Grundlage der Idee des »tachyonischen Antitelephons« von Einstein-Sommerfeld würde interstellare Flüge ermöglichen. Ein Raumschiff könnte weite, in Lichtjahren gemessene Entfernungen zurücklegen und »in die Vergangenheit telegraphieren«, zurück in eine Zeit kurz bevor es die Reise zu seinem Ziel antrat. In dem folgenden Limerick wird dies hübsch zum Ausdruck gebracht:

> There was a young lady named Bright,
> whose speed was far faster than light.
> She went out one day,
> in a relative way,
> and returned the previous night![17]

[Da gab's eine junge Dame namens Bright,
Sie war viel schneller als das Licht.
Eines Tages ging sie aus,
auf relative Weise,
und kam vorige Nacht zurück!]

Der Erste, der die Möglichkeit andeutete, dass NS-Deutschland eine Art von Tachyonen-Antrieb mit Erfolg entwickelt haben könnte, war Terziski, der 1993 schrieb:

»Seit dem ersten Tag, an dem die Deutschen auf dem Mond gelandet waren, haben sie immerzu unter seiner Oberfläche Tunnel und Stollen gebohrt, und gegen Ende des Krieges gab es eine kleine Forschungsstation der Nazis auf dem Mond. Die Tachyonen-Antriebskraft auf der Basis freier Energie vom Typ *Haunebu 1* und *2* wurde nach 1944 verwendet, um Menschen, Material und die ersten Roboter zu der Baustelle auf dem Mond zu bringen.«[18]

Terziskis Behauptung, sein Wissen NS-Archiven entnommen zu haben, wurde sehr kontrovers diskutiert und von vielen Forschern als unglaubwürdig zurückgewiesen.[19]

Bekräftigt werden seine erstaunlichen Mitteilungen über den Tachyonen-Antrieb, den die Nazis entwickelt haben sollen, allerdings von Corey Goode. In einem Interview vom 4. April 2015 beschrieb er seine erste Teilname an einem Geheimen Weltraumprogramm der U.S. Navy im Jahre 1987. Er sagt, zu dem Programm haben militärische und wissenschaftliche Forschungsraumschiffe gehört und er habe auf einem der letzteren seinen Dienst verrichtet: »Ich war für etwas mehr als sechs Jahre nur dem Forschungsraumschiff [ASSR ›ISRV‹ – (Auxiliary Specialized Space Research) Interstellar-Class Vessel, *Arnold Sommerfeld*] zugewiesen.«[20] Der Klammerzusatz lässt darauf schließen, dass es sich um ein Spezialisiertes Hilfsraumschiff der Interstellar-Klasse zur Erkundung des Weltalls handelte, das *Arnold Sommerfeld* hieß.

In einem E-Mail-Interview vom 5. August 2015 teilte Goode entsprechende Details über die Benennung seines Forschungsraumschiffes mit:

»In Gesprächen waren die Schiffe nur mit ihren Bezeichnungen und Nummern bekannt. Es gab jedoch in der Kombüse ein Gemälde mit Namensschild, auf dem *Arnold Sommerfeld* stand, wobei man mir sagte, dass dies eine Art Tradition sei. Die Besatzung des Raumschiffs wurde oft und in kurzen Abständen ausgetauscht oder war dort zwar stationiert, verbrachte einen großen Teil ihrer Zeit aber außerhalb des Schiffes mit anderen Aufgaben. Ich konnte zwar hören, wie sich die Mannschaft im Zusammenhang mit dem Schiff auf ›die *Sommerfeld*‹ bezog, aber dieser Sprachgebrauch war in der Kommunikation zwischen den Flugmaschinen oder in Dokumenten nicht üblich.«[21]

Es erscheint seltsam, dass Goode auf einem Raumschiff diente, das nach Arnold Sommerfeld benannt war und zu einem Geheimen Weltraumprogramm unter Schirmherrschaft der U.S. Navy gehörte. Zweifellos muss Sommerfeld etwas sehr Bemerkenswertes erreicht haben, wenn ein Schiff posthum im Rahmen eines Geheimen Weltraumprogramms der amerikanischen Kriegsmarine nach ihm benannt wird. Arnold Sommerfeld ist dafür bekannt, mehr Nobelpreisträger betreut zu haben als jede andere Person in der Geschichte. Dies ist eine ziemlich beachtliche Leistung, aber sicher nicht ausreichend genug, um Namenspatron eines Raumschiffs der Interstellar-Klasse zu werden, das einer anderen Nation gehört.

Wie schon erwähnt, war Sommerfeld der Erste, der die Existenz superluminaler Teilchen annahm, die später »Tachyonen« genannt wurden. Einsteins und Sommerfelds Gedankenexperiment des Jahres 1910 von einem »tachyonischen Antitelephon« ist offenbar mit Erfolg umgesetzt worden, wenn die Vril-Gesellschaft (und später die SS) mit der Herstellung von Prototypen Fliegender Untertassen begann. Es ist bedeutsam, dass Sommerfeld zur selben Zeit Ordinarius an der Universität München war, als dort Schumann sein Labor für Elektrophysik an der Technischen Universität leitete. Sommerfeld könnte durchaus als Berater an Schumanns Arbeit im Rahmen der Vril- und später der NS-Flugscheiben-Programme mitgewirkt haben. Wenn dies stimmt, war Sommerfeld wahrscheinlich – obwohl Schumann die Ehre zukommt, als erster eine funktionsfähige Fliegende Untertasse konstruiert zu haben – der Pionier bei der Ermöglichung von Zeitreisen auf der Grundlage des Konzeptes vom »tachyonischen Telephon«, das interstellare Flüge erlaubte. Dies würde zweifellos erklären, warum ein verdeckter Zweig der U.S. Navy Sommerfeld durch die Benennung eines Interstellar-Raumschiffes mit seinem Namen ehrt.

Dieser Schluss wird durch Goodes Behauptung bestärkt, dass die *Sommerfeld* und andere Solar-Warden-[Sonnenwächter-]Raumschiffe mit »Zeitreise«-Antriebssystemen ausgestattet sind:

> »Ihre Funktionsweise beruht auf einem Prinzip, das ihnen erlaubt, im Teilraum zu reisen, und ein Schiff – beinahe augenblicklich – von einem Ort zum anderen zu transportieren. Die ›Sprungreisen‹ oder ›Zeitreisen‹ dienen dazu, Raum/Zeit und Zeit/Raum in einer Weise zu überschreiten und zu überwinden, die mit unserer gewohnten Denkweise nichts mehr zu tun hat. Diese Raumschiffe werden genau verfolgt und verfügen über eine Zeitpuffer-Technologie, die sie daran hindert, in einem anderen Zeitrahmen zu unserem Sonnensystem zurückzukehren. Der QCCD (Quanten Correlated Communication Device) [Quantenkorrelierter Kommunikationsapparat] ist eine Maschine, die auf Prinzipien der Quantenverschränkung zwischen bestimmten Isotopen (wenn ich mich richtig erinnere) beruht, die eine Kommunikation zwischen Geräten unabhängig von deren Entfernung zueinander in Raum oder Zeit ermöglicht.«[22]

Während die meisten konventionellen Physiker glauben, dass »Teilchen, die schneller als das Licht sind, nicht existieren können, weil sie nicht mit den bekannten Gesetzen der Physik übereinstimmen«, legt Goodes Enthüllung etwas anderes nahe.[23] Sein angeblicher Dienst auf einem nach Arnold Sommerfeld benannten, zu Interstellarreisen geeigneten Raumschiff lässt darauf schließen, dass »Zeitreisen« mit Hilfe von Tachyonen-Antriebssystemen schon längst möglich sind und dass diese Technologie bereits 1943 von Vril-Gesellschaft und SS genutzt wurde. Dies stimmt auch mit Terziskis Angaben überein.

Die Technik tachyonenbasierter »Zeitreisen« führt zu der Frage, ob die Vril-Gesellschaft oder die Nazis versucht haben, mit ihrem Andromeda-Gerät Missionen zum Aldebaran zu schicken oder nicht. Goode gibt darauf eine Antwort, indem er darstellt, wie der erste Anlauf der Vril-Gesellschaft/NS zu Interstellarreisen zum Aldebaran nur teilweise erfolgreich war, da es noch an einem hinreichenden Verständnis von Portalphysik mangelte.

> »*F[rage]: Hat die Oršić oder haben die Nazis eine Expedition zum Aldebaran-Sternensystem organisiert?*
>
> A[ntwort]: Ja, es gab einen frühen Versuch, die ersten Raumschiffe durch natürliche Portale zu schicken, bevor sie die Portalphysik völlig verstanden hatten. Diese ›Expedition‹ endete ähnlich wie das Philadelphia-Experiment der Amerikaner etliche Jahre später. Bei der Portalreise geht es um vieles, und es wurden völlig neue physikalische und mathematische Modelle entworfen, um diese Reisen zu berechnen. Ohne die Hilfe sowohl von außerirdischen Zivilisationen als auch von antiken Exil-Kulturen, die sich betrügerischerweise als Außerirdische ausgaben, hätten sie und die frühen ›Gemeinschaftsprogramme‹ (der Vertragsära nach Eisenhower, aus der die verschiedenen GWPs stammen) diese Theorien von Grund auf neu entwickeln und viele Lektionen auf mühsame Weise erlernen müssen.«[24]

Das US-Militär war am Ende des Zweiten Weltkriegs nicht in der Lage, auch nur eines der Andromeda-Geräte zu finden. Obwohl die Amerikaner durch die Operation Paperclip die Entwürfe für diese Maschinen in die Hände bekommen hatten, sollte es doch noch Jahre, wenn nicht Jahrzehnte dauern, bis eine funktionierende Maschine entwickelt wurde. Und obgleich es bei der Operation Paperclip gelang, die Flugscheiben der Nazis ausfindig zu machen und in die USA zu überführen, haben die größeren und kraftvolleren zigarrenförmigen Andromeda-Geräte sich ihrem Zugriff entzogen. Nach Goode ließen die Verantwortlichen für die Nachkriegs-Weltraumprogramme von Vril-Gesellschaft und SS als Machtdemonstrationen Flüge über amerikanischen Städten durchführen, wodurch die USA, wie in Kapitel 4 dargestellt, zu einem stillschweigenden Abkommen veranlasst wurden.[25]

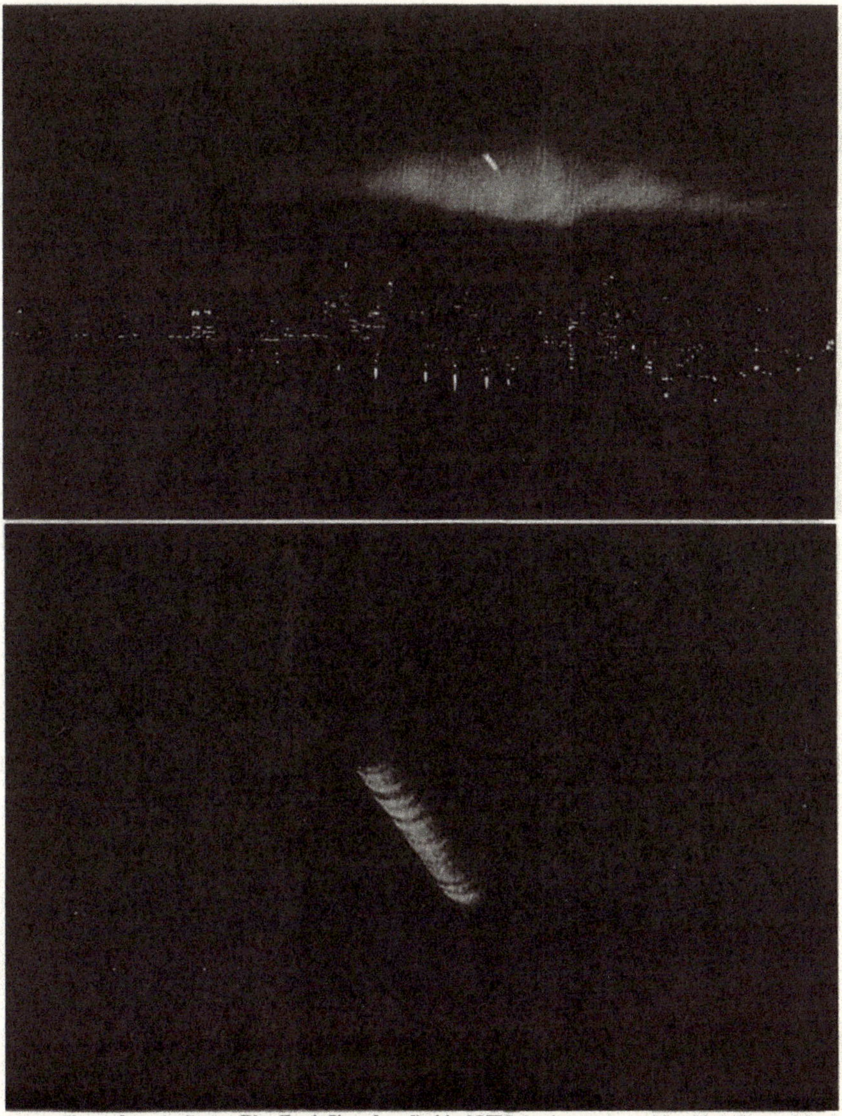

Above: Photos from the Project Blue Book files of a cylindrical UFO that hovered over New York City on March 20, 1950. The military suggested that it was possibly "the Moon." The photographer's name was deleted from the Project's files, as were most of the names when the material was finally declassified and released. These are some of the best photographs of a cylindrical UFO, thought to be a "Mothership" that would launch flying saucers.

Abb. 19. Zigarrenförmiges Raumschiff (möglicherweise der Nazis), das beim Flug über New York City fotografiert wurde

Die U.S. Navy befürwortete die Operation Paperclip, da sie vor allem an den zigarrenförmigen Flugschiffen der Nazis interessiert war, die zu Weltraum-Flugmaschinenträgern weiterentwickelt werden konnten. Die Erfahrung der Navy bei der Entwicklung und dem Einsatz von Flugzeugträgern brachte es mit sich, dass sie der Zweig der US-Streitkräfte wurde, der den Bau ähnlich großer Träger-Raumschiffe für Weltraumfahrten betreute. Durch die Nutzung der zigarrenförmigen Weltraum-Trägerschiffe auf der Basis von NS-Vorlagen sollte die Navy dazu kommen, das erste Geheime Weltraumprogramm der USA zu leiten.

Das Zeugnis von Gary McKinnon, das in der Einleitung behandelt wurde, belegt, dass er sich zwischen 1995 und 2002 als Hacker Zugang zur Weltraum-Leitstelle der USA, zur NASA und weiteren Regierungsinstitutionen verschaffte. In einem Interview mit der Zeitung *The Guardian* im Jahre 1995 hat er geschildert, was er dort entdeckte:

> »Ich fand eine Liste mit Namen von Offizieren ... unter der Überschrift ›Nichtirdische Offiziere‹ ... Ich entdeckte eine Liste von ›Transfers von Flotte zu Flotte‹ sowie eine Liste mit Schiffsnamen. Ich prüfte sie genau; es waren keine Schiffe der amerikanischen Marine. Was ich sah, führte mich zu der Annahme, dass es sich um eine Art von Raumschiffen handelt, für den planetenfernen Raum.«[26]

Außerdem sah er auch ein zigarrenförmiges, im Weltraum fotografiertes Raumschiff. Sein Zeugnis stützt die Schlussfolgerung, dass es ein Geheimes Weltraumprogramm gibt, das zigarrenförmige Flugmaschinen verwendet, und dass die U.S. Navy unmittelbar daran beteiligt ist.

Solar Warden

Der Name eines Geheimen Weltraumprogramms, das »antigravitative« Antriebstechnologien für Operationen in den Weiten des Weltraums verwendet, lautet angeblich »Solar Warden« (Sonnenwächter). Die erste öffentliche Erwähnung von Solar Warden erfolgte am 13. März

2006. Eine – nach Auffassung der Administratoren des Open Minds Forum, einem damals populären Internetforum – zuverlässige Quelle deckte seine Existenz und Kapazitäten auf.

»Alle Weltraumprogramme dienen zur Tarnung und sind bloß dazu da, um die Menschen auf dieser Welt zu täuschen. Wir haben eine Weltraumflotte mit dem Codenamen ›Solar Warden‹. Im Jahr 2005 verfügte sie über acht Schiffe, etwas einem Flugzeugträger Entsprechendes und 43 ›Beschützer‹ [protectors]; letztere sind Weltraum-Flugzeuge. Eines ging kürzlich, während es die multinationale Mars-Kolonie beliefern sollte, bei einem Unfall im Mars-Orbit verloren. Die Basis wurde 1964 in amerikanischer und sowjetischer Zusammenarbeit eingerichtet.«[27]

Eine andere Quelle, die Solar Warden beschreibt, war ein Whistleblower mit dem Pseudonym »Henry Deacon«, der von sich behauptete, er habe als Physiker an den Laurence Livermore Laboratorien gearbeitet. Deacons wahre Identität – als Arthur Neumann – wurde später, bei der Konferenz über Exopolitik in Barcelona 2009, aufgedeckt. 2007 berichtete Neumann (aka Henry Deacon) in einem Interview mit Kerry Cassidy und Bill Ryan vom Projekt Camelot von der Existenz geheimer Stützpunkte auf dem Mars sowie von den Transportmethoden, die man anwendet, um dorthin und wieder zurück zu gelangen:

»Der Transport erfolgt auf zweifache Weise: durch Sternentore für Personal und kleinere Gegenstände, durch Raumschiffe für größere Frachten. Die alternative Flotte wird mit dem Codenamen SOLAR WARDEN bezeichnet.«[28]

Ryan und Cassidy schrieben darüber, wie sie von dem Programm Solar Warden erfuhren, und überprüften Deacons Wissen von seiner angeblichen Existenz:

»Wir hatten zuerst davon aufgrund einer anderen Quelle erfahren und fragten Henry nach dem Codenamen aus. Wie schickten ihm zwei verschiedene Nachrichten; jede bestand einfach nur aus einem Wort: SO-

LAR und dann WARDEN. Wir gaben ihm keinen Kontext und boten ihm keinen Grund für unsere Kommunikation an.

Die Antwort kam unverzüglich in drei E-Mails – jede von einer anderen Adresse aus abgeschickt. Die erste sagte MARS, in der zweiten hieß es ALTERNATIVE, und die dritte hatte den Betreff ›Not listed here‹ und schickte diesen Link [Liste von Flugzeugträgern der U.S. Navy] als einzigen Inhalt. Wir waren beeindruckt.«[29]

In einem Post im Project Avalon Forum vom 24. November 2010 erläuterte Ryan die Bedeutung von Deacons Antwort genauer:

»Vor dem Link (einer öffentlichen Liste von Flugzeugträgern der U.S. Navy, das heißt von offiziellen Kriegsschiffen) schrieb Henry ›Hier nicht gelistet.‹ Seine beiden Ein-Wort-Nachrichten unmittelbar zuvor lauteten ›Mars‹ und ›Alternative‹.

Um es deutlich auszusprechen: Er bestätigte, dass SOLAR WARDEN eine alternative Flotte war, die aus Schiffen von der Größe von Flugzeugträgern bestand – aber nicht aus Schiffen, wie sie auf dem Wasser unterwegs sind. Wirklich bedeutsam ist allerdings, dass wir mit Henry niemals über SOLAR WARDEN gesprochen haben. Wir hatten diesen Codenamen als ein Gerücht in einer anonymen Nachricht im Open Minds Forum gelesen, die auf eine Insider-Quelle zurückging, welche jedoch nicht Henry war. Also entschied ich, ihn zu überrumpeln. Meine Frage an Henry per SMS bestand nur aus den beiden Worten, aus nichts anderem. Die Drei-Wörter-Antwort kam gleich, innerhalb von Minuten, von drei verschiedenen E-Mail-Accounts zurück. Für uns war damit alles klar.«[30]

Wenn Neumann (beziehungsweise Deacon) recht hatte, dann war Solar Warden auch 2007 noch im Einsatz, und auch der Codename war noch in Gebrauch.

In einem im September 2012 in der *Huffington Post* erschienenen Artikel berichtet der britische Wissenschaftler Darren Perks, dass er auf der Grundlage des Gesetzes zur Informationsfreiheit (Freedom of Information Act, FOIA) eine Anfrage beim US-Verteidigungsministerium gestellt habe. Er erkundigte sich nach der Existenz eines »Solar

Warden«-Programms und erhielt von einem nicht namentlich genannten Beamten des Ministeriums die folgende Antwort:

»Vor etwa einer Stunde sprach ich mit einem Vertreter der NASA, der mir bestätigte, dass dies ihr Programm gewesen sei und vom Präsidenten beendet wurde. Weiterhin teilte er mir mit, dass es sich um kein gemeinsames Programm mit dem Verteidigungsministerium gehandelt habe. Der NASA-Mitarbeiter informierte mich, dass Ihre Anfrage an den FOIA-Verantwortlichen des Johnson Space Centers weitergeleitet wird.

Ich habe Ihren Antrag einer unserer Abteilungen, die mit Weltraum-Angelegenheiten zu tun hat, übergeben und warte auf einen weiteren Fachbereich, dessen Leiter mir antworten sollte. Ich werde mich wieder bei Ihnen melden, sobald ich eine Antwort des anderen Bereichs erhalten habe. Hat die NASA Sie an uns weitergeleitet?«[31]

Perks weist darauf hin, dass der ungenannte Mitarbeiter des Verteidigungsministeriums nicht nur in der Lage war, eine Bestätigung der Existenz von Solar Warden zu erhalten, sondern auch den Beleg, dass das Programm unter der Kontrolle der NASA stünde. Leider hat Perks die an ihn gerichtete Mail mit dieser Bestätigung nicht vollständig wiedergegeben und war für weitere Informationen nicht erreichbar.

Die Auffassung, dass die NASA – und nicht das Verteidigungsministerium – ein streng geheimes Programm leitet, innerhalb dessen Reisen zum Mars möglich sind, erscheint seltsam. Hat der Beamte des Verteidigungsministeriums womöglich versucht, Perks bezüglich Solar Warden in die Irre zu führen und ihn glauben zu machen, dass es früher der NASA unterstand und mittlerweile beendet wurde?

Corey Goode und Solar Warden

Der ausführlichste und umfassendste Bericht eines Whistleblowers über Solar Warden stammt von Corey Goode, der von sich behauptet, zwanzig Jahre lang selbst auf verschiedenen Raumschiffen gedient zu haben, die zu diesem streng geheimen Programm gehören:

»**Solar Warden** – Früh eingerichtet und die am schnellsten veraltende Flotte (obwohl sie im Laufe der Jahrzehnte viele Verbesserungen erfahren hat). Sie haben einen wissenschaftlichen, auf Forschung und Entwicklung ausgerichteten und einen militärischen – offensiv und defensiv operierenden – Flottenteil, der primär zur Überwachung unseres Sonnensystems und der umgebenden Sternenhaufen dient und den Überblick behält über ›Eindringlinge‹ und ›Besucher‹ und außerdem unbefugte ›Besucher‹ auf der Erde und anderen planetaren Körpern lokalisieren und beseitigen soll. Der Name des Programms [Sonnenwächter] gibt ihre Funktion sehr genau wieder.«[32]

Goodes Hinweis auf die frühe Einführung von Solar Warden und die veraltete Technologie ist sehr aufschlussreich. Er sagt:

»Die Solar-Warden-Gruppe ›alterte‹ schneller als die GWP-Gruppen, da ein großer Teil ihrer Flotte in den Achtzigerjahren produziert worden war und in den Neunzigerjahren kontinuierlich erneuert wurde.«[33]

Goode erklärt, dass das zigarrenförmige Raumschiff, im Gegensatz zu späteren Geheimen Weltraumprogrammen, bei denen modernere Modelle zum Einsatz kamen, exklusiv zum Solar-Warden-Programm gehörte: »Diese älteren ›zigarrenförmigen‹ Raumschiffe waren ein besonderes ›Kapital‹ von Solar Warden.«[34]

Solar Warden wurde als Geheimes Weltraumprogramm von sehr hoher Priorität mit Unterstützung des US-Militärs eingerichtet, das sich mit den Vril-/SS-Raumfahrtprogrammen der Nachkriegszeit in den späten Vierzigerjahren ein Wettrennen lieferte. Die NS-Flotte der zigarrenförmigen Andromeda-Schiffe, die in der Antarktis und auf dem Mond operierten, war von besonderem Interesse und regte den dringenden Bedarf insbesondere der U.S. Navy an, ähnliche Schiffe zu bauen. Trotzdem dauerte es nach Goode vier Jahrzehnte, bis ähnlich große Weltraum-Trägerschiffe mit interstellarer Reichweite für Solar Warden entwickelt werden konnten.

Die Lücke von fast vierzig Jahren bezüglich Größe, Geschwindigkeit und möglicher Distanz zwischen den Errungenschaften der zigarrenförmigen Vril-/NS-Andromeda-Raumschiffe und den erst in den Neunzigern konstruierten Trägerraumschiffen von Solar Warden zeigt uns, wie langsam der Fortschritt von Operation Paperclip und den amerikanischen Wissenschaftlern bei ihren Forschungen voranging.

Goode beschreibt Abmachungen, die während der Regierungszeit Eisenhowers mit den exilierten NS-/Vril-Weltraumforschern getroffen wurden. In Kapitel 4 haben wir Goodes Behauptungen behandelt, dass SS und Geheimgesellschaften die Paperclip-Forscher und den Militärisch-Industriellen Komplex der USA gründlich unterwandert haben. Diese Infiltration legt nahe, dass der langsame Fortschritt in der Produktion dieser zigarrenförmigen Trägerraumschiffe für das Programm Solar Warden auf den Einfluss und gegebenenfalls die Sabotage durch Nazis zurückzuführen ist.

Es scheint, dass die Entwicklung von Solar Warden von seinem Vorgängerprogramm solange verzögert wurde, bis es keine Bedrohung mehr für die Einsätze der »Dunklen Flotte« darstellte. Obwohl diese nach Goode hauptsächlich außerhalb des Sonnensystems operiert, kann sie doch, ohne Einflüsse durch das Solar-Warden-Programm, einen Stützpunkt auf der abgewandten Seite des Mondes unterhalten.

Goode beschreibt die Größe der Crew und die Reichweite der Solar-Warden-Flotte:

> »Diese ›zigarrenförmigen‹ Träger waren dafür konstruiert, eine große Mannschaft für längere Zeit auf weite Reisen zu ›anderen Sternensystemen‹ zu schicken (obwohl Solar Warden *meist* nur innerhalb unseres Sonnensystems und bei seltenen Gelegenheiten in der Umgebung näherer Sternensysteme operierte).«[35]

Goode deckt die Anzahl zigarrenförmiger Weltraum-Träger auf, die er während seines verdeckten Weltraum-Einsatzes seit 1987 beobachtet hat:

> »Es gab freilich mehr als acht Trägerschiffe in ›Zigarrenform‹, und manche waren ungefähr ›eine Meile lang‹. Es gab viele unterschiedliche ›Größen‹ und ›Klassen‹ von Raumschiffen allein in der Flotte von Solar

Warden. Ich war kurz bei diesen Trägern an Bord, bin aber nicht mit ihnen gereist. Ich war einem Forschungsraumschiff von geringerer Größe zugewiesen, das eine ›dreifache Hülle‹ hatte.«[36]

Weiterhin beschrieb Goode auch einige kleinere Flugmaschinen, die aus den Weltraumträgern von Solar Warden heraus starteten:

»Wie schon gesagt, gab es mehr als acht ›zigarrenförmige‹ Trägerklassen und weitere Typen von Schiffen verschiedener Größen und Arten. Sie waren dazu gebaut, um unterschiedliche Raumschiffe von der Art etwa der TR-3B zu transportieren. … Die meisten von ihnen waren bis zu einem gewissen Grad ›dreieckig‹ oder ›winkelförmig‹, ähnlich dem wie ein ›Manta‹ geformten Modell. Für Kampfeinsätze verlegte man sich allerdings mehr und mehr auf ›Drohnen‹, von denen ein einziger Pilot während eines Feindfluges mehrere steuern kann. Ich habe oft (seit den Achtzigerjahren) gesehen, wie diese Maschinen von den Piloten durch ›neurologische Schnittstellen‹ kontrolliert werden. Niemals habe ich dagegen gesehen, dass solche Geräte durch elektronische Flugsteuerung oder mit ›Gas‹ und ›Schalthebel‹ gelenkt wurden. Für die gewöhnliche Koordination von Auge und Hand gibt es keine Möglichkeit, mit den gewaltigen Geschwindigkeiten und Richtungswechseln zurechtzukommen.«[37]

Goode sagte, dass innerhalb von Solar Warden eine Flotte, die auf »militärische Offensiv- und Defensivaufgaben« spezialisiert war, und eine wissenschaftlich ausgerichtete unterschieden wurden.[38] Hinsichtlich des Personals, das in den »militärischen Angriffs- und Verteidigungsflotten« diente, antwortete Goode auf eine Frage folgendermaßen: »Es war meist amerikanisches Personal, aber es gab darunter auch einige Briten, Kanadier und Australier.«[39] Im Gegensatz dazu erkannte er mehr unterschiedliche Nationen unter den Crew-Mitgliedern der Forschungsflotte:

»Ich war nur auf den Forschungsraumschiffen eingesetzt (wo es deutsche und einige chinesische Wissenschaftler gab), die keine ›Militärflugmaschinen‹ waren und auf denen eine ziemlich andere Atmosphäre herrschte.«[40]

Die Mannschaften auf den Forschungsraumschiffen von Solar Warden erscheinen etwas bunter zusammengewürfelt im Hinblick auf das wissenschaftliche Personal oder auf die fremden Nationen, denen erlaubt war, an diesen wissenschaftlichen Expeditionen teilzunehmen. Das Militär- und Sicherheitspersonal wurde nach Goode von den militärischen Raumschiffen abkommandiert, wobei er wiederum andeutet, dass in diesem Bereich vor allem Amerikaner zusammen mit einigen Kanadiern, Briten und Australiern dienten:

»Ein ›Security-Personal‹ gab es dort zwar auch, aber es stand unter Aufsicht der eher zivil und akademisch ausgerichteten Mitarbeiter (die von den Sicherheitsleuten auf abfällige Weise als ›Eierköpfe‹ [*egg heads*, gemeint sind ›weltfremde Intellektuelle‹] bezeichnet wurden. Auch wenn wir nicht an Bord waren, führten die Sicherheitsmitarbeiter das Kommando und machten deutlich, dass sie von ihren Vorrechten Gebrauch machen würden. Beim Sicherheitspersonal galt der Einsatz auf diesen Forschungsraumschiffen als leicht und wenig herausfordernd, und entsprechend nannten sie diese Raumschiffe gerne spöttisch ›Hot Dogs‹, weil der ›zigarrenförmige‹ Rumpf und die teilweise dreifachen Außenhüllen die Schiffe in ihren Augen ein wenig wie Hog Dogs aussehen ließen.«[41]

Goode fährt mit seiner Schilderung fort, wie er sechs Jahre auf einem dieser Forschungsraumschiffe verbracht hat, bevor er anderen Programme zugeteilt wurde:

»Ich war für etwas mehr als sechs Jahre nur dem Forschungsraumschiff [ASSR ›ISRV‹ – Auxiliary Specialized Space Research) Interstellar-Class Vessel, *Arnold Sommerfeld*] zugewiesen, bevor ich zu anderen Programmen abkommandiert wurde, in denen man sich von der Ausbildung, die ich erhalten hatte, einen Nutzen versprach; und ebenso auch von meiner Erfahrung im Umgang mit einer großen Zahl ›außerirdischer

Wesen‹, während ich als ›Intuitiver Empath‹ (IE) zur Unterstützung von Delegierten auf der Erde eingeteilt war, die an den ›Konferenzen menschähnlicher ETs/EDs der Föderation‹ teilnahmen, an denen auch verschiedene Führungsgremien der Geheimen Erdregierung und der GWP-Führung beteiligt waren, wofür sie sehr geehrt wurden. Die Geheimen Weltraumprogramme erstreckten sich über die ganzen zwanzig Jahre, in denen ich meinen Dienst versah (›20 Jahre und länger zurück‹). Gegen Ende wurde natürlich auch Personal aus anderen Ländern eingeführt, und sicherlich hat auch weiteres Personal teilgenommen, dem ich nicht begegnet war oder bei dem es keinen Grund gab, dass ich etwas von ihnen erfuhr.«[42]

Goode erläutert, dass die U.S. Navy eine ganz zentrale Rolle dabei spielte, Solar Warden zu begründen, was mit dem übereinstimmt, was Gary McKinnon in gehackten Pentagon-Akten gelesen zu haben behauptet:

»Solar Warden war zu Anfang in der Tat ein gewichtiges Programm, an dem sich die Air Force später beteiligte. Obwohl die Masse der gewöhnlichen Soldaten aus den MILAB-Rekrutierungssystemen kam, waren die höheren Chargen dem Militär verbunden (einige sehr Verfassungstreue und solche, die sehr an ihre ›Eide‹ glaubten).«[43]

Der Eid, den alle Offiziere der sieben uniformtragenden Dienste der USA schwören, lautet, die Verfassung zu wahren und zu schützen, und dieser Eid ist zugleich an das amerikanische Recht gebunden und damit absolut zwingend:

»Ich, [Name], schwöre [oder bekenne] hiermit feierlich, dass ich die Verfassung der Vereinigten Staaten gegen alle Feinde, innere und äußere, unterstützen und verteidigen werde; dass ich ihr wahrhafte Treue und Loyalität entgegenbringe; dass ich diese Pflicht frei und ohne jeden inneren Vorbehalt oder einen Grund zur Ausflucht auf mich nehme; und dass ich treu und gewissenhaft alle Pflichten des Amtes ausführe, das ich innehaben werde. So wahr mir Gott helfe.«[44]

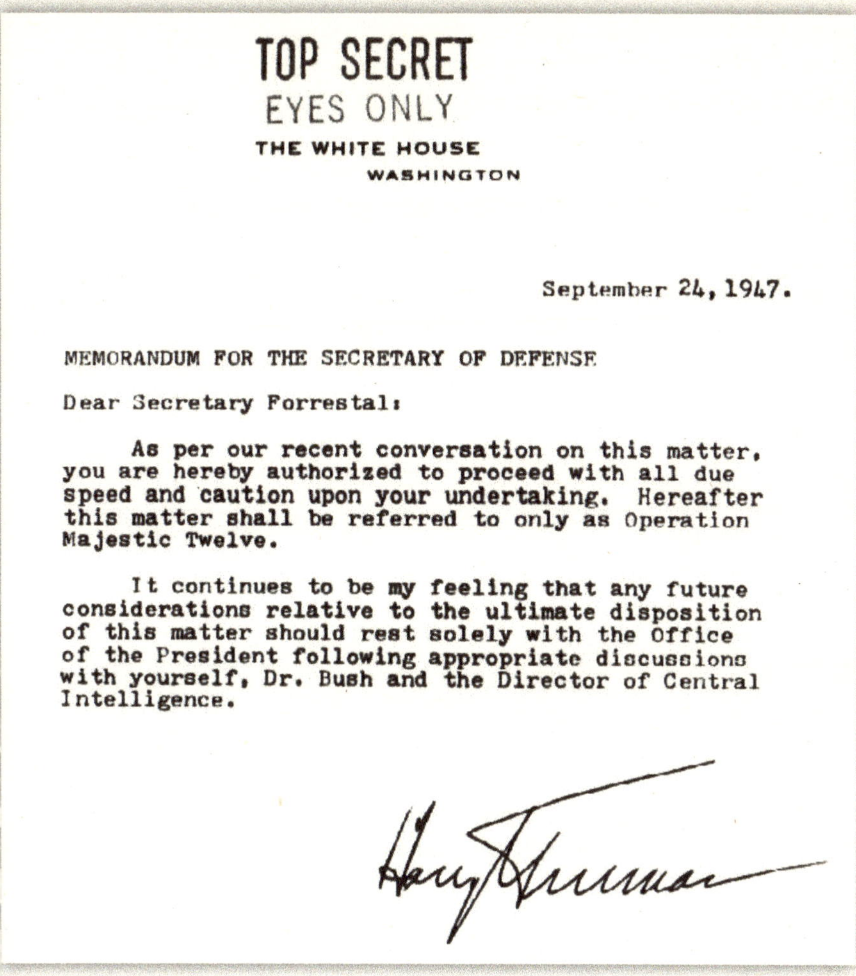

TOP SECRET
EYES ONLY
THE WHITE HOUSE
WASHINGTON

September 24, 1947.

MEMORANDUM FOR THE SECRETARY OF DEFENSE

Dear Secretary Forrestal:

As per our recent conversation on this matter, you are hereby authorized to proceed with all due speed and caution upon your undertaking. Hereafter this matter shall be referred to only as Operation Majestic Twelve.

It continues to be my feeling that any future considerations relative to the ultimate disposition of this matter should rest solely with the Office of the President following appropriate discussions with yourself, Dr. Bush and the Director of Central Intelligence.

Abb. 20. Trumans Memorandum, das die Operation Majestic 12 autorisiert

Hier ist wichtig hervorzuheben, dass sich der von Offizieren geleistete Eid von dem unterscheidet, der den Mannschaften abgenommen wird; letztere sind verpflichtet, rechtmäßige Befehle so auszuführen, wie vom Einheitlichen Gesetzbuch der Militärgerichtsbarkeit vorgeschrieben. Im Gegensatz dazu enthält der von den Offizieren abgelegte Eid keine Verpflichtung, Befehle auszuführen. Dies ist äußerst wichtig, um die Bedeutung von Goodes Enthüllung zu verstehen, dass Solar Warden von militärischen Berufsoffizieren geleitet wird und anfangs stark von der U.S. Navy forciert wurde. Wie Goode sagt, nehmen viele dieser amerikanischen Militäroffiziere ihren Eid, die Verfassung zu schützen, sehr ernst und machen es dadurch schwierig, sie für unethische Zwecke zu missbrauchen. Einfach gesagt, jeder Befehl, der die Verpflichtung des Offiziers, »die Verfassung zu unterstützen und zu verteidigen«, verletzt, wird nicht befolgt. Das ist der Hauptgrund, warum die US-Regierung in 200 Jahren niemals durch einen Militärputsch gestürzt wurde!

Die befehlshabenden Offiziere der Solar-Warden-Raumschiffe haben also eine konventionelle militärische Mentalität, die beeinflusst, wie ihre Taktiken ausgeführt werden. Auch wenn die unteren Mannschaftsgrade bei Solar Warden womöglich durch ein MILAB-Programm im Verborgenen rekrutiert worden sind, wie von Goode behauptet, sind ihre Kommandeure militärische Berufsoffiziere, die ihren Eid streng befolgen. Unbedingter Gehorsam ist ein Aspekt, der sich jene spezielle Gruppe außerordentlich bewusst war, als sie begann, die Projekte der Nazis und der Außerirdischen unter dem Titel »Operation Majestic Twelve« (Operation Majestätische Zwölf = MJ-12) zu erforschen. Präsident Truman beauftragte die Gruppe MJ-12 in einem Memorandum vom 24. September 1947, die Kontrolle über die außerirdischen Angelegenheiten zu übernehmen und nur dem Präsidenten unmittelbar Rechenschaft abzugeben.[45]

Mit der Zeit entwickelte sich die Gruppe MJ-12 zu einer Vereinigung von Schurken, die Präsident Eisenhower trotzte und eine direkte Rolle bei der Ermordung des Präsidenten Kennedy spielte, als er Zugang zu den geheimen UFO-Akten zu erhalten wünschte.[46] Wenn es MJ-12 gelang, letztlich die Kontrolle über das geheime US-Weltraumprogramm und seine Einsätze zu gewinnen, muss sie auch einen Weg gefunden haben, um die Navy sowie die assoziierten militärischen Dienste der USA und anderer Nationen zu umgehen. Dieser Weg bestand darin, ein weiteres Geheimes Weltraumprogramm zu kreieren und dabei große Konzerne einzubeziehen, die für die Weisungen der MJ-12-Gruppe zugänglicher sein würden.

Anmerkungen

1 »Franklin D. Roosevelt Memo on Non-Terrestrial Science and Technology«, http://majesticdocuments.com/pdf/fdr_22feb44.pdf (aufgerufen am 30.07.2015)
2 Die Analyse der Regierungsdokumente wurde durchgeführt von Dr. Robert Wood and Ryan Wood auf http://majesticdocuments.com/documents/pre1948.php (aufgerufen am 30.07.2015)
3 »Franklin D. Roosevelt Memo on Non-Terrestrial Science and Technology«, http://majesticdocuments.com/pdf/fdr_22feb44.pdf (aufgerufen am 30.07.2015)
4 Interview mit Linda Moulton Howe, *Earthfiles*, http://www.earthfiles.com/news.php?ID=1503&category=Real+X-Files (aufgerufen am 08.07.2015)
5 Interview mit Linda Moulton Howe, *Earthfiles*, http://www.earthfiles.com/news.php?ID=1503&category=Real+X-Files (aufgerufen am 08.07.2015)
6 Interview mit Linda Moulton Howe, *Earthfiles*, http://www.earthfiles.com/news.php?ID=1503&category=Real+X-Files (aufgerufen am 08.07.2015)
7 Thomas J. Carey and Donald R. Schmitt, *Inside the Real Area 51: The Secret History of Wright-Patterson* (New Page Books, 2013). – Dt. Ausgabe: *Im Inneren der wahren Area 51*, Kopp Verlag, Rottenburg 2015.
8 Interview mit Linda Moulton Howe, *Earthfiles*, http://www.earthfiles.com/news.php?ID=1503&category=Real+X-Files (aufgerufen am 04.04.2015)
9 Interview mit Linda Moulton Howe, *Earthfiles*, http://www.earthfiles.com/news.php?ID=1503&category=Real+X-Files (aufgerufen am 04.04.2015)
10 »Cheney taken inside S-4 to view flying saucers & EBE bodies«, http://tinyurl.com/qx8jqf3 (aufgerufen am 31.07.2015)
11 Siehe Rob Arndt, »Andromeda Device (1943-1945)«, http://greyfalcon.us/restored/Secret%20flying%20discs%20of%20the%20Third%20Reich.htm (aufgerufen am 31.07.2015)
12 Siehe Rob Arndt, »Andromeda Device (1943-1945)«, http://greyfalcon.us/restored/Secret%20flying%20discs%20of%20the%20Third%20Reich.htm (aufgerufen am 31.07.2015)
13 Siehe Rob Arndt, »Andromeda Device (1943-1945)«, http://greyfalcon.us/restored/Secret%20flying%20discs%20of%20the%20Third%20Reich.htm (aufgerufen am 31.07.2015)
14 Siehe Rob Arndt, »Andromeda Device (1943-1945)«, http://greyfalcon.us/restored/Secret%20flying%20discs%20of%20the%20Third%20Reich.htm (aufgerufen am 31.07.2015)
15 »The Fastest things in the world«, http://www.top10fastest.com/the-fastest-things-inthe-world/ (aufgerufen am 31.07.2015)
16 »Tachyonic Antitelephone«, Wikipedia, https://en.wikipedia.org/wiki/Tachyonic_antitelephone (aufgerufen am 31.07.2015)
17 »Do tachyons exist?« http://math.ucr.edu/home/baez/physics/ParticleAndNuclear/tachyons.html (aufgerufen am 31.07.2015)
18 »Half a Century of the German Moon Base (1942 – 1992)«, http://www.v-jenterprises.com/moonger.html (aufgerufen am 31.07.2015)
19 Zur Kritik an Terziski siehe »The Nazi UFO Mythos: An Investigation by Kevin McClure«, http://www.thelivingmoon.com/43ancients/20nazi_ufos/naziufo6.html (aufgerufen am 31.07.2015)

20 »Questions for Corey/GoodETxSG – 4/4/2015«, http://exopolitics.org/secret-space programs-more-complex-than-previously-revealed/ (aufgerufen am 31.07.2015)
21 »Questions for Corey Goode about Temporal Drives, Galactic League of Nations Secret Space Program and recent controversy«, http://exopolitics.org/reagan-speech-aboutalien-threat-linked-to-secret-un-interstellar-space-fleet/ (aufgerufen am 07.08.2015)
22 »Questions for Corey Goode about Temporal Drives, Galactic League of Nations Secret Space Program and recent controversy«, http://exopolitics.org/reagan-speech-aboutalien-threat-linked-to-secret-un-interstellar-space-fleet/ (aufgerufen am 07.08.2015)
23 »Tachyon«, *Wikipedia*, https://en.wikipedia.org/wiki/Tachyon (aufgerufen am 01.08.2015)
24 »Questions for Corey Goode on Mars, Moon and Nazi Space Program – May 14, 2015«, http://exopolitics.org/corporate-bases-on-mars-and-nazi-infiltration-of-us-secret-spaceprogram/ (aufgerufen am 31.07.2015)
25 Interview mit Corey Goode vom 19. Mai 2014, »Corporate bases on Mars and Nazi infiltration of US Secret Space Program«, http://exopolitics.org/corporate-bases-on-mars-and-nazi-infiltration-of-us-secret-space-program/ (aufgerufen am 30.06.2015)
26 Jon Ronson, »Game Over«, *The Guardian*, http://www.theguardian.com/the guardian/2005/jul/09/weekend7.weekend2 (aufgerufen am 06.08.2015)
27 Gepostet vom Admin: Bren, »Re: TC-Disclosure«, http://tinyurl.com/ohttdtk (aufgerufen am 08.07.2015)
28 »A further update from ›Henry Deacon‹«, http://projectcamelot.org/livermore_physicist_3.html (aufgerufen am 08.07.2015)
29 »A further update from ›Henry Deacon‹«, http://projectcamelot.org/livermore_physicist_3.html; bezogen wurde sich auf die URL http://www.navy.mil/navydata/ships/carriers/cv-list.asp (aufgerufen am 08.07.2015)
30 Bill Ryan, »Re: Solar Warden«, http://tinyurl.com/nllvu7s (aufgerufen am 08.07.2015)
31 Darren Perks, »Solar Warden – The Secret Space Program«, http://www.huffing tonpost.co.uk/darren-perks/solar-warden-the-secret-spaceprogram_b_1659192.html (aufgerufen am 08.07.2015)
32 »Secret space programs more complex than previously revealed«, http://exopolitics.org/secret-space-programs-more-complex-than-previously-revealed/ (aufgerufen am 08.07.2015)
33 »Secret space programs more complex than previously revealed«, http://exopolitics.org/secret-space-programs-more-complex-than-previously-revealed/ (aufgerufen am 08.07.2015)
34 »Secret space programs more complex than previously revealed«, http://exopolitics.org/secret-space-programs-more-complex-than-previously-revealed/ (aufgerufen am 08.07.2015)
35 »Secret space programs more complex than previously revealed«, http://exopolitics.org/secret-space-programs-more-complex-than-previously-revealed/ (aufgerufen am 08.07.2015)
36 »Secret space programs more complex than previously revealed«, http://exopolitics.org/secret-space-programs-more-complex-than-previously-revealed/ (aufgerufen am 08.07.2015)

37 »Secret space programs more complex than previously revealed«, http://exopolitics.org/secret-space-programs-more-complex-than-previously-revealed/ (aufgerufen am 08.07.2015)

38 »Secret space programs more complex than previously revealed«, http://exopolitics.org/secret-space-programs-more-complex-than-previously-revealed/ (aufgerufen am 08.07.2015)

39 »Secret space programs more complex than previously revealed«, http://exopolitics.org/secret-space-programs-more-complex-than-previously-revealed/ (aufgerufen am 08.07.2015)

40 »Secret space programs more complex than previously revealed«, http://exopolitics.org/secret-space-programs-more-complex-than-previously-revealed/ (aufgerufen am 08.07.2015)

41 »Secret space programs more complex than previously revealed«, http://exopolitics.org/secret-space-programs-more-complex-than-previously-revealed/ (aufgerufen am 08.07.2015)

42 »Secret space programs more complex than previously revealed«, http://exopolitics.org/secret-space-programs-more-complex-than-previously-revealed/ (aufgerufen am 08.07.2015)

43 »Secret space programs more complex than previously revealed«, http://exopolitics.org/secret-space-programs-more-complex-than-previously-revealed/ (aufgerufen am 08.07.2015)

44 »5 U.S. Code § 3331 – Oath of office«, https://www.law.cornell.edu/uscode/text/5/3331 (aufgerufen am 08.07.2015)

45 Online zugänglich auf *Majestic Documents*, http://majesticdocuments.com/pdf/truman_forrestal.pdf (aufgerufen am 01.08.2015)

46 Siehe Michael Salla, *Kennedy's Last Stand: Eisenhower, UFOs, MJ-12 and JFK's Assassination* (Exopolitics Institute, 2013)

6 Majestic 12 und die Interplanetarischen Mischkonzerne

Seit dem Frühjahr 1983 beendete Ben Rich, der Chef von Lockheeds geheimnisumwitterten Skunk Works, der Abteilung »Geheimprojekte«, seine öffentlichen Vorträge immer mit einem Witz über die klassifizierten Technologien, an denen Lockheed arbeitete, indem er zum Ausklang die Abbildung einer Fliegenden Untertasse zeigte, die hinter Wolken verschwindet. In einem Artikel wurde seine Rede folgendermaßen zusammengefasst:

»Im Frühling 1983 hatte er das Bild einer Fliegenden Untertasse an den Schluss einer Reihe von 12 bis 25 Präsentationsfolien angefügt, die er während seines Vortrags zeigte. Lange Zeit hatte Rich bei seinen Auftritten ein Standardmanuskript verwendet, dessen Inhalt er an die Bedürfnisse seines jeweiligen Publikums anpasste. Seit die meisten laufenden Projekte der Skunk Works als geheim eingestuft worden waren, spielte es keine Rolle mehr, ob er vor Schulkindern oder vor professionellen Luft- und Raumfahrt-Ingenieuren sprach; er beendete seine Rede immer auf dieselbe Weise. ›Leider kann ich Ihnen nicht verraten, was wir in den letzten zehn Jahren gemacht haben‹, meinte er am 20. September 1983 während einer sicherheitspolitischen Tagungswoche zum Thema künftiger Raumfahrt-Systeme in Washington, D.C. ›Es sieht so aus, dass wir in den Skunk Works alle zehn Jahre einen Durchbruch erzielen – wenn Sie mich also in einem Jahrzehnt wieder einladen, werde ich in der Lage sein, Ihnen zu erzählen, woran wir [jetzt] arbeiten. … Ich kann Ihnen von einem Vertrag berichten, den wir kürzlich abgeschlossen haben‹, raunte er feierlich. Jeder im Raum spitzte die Ohren. Das Schweigen war fast körperlich spürbar. ›Die

Skunk Works haben den Auftrag erhalten, E.T. wieder nach Hause zu bringen.‹ Der ganze Saal lachte.«[1]

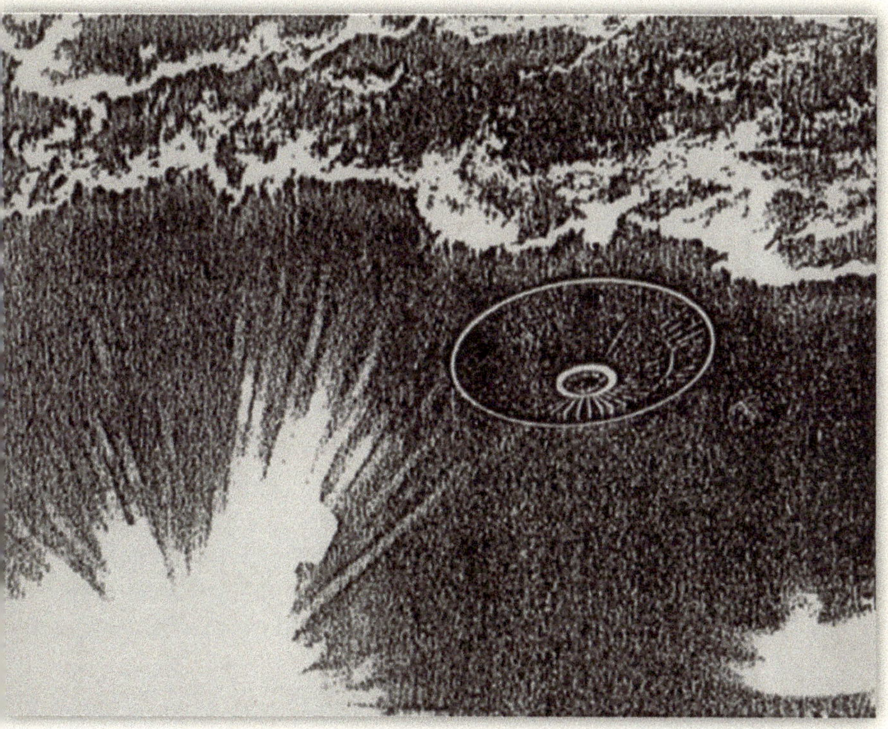

Abb. 21. Die Abbildung, die Ben Rich zeigte, als er von E.T.s Heimkehr sprach

Richs Kommentare wurden als Witz aufgefasst, aber sie enthielten eine tiefe Wahrheit, die er nicht öffentlich enthüllen konnte. Lockheed Martin war dabei, ein hochmodernes Raumschiff zu entwickeln, mit dem interstellare Flüge möglich sein sollten.

Ein Jahrzehnt später, am 23. März 1993, wandelte er seine Pointe ab und sagte: »Wir verfügen jetzt über die Technologie, um E.T. nach Hause zu bringen.«[2] Sein Gag führte wieder zu allgemeinem Gelächter, aber er hatte nebenbei eine bedeutsame Entwicklung des vergangenen Jahrzehnts aufgedeckt: Während der Achtzigerjahre hatte Lockheed Martin große Fortschritte bei der Entwicklung seiner geheimen, weltraumtauglichen Raumschiffe erzielt.

Es sollte hervorgehoben werden, dass Richs Lockheed Martin die Nachfolgefirma des Unternehmens Glenn Martin war, das in den Fünfzigerjahren höchst umtriebig das revolutionäre Potenzial der Antigravitationstechnologien ausgelotet hatte. Sein damaliger CEO, Trimble, äußerte sich ausführlich über die Implikationen der Forschungen auf dem Gebiet der Antigravitation, bevor er von der Regierung zur Geheimhaltung verpflichtet wurde. Das Stillschweigen über Antigravitationsforschung erstreckte sich auch auf die Entwicklung von Antigravitationsflugmaschinen. Ben Rich veranschaulicht diesen Aspekt in einer ihm zugeschriebenen Formulierung:

> »Wir haben bereits die Mittel, um zu den Sternen zu fliegen, aber diese Technologien werden hinter verschlossenen Türen geheimgehalten, und es bedürfte eines göttlichen Eingriffs, sie dort zum Fortschritt der Menschheit herauszubekommen. … Wir können bereits alles Mögliche, was man sich nur vorzustellen vermag.«[3]

In Kapitel 5 haben wir Solar Warden behandelt, das erste US-Weltraumprogramm, das Antigravitationstechnologien in Einsätzen außerhalb der Erdumlaufbahn anwandte. Obwohl die U.S. Navy und ihre Wissenschaftler eine Schlüsselrolle bei der Erforschung der modernen SS- und Vril-Untertassen sowie der entdeckten außerirdischen Flugmaschinen spielten, sollten sie doch keine Raumschiffe bauen. Diese Aufgabe wurde Vertragspartnern wie Lockheed Martin, Northrup Grumman und anderen Luft- und Raumfahrt-Konzernen überlassen, die auf die Entwicklung und den Bau von hochmodernen Flugzeugen oder Marineschiffen spezialisiert waren, um sie schließlich vom Stapel zu lassen. Das US-Militär war für die Finanzierung zuständig und teilte seine besonderen Anforderungen mit, und die Luft- und Raumfahrt-Unternehmen sollten die entsprechenden Maschinen produzieren.

Richs Bemerkungen bestätigen Goodes Behauptung, dass die Solar-Warden-Flotte von zigarrenförmigen Weltraum-Trägern für interstellare Reisen in den späten Achtzigerjahren zum Einsatz kam. Lockheed Martin und eine ausgewählte Gruppe von Luft- und Raumfahrt-Partnern verfügten nun über das technische Know-how, um Flotten geheimer Antigravitationsraumschiffe, die Elektrogravitation als Schubenergie nutzten und die Schwerkraft durch Magnetfeldstörer überwanden, mit Tachyonen-Antriebstechnik auszustatten. Diese Firmen waren in der Lage, insgeheim diese interstellaren Antigravitationsmaschinen zu bauen, um militärische Aufträge der Navy, der Air Force und anderer Zweige der amerikanischen Streitkräfte zu erfüllen.

Es handelt sich also um dieselbe Beziehung zu Vertragspartnern, die das US-Militär im Zweiten Weltkrieg nutzte und die sich bis heute mit den F-35-Fightern von Lockheed Martin und den Flugzeugträgern in der Ford-Klasse von Northrup Grumman fortsetzt. Der Hauptunterschied beim Bau einer geheimen Weltraumflotte besteht darin, dass die Geheimhaltungsvorschriften weitaus rigider und genauer abgestuft sind, um die Öffentlichkeit fernzuhalten. Diese Abstufung bedeutet, dass nur die großen Luft- und Raumfahrt-Konzerne an der Endmontage der einzelnen Komponenten der verschiedenen Raumschiffe beteiligt sind. Richs Lockheed Martin war einer der wenigen Konzerne, der den Bau der Solar-Warden-Raumschiffe mitverfolgen konnte.

Interplanetarische Mischkonzerne

Eine unmittelbare Auswirkung von Solar Warden und des Militärisch-Industriellen Fundaments, auf dem seine Raumschiffe gebaut wurden, war die Entstehung eines unabhängigen, konzerngeführten Weltraumprogramms. Nach Corey Goode wurde es als Interplanetary Corporate Conglomerate (ICC) bezeichnet, als Interplanetarischer Mischkonzern, den er folgendermaßen charakterisiert:

> »Hauptsächlich auf die Entwicklung und Beschaffung von Technologie mit allen Mitteln konzentriert. Entwickelt und produziert Technologie für ein Tauschsystem zwischen irdischen und außerirdischen Gruppierungen; und lässt nichts unberücksichtigt, mit dem sie bereit sind, Handel zu treiben. Sehr machtvoll, streng geheim und jederzeit mit den neuesten Technologien und ›Spielsachen‹ ausgestattet.«[4]

Nach Goode kann die erfolgreiche Infiltration der Geheimen Weltraumprogramme mit Anhängern des Nationalsozialismus in direkter Linie zum ICC weiterverfolgt werden:

> »Die geheimen NS-Exilgruppen und ihre verbündeten außerirdischen/antiken Untergrund-Gruppen benötigten die gewaltige Industrie der Vereinigten Staaten, die im Zweiten Weltkrieg die Achsenmächte besiegt hatte. Sie hielten ihre Wissenschaft und Technologie versteckt, wollten aber mit den USA das gemeinsame Ziel verfolgen, in das Sonnensystem zu fliegen, um es umfassend zu kolonisieren und um überall Industrieanlagen und industrielle Infrastrukturen zu errichten, um Rohstoffe abzubauen und um das zu erschaffen, was sie heute haben und was wesentlich durch die Bestrebungen der ICC-Gruppe erreicht wurde.«[5]

Goode beschrieb sodann die Beziehung zwischen dem ICC und den Illuminaten beziehungsweise der Kabale, welche die Menschheit auf der Erde und ihre Ressourcen seit Generationen kontrolliert:

> »Als sie die Hand der Vereinigten Staaten gezwungen haben, einen Vertrag zu unterzeichnen und ein gemeinsames Geheimes Weltraumprogramm zu begründen, hatten sie bereits überall im Militär, in den Geheimdiensten sowie in der Welt der Luft- und Raumfahrtindustrie und anderen Konzernen ihre Agenten stationiert. Schon Generationen vor dem Ersten Weltkrieg hatten sie über verschiedene Gesellschaften auch das Bank- und Finanzwesen in ihren Händen. Diese Gruppierungen waren alle mit anderen Gruppen unter dem Schirm der Illuminaten-Kabale verbunden und arbeiteten mit ihnen zusammen.«[6]

Die Entwicklung des ICC hatte ihre Ursprünge in den USA, wo große Konzerne von jeher die Streitkräfte mit fortschrittlichen Waffensystemen und -technologien im Rahmen militärischer Verträge ausgerüstet haben. In Zusammenarbeit mit Militärwissenschaftlern und Forschungseinrichtungen erforschten die führenden Konzerne jede neu erworbene Technologie, um sie zu verstehen, um ihr mögliches militärisches Potenzial einzuschätzen, um ihre Wirkungen zu rekonstruieren und schließlich um neue Waffensysteme massenhaft zu produzieren.

Dieses erfolgreiche Modell der Militärisch-Industriellen Zusammenarbeit aus dem Zweiten Weltkrieg setzte sich mit der Erbeutung und Überführung modernster NS-Technologie durch die Operation Paperclip fort. Als man sich in der Folge auch außerirdische Raumfahrzeuge aneignete, wurden diese im Geheimen zusammen mit der NS-Technologie in verborgenen Militär- und Sicherheitseinrichtungen der USA erforscht und rekonstruiert. Das für den Bau der untersuchten Raumfahrzeuge und Waffensysteme nötige Fachwissen wurde von den Konzernen bereitgestellt.

Einen Meilenstein in der Entwicklung des Einflusses der Großindustrie auf Erforschung, Rekonstruktion und Neubau außerirdischer und damit verbundener Technologien war die Einrichtung der – später als Area 51 bekannt gewordenen – Anlage S-4 in einer abgelegenen Gegend von Nevada, die dem Energieministerium gehört. Vor der Schaffung von S-4 erfolgte diese Forschung in Geheimanlagen von Air Force und Navy wie der Wright-Patterson Air Force Base und der China Lake Naval Facility. Mit der Inbetriebnahme von S-4 änderte sich dies.

Das früheste Dokument für die Einrichtung von S-4 ist ein Zeitungsartikel aus dem Jahr 1951 (siehe Abb. 23), in dem darauf hingewiesen wird, dass 300 Millionen Dollar für den Bau einer unterirdischen Anlage in Indian Springs bereitgestellt wurden,[7] in einem Teil der Nellis Air Force Base, die an Area 51 angrenzt. Dieser Summe von 300 Millionen Dollar, die damals ausgegeben wurden, entspricht 2015 ein Betrag von 2,7 Milliarden Dollar.[8]

In Kapitel 1 wurde bereits behandelt, wie das Eigentum an dem Gebiet, zu dem S-4 gehört, 1955 während der Regierungszeit Präsident Eisenhowers vom Energieministerium an die CIA übertragen wurde. Diese errichtete anschließend eine Geheimfabrik für Spionageflugzeuge am Groom Lake, die als Tarnprogramm für das diente, was in der noch strenger klassifizierten Einrichtung S-4 nahe der angrenzenden Anlage am Papoose Lake geschah.

Lockheed Martin und andere große Partner des Militärs wirkten an der Entwicklung der künftigen Spionageflugzeuge der CIA mit – U-2,

SR-71 und OxCart –, während sie außerdem an der Erforschung und Rekonstruktion außerirdischer und sonstiger hoch entwickelter Technologien in S-4 beteiligt waren. Bis zum Jahre 1958 waren vier erbeutete NS-Flugscheiben zusammen mit drei außerirdischen Raumschiffen in S-4 untergebracht.

Las Vegas
REVIEW-JOUR

XLIII NO. 4 LAS VEGAS, NEVADA, FRIDAY, JANUARY [illegible]

Indian Springs Project Keyed to Defense Plans

The Indian Springs project, preliminary work on which already has begun, will not be an A-bomb program but definitely will be tied into the defense plans it was learned from authoritative sources this morning.

The contract, which recently was awarded to the McKee Construction company, is a preliminary project, it was stated, and is for the construction of housing facilities at the Indian Springs base.

It is understood, from reliable Washington sources that the over-all expense of constructing the project may run somewhere around $300,000,000 and will be even larger that the huge Basic Magnesium plant as a construction job for southern Nevada.

The actual details of the program are cloaked in a security blackout and no information will be released regarding the use to which the construction will be put when it is completed.

Abb. 22. Haushaltsmittel, die eventuell für den Bau der Anlage S-4 in der Nähe von Indian Springs vorgesehen waren

Seit der Eisenhower-Administration versorgten Großkonzerne die verschiedenen Zweige des US-Militärs mit Raumfahrt- und Waffensystemen für das, was sich in den Achtzigerjahren zum Programm Solar Warden entwickeln sollte. Zur selben Zeit entwickelten diese Konzerne technologische Güter, die verwendet werden konnten, um ein anderes, rivalisierendes Weltraumprogramm in den Achtzigerjahren aufzubauen, als der Sprung von der interplanetarischen zur interstellaren Raumfahrt mit der erfolgreichen Entwicklung der Zeitreise-Technologie durch Lockheed Martin und weitere Luft- und Raumfahrt-Unternehmen möglich wurde. Militärische Auftragsnehmer konnten eine kleine Zahl von hoch entwickelten Raumschiffen für Forschungs- und Testzwecke produzieren, ohne dass sich das amerikanische Militär allzu sehr darum kümmerte. Dieser Aspekt entsprach den seit Langem verfolgten Interessen der Gruppe MJ-12, die für die Leitung der Projekte mit außerirdischen Bezügen verantwortlich zeichnete.

MJ-12 sah ein, dass sie vielleicht den Präsidenten als Entscheidungsträger übergehen konnte, aber sie konnte nicht hoffen, dass dies auch mit den verdeckten Zweigen des US-Militärs, insbesondere der Navy, gelingen würde, die auf eine lange Geschichte als Beschützerin der amerikanischen Republik zurückschauen konnte. Das Programm Solar Warden würde immer ein vom US-Militär kontrolliertes Weltraumprogramm bleiben, dessen Einsätze den Traditionen der Marine und den verfassungsmäßigen Prinzipien entsprachen. Stattdessen entschied sich die MJ-12-Gruppe dafür, die Navy und andere militärische Dienste zu umgehen und insgeheim ein weiteres Weltraumprogramm zu initiieren: unter Rückgriff auf die Weltraum-Budgets der privaten Partner, die sowohl die Navy als auch das US-Militär mit Raumfahrzeugen und Waffen für das Solar-Warden-Programm belieferten.

Die Rolle der CIA bei der Entwicklung eines Geheimen Weltraumprogramms der Privatwirtschaft wurde ausschlaggebend, als sie den exekutiven Arm der US-Regierung vom Wissen darüber ausschloss, was in S-4 und den Produktionszentren der Vertragspartner des Pentagon tatsächlich vor sich ging. Die CIA agierte unter der direkten Kontrolle der MJ-12-Gruppe, die Präsident Eisenhower und das US-Militär im Hinblick auf Projekte mit außerirdischen Bezügen und das aufkommende, privatwirtschaftlich geführte Weltraumprogramm de facto im Unklaren ließ.

Im Mai 2013 enthüllte der frühere CIA-Agent Stein/Kewper (der jetzt das Pseudonym »Anonymus« verwendet) in einer Aussage per Video vor sechs pensionierten Kongressmitgliedern, dass Präsident Eisenhower zunehmend über sein mangelndes Wissen bezüglich der Geschehnisse in S-4 frustriert war.[9] Stein/Kewper behauptete, dass Präsident Eisenhower Informationen von der MJ-12-Kontrollgruppe zu erhalten versuchte und sich nach Projekten mit außerirdischem Bezug in der Anlage S-4 erkundigte. Als die Mitteilung der angeforderten Information verweigert wurde, soll Eisenhower angeblich eine persönliche Nachricht autorisiert haben, die Stein/Kewper und sein unmittelbarer Vorgesetzter den Verantwortlichen in Area 51 und S-4 überbringen sollten. Die Botschaft enthielt die direkte Drohung, dass der Präsident eine militärische Invasion in Area 51 und S-4 anordnen würde, wenn sein Befehl, Informationen herauszurücken, nicht ausgeführt würde.

Den früheren Kongressmitgliedern wurde eine 15-minütige Videosequenz aus einem längeren Interview vorgeführt, in dem Stein/Kewper sein Wissen aktenkundig machte; der Film handelte davon, wie er von einem leitenden CIA-Mitarbeiter aus Langley in Virginia rekrutiert wurde, um für die CIA im Zusammenhang mit außerirdischem Leben zu arbeiten.[10] In seinen Antworten auf Fragen des UFO-Historikers Richard Dolan erläuterte Stein/Kewper dann, wie er und sein Chef – der CIA-Mitarbeiter – 1958 von Präsident Eisenhower ins Oval Office vorgeladen wurden. Der Präsident teilte dem Agenten und dessen Chef im Beisein des Vizepräsidenten Nixon über Erkenntnisfortschritte im Hinblick auf außerirdische Lebensformen und Technologien das Folgende mit: »MJ-12 war dazu beauftragt, etwas herauszufinden, aber sie legten ihm niemals Berichte vor.«[11] Präsident Eisenhower sagte:

> »Wir bestellten die Leute von MJ-12, von Area 51 und aus S-4 ein, aber sie sagten uns ins Gesicht, dass die Regierung keine Zuständigkeit für das habe, was sie tun. … Ich möchte, dass Sie und Ihr Chef dort hinfliegen. Ich möchte, dass Sie ihnen eine persönliche Botschaft überbringen. … Ich wünsche, dass Sie ihnen, wer auch immer dort das Sagen hat,

mitteilen, dass sie nächste Woche nach Washington zu kommen und vor mir Bericht zu erstatten haben. Und wenn sie dies nicht tun, werde ich die Erste Armee aus Coloradeo herbeibefehlen. Wir marschieren dann dorthin und nehmen die Basis ein. Es interessiert mich nicht, welche Art von klassifiziertem Material Sie bekommen haben. Wir gehen hin, um diesen Laden auseinanderzunehmen.«[12]

Dolan fragte noch einmal nach: »Eisenhower plante also einen militärischen Zugriff auf Area 51?« Und Stein/Kewper bestätigte noch einmal, dass Eisenhower tatsächlich vorhatte, dies mit der Ersten Armee zu tun.[13]

Steins/Kewpers Zeugnis der sieben Fliegenden Untertassen, die er in S-4 sah, wurde bereits behandelt. Er beschreibt außerdem, wie er einen außerirdischen Grey oder »Grauen« in der Anlage S-4 gesehen habe, den sein Chef »teilweise interviewte«.[14]

Nach ihrer Rückkehr ins Weiße Haus berichteten der Agent und sein Boss, was sie in S-4 gesehen hatten. Bezeichnenderweise war auch FBI-Direktor J. Edgar Hoover anwesend, als Stein/Kewper und sein Chef über das in S-4 und Area 51 Gesehene Bericht erstatteten. Nach Stein/Kewper war Eisenhower schockiert über das, was er erfuhr.

In den drei Jahren, seit Eisenhower die Übertragung von Area 51 von der Atomenergiekommission an die CIA genehmigt hatte, hat letztere im Wesentlichen entweder eine seit 1952 bereits existierende Anlage übernommen oder eine solche neu gebaut, um dort Projekte mit Bezug zu Fliegenden Untertassen und außerirdischen Angelegenheiten zu betreiben.[15] Offenbar waren verschiedene Konzerne wie Lockheed Martin an den als streng geheim eingestuften Forschungsprojekten beteiligt, die in S-4 durchgeführt worden sein sollen. Obwohl die CIA für Finanzierung, Sicherheitsdienstleistungen und institutionelle Unterstützung zuständig war, hatte letztlich doch die MJ-12-Gruppe die Aufsicht über alle in S-4 betriebenen Projekte. Allerdings zeigte sich MJ-12 unkooperativ bei der Weitergabe von Informationen an den Präsidenten.

Eisenhowers Entscheidung, die CIA zur Vermittlung von Informationen über das, was in S-4 vor sich ging, heranzuziehen, ist sehr aufschlussreich. Sie zeigt, dass das sensibelste Geheimwissen bezüglich der Technologie Fliegender Untertassen und außerirdischen Lebens nicht mehr der unmittelbaren Aufsicht des Präsidenten unterlag, wie es noch unter der Truman-Administration der Fall gewesen war. Nun war es so organisiert, dass der Präsident die CIA zu bemühen hatte, wenn er herausfinden wollte, was dort geschah. Aber seine Entscheidung, der CIA – und keinem der militärischen Dienste – die Kontrolle über die Sicherheitsangelegenheiten der Anlagen von Area 51 zu übertragen, erwies sich bald als ein tragischer Fehler Eisenhowers. Unterstützt durch die von Nelson Rockefeller empfohlene Neuorganisation der Regierung gab sie der Gruppe MJ-12 die institutionellen Mittel in die Hand, ihr eigenes Geheimes Weltraumprogramm außerhalb der Kontrolle durch den Präsidenten und das US-Militär zu initiieren.

Steins/Kewpers Aussage bezeugt, wie unbefriedigend diese Regelung für den Präsidenten geworden war. Erst als er MJ-12 mit einem Militäreinsatz drohte, konnte er etwas darüber in Erfahrung bringen, was in S-4 vor sich ging. Obwohl Eisenhower also endlich etwas von den Ereignissen des Jahres 1958 erfuhr, war es doch nur ein kurzer taktischer Sieg. Als ehemaliger Militärangehöriger kannte er die strategischen Konsequenzen der völligen Autonomie – anstelle einer Rechenschaftspflicht gegenüber einer übergeordneten Institution – von MJ-12 in Area 51. Eisenhowers Nachfolger zeigten sich nicht mehr in der Lage, MJ-12 unverblümt mit einem Militärschlag zu drohen, um ihre Befehlsgewalt durchzusetzen.

Goode bestätigt, dass die U.S. Army in der Tat häufiger Drohungen an die Adresse des aufkommenden privatwirtschaftlichen Weltraumprogramms, wie es von MJ-12 kreiert worden war, richtete:

> »Ich hatte (durch die ›Intelligenten Glaspads‹) Zugang zu ziemlich vielen Informationen über die Truman- und Eisenhower-Administrationen sowie ihre Politik, welche die ›Abgespaltenen Zivilisationen‹ hervorbrachte, die wir nun durch den Militärisch-Industriellen Komplex haben. Es gab Äußerungen sowohl von Armee- als auch von Marine-Einheiten, dass sie mehr als einmal dazu trainiert und verwendet worden waren, um das, woraus schließlich das Interplanetary Corporate Conglomerate (ICC-

GWP) erwuchs, nachdrücklich aufzufordern, ihre Einrichtungen der ›staatlichen Aufsicht‹ zu öffnen. Dies endete später jedoch, als die ICC-Gruppen genug Macht erlangt hatten, um amerikanische Regierungseinrichtungen und mit der Zeit auch die meisten Behörden des Pentagon und der zivilen Geheimdienste zu kontrollieren.«[16]

Der schnelle Machtzuwachs von MJ-12 und des aufkommenden privatwirtschaftlichen Weltraumprogramms führte zu Eisenhowers berühmter Warnung von 1961 vor der Macht des Militärisch-Industriellen Komplexes:

»In den Regierungsgremien müssen wir uns vor der Zunahme unberechtigten Einflusses, ob bewusst angestrebt oder nicht, durch den Militärisch-Industriellen Komplex hüten. Die Möglichkeit eines zerstörerischen Zuwachses fehlgeleiteter Macht existiert, und sie wird fortbestehen. Wir dürfen niemals zulassen, dass diese gewaltige Vereinigung unsere Freiheiten und demokratischen Prozesse gefährdet. Wir dürfen nichts für ewig sicher halten. Nur eine wachsame und gut informierte Bürgerschaft kann eine angemessene Verbindung der großen industriellen und militärischen Verteidigungsmaschinerie mit unseren friedlichen Methoden und Zielen erzwingen, damit Sicherheit und Freiheit gemeinsam gedeihen.«[17]

Eisenhower unterrichtete Präsident Kennedy über das Problem weitaus genauer, als er öffentlich mitteilte.[18] Mit der Zeit fühlte sich Kennedy seiner Macht über die Administration sicher genug, um zu versuchen, die unmittelbare Exekutivgewalt über die Betätigungen von MJ-12 wiederherzustellen. Im Juni 1961 schickte er eine Top-Secret-Mitteilung an den CIA-Direktor Allen Dulles und forderte Zugang zu den Operationen von MJ-12.[19] In seinem Antwortschreiben weigerte sich Dulles, Kennedy diesen Zugang zu gestatten und erreichte für MJ-12 sogar eine Reihe von Richtlinien, darunter eine »Mordlizenz«, die gegen jeden amerikanischen Regierungsvertreter angewandt werden könnte, der MJ-12-Operationen bedroht.[20] Kennedys nachfolgende Bemühungen, die Autorität des Präsidenten über MJ-12 und die mit dem Geheimen Weltraumprogramm zusammenhängenden Tätigkeiten durchzusetzen, waren ein wesentlicher Grund für seine Ermordung im Jahr 1963.[21] Dieses kennzeichnet auch den Beginn der Übernahme der völligen Kontrolle von MJ-12 und der Konzerne über die US-Regierung und weite Teile der Geheimdienst-Gemeinschaft.

Als während der Regierungszeiten von Kennedy, Johnson und Nixon mehr hoch entwickelte Technologien verfügbar wurden, wuchs das noch relativ kleine privatwirtschaftlich dominierte Weltraumprogramm von MJ-12 weiter an und entwickelte machtvollere Raumfahrt- und Waffensysteme. Bis in die späten Neunzigerjahre sollten sie das Solar-Warden-Programm des US-Militärs in den Schatten stellen. Dies stimmt genau mit den Behauptungen von Ben Rich überein, dass Lockheed Martin irgendwann in den Achtzigerjahren von der Forschung, wie man »E.T. nach Hause bringen« könnte, zu der Position gelangt war, dass man nun »die Technologie habe, um ihn nach Hause zu bringen«.[22] Diese Technologien für Weltraumreisen, auf die Rich anspielte, erlaubten den Bau noch leistungsfähigerer Raumschiffe als die ursprünglichen Weltraum-Trägermaschinen, die in den Achtzigern für Solar Warden entwickelt wurden.

Das Anwachsen eines privatwirtschaftlichen Geheimen Weltraumprogramms unter Führung der MJ-12-Gruppe führte schließlich zur Gründung des Interplanetary Corporate Conglomerate (ICC), das nach Goodes Beschreibung zu der Zeit, als er seinen verdeckten Dienst 1987 begann, ein Megakonzern gewesen war:

> »Das ICC-GWP ist eine GROSSE INDUSTRIE mit einer GROSSEN INFRASTRUKTUR im Weltraum, die eine extrem hoch entwickelte Technologie produziert; nicht nur für ›Abgespaltene Menschliche Zivilisationen‹, sondern auch für ›Zivilisationen von anderen Sternensystemen‹. Es gibt ein großes System des Tauschhandels, das ›da draußen‹ gepflegt wird, und das ICC-GWP hat mit einigen sehr ›beunruhigenden Dingen‹ gehandelt und sich ›sogar an Menschenhandel beteiligt‹, um dafür ›neue Technologien‹ zu erhalten und diese dann sowohl für unsere Abgespaltenen Zivilisationen zu produzieren als auch im Rahmen von Verträgen mit anderen Zivilisationen zu vermarkten.«[23]

Goodes Beschreibung des ICC als Wirtschaftsunternehmen, das Hightech-Produkte für andere Weltraumprogramme und sogar für andere Welten entwickelt, ist sehr aufschlussreich. Sie deutet an, dass das technologische Fundament des ICC weit über das des Solar-Warden-Programms hinausgeht und das ICC zu einem potenziellen Rivalen und einer Bedrohung für Solar Warden macht. Tatsächlich hat es, wie wir später noch sehen werden, auch gewalttätige Zusammenstöße zwischen Solar Warden und ICC-Weltraumprogrammen gegeben.

Goodes Enthüllung, dass das ICC mit »beunruhigenden Dingen«, darunter menschlichen Gefangenen, handelt, um sie gegen Top-Technologien einzutauschen, ist zutiefst verstörend. Sie lässt darauf schließen, dass es dem ICC an jeder Ethik mangelt, dass es Methoden anwendet und im Wesentlichen operiert wie ein skrupelloser interstellarer Megakonzern, wenn es seine Profite, Interessen und Einflussnahmen vorantreibt. Auch dies führt zu Konflikten mit dem Programm Solar Warden, das mit höherer Wahrscheinlichkeit Werte und Normen der amerikanischen Verfassung bei der Behandlung von Bürgern beibehält.

In seiner Antwort auf eine Frage beschrieb Goode, wie sich das Führungspersonal großer Luft- und Raumfahrt-Konzerne immer enger mit dem ICC vernetzte, während es viele seiner wirtschaftlichen Verbindungen und Einflussmöglichkeiten behielt:

»F[rage]: Sind Firmen wie Lockheed, Northrup Grumman oder Boeing stark in das privatwirtschaftliche Weltraumprogramm oder eher in das traditionell militärische Solar-Warden-Programm eingebunden?

A[ntwort]: Es gibt so etwas wie ›Super-Gremien‹ oder ›Super-Komitees‹, wie man das nennt. Gewöhnlich verhält es sich so, dass ALLE dieser sehr bekannten, von der Regierung beauftragten Konzerne, von denen wir wissen (und einige, von denen wir nichts wissen), ein ständiges Ausschussmitglied haben, das sich ›zurückziehen‹ und seinen Sitz in der Firma aufgeben wird, um dann einen Posten beim ICC-GWP (im Super-Komitee) zu bekommen. Sie stehen dann nicht mehr im Rampenlicht, haben aber immer noch ihren Einfluss und ihre Verbindungen zur Wirtschaft.«[24]

Nach Goode rückten NS-Wissenschaftler der Operation Paperclip infolge geheimer Abmachungen mit der Truman- und Eisenhower-Administration in Führungspositionen des Militärisch-Industriellen Komplexes auf. Daraus folgte, dass über diese Großkonzerne dann auch das ICC infiltriert wurde. Viele waren Agenten der Vril-/SS-Gruppe, die den Zweiten Weltkrieg überlebt hatte und schließlich die »Dunkle Flotte« ins Leben rief.

Mit dem Aufkommen des Interplanetary Corporate Conglomerate (ICC) haben sich viele Führungspersönlichkeiten, zusammen mit der MJ-12-Gruppe, historisch mit der Dunklen Flotte verbunden – die nach Goode hauptsächlich außerhalb unseres Sonnensystems operiert. Er sagt, dass es noch ein weiteres Geheimes Weltraumprogramm gibt, das außerhalb des Sonnensystems tätig ist; in seiner Entstehung und Zusammensetzung unterscheidet es sich allerdings stark von der Dunklen Flotte. Goode beschreibt es als das vierte von fünf zentralen Geheimen Weltraumprogrammen, die unserer zeitgenössischen Erdzivilisation entstammen: das Geheime Weltraumprogramm des »Globalen Galaktischen Völkerbundes«.

Anmerkungen

1 Peter W. Merlin, »Taking E.T. Home: Birth of a Modern Myth«, *Sunlight: Shedding some light on UFOlogy and UFOs*, Vol 5, No. 6 (2013)
2 Peter W. Merlin, »Taking E.T. Home: Birth of a Modern Myth«, *Sunlight: Shedding some light on UFOlogy and UFO*s, Vol 5, No. 6 (2013); http://home.comcast.net/~tprinty/UFO/SUNlite5_6.pdf (aufgerufen am 14.07.2015)
3 Rich hielt eine Rede, in der behauptet wird, dass er dies gesagt habe; siehe http://www.unexplained-mysteries.com/forum/index.php?showtopic=63914 (aufgerufen am 14.07.2015)
4 Interview mit Corey Goode vom 7. April 2015, »Secret space programs more complex than previously revealed«, http://exopolitics.org/secret-space-programs-more-complex-than-previously-revealed/ (aufgerufen am 30.06.2015)
5 Interview mit Corey Goode vom 19. Mai 2015, »Corporate bases on Mars and Nazi infiltration of US Secret Space Program«, http://exopolitics.org/corporate-bases-on-mars-and-nazi-infiltration-of-us-secret-space-program/ (aufgerufen am 30.06.2015)
6 Interview mit Corey Goode vom 19. Mai 2015, »Corporate bases on Mars and Nazi infiltration of US Secret Space Program«, http://exopolitics.org/corporate-bases-on-mars-and-nazi-infiltration-of-us-secret-space-program/ (aufgerufen am 30.06.2015)

7 »Indian Springs Project Keyed to Defense Plans«, *Las Vegas Review-Jour*, http://www.bibliotecapleyades.net/exopolitica/esp_exopolitics_ZZD.htm (aufgerufen am 01.08.2015)

8 »The Cost of Living Calculator«, http://www.aier.org/colcalc.html (aufgerufen am 01.08.2015)

9 Das Zeugnis des Agenten ist online verfügbar unter: http://youtu.be/GX0FaindPPo (aufgerufen am 08.08.2015); siehe dazu auch: »Eisenhower threatened to invade Area 51 – former US Congress members hear testimony«, http://exopolitics.org/eisenhower-threatened-to-invade-area-51-former-us-congressmembers-hear-testimony/ (aufgerufen am 14.07.2015)

10 Ein Teil des Videos ist abrufbar unter http://youtu.be/GX0FaindPPo (aufgerufen am 08.08.2015)

11 Das Zeugnis des Agenten ist online verfügbar unter http://youtu.be/GX0FaindPPo (aufgerufen am 08.08.2015)

12 Das Zeugnis des Agenten ist online verfügbar unter http://youtu.be/GX0FaindPPo (aufgerufen am 08.08.2015)

13 Das Zeugnis des Agenten ist online verfügbar unter http://youtu.be/GX0FaindPPo (aufgerufen am 08.08.2015)

14 Das Zeugnis des Agenten ist online verfügbar unter http://youtu.be/GX0FaindPPo (aufgerufen am 08.08.2015)

15 Diese zuvor schon existierende Anlage könnte das Projekt sein, das 1952 angekündigt worden war: »Indian Springs Project Keyed to Defense Plans«, *Las Vegas Review-Jour*, http://www.bibliotecapleyades.net/exopolitica/esp_exopolitics_ZZD.htm (aufgerufen am 01.8.2015)

16 Interview mit Corey Goode vom 7. April 2015: »Secret space programs more complex than previously revealed«, http://exopolitics.org/secret-space-programs-more-complex-than-previously-revealed/ (aufgerufen am 30.06.2015)

17 »Eisenhower's Farewell Speech«, online verfügbar unter http://mcadams.posc.mu.edu/ike.htm (aufgerufen am 14.07.2015)

18 Siehe Michael Salla, *Kennedy's Last Stand: Eisenhower, UFOs, MJ-12 & the JFK Assassination* (Exopolitics Institute, 2013), 93-105.

19 Siehe »Operations Review: The MJ-12 Project, by Allen W. Dulles, 5 November 1961«, online verfügbar unter http://majesticdocuments.com/pdf/mj12opsreview-dulles-61.pdf (aufgerufen am 01.08.2015)

20 Siehe Michael Salla, *Kennedy's Last Stand: Eisenhower, UFOs, MJ-12 & the JFK Assassination* (Exopolitics Institute, 2013), 93-105.

21 Siehe Michael Salla, *Kennedy's Last Stand: Eisenhower, UFOs, MJ-12 & the JFK Assassination* (Exopolitics Institute, 2013)

22 Peter W. Merlin, »Taking E.T. Home: Birth of a Modern Myth«, *Sunlight: Shedding some light on UFOlogy and UFOs*,Vol. 5, No. 6 (2013), http://home.comcast.net/~tprinty/UFO/SUNlite5_6.pdf (aufgerufen am 14.07.2015)

23 Interview mit Corey Goode vom 7. April 2015, »Secret space programs more complex than previously revealed«, http://exopolitics.org/secret-space-programs-more-complex-than-previously-revealed/ (aufgerufen am 30.06.2015)

24 Interview mit Corey Goode vom 7. April 2015, »Secret space programs more complex than previously revealed«, http://exopolitics.org/secret-space-programs-more-complex-than-previously-revealed/ (aufgerufen am 30.06.2015)

7 Das Weltraumprogramm des Globalen Galaktischen Völkerbundes

Der Eintrag vom 11. Juni 1985 im Tagebuch des Präsidenten Ronald Reagan bezog sich, wie bereits in der Einleitung dargestellt, auf ein Geheimes Weltraumprogramm, im Rahmen dessen 300 Astronauten in den Weltraum gebracht werden konnten.[1] Nachfolgende öffentliche Bemerkungen Reagans zeigen, dass er von seinen nationalen Sicherheitsberatern auch über einen weiteren geheimen Gegenstand mit Weltraum-Bezug informiert wurde – über eine außerirdische Bedrohung der Menschheit.

Es gibt ein angebliches Transkript eines Vortrags über außerirdisches Leben, der vor Reagan schon 1981 von seinen Beratern für nationale Sicherheit gehalten wurde; anwesend war dabei auch der damalige CIA-Direktor William Casey. In dem Manuskript wird Reagan über fünf verschiedene Gruppen von Außerirdischen unterrichtet, die die Menschheit aufsuchen – eine von diesen ist feindlich gesinnt:

»PRÄSIDENT: Ich bin der Präsident der Vereinigten Staaten. Ich sollte davon wissen, wenn wir von irgendeiner BEDROHUNG AUS DEM WELTRAUM gefährdet werden. Wenn Sie etwas über eine Bedrohung, die von dieser Art von Außerirdischen ausgeht, zu sagen haben, möchte ich das hören.

W. CASEY: … Wir haben einen dieser feindseligen Außerirdischen gefangen. Dies berührt äußerst sensible Bereiche, Mr. Präsident. … Ich denke, wir sind nicht darauf vorbereitet, Ihnen in diesem Augenblick die richtigen Antworten auf Ihre Fragen nach den potenziell feindlichen Außerirdischen zu geben.

PRÄSIDENT: Gut, aber ich erwarte diese Antworten so bald wie möglich. Ich will ALLES ÜBER DIESE FEINDSELIGEN KREATUREN WISSEN, damit ich … ich meine wir ... damit beginnen können, Grundsätze zu formulieren, wie mit ihnen politisch umzugehen ist. … Haben wir diesbezüglich militärische Einsatzpläne?

BERATER NR. 1: Ja, Mr. Präsident, wir verfügen über Pläne für alle potenziellen Bedrohungen unseres Landes.«[2]

Es gibt zwar eine kontroverse Debatte über die Echtheit dieses Transkripts einer Unterweisung Reagans von 1981, aber spätere Kommentare des Präsidenten deuten darauf hin, dass es im Wesentlichen echt ist oder dass er zu einem anderen Zeitpunkt sehr ähnliche Informationen zur nationalen Sicherheit erhielt.

Am 19. und 20. November 1985, fünf Monate nach dem Mittagessen mit den fünf Wissenschaftlern, die ihn über das Geheime Weltraumprogramm der USA unterrichteten, traf sich Reagan mit dem Generalsekretär der Sowjetunion Michail Gorbatschow in Genf in der Schweiz. Am 4. Dezember 1985 berichtete er in einer Rede an der Fallston High School über das, woran er sich von diesem Gespräch mit Gorbatschow noch erinnerte:

»… Wenn Sie aufhören zu glauben, dass wir alle Gottes Kinder sind, wo auch immer auf der Welt wir leben, sagte ich unwillkürlich zu ihm, dann überlegen Sie doch nur, wie einfach Ihre und meine Aufgabe bei diesen Treffen wären, die wir gemeinsam abhalten, wenn diese Welt plötzlich von einer anderen Spezies von einem anderen Planeten von draußen im Universum bedroht würde. Wir würden unsere kleinen lokalen Differenzen, die es zwischen unseren Ländern gibt, vergessen, und wir würden ein für allemal feststellen, dass wir hier auf dieser Erde wirklich alle miteinander menschliche Wesen sind.«[3]

Etwas mehr als ein Jahr später, am 17. Februar 1987, stellte Gorbatschow seine Antwort auf Reagans Szenario einer außerirdischen Bedrohung folgendermaßen dar:

»Bei unserem Treffen in Genf sagte der US-Präsident zu mir: Wenn die Erde vor einer Invasion durch Außerirdische stünde, würden die USA und die Sowjetunion gemeinsame Streitkräfte bilden, um diese Invasion zurückzuschlagen. Ich will diese Hypothese nicht in Zweifel ziehen, obwohl ich glaube, dass es noch nicht an der Zeit ist, sich vor einem solchen Einmarsch zu fürchten ...«[4]

Gorbatschow war durchaus an einer künftigen Zusammenarbeit angesichts einer konkreten außerirdischen Bedrohung interessiert, aber er hielt diese Idee noch für verfrüht. Natürlich nahm der sowjetische Führer eine solche Bedrohung damals nicht ernst.

Von der Zurückweisung des Szenarios einer Alien-Bedrohung unbeeindruckt, versuchte Reagan es in einer Rede vor der Vollversammlung der Vereinten Nationen am 21. September 1987 ein weiteres Mal:

»In unserer Besessenheit von aktuellen Gegensätzen vergessen wir oft, wie viel alle Mitglieder der Menschheit vereint. Vielleicht brauchen wir eine äußere, allgemeine Bedrohung, die uns an dieses gemeinsame Band erinnert. Manchmal denke ich, wie schnell sich unsere weltweiten Differenzen doch auflösen würden, wenn wir einer außerirdischen Bedrohung von irgendwo außerhalb dieser Welt entgegensehen müssten.«[5]

An dieser UN-Rede ist bemerkenswert, dass Reagans Redenschreiber Rhett Dawson seine Bemerkungen über eine Bedrohung durch Außerirdische aus einem früheren Entwurf der Rede entfernte. In einer handschriftlichen Notiz bestand Reagan jedoch darauf, dass Dawson sie wieder aufnahm:

»Ich finde, es sind zu viele antisowjetische Predigten mit Blick darauf, was wir gerade zu erreichen versuchen. Und gegen Ende würde ich vielleicht doch gern auf meine ›Fantasie‹ zurückkommen wollen – wie schnell sich unsere weltweiten Gegensätze in Nichts auflösen würden, wenn Kreaturen von einem anderen Planeten diese Welt bedrohten.«[6]

Wie sein handschriftlicher Zusatz zeigt, glaubte Reagan eindeutig, dass seine »Fantasie« einer außerirdischen Bedrohung ein wichtiges Mittel war, um globale Zusammenarbeit zu erreichen. Das angebliche Dokument einer Besprechung mit Reagan im Jahr 1981, oder eines vergleichbar klassifizierten Briefings, würde verdeutlichen, warum Reagan eine solche Bedrohung für real hielt. Sein Redenschreiber war in das alles nicht eingeweiht, was erklärt, warum er versuchte, die Bezüge zu einer »außerirdischen Bedrohung« zu beseitigen.

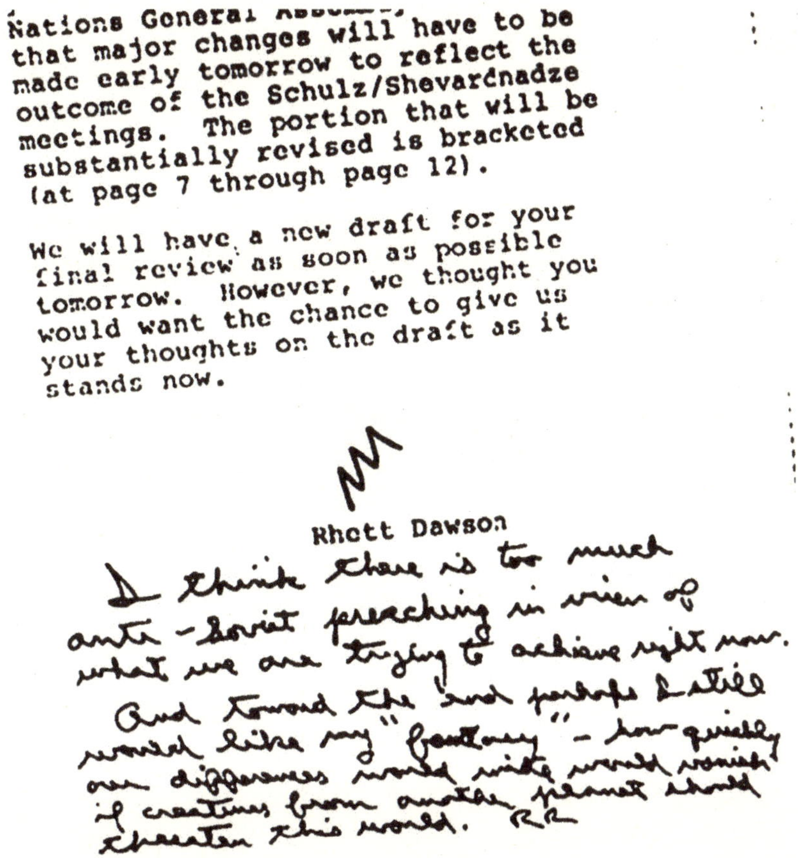
Nations General [illegible] will have to be
that major changes will have to be
made early tomorrow to reflect the
outcome of the Schulz/Shevardnadze
meetings. The portion that will be
substantially revised is bracketed
(at page 7 through page 12).

We will have a new draft for your
final review as soon as possible
tomorrow. However, we thought you
would want the chance to give us
your thoughts on the draft as it
stands now.

Rhett Dawson

I think there is too much
anti-Soviet preaching in view of
what we are trying to achieve right now.
And toward the end perhaps I still
would like my "fantasy" – how quickly
our differences worldwide would vanish
if creatures from another planet should
threaten this world. RR

Ronald Reagans handschriftlicher Hinweis, dass sein Kommentar zu einer außerirdischen Bedrohung in seine Rede vor der UN wieder aufgenommen werden soll. Man beachte die Hervorhebung des Begriffs »Fantasie«, der darauf hindeutet, dass sein Redenschreiber sich über die Ernsthaftigkeit dieses Punktes nicht im Klaren war.

Abb. 23. Quelle: www.PresidentialUFO.com

Reagans Bezugnahmen auf eine hypothetische außerirdische Bedrohung 1985 in Genf und 1987 vor den Vereinten Nationen sowie die handschriftlichen Bemerkungen für seinen Redenschreiber sind überzeugende Hinweise auf seine feste Überzeugung, dass eine amerikanisch-sowjetische Zusammenarbeit nötig sei, um eine tatsächliche Bedrohung aus dem Weltraum zurückzuweisen. Die Ernsthaftigkeit, mit der Reagan von einem solchen Szenario ausging, zeigt sich auch in seiner Antwort auf eine Frage, die ihm am 4. Mai 1988 in Chicago gestellt wurde. Reagan wurde gefragt: »Was halten Sie für die wichtigste Notwendigkeit in internationalen Beziehungen?« Seine Antwort enthielt die folgende Äußerung:

> »Ich habe mich oft gefragt, was wohl wäre, wenn wir alle auf der Welt herausfinden würden, dass wir von einer äußeren Macht – einer Macht aus dem Weltraum, von einem anderen Planeten – bedroht wären … Würden wir dann nicht plötzlich alle feststellen, dass es gar keine Gegensätze zwischen uns gibt, dass wir alle Menschen sind, Bürger der Welt, und würden wir dann nicht zusammenkommen, um diese spezielle Bedrohung zu bekämpfen?«[7]

Gorbatschow wusste mit Sicherheit von dem Geheimen Weltraumprogramm, über das Reagan in seinem Tagebuch-Eintrag vom 11. Juni 1985 geschrieben hatte. Das amerikanische Programm war eng mit den strategischen Verteidigungsmaßnahmen verbunden, die die Sowjets konkret betrafen, da es sie zu einem eigenen, rivalisierenden Programm von hohen Kosten nötigte. Bot Reagan in seinen Reden in Genf und vor den Vereinten Nationen Gorbatschow unterschwellig etwas von der modernen Technologie des geheimen US-Weltraumprogramms an – im Gegenzug für eine zur Beendigung des Kalten Krieges notwendige Kooperation der Sowjets in Bezug auf das außerirdische Bedrohungsszenario? Spätere Ereignisse legen nahe, dass Reagan genau dies tat.

Reagans wiederholte Bemühungen, die Notwendigkeit eines Zusammenschlusses der Welt angesichts einer hypothetischen außerirdischen Bedrohung anzumahnen, überwanden offenbar die anfängliche Abneigung des sowjetischen Führers und fanden nach seiner UN-Rede von 1987 die Unterstützung anderer Führungspersönlichkeiten der Welt. Nach Corey Goode traf Reagans Bemerkung auf die Zustimmung der Vereinten Nationen, die ihr eigenes Geheimes Weltraumprogramm aufbauen wollten. Eine Frage nach den Ursprüngen dieses Programms beantwortete Goode wie folgt:

»Es scheint einer Übereinkunft der Vereinten Nationen zu entstammen. Der Start dieses Programms fällt mit einer besonderen Rede zusammen, die Präsident Reagan vor den UN hielt und in der er erwähnte, wie schnell wir anlässlich einer außerirdischen Bedrohung zusammenfänden.«[8]

Wenn Goode recht hat, befeuerte Reagans Rede hinter den Kulissen das Bestreben der Vereinten Nationen, alle Staaten durch ein Geheimes Weltraumprogramm zusammenzuführen, innerhalb dessen mit außerirdischem Leben und anderen, bereits bestehenden Weltraumprogrammen zusammengearbeitet werden sollte.

Indizien für die Existenz des Galaktischen Völkerbundes

Goode hat keine Dokumente für seine Behauptung vorgelegt, dass 1987 eine Übereinkunft für die Schaffung eines von den Vereinten Nationen geführten Geheimen Weltraumprogramms erzielt wurde. Ebensowenig erfuhr die angebliche Mitschrift einer Besprechung von 1981, in der Reagan vor einer Bedrohung durch feindliche Außerirdische gewarnt wurde, eine Bestätigung. Gleichwohl ist es ein historisches Faktum, dass Präsident Reagan seit 1985 für die Kooperation der Supermächte eintrat, um einem hypothetischen Angriff von Außerirdischen entgegenzutreten. Dies gipfelte 1987 in seiner Aufforderung an die Generalversammlung der Vereinten Nationen, im Hinblick auf eine solche Herausforderung weltweit zusammenzuarbeiten.

Es gibt gewichtige Indizien dafür, dass Reagans Angebot insgeheim angenommen und eine Übereinkunft, genau wie von Goode behauptet, erzielt wurde. Etwas über zwei Jahre nach Reagans Angebot an die Vereinten Nationen ging der Kalte Krieg mit seiner Teilung Europas zu Ende. Die Berliner Mauer, die Ost- und Westberlin trennte, wurde am 10. November 1989 niedergerissen. Der kommunistische Staatenblock löste sich schnell auf, und jede neue Regierung befürwortete demokratische Ideale und eine kapitalistische Wirtschaft. Sogar die Sowjetunion zerfiel und formte sich am 26. Dezember 1991 zur Russischen Föderation und vierzehn weiteren unabhängigen Staaten um. Das neue demokratische Russland wurde nun von Präsident Boris Jelzin geführt.

Das schnelle Ende des Kalten Krieges überraschte die Wissenschaftler, politischen Führer und Geheimdienste. Niemand hatte vorhergesagt, dass der Kalte Krieg enden würde, und ganz sicher nicht auf diese jähe Weise, wie sich das Ende vor den Augen einer erstaunt zusehenden Weltbevölkerung vollzog. Europäer, Amerikaner und der Rest der Welt standen vor einem Rätsel. Was könnte diese unvorhersehbare Kette von Ereignissen erklären, die zum Ende des Kalten Krieges führte? Viele Bücher wurden darüber geschrieben, viele Theorien aufgestellt, aber nichts erklärte wirklich überzeugend, warum es passiert war.

Reagans hypothetisches Szenario einer außerirdischen Bedrohung – sowie seine Aufforderung an die Vereinten Nationen, vorsorglich ein Geheimes Weltraumprogramm zu entwickeln – hatte das Undenkbare bewirkt. Die Teilung Europas im Kalten Krieg war vorüber, und zwischen den früheren Staaten des östlichen und des westlichen Machtblocks begann eine noch nie dagewesene Ära der globalen Zusammenarbeit. Das leuchtende Symbol dieses neuen Zeitalters war eine Flotte interstellarer Raumschiffe, die die Fahnen der Mitgliedsländer der Vereinten Nationen hinaus in die Weiten der Galaxis trug.

Die Gründung des Globalen Galaktischen Völkerbundes

Zweifellos hat Reagan den Sowjets und anderen globalen Führungsnationen hoch entwickelte Technologien aus dem geheimen US-

Weltraumprogramm angeboten, um eine solche Übereinkunft zu erreichen. Der Preis dafür, die wichtigsten im Sicherheitsrat der Vereinten Nationen vertretenen ständigen Mitglieder wie die Sowjetunion und China an Bord zu bekommen, wird ziemlich hoch gewesen sein. Wenn die USA bereits ein Geheimes Weltraumprogramm hatten, mussten sicherlich viele oder sämtliche technologische Errungenschaften geteilt werden. Ebenso war wohl auch darüber eine Übereinkunft zu erzielen, inwiefern sich das US-geführte Geheime Weltraumprogramm mit dem geplanten UN-Programm bezüglich der wesentlichen Zuständigkeitsbereiche und zentralen Aktivitäten im Weltraum abstimmt. Offenbar ist dies aber gelungen.

Die Aufstellung eines eigenen Weltraum-Geheimprogramms der Vereinten Nationen kommt nicht völlig überraschend. Bei der Auffindung, Bergung und Nutzung hoch entwickelter technologischer Funde außerirdischen oder NS-Ursprungs überall auf der Welt benötigten die USA die Unterstützung der internationalen Gemeinschaft. Dies war besonders bei großen Nationen der Fall, die viel in die Entwicklung eigener, ziviler Weltraumprogramme investiert und Erfolge bei der Entsendung von Satelliten und/oder der Einsammlung von Materialproben im Weltraum erzielt haben. Länder wie Russland, Frankreich, Deutschland, Italien, China, Indien, Brasilien, Japan und andere verfügten bereits über signifikante Erfahrungen in der Weltraumforschung und waren in der Lage, in großem Umfang in die Erforschung jeder hochmodernen Technologie zu investieren, die in ihren Besitz gelangen würde. Um die völlige Unterstützung einer Nation bei der Wahrung des Stillschweigens über Technologien zu erlangen, die mit außerirdischem Leben und gegebenenfalls NS-Deutschland zu tun haben, musste ihr gewiss ein relevanter Anteil am noch hervorzubringenden Endprodukt versprochen worden sein: fortschrittliche Raumschiffe für die interstellare Raumfahrt.

Die Möglichkeiten einer verdeckten internationalen Zusammenarbeit innerhalb des Solar-Warden-Programms waren wohl begrenzt. Dessen militärische Kommandostruktur war vollständig an jene der U.S. Navy angepasst. Wie Goode in Kapitel 5 erklärte, wurde das militärische Personal der zu Solar Warden gehörenden offensiven und defensiven Flotte von den fünf hochrangigen Nationen USA, Großbritannien, Kanada, Australien und Neuseeland gestellt.[9] Zwar teilt Goode mit, dass er auch deutsche und chinesische Wissenschaftler auf dem Forschungsschiff von Solar Warden gesehen hat, aber er stellt klar heraus, dass diese einem zivilen/wissenschaftlichen Apparat unterstanden, der sich von den militärischen Kommandostrukturen, denen das Sicherheitspersonal angehörte, unterschieden hat.[10]

Parallelen lassen sich in fiktionalen Fernsehserien wie *Stargate Atlantis* finden, die verdeutlichen, wie insgesamt eine zivile Kontrolle über eine geheime Anlage ausgeübt wird, während das dortige Sicherheitspersonal innerhalb einer militärischen Befehlskette tätig ist.

Weit enger begrenzt wären die Möglichkeiten in dem geheimen, konzerngeführten und von der MJ-12-Gruppe beaufsichtigten Weltraumprogramm, das sein eigenes verdecktes internationales System zur Finanzierung und zum Bau von hoch entwickelten Raumschiffen betrieb. Obwohl große Konzerne dem Interplanetary Corporate Conglomerate (ICC) Personal, Technologien und Ressourcen zur Verfügung stellten, die überall auf der Welt eingesetzt werden konnten, machten ihre undurchsichtigen Operationen und fragwürdigen staatlichen Loyalitäten sie für viele Nationen, die zur Teilnahme an einem Geheimen Weltraumprogramm entschlossen waren, zu ungeeigneten Partnern.

Was die Dunkle Flotte betrifft, war ihr Vorläufer, das Vril-/SS-Weltraumprogramm, in Südamerika sehr aktiv gewesen und hatte eine Politik der radikalen Reinheit und Eugenik verfolgt. Im Laufe der Jahrzehnte übernahmen faschistische Regimes Südamerikas, die früher mit NS-Deutschland und seinem exilierten Weltraumprogramm kollaboriert hatten, zunehmend demokratische Prinzipien und entfernten sich von den Nazi-Idealen von rassischer Reinheit und Eugenik. Ihre NS-inspirierte Weltanschauung, okkulte Geschichte, eugenische Politik sowie geheimnisumwobene Weltraum-Operationen machten die Dunkle Flotte als Partnerorganisation für die neuerdings demokratischen Länder in Südamerika unpassend. In noch größerem Maße gilt dies für viele andere Nationen, die zum früheren NS-Deutschland und seinen radikalen Reinheitsideen im Gegensatz standen.

Ab einem gewissen Zeitpunkt wurde klar, dass noch ein weiteres Geheimes Weltraumprogramm begründet werden musste, dessen Aufgaben und Rahmenbedingungen internationale Partner befriedigen konnten, die von den drei bereits dargestellten Geheimen Weltraumprogrammen – der Dunklen Flotte, Solar Warden und dem ICC – nicht hinreichend repräsentiert wurden. Reagans Rede von 1987 war eine Initialzündung für die Entwicklung eines solchen Programms.

Goode nannte dieses vierte Weltraumprogramm das »Weltraumprogramm des Globalen Galaktischen Völkerbundes« und charakterisierte es folgendermaßen:

> »**GWP vom NATO-Typ** – Kürzlich bezog man sich in Bündnis-Konferenzen auf das ›Programm des [Globalen Galaktischen] Völkerbundes‹. Offensichtlich handelte es sich um das, dem ich zugewiesen wurde, und all diese Leute entspannten sich da in einem anderen Solsystem und kamen aus VIELEN verschiedenen Ländern. Es gab buchstäblich mehr Flaggen auf ihren Schultern, als ich identifizieren konnte (Länder wie Estland etc.). Diese Gemeinschaft war fast vollständig außerhalb des Solsystems stationiert und stellte ein verhältnismäßig neues GWP dar. Es war zur Teilnahme aller Länder eingerichtet worden, sollte den Austausch von Informationen und Technologien sicherstellen und diese Länder zur Geheimhaltung der verschiedenen GWPs veranlassen.«[11]

Goodes Behauptung, dass dieses Geheime Weltraumprogramm hauptsächlich außerhalb unseres Sonnensystens operiert, lässt vermuten, dass es eine fortgeschrittene Version des »Thule-Tachyonator«-Antriebs verwendet, der aufgrund von Pionierarbeit der Vril-Gesellschaft und der SS um 1943 für die zigarrenförmigen »Andromeda-Geräte« entwickelt worden war. In Kapitel 6 wurde gezeigt, dass die Zeitreise-Technologie, die für Interstellarreisen nötig ist, laut Goode und Ben Rich erst in den Achtzigerjahren verfügbar wurde. Solar Warden wurde mit dem ersten zigarrenförmigen Weltraum-Trägerschiff mit Zeitreise-Antrieb in den Achtzigern ausgestattet, worauf ihm das Interplanetary Corporate Conglomerate, das fortschrittlichere Interstellarschiffe mit Zeitreise-Antrieb in den Neunzigerjahren nutzte, nachfolgte.

Dies legt den Schluss nahe, dass das GWP des Globalen Galaktischen Völkerbundes seit dem Startsignal von Reagans Rede 1987 in den späten Neunzigerjahren oder den frühen 2000ern begonnen hat, sein erstes Raumschiff in den Weltraum außerhalb unseres Sonnensystems zu schicken. Alle großen Mitgliedsländer der Vereinten Nationen dürften signifikante wissenschaftliche, politische, finanzielle und/oder menschliche Ressourcen zu diesem vierten Geheimen Weltraumprogramm beigesteuert haben.

Das Weltraumprogramm des Globalen Galaktischen Völkerbundes und die Dunkle Flotte

Goodes Aussage, dass das Geheime Weltraumprogramm des Globalen Galaktischen Völkerbundes (GGV, engl. Global Galactic League of Nations) außerhalb des Sonnensystems tätig ist, deutet außerdem an, dass es sich in erster Linie um ein forschungsorientiertes Programm nach Art der Serie *Star Trek* handelt. Wenn es hauptsächlich außerhalb des Sonnensystems operiert, ist es unwahrscheinlich, dass es mit den anderen beiden Hauptprogrammen, die innerhalb dessen eingesetzt werden, in Konflikt gerät – also mit Solar Warden und dem Interplanetary Corporate Conglomerate (ICC). Dies führt zu der Frage, wie das GWP des Globalen Galaktischen Völkerbundes mit der Dunklen Flotte interagiert, die nach Goode beide außerhalb des Sonnensystems tätig sind. Stimmen sie sich in irgendeiner Weise miteinander ab?

Die Dunkle Flotte ist, wie Goode berichtet, an eine imperialistische Entität angeschlossen: das Draconische Reich beziehungsweise die Draconische Föderation. Könnte es sein, dass die Dunkle Flotte und der Globale Galaktische Völkerbund nach dem Prinzip eines galaktischen »guter Cop/böser Cop« zusammenarbeiten, während sie interstellare Operationen ausführen?

Goode hat dargelegt, mit welchem Erfolg NS-Wissenschaftler militärische, wissenschaftliche und wirtschaftliche Institutionen in den

USA unterwandert haben. Kapitel 6 behandelte, in welchem Maß das Interplanetary Corporate Conglomerate von der Vril-Gesellschaft und der SS infiltriert wurde und wie eng es mit der Dunklen Flotte kooperierte. Auch das Solar-Warden-Programm wurde nach Goodes Bericht bis zu einem bestimmten Grad unterwandert, und es arbeitete einvernehmlich mit dem Interplanetary Corporate Conglomerate zusammen, bis das ganze Ausmaß der Betrügerei des letzteren offenkundig wurde. Wenn Goodes Aussagen zutreffen, erlaubt das die Annahme, dass mit dem GWP des Globalen Galaktischen Völkerbundes Ähnliches geschehen ist.

Kapitel 11 wird eine das gesamte Sonnensystem umfassende Quarantäne behandeln, die Goode als die »Äußere Barriere« [*outer barrier*] beschreibt, die erst kürzlich von einer neu in Erscheinung getretenen außerirdischen Allianz eingerichtet wurde. Diese »Äußere Barriere« hat sich vermutlich auf die Beziehung zwischen dem UN-geführten Globalen Galaktischen Völkerbund und der Dunklen Flotte ausgewirkt, wie Goode erläutert:

> »Bevor die Äußere Barriere eingerichtet wurde, blieb der GGV fast vollständig auf sich selbst bezogen. Ich bin sicher, dass für sie harte Zeiten anbrachen, als die Äußere Barriere angelegt wurde, und es ist mehr als wahrscheinlich, dass sie Ressourcen zusammengefasst oder Kontakt zu der großen Zahl von Aktiva der Dunklen Flotte aufgenommen haben, die ebenfalls außerhalb der Barriere festsaßen.«[12]

Es gibt keinerlei Dokumente, die sich auf ein Geheimes Weltraumprogramm vom Völkerbund-Typ beziehen, das außerhalb des Sonnensystems operiert, und Goodes Behauptungen bestätigen könnten. Gleichwohl gibt es Indizien dafür, dass das Ende des Kalten Krieges ein Ergebnis von Präsident Reagans Bemühungen war, eine globale Zusammenarbeit zur Vorbereitung auf eine außerirdische Bedrohung zu erreichen. Die Gründung des Globalen Galaktischen Völkerbundes wäre dann unmittelbar auf eine solche Bedrohung hin ausgerichtet gewesen und hätte die Zunahme globaler Kooperation gefördert – ein wichtiger Faktor bei der Beendigung des Kalten Krieges.

Dies bringt uns zum letzten der fünf von Goode beschriebenen Geheimen Weltraumprogramme.

Anmerkungen

1 Ronald Reagan, *The Reagan Diaries* (Harper Perennial, 2099), 334.
2 »Transcript Of Classified Tape Recording Made At Camp David, Maryland: During A Presidential Briefing«, http://www.bibliotecapleyades.net/sociopolitica/serpo/information27a.htm (aufgerufen am 08.08.2015); siehe in diesem Zusammenhang auch Steve Hammons, »Alleged Briefing to President Reagan on UFOs«, http://www.bibliotecapleyades.net/exopolitica/exopolitics_reagan01.htm (aufgerufen am 06.08.2015)
3 Ronald Reagan, »Remarks to the Students and Faculty at Fallston High School in Fallston, Maryland«, http://www.reagan.utexas.edu/archives/speeches/1984/120485a.htm (aufgerufen am 06.08.2015)
4 A. Hovni, »The Shocking Truth: Ronald Reagan's Obsession With An Alien Invasion«, http://www.ufoevidence.org/documents/doc1523.htm (aufgerufen am 06.08.2015)
5 Ronald Reagan, »Address to the 42d Session of the United Nations General Assembly in New York, New York«, http://www.reagan.utexas.edu/archives/speeches/1987/092187b.htm (aufgerufen am 05.08.2015)
6 »Ronald Reagan: The Alien Thread«, http://www.bibliotecapleyades.net/exopoli tica/exopolitics_reagan03.htm (aufgerufen am 05.08.2015)
7 »›Often Wondered‹ About Outer Space Invaders: Reagan«, *Los Angeles Times*, http://articles.latimes.com/1988-05-04/news/mn-2223_1_outer-space/ (aufgerufen am 06.08.2015)
8 »Questions for Corey Goode about Temporal Drives, Galactic League of Nations Secret Space Program and recent controversy – 8/4/15«, http://exopolitics.org/reagan-speechabout-alien-threat-linked-to-secret-un-interstellar-space-fleet/ (aufgerufen am 05.08.2015)
9 »Questions for Corey/GoodETxSG – 4/4/2015«, http://exopolitics.org/secret-spaceprograms-more-complex-than-previously-revealed (aufgerufen am 15.07.2015)
10 »Questions for Corey/GoodETxSG – 4/4/2015«, http://exopolitics.org/secret-spaceprograms-more-complex-than-previously-revealed (aufgerufen am 15.07.2015)
11 »Questions for Corey/GoodETxSG – 4/4/2015«, http://exopolitics.org/secret-spaceprograms-more-complex-than-previously-revealed (aufgerufen am 15.07.2015)
12 »Questions for Corey Goode about Temporal Drives, Galactic League of Nations Secret Space Program and recent controversy – 8/4/15«, http://exopolitics.org/reagan-speechabout-alien-threat-linked-to-secret-un-interstellar-space-fleet/ (aufgerufen am 05.08.2015)

8 Verbrecherische SAPs, Kabale/ Illuminaten & fortgeschrittene Weltraumtechnologien

Corey Goode beschrieb eine Reihe von kleineren Geheimen Weltraumprogrammen, die sich im Hinblick auf Größe und Umfang deutlich von den vier in den Kapiteln 4 bis 7 behandelten Weltraumprogrammen unterscheiden. Er fasst diese kleineren Programme folgendermaßen zusammen:

> »**Verschiedene GWPs mit speziellem Zugriff,** die klein waren, gewöhnlich über neuere Technologie verfügten, streng geheim organisiert waren und für einige der Geheimen Weltregierungen, Syndikate und Globalen Militärstreitkräfte arbeiteten (in diese Kategorie können auch mehrere unabhängige Gruppen fallen).«

In den Vereinigten Staaten werden vom Verteidigungsministerium und den Geheimdiensten Spezielle Zugriffsprogramme (engl. Special Access Programs, SAPs) autorisiert. Einige dieser klassifizierten Programme sind »inoffiziell«, insofern ihre Existenz nicht öffentlich eingestanden wird. In einer Dienstvorschrift des US-Verteidigungsministeriums mit dem Titel *National Industrial Security Program Operating Manual* (»Handbuch für das Nationale Industrie-Sicherheitsprogramm«) aus dem Jahr 1995 heißt es:

> »Es gibt zwei Arten von SAPs: die offiziell bestätigten und die inoffiziellen. Ein bestätigtes SAP ist ein Programm, das öffentlich bekannt ist; einzelne Aspekte innerhalb des SAPs können aber auch der Geheimhaltung unter-

liegen. Die Existenz eines offiziell unbestätigten SAPs oder eines unbestätigten Teilbereichs eines bestätigten wird niemandem bekannt gemacht, der zum Erhalt dieser Information nicht befugt ist.«[1]

Die Dienstanweisung des amerikanischen Verteidigungsministeriums beschreibt weiterhin die Maßnahmen, die anzuwenden sind, um die Existenz inoffizieller Programme geheimzuhalten:

»Unbestätigte [*Unacknowledgd*] SAPs bedürfen eines signifikant höheren Schutzes als bestätigte SAPs. … Ein SAP mit Schutzvorkehrungen, die die Existenz des Programms sicherstellen, darf keiner Person gegenüber zugegeben, bestätigt oder bekanntgemacht werden, die für den Empfang einer solchen Information nicht autorisiert ist. Alle diesbezüglichen (zum Beispiel technischen, operationalen, logistischen und sonstigen) Aspekte sind als nicht öffentlich zugänglich zu behandeln.«[2]

Zusätzlich zu den strengen Sicherheitserfordernissen, die für unbestätigte SAPs (USAPs) gelten, können sie darüber hinaus noch als »verweigerte« USAPs eingestuft werden. Laut einer Untersuchung des Senats von 1997 gilt für diese:

»Unter den schwarzen Programmen wird darüber hinaus noch in ›verweigerte‹ [›*waived*‹] Programme unterschieden, die als so sensibel anzusehen sind, dass sie von den üblichen Verpflichtungen zur Berichterstattung vor dem Kongress ausgenommen sind. Der Vorsitzende, sein Stellvertreter oder, im Einzelfall, andere Kongressmitglieder sowie Mitglieder relevanter Kongressausschüsse, dürfen nur mündlich von der Existenz dieser Programme in Kenntnis gesetzt werden.«[3]

Wenn nur ein mündlicher Bericht über ein derart geheimes Programm erlaubt ist, damit Kongressmitglieder und andere nichts von seiner Existenz erfahren und keine Expertenmeinungen dazu einholen können, dann bedeutet dies, dass die USAPs keiner wirksamen Aufsicht durch den Kongress unterliegen. Der Kongress muss sich auf die Verlautbarungen der zuständigen Einheit der Streitkräfte oder des Geheimdienstes verlassen, dass das Programm in Übereinstimmung mit den amerikanischen und internationalen Weltraum-Gesetzen geleitet wird. Tatsächlich ist jedes Mitglied angehalten, die Existenz eines solchen Programms zu leugnen und die Öffentlichkeit gegebenenfalls in die Irre zu führen. Diesbezüglich stellt eine Ergänzung (von 1992) zu einer früheren Version der Dienstanweisung aus dem Verteidigungsministerium klar:

»Programm-Tarngeschichten [*Program Cover Stories*]. (UNBESTÄTIGTES Programm.) Es dürfen Tarngeschichten über unbestätigte Programme verbreitet werden, um deren Unzugänglichkeit für Personen sicherzustellen, die darüber nichts wissen müssen. Tarngeschichten müssen glaubhaft klingen und dürfen keinerlei Informationen über die wahre Natur des Abkommens verraten. Tarngeschichten für Spezielle Zugriffsprogramme [SAPs] müssen vor der Weitergabe vom PSO [Program Security Officer, Sicherheitsoffizier des Programms] genehmigt worden sein.«[4]

Die zweite Kategorie unbestätigter Weltraum-Aktivitäten betrifft private Firmen, die als Voraussetzung für die Arbeit an streng geheimen Abkommen ähnlichen Sicherheitsvorkehrungen wie das amerikanische Militär oder die Geheimdienste unterliegen. Diese Standard-Sicherheitsvorkehrungen des Verteidigungsministeriums für die Industrie werden im *National Industrial Security Program Operating Manual* (»Handbuch für das Nationale Industrie-Sicherheitsprogramm«) beschrieben. Der Bericht des US-Senats von 1997 fasst die Situation folgendermaßen zusammen:

»Industriepartner, die klassifizierte Aufträge ausführen, sind vom Nationalen Programm für Industrielle Sicherheit [National Industrial Security Program, NISP], das 1993 laut Durchführungsverordnung 12829 eingerichtet wurde, dazu angehalten, als ein ›einziges, integriertes, zusammenhängendes industrielles Sicherheitsprogramm zu dienen, um klassifizierte Informationen zu schützen‹. Im Februar 1995 wurde eine Ergänzung zum NISP-Anwenderhandbuch [NISP Operating Manual, NISPOM] herausgegeben, das ein ›Menü der Optionen‹ enthält, aus dem die Manager von Regierungsprogrammen wählen können, wenn sie Richtlinien für Vertragspartner aufstellen, die in Spezielle Zugriffsprogramme [SAPs] eingebunden sind.«[5]

Es ist bei nationalen Militär- und Geheimdienstbehörden üblich, mit privaten Firmen Verträge abzuschließen, damit sie Teilbereiche unbestätigter Programme leiten, darunter auch solche, die mit Weltraum-Aktivitäten in Verbindung stehen. Lockheed Martin, Northrop Grumman, die Science Applications International Corporation und General Dynamics sind nur einige der zahlreichen US-Firmen, die militärische/geheimdienstliche Vertragspartner sind und teilweise mit Weltraum-Aktivitäten zusammenhängende streng geheime Programme entwickeln und erforschen.

Andere große, Raumfahrt treibende Staaten haben ihre jeweiligen Entsprechungen zu den nicht öffentlich freigegebenen Weltraum-Aktivitäten des USAP, die von ihren staatlichen Militär- und Geheimdienstorganisationen, unterstützt von Partnern aus der Privatwirtschaft, geleitet werden. Umfang und Budgets dieser behördlich genehmigten, der Öffentlichkeit nicht zugänglichen Programme sind wenig bekannt und üblicherweise Teil der nebulösen »Schwarzen Programme«, die aus dubiosen Quellen finanziert werden.

Es gibt Studien, die die Finanzierung der Schwarzgeld-Programme aufdecken. Eine davon ist Tim Cooks *Blank Check: The Pentagon's Black Budget* (»Blankoscheck: die schwarze Kasse des Pentagons«).[6] Man schätzt, dass ein »inoffizieller schwarzer Haushalt« in den Jahren 1997 bis 1999 den Betrag von 1,7 Billionen US-Dollar erreicht hat.[7]

Goodes Darstellung, wonach das fünfte Geheime Weltraumprogramm eine Anzahl Spezieller Zugriffsprogramme umfasst, lässt darauf schließen, dass sich einige dieser SAPs bei ihren Einsätzen im Dienst von Staaten oder Konzernen in üble Machenschaften verstrickt haben. Angesichts von Sicherheitsvorkehrungen, bei denen hohe Funktionsträger der Regierung oder von Konzernen lügen und Märchen erzählen müssen, um die Existenz von SAPs zu verschleiern, können diese Programme unter minimaler Aufsicht und ohne äußere Einflussnahme agieren.

Die Natur öffentlich unbestätigter SAPs macht es ihren Programmleitern möglich, sich außerhalb des gewöhnlichen Finanzierungsprozesses zu bewegen und dadurch mehr Unabhängigkeit zum Beispiel von Regierungsbehörden und Konzernbereichen zu gewinnen, die sie überhaupt erst erschaffen hatten. Durch ihre eigenen unabhängigen Finanzierungsmechanismen haben die Einzelpersonen, Gruppen oder Firmen, unter deren Leitung die SAPs stehen, einen weitaus höheren Grad an Selbstbestimmung. Die Programmleiter dieser SAPs können ähnlich wie Feudalherren vorgehen, deren Interessen und Aktivitäten womöglich stark von denen des Königs oder der Zentralgewalt abwichen. Diese verbrecherischen Operationen können sich gegenseitig unterstützen, ähnlich wie es Feudalherren in der Vergangenheit getan haben, um die Kontrolle oder Einflussnahme durch die vier bereits beschriebenen Programme – Dunkle Flotte, Solar Warden, Interplanetary Corporate Conglomerate und Völkerbund-GWP – zu vermeiden.

Dr. Steven Greer und der frühere Apollo-Astronaut Dr. Edgar Mitchell haben von einem Interview berichtet, das sie 1997 mit Vize-Admiral Tom Wilson führten, als dieser J-2 war, also Leiter der Geheimdienst-Abteilung der Joint Chiefs of Staff, der Vereinigten Generalstabschefs. Als Wilson von mehreren SAPs erfuhr, die möglicherweise mit außerirdischer Technologie zusammenhingen, wurde ihm der Zugriff darauf durch Anwälte der Firmenpartner verweigert – mit der Begründung, dass er das »nicht wissen« müsse.[8] Ein derart beispielloser Fall, dass dem Geheimdienstleiter der Vereinten Generalstabschefs so etwas untersagt wird, macht deutlich, dass verbrecherische Wirtschaftsorganisationen fortgeschrittene Technologien der Aufsicht von Regierung und Militär entziehen. Dies bestätigt die Existenz von SAPs, die von Kapitalgesellschaften kontrolliert werden, die entweder Verbrechersyndikate sind oder mit der MJ-12-Gruppe außerhalb jeder militärischen Kommandostruktur zusammenarbeiten.

Darüber hinaus arbeiten die Führer dieser Schurken-SAPs eng mit menschlichen Eliten zusammen, darunter Geheimorganisationen, Illuminaten und die »Schattenregierung«. Die Schurken-SAPs sind eine perfekte Möglichkeit für die Kabale, um Führungspersönlichkeiten, die nicht mitziehen, zu ermorden, Operationen unter falscher Flagge [*false flag*] durchzuführen oder globale Katastrophen hervorzubringen, die verschiedene Nationen geradezu überwältigen. Was Meuchelmorde betrifft, deckte Derek Hennessy (alias Connor O'Ryan) auf, dass er während seiner acht oder neun Jahre verdeckter Dienstzeit bei SAPs, die mit der CIA in Zusammenhang standen, regelmäßig beauftragt wurde, Liquidierungsmissionen gegenüber jedem auszuführen, der das für außerirdisches Leben und Geheime Weltraumprogramme entwickelte Geheimhaltungssystem bedrohte.[9] Hennessy teilt mit, dass er als Navy Seal ausgebildet und der CIA für besondere Aufträge zugewiesen wurde. Interimszeiten zwischen diesen Auftragsmorden verbrachte er als Wachmann in der Anlage S-4 von Area 51.

Für False-Flag-Operationen, die von SAPs ausgeführt werden, ist diejenige vom 11. September 2001 ein gutes Beispiel: Mit ihr ermöglichte man eine Reihe regionaler Kriege, die eine Finanzierung verdeckter Weltraum-Aktivitäten aus schwarzen Kassen erlaubten.[10] Es ist kein Zufall, dass der 9/11-Angriff an dem Tag geschah, nach dem der amerikanische Verteidigungsminister Donald Rumsfeld bekanntgegeben hatte, dass mehr als eine Billion Dollar im Haushalt des Pentagons nicht adäquat zugeordnet werden kann.[11] Nach Dr. Judy Wood, einer früheren Professorin für Maschinenbau, wurde am 11. September »gezielt Technologie mit freier Energie« aus Weltraumwaffensystemen verwendet.[12] Unter Experten für Künstliche Intelligenz wird der Standpunkt vertreten, dass verbrecherische SAPs die schlimmsten Bedrohungen darstellen – sowohl für die Menschheit als auch für die schon beschriebenen Geheimen Weltraumprogramme.

Verbrecherische SAPs und Künstliche Intelligenz

Es wurde aufgedeckt, dass die Militärübung Jade Helm 15, die planmäßig vom 15. Juli bis 15. September 2015 durchgeführt wurde, Künstliche Intelligenz (KI) auf der Basis von Quantencomputertechnologie nutzte, um den menschlichen Faktor als höchsten Entscheidungsträger auf dem Schlachtfeld zu beseitigen. Jade Helm 15 wurde vom U.S. Special Operations Command durchgeführt, des Kommandos für Spezialoperationen der Vereinigten Staaten, einer teilstreitkraftübergreifenden Kommandoeinrichtung sämtlicher US-amerikanischer Spezialeinheiten, die auf eine lange Geschichte der Verbindung zu SAPs zurückblicken kann, in der es auch zu verbrecherischen Einsätzen kam.[13] Hennessy arbeitete, wie bereits beschrieben, in einem solchen Verbrecher-SAP, das seine Zentrale in S-4 hatte und mit dem Kommando für Spezialoperationen bei der Rekrutierung von Personal wie Hennessy zusammenarbeitete.

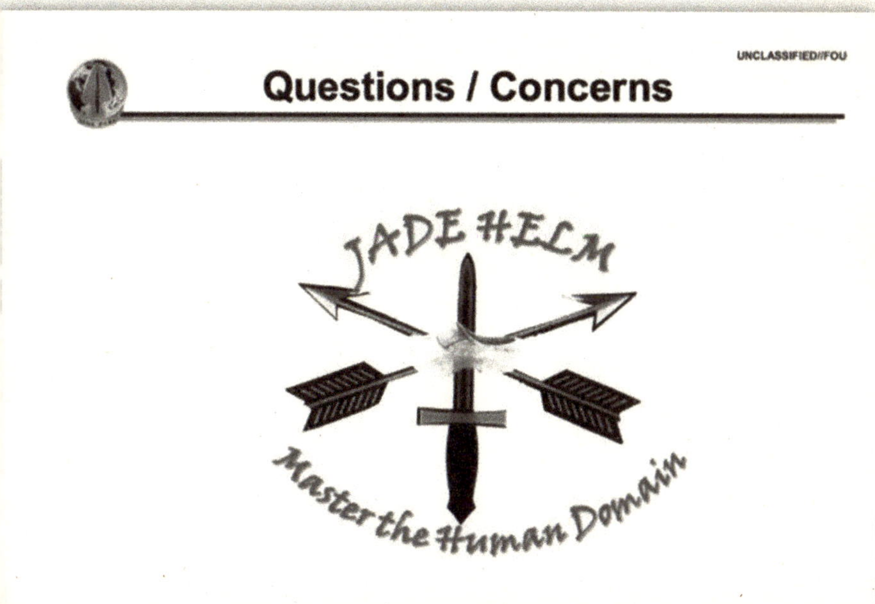

Abb. 24. Logo der Übung Jade Helm 15.
Quelle: U.S. Army Special Operations Command

Nach einem Computernetzwerk-/Software-Ingenieur, der das Pseudonym »DJ« verwendet, war Jade Helm ein Test, um herauszufinden, wie zuverlässig KI zivile Reaktionen auf militärische Bestrebungen antizipiert, welche die Vormachtstellung auf einem innerstaatlichen

Schlachtfeldszenario mit aufständischen Zivilpersonen durchsetzen wollen.[14] Wenn dieser Versuch erfolgreich verliefe, würde Jade Helm den politischen Eliten nach und nach erlauben, menschliche Generäle oder Admiräle durch KI-Quantencomputer zu ersetzen, die darauf programmiert sind, den »menschlichen Bereich« zu beherrschen, der als die »physischen, kulturellen und sozialen Umwelten, die in einem Konflikt existieren«, definiert ist.[15]

Hier folgt nun, was DJ zu Jade Helm ausführt:

> »JADE ist eine KI-Quantencomputertechnologie, die holografische Schlachtfeld-Simulationen erzeugt. Sie kann sehr große Datenmengen verarbeiten, die im menschlichen Bereich gesammelt wurden, um an geografisch bevölkerungszentrierten Einsatzorten systematisch menschliches Terrain zu generieren und dort Ziele wie Rebellen und Aufständische zu erkennen und zu eliminieren oder was auch immer als Ziel in einem globalen Informationsraster netzwerkbasierter Kriegführungsumgebungen markiert werden kann. Kurz gesagt, bei JADE HELM handelt es sich um Schlachten, die nicht von Generälen und militärischen Befehlshabern geführt werden, sondern von einem Computer. Es ist ein netzwerkzentriertes Kriegsführungssystem auf der Basis kognitiver Software, die somit das RUDER [*HELM*] übernimmt.«[16]

Wenn die Analyse von DJ zutrifft, bietet Jade Helm 15 Anlass zu großer Besorgnis, die von einer Reihe prominenter Wissenschaftler und Erfinder auch zum Ausdruck gebracht wurde. Sie hoben die existenzielle Bedrohung hervor, die von Künstlicher Intelligenz ausgeht. Elon Musk sagte diesbezüglich im Oktober 2014:

> »Ich denke, wir sollten mit künstlicher Intelligenz sehr sorgsam umgehen. Wenn ich einschätzen sollte, was unsere größte existenzielle Bedrohung darstellt, dann würde ich wahrscheinlich diese nennen. Wir müssen mit künstlicher Intelligenz äußerst behutsam verfahren. Ich neige immer stärker zu der Ansicht, dass es irgendeine regulierende Aufsicht, womöglich auf nationaler und internationaler Ebene, geben sollte, um sicherzustellen, dass wir nicht etwas sehr Törichtes anstellen.«[17]

Stephen Hawking hat gesagt, dass KI, ihrem Wesen nach, menschliche Entscheidungsträger abschaffen und nach und nach die Macht über die Menschheit übernehmen wird. Nach Stephen Hawking könnte »die Entwicklung vollständiger künstlicher Intelligenz das Ende der menschlichen Art bedeuten«.[18] Sie könnte leicht zur Auslöschung der Menschheit führen. Eine Reihe von Publikationen aus Wirtschaft und Militär, die verschiedene Aspekte von Quantencomputertechnik und ihrer Anwendung auf Schlachtfeld-Szenarien beschreiben, verweisen auf die Operation Jade Helm 15, die es in der Tat möglich macht, menschliche Generäle und Admiräle bei der Entscheidungsfindung zu ersetzen.[19]

Betrachten wir die Analyse von Jade Helm 15 und der Gefahr, die von KI ausgeht, auf einer höheren Komplexitätsebene, dann verweisen Corey Goodes Aussagen, wonach die Weltraumprogramme, bei denen er seinen Dienst tat, ein außerirdisches »KI-Signal« identifiziert haben, auf eine existenzielle Bedrohung.

Goode beschreibt ausführliche Sicherheitsregeln, die eingeführt wurden, um das »KI-Signal« zu empfangen und zu eliminieren, das nicht nur in der Lage sei, hoch entwickelte Technologie, sondern auch biologische Systeme zu infizieren.

> »Die beste Art und Weise, die Gefahren der KI zu vermeiden, besteht darin, sich deutlich zu machen, dass sie das Potenzial hat, einen Verlust von Souveränität zu bewirken. Zu große Abhängigkeit von Technik ist ein weiterer Aspekt, der einen zum Gegenstand der Kontrolle durch KI macht oder von einem ›KI-Signal‹ infiziert werden lässt, das sich im bioelektrischen Feld deines Körpers einnisten kann. Anschließend kann dieses Signal sich auf das Denken und Verhalten auswirken. Das wird gegenwärtig sogar schon mit Geräten durchleuchtet, wenn Bedienstete und Gäste in GWP-Anlagen eintreffen, und auch andere, außerirdische Gruppen nehmen diesen Punkt sehr ernst.«[20]

Goode sagt von außerirdischen Zivilisationen, dass sie große Erfahrung damit haben, zu beobachten, wie KI zahllose andere Welten übernommen hat, was stets zur Auslöschung der indigenen Bevölkerung führte, die die KI ursprünglich erschaffen hatte. Im Grunde behauptet Goode, dass der Titel der Science-fiction-Serie *Battlestar Galactica* mehr Science als Fiction ist, also mehr Wissenschaft als Fiktion:

> »Die Propheten der Künstlichen Intelligenz arbeiten bereits an einem Zeitplan, um eine Gesellschaft zu schaffen, die derart vollständig von der Technologie abhängig ist, dass sie ihre Souveränität zu einem bestimmten Zeitpunkt dem ›KI-Gott‹ ausliefert, da man glauben wird, dass allein diese KI in der Lage ist, die Welt aus einer neutralen Perspektive zu führen und ihr zum ersten Mal Frieden zu bringen. Diese KI-Propheten wissen von Tausenden anderen Zivilisationen, die auf dieses trügerische Gottesbild hereingefallen sind und alle vernichtet wurden.«[21]

DJs jüngste Überlegungen zu Jade Helm und der Rolle von KI sind sehr überzeugend, insofern sie aus der Sicht eines Systemanalytikers/Computerexperten eine Analyse der Rolle liefern, die Quantencomputer nicht nur für den militärischen Gebrauch spielen, sondern auch für die menschliche Entscheidungsfindung auf höchster Ebene, um »den menschlichen Bereich zu beherrschen«. Im Endergebnis könnte KI auf der Grundlage von Quantencomputern, wenn wir ihr erlauben, die höchste Entscheidungsgewalt in zukünftigen Schlachten an sich zu reißen, durchaus die Macht über die Menschheit erlangen, wie von Musk, Hawking und anderen vorausgesagt. Jade Helm 15 öffnet nicht nur die Tür zur Übernahme von Entscheidungen auf Schlachtfeldern und zur Beherrschung des menschlichen Bereiches, sondern ermöglicht auch, wenn wir Goodes Offenlegungen bedenken, einem außerirdischen KI-Signal, die menschlichen Eliten zu unterwandern, die für den Bau von Quantencomputersystemen die Verantwortung haben.

Es gibt Hinweise dafür, dass das von Goode beschriebene KI-Signal bereits Elite-Gruppen, die die Entwicklung von Künstlicher Intelligenz in immer weiteren Teilen des »menschlichen Bereichs« vorantreiben, infiltriert und übernommen hat. So sagte zum Beispiel der Mitbegründer und CEO von Facebook Mark Zuckerberg am 1. Juli 2015, er glaube, dass KI »besser ist als unsere primären menschlichen Sinne«, womit er andeutet, dass KI besser als Menschen dazu in der Lage sei, Sinnesdaten aus unserer natürlichen Umwelt zu verarbeiten und daraus Entscheidungen abzuleiten.[22]

Zuckerbergs Bemerkungen werden von Ray Kurzweil, dem Technischen Leiter von Google, bestärkt, der am 3. Juni 2015 sagte, dass die meisten Menschen bis zum Jahr 2030 Nanobots im Gehirn implantiert haben werden, die die menschliche Intelligenz dabei unterstützen, Informationen aus dem Cloud-Internet zu verarbeiten und andere komplexe Aufgaben zu meistern.[23] Kurzweil glaubt, dass Menschen in Zukunft KI in ihre Biologie integrieren werden:

> »Unser Denken wird dann eine Mischung aus biologischem und nichtbiologischem Denken sein. ... Wir sind dabei, uns selbst Schritt für Schritt zu verschmelzen und zu verbessern. Aus meiner Sicht ist das die Natur des Menschen – wir überschreiten unsere Grenzen.«[24]

Bei der jährlichen Bilderberger-Konferenz vom 11. bis 14. Juni 2015 stand Künstliche Intelligenz an erster Stelle der behandelten Themen, gefolgt von Cybersicherheit.[25] Unter den Teilnehmern waren Firmen aus dem Bereich der Informationstechnologie reichlich vertreten, was darauf schließen lässt, dass dieser Zirkel der globalen Elite entschlossen ist, KI zu fördern – um neue Wege zu finden, »den menschlichen Bereich zu beherrschen«. Es ist wichtig hervorzuheben, dass die Bilderberger die Interessen derselben Kabale/Illuminaten-Kreise repräsentieren, die viele verbrecherische SAPs bei ihren verschiedenen Aktivitäten im Weltraum kontrollieren.

Die fortschrittlichen Technologien, die von SAPs, die den vier großen Geheimen Weltraumprogrammen zuarbeiten, entwickelt werden, könnten als Mittel dienen, die Macht dieser Verbrechersyndikate und ihrer Bosse zu stärken. Dies würde zu wechselnden Allianzen und Einflussverlagerungen unter den verschiedenen SAPs führen, die mit anderen Geheimen Weltraumprogrammen zusammenarbeiten, sowie in ihren eigenen Beziehungen zu den Kabale/Illuminaten. Im einen oder anderen dieser schurkischen SAPs könnte KI als eine Technologie angesehen werden, die ihm einen taktischen Vorteil gegenüber anderen

Weltraumprogrammen verschafft, die weniger zur Anwendung dieser Technologie neigen. Die nebulösen Tätigkeiten und Loyalitäten von SAPs, die an Technologien Geheimer Weltraumprogramme arbeiten, machen sie, in Verbindung mit ihrer Beteiligung an der Förderung der KI, zweifellos zu unberechenbaren kleineren Akteuren innerhalb dessen, was insgesamt ein fünftes Geheimes Weltraumprogramm ausmacht, wie Goode es beschrieben hat.

Anmerkungen

1 »National Industrial Security Program Operating Manual«, DoD 5220.22-M-Sup. 1, Februar 1995, 1-1-2, https://www.fas.org/sgp/library/nispom_sup.pdf (aufgerufen Dezember 2013)

2 Ebd. 3-1-2 & A-4, https://www.fas.org/sgp/library/nispom_sup.pdf (aufgerufen Dezember 2013)

3 »Report of the Commission on Protecting and Reducing Government Secrecy« (Senate Document. 105-2 – Dec 3, 1997), 26; http://www.gpo.gov/fdsys/pkg/GPO-CDOC-105sdoc2/pdf/GPO-CDOC-105sdoc2-7.pdf (aufgerufen Dezember 2013)

4 »Special Access Program Supplement to the National Industrial Security« vom 29. Mai 1992, 3-1-5; www.fas.org/sgp/library/nispom/sapsup-draft92.pdf (aufgerufen Dezember 2013)

5 »Report of the Commission on Protecting and Reducing Government Secrecy«, https://www.fas.org/sgp/library/moynihan/chap2.pdf (aufgerufen Dezember 2013)

6 Tim Cook, *Blank Check: The Pentagon's Black Budget* (Grand Central Publishing, 1990)

7 Siehe Michael Salla, »The Black Budget Report: An Investigation into the CIA's ›Black Budget‹ and the Second Manhattan Project«, http://exopolitics.org/Report-Black-Budget.htm (aufgerufen am 01.08.2015)

8 Steven Greer, *Hidden Truth, Forbidden Knowledge* (Crossing Point, Inc., 2006), 158-59. – Dt. Ausgabe: *Verborgene Wahrheit, verbotenes Wissen*, Mosquito Verlag, Potsdam 2007.

9 »Testimony of CIA assassin recruited from Navy SEALs goes online with documents«, http://tinyurl.com/pbkqa5x (aufgerufen am 01.08.2015)

10 See Michael Salla, »False Flag Operations, 9-11 and the Exopolitical Perspective«, http://exopolitics.org/Study-Paper-12.htm (aufgerufen am 18.07.2015)

11 »Rumsfeld says $2.3 Trillion never lost, just untracked«, http://www.infowars.com/rumsfeld-says-2-3-trillion-never-lost-just-untracked/ (aufgerufen am 01.08.2015)

12 Judy Woods, *Where Did the Towers Go? Evidence of Directed Free-energy Technology on 9/11* (The New Investigation, 2010)

13 »Jade Helm 15, heavily scrutinized military exercise, to open without media access«, *Washington Post*, https://www.washingtonpost.com/news/checkpoint/wp/

2015/07/08/jade-helm-15-heavilyscrutinized-military-exercise-to-open-without-media-acccss/ (aufgerufen am 10.08.2015)

14 Biografische Informationen über DJ finden sich auf http://www.level9news.com/about.html (aufgerufen am 11.08.2015)

15 »Generals: ›Human Domain‹ Will Dictate Future Wars«, http://www.dodbuzz.com/2013/05/14/generals-human-domain-will-dictate-futurewars/ (aufgerufen am 10.08.2015)

16 »The JADE In Jade Helm 15 Is An AI SOFTWARE Program«, http://scoopfeed.net/2015/05/18/the-jade-in-jade-helm-15-is-an-ai-software-program/ (aufgerufen am 10.08.2015)

17 »Don't let AI take our jobs (or kill us): Stephen Hawking and Elon Musk sign open letter warning of a robot uprising«, *Daily Mail*, http://tinyurl.com/pxhwc3o (aufgerufen am 10.08.2015)

18 »Stephen Hawking warns artificial intelligence could end mankind«, http://www.bbc.com/news/technology-30290540 (aufgerufen am 10.08.2015)

19 JD liefert Links zu verschiedenen Publikationen der Industrie, die sich auf KI und Jade-Helm-Übungen beziehen; https://www.youtube.com/watch?v=FiKBPmq37Yo&feature=youtu.be (aufgerufen am 10.08.2015)

20 »Questions for Corey Goode on SSP Conflicts and Human Slave Trade«, http://exopolitics.org/galactic-human-slave-trade-ai-threat-to-end-with-full-disclosure-ofet-life/ (aufgerufen am 10.08.2015)

21 »Questions for Corey Goode on SSP Conflicts and Human Slave Trade«, http://exopolitics.org/galactic-human-slave-trade-ai-threat-to-end-with-full-disclosure-ofet-life/ (aufgerufen am 10.08.2015)

22 »Zuckerberg reveals Facebook's AI, VR and Internet.org plans«, http://www.engadget.com/2015/07/01/zuckerberg-facebook-qna/ (aufgerufen am 18.07.2015)

23 »The rise of artificial intelligence suggests humans will be hybrids by 2030«, http://www.bnn.ca/News/2015/6/7The-rise-of-artificial-intelligence-humans-will-behybrids-by-2030.aspx (aufgerufen am 18.07.2015)

24 »Ray Kurzweil: Human brains could be connected to the cloud by 2030«, *IBTimes*, http://www.ibtimes.co.uk/ray-kurzweil-human-brains-could-be-connected-cloud-by-2030-1504403 (aufgerufen am 10.08.2015)

25 »Bilderberg Meetings«, http://www.bilderbergmeetings.org/meeting_2015.html (aufgerufen am 10.08.2015)

9 Die Unterdrückung eines zivilen Weltraumprogramms durch die US-Regierung

Im Jahr 1955 begann Otis T. Carr, ein Schüler von Nikola Tesla, unter den Augen der Öffentlichkeit Maßnahmen zur Entwicklung eines zivilen Raumschiffprototypen zu ergreifen, der serienmäßig als Bausatz produziert und einem breiten Publikum verkauft werden könnte.[1] Wäre er damit erfolgreich gewesen, hätte Carr – wie er glaubte – das erste zivile Raumschiff der Welt geschaffen, das die Luft- und Raumfahrt-Industrie revolutioniert hätte. Carr wusste wenig darüber, dass seine privaten zivilen Bemühungen schon fast dreißig Jahre zuvor ihre Vorläufer in den unter Mit Hilfe von Dr. W. O. Schumann entwickelten Prototypen der Vril-Gesellschaft hatte.

Mit der Zeit wurde das Programm der Vril-Gesellschaft von Ereignissen, die zum Zweiten Weltkrieg führten, überschattet. Obwohl die Vril-Gesellschaft mit Hitlers NS-Regime kollaborierte, bewahrte sie sich doch (als Geheimgesellschaft) einen gewissen Grad an Unabhängigkeit und privater Kontrolle während der Kriegszeit. Ihr Geheimes Weltraumprogramm überdauerte den Krieg, und sie richtete Stützpunkte in der Antarktis, in Südamerika und sogar auf dem Mond ein. Schließlich erwuchs daraus das, was Corey Goode als die »Dunkle Flotte« beschrieben hat, also im Wesentlichen ein okkult geführtes Weltraumprogramm, das mit einer unheimlichen Gruppe von Außerirdischen zusammenarbeitete.

Wahrscheinlich hatten die Bemühungen der Vril-Gesellschaft ihre Parallelen in einem anderen zivilen Weltraumprogramm, das von Guglielmo Marconi geleitet wurde. Lange Zeit gab es Gerüchte über zivile Versuche, in Südamerika Fliegende Untertassen unter der Anleitung Marconis zu bauen, dessen Tod 1937 vorgetäuscht wurde.[2] Nach Ansicht des unabhängigen archäologischen Forschers David Hatcher Childress täuschte Marconi seinen Tod nur vor, um nach Venezuela überzusiedeln und dort, weit entfernt vom heraufziehenden Krieg in Europa, ein futuristisches Projekt zu starten:

»Achtundneunzig Wissenschaftler wurden aufgefordert, nach Südamerika auszuwandern, wo sie im Krater eines erloschenen Vulkans im südlichen Dschungel Venezuelas eine Stadt errichteten. In dieser, mit den großen Reichtümern, die sie während ihres Lebens erworben hatten, finanzierten geheimen Stadt setzten sie Marconis Arbeiten an *Solarenergie, kosmischer Energie* und *Antigravitation* fort. Insgeheim und von der Staatenwelt abgeschieden bauten sie Motoren, die mit freier Energie betrieben wurden, und scheibenförmige Luftschiffe mit einer Art Kreiselkraft-Antigravitation als Antrieb.»[3]

In Kapitel 3 haben wir behandelt, dass Marconi von Benito Mussolini zum Leiter der Gruppe RS-33 ernannt wurde, die gegründet worden war, um eine 1933 gefundene Fliegende Untertasse zu untersuchen und zu rekonstruieren. Aufgrund des Expertenwissens, das Marconi bei der Leitung des italienischen Untertassen-Programms erworben hatte, erscheint es gut möglich, dass er ein ziviles Programm in einer abgelegenen Region, weit entfernt von den wachsamen Augen Mussolinis, begründet hat. Marconi hatte für seine frühen Erfindungen unabhängige Fördermittel erhalten und mit vielen Forschern und Erfindern zusammengearbeitet. Seine berühmte Yacht, die *Elektra*, war hauptsächlich ein schwimmendes Labor, in dem führende Köpfe experimentieren konnten. Außerdem hegte Marconi ein tiefes Misstrauen gegenüber Regierungsautoritäten, die eher darauf aus waren, hochmoderne Kriegswaffen zu bauen, als die Situation der Menschheit zu verbessern.

Es ist daher sehr wahrscheinlich, dass Marconi seinen Tod vortäuschte, um ein ziviles Projekt auf die Beine zu stellen, bei dem Fliegende Untertassen in abgelegenen Gegenden Südamerikas gebaut werden sollten. Bei seinen zivilen Bestrebungen könnte er lose mit dem Programm der Vril-Gesellschaft zusammengearbeitet haben, nachdem es aus Deutschland hatte verlegt werden müssen. Goode zufolge wurde Marconis ziviles Unternehmen nach und nach von der Vril-Gesellschaft oder der SS, deren Tentakel sich über den gesamten südamerikanischen Kontinent erstreckten, entweder im Geheimen oder auch ganz offen vereinnahmt.[4]

Weder das zivile Weltraumprogramm, dessen Vorreiter die Vril-Gesellschaft war, noch dasjenige Marconis wurden jemals einer breiten Öffentlichkeit bekannt. Beide wurden insgeheim durchgeführt, und es sollte nur eine kleine Elite von Personen sein, die Zugang zu den im Rahmen dieser Programme gebauten Raumschiffen bekam.

Otis Carrs Bestrebung war also der dritte Versuch, ein ziviles Programm Fliegender Untertassen aufzubauen – wenn man Marconis angebliches Programm dazuzählt. Im Gegensatz zu diesem sowie zur Vril-Gesellschaft war Carr darum bemüht, sein Vorhaben, Untertassen zu bauen, der Öffentlichkeit bekannt zu machen. Er hoffte, dass seine Bemühungen zum Aufbau eines zivilen Weltraumprogramms führen würden – in ähnlicher Weise, wie die Gebrüder Wright zu Pionieren der Luftfahrt geworden sind.

Die von Carr konzipierte Flugmaschine sollte von einem Generator betrieben werden, der elektrische Energie aus der Umwelt bezieht und auf speziellen Spulen speichert. Diese gespeicherte Energie sollte dann einen Antigravitationseffekt für den Antrieb hervorrufen.[5] Carr behauptete, alles, was er über elektromagnetische Energie und Antigravitationsprinzipien wusste, von dem berühmten jugoslawischen Erfinder Nikola Tesla gelernt zu haben. Der Erfinder hatte in einem New Yorker Hotel gewohnt, als Carr dort in Teilzeit arbeitete, um seine Studien abzuschließen. 1915 hatte Tesla der Öffentlichkeit mitgeteilt, dass er wisse, wie man ein Antigravitationsfluggerät bauen könne:

> »Meine Flugmaschine wird weder Tragflächen noch Propeller haben. Wenn man sie am Boden sieht, wird man niemals auf die Idee kommen, dass sie eine Flugmaschine ist. Trotzdem wird sie imstande sein, sich mit hundertprozentiger Sicherheit in der Luft in jede Richtung zu bewegen, ganz wie man es möchte.«[6]

Teslas Fluggerät sollte von elektrischem Strom, der aus der Erdatmosphäre bezogen wird, angetrieben werden. Durch das Fehlen industrieller Unterstützung frustriert, enthüllte Tesla seine radikalen Ideen dem jungen Carr während eines Zeitraums von drei Jahren.

Tesla lehrte Carr, wie elektromagnetische Energie aus der ungeheuren Fülle elektrischer Energie in der Atmosphäre frei entnommen werden könnte. Die Möglichkeit, dass Elektrizität völlig frei – ohne teure Kraftwerke, Leitungskabel, Relaisstationen, Telegraphenmasten und signifikanten Energieverlust – zu gewinnen wäre, alarmierte die konventionellen Stromkonzerne. Man teilte Tesla mit, dass seine radikalen Ideen nicht gefördert würden. J. P. Morgan und andere Konzerne wären nicht imstande, die freie elektrische Energie, die direkt aus der Atmosphäre abgeleitet würde, zu dosieren. In der Tat stellten Teslas Ideen für die Grundlagen der Weltwirtschaft und des Geldsystems eine nicht zu unterschätzende Bedrohung dar.

Vom späten Tesla angeregt, begann Carr 1937 Teslas Prinzipien zu testen, als er sich anschickte, ein Raumschiffmodell zu bauen.[7]

Zunehmend gelangte Carr zu der Überzeugung, ein ziviles Raumschiff entwickeln zu können, das in die oberen Bereiche der Atmosphäre sowie zum Mond fliegen und sogar Lichtgeschwindigkeit erreichen könnte. All das wäre durch Teslas Rat erreichbar, die Elektrizität der Atmosphäre anzuzapfen, um das Raumschiff mit Strom zu versorgen und die Energie dann auf einer besonderen »regenerativen Spule« für interplanetarische Flüge zu speichern.

Otis Carrs Ziel, das erste zivile Raumschiff der Welt zu bauen

1955 gründete Carr in Maryland eine Firma, die OTC Enterprises Inc., und begann die nötigen Finanzquellen zu erschließen sowie nach entsprechend ausgebildetem Personal zu suchen, um Modelle zu bauen. Diese sollten dann getestet werden, um einen vollständigen Prototypen zu konstruieren und zu prüfen. Zu diesen in ihren

Maßen variierenden Modellen gehörte eine 6 Fuß [1,83 Meter] große Version, mit der man die Möglichkeit eines 45 Fuß [13,72 Meter] großen Raumschiffprototypen prüfen wollte. Im November 1959 ließ Carr sich seinen Bauplan für ein ziviles Raumschiff patentieren, das OTC-X1 genannt wurde.[8] Es hatte ein rundes Design, das es wie eine Fliegende Untertasse aussehen ließ. Um das Patent für diesen Konstruktionsplan von einem skeptischen Patentamt zu bekommen, bezeichnete er sein OTC-X1 als ein Gerät, das der Unterhaltung dienen sollte. In der Beschreibung des Patents heißt es: »Diese Erfindung bezieht sich auf eine Umsetzung in Unterhaltungsgeräten, insbesondere auf ein verbessertes Gerät zur Unterhaltung, das den Fahrgästen den Eindruck verschaffen soll, in einem interplanetarischen Raumschiff zu fliegen.«

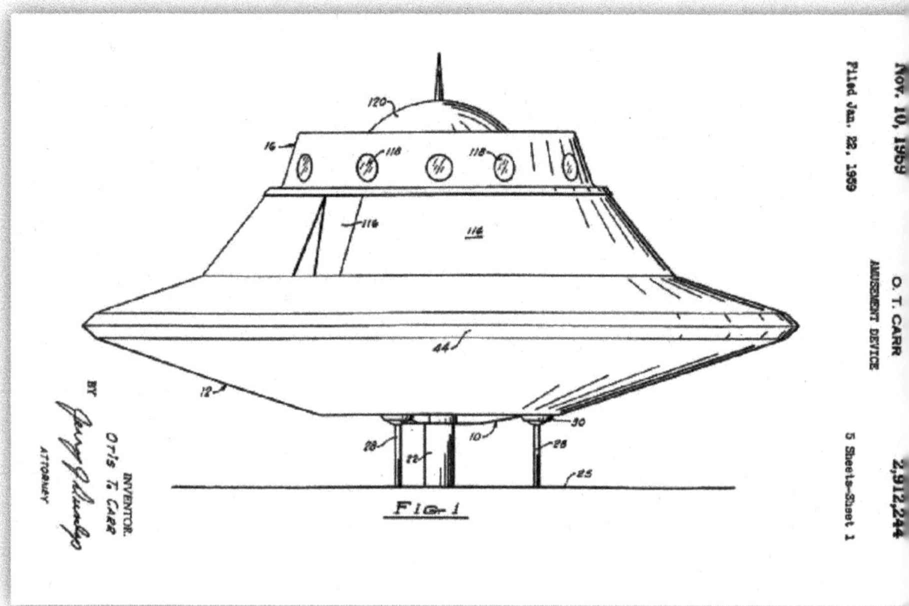

Abb. 25. Entwurf, der für das Patent von OTC-X1 eingereicht wurde

In einem Rundfunkinterview aus dem Jahr 1959 beschrieb Carr die verschiedenen Tests, die er durchgeführt hatte, um seinen Prototyp eines zivilen Raumschiffs zu entwickeln:

»Wir planen den Bau eines Prototypen zu Vorführungszwecken. Ich möchte darauf hinweisen, dass ich bestimmte Modelle bereits gebaut und getestet habe. Und jedes von ihnen war auch schon in der Luft. Eines ist sogar gänzlich im Weltraum verschwunden. Eigentlich hatten wir zwar ein Kontrollsystem, aber in diesem Fall hat es nicht funktioniert. Dies alles ist bereits geschehen.«[9]

Das OTC-X1 sollte von einer Reihe kondensatorartiger Objekte betrieben werden, die Carr »Utronen« nannte. In einem früheren Interview von 1957 bezeichnete er die Utronen als eine »Batterie für elektrische Energie. In der Anwendung erzeugt sie Elektrizität, während sie gleichzeitig elektromagnetische Kraft ausstößt. Dies ist das zentrale Stromsystem unseres Raumschiffs«.[10] Die Utronen würden eine Anzahl gegenläufig rotierender Magnete antreiben, die die zur Überwindung des Schwerkraftfelds der Erde nötige Energie hervorbringen. Carr beschreibt diesen Prozess folgendermaßen:

»Zu diesem System gehören Kondensatorplatten und Elektromagneten. Es rotiert gegenläufig; die Elektromagneten rotieren in die eine Richtung und der Akkumulator, die Batterien, in die andere. Die Kondensatorplatten rotieren in Verbindung mit der Batterie, so dass wir eine Rotation im Uhrzeigersinn und eine gegen den Uhrzeigersinn sehen. Das dritte System ist nun die Kabine, in der sich die Crew aufhält. Diese rotiert nicht; sie ist aufgrund der Tatsache, dass die beiden Körper im Uhrzeigersinn und gegen diesen rotieren, fixiert. Dadurch verschafft das System der Maschine die Möglichkeit, dem Sog der Schwerkraft zu entkommen. Die Maschine selbst weist aufgrund des Systems immer noch eine interne Schwerkraft auf, da sie dasselbe Gewicht wie zu Beginn hat.«

Carrs Entwurf sollte ein völlig neues Schwerkraftfeld innerhalb der Maschine aufbauen. Die daraus folgende Null-Massen-Umgebung in seinem Raumschiff würde die üblichen Gesetze der Trägheit aufheben, und sie dürfte es dem Raumschiff auch ermöglichen, Lichtgeschwindigkeit zu erreichen.[11] Außerdem würde die Besatzung dadurch in die Lage versetzt, fürchterlichen Beschleunigungen und Richtungswechseln zu widerstehen, ohne von den ungeheuren g-Kräften innerhalb des Raumschiffs pulverisiert zu werden. Carr erläuterte das komplizierte elektromagnetische Antriebssystem seines Raumschiffes in seiner Patent-Anmeldung von 1959 detailliert. Er behauptete, dass die gesamte elektrische Energie der Atmosphäre entzogen und in ausreichender Menge in »Erneuerungsspulen« gespeichert werden könne, um das Schiff während seiner interplanetarischen Reise anzutreiben: »Wir sind hier, unseres Wissens zum ersten Mal, in der Lage, atmosphärische Elektrizität als Ladungsquelle zu verwenden. Dies geschieht als Teil der Arbeitsprinzips der Maschine.«[12]

In einem Interview zeigte Carr ein kleines Modell, wie das *Fate Magazine* berichtete:

> »Otis T. Carr, der Präsident von OTC Enterprises Inc., erläuterte seine Behauptungen in einem Interview sowie in einer Vorführung anhand eines einfachen Modells einer runden, sich bewegenden Maschine – eines Modells des ›zirkulären Freie-Energie-Raumschiffes‹, das er bauen könne, wenn jemand ihm das Geld dafür gäbe. Er sagte, die Maschine könne an Geräte jeder Größe angepasst werden, um kontinuierlich Energie ohne jeden Verlust zu produzieren. Sie sollte, wie er hoffte, unmittelbar in einem Raumschiff eingesetzt werden – mit dem dadurch ein kontrollierter Flug zwischen den Planeten möglich würde. Es könnte, je nach Wunsch, auf der Erde, dem Mond oder jedem Planeten unseres Sonnensystems starten oder landen, behauptete er.«[13]

Carr plante im April 1959 einen Test seines 6 Fuß [1 Meter 83] großen Modells vor einem Publikum von bis zu vierhundert Menschen in Oklahoma City. Technische Schwierigkeiten und eine plötzliche Krankheit Carrs führten dazu, dass der Test abgesagt werden musste. Ein 1959 im *Fate Magazine* erschienener Artikel fasst den gescheiterten Versuch folgendermaßen zusammen:

> »Der seriöse Bereich der UFO- und Fliegende-Untertassen-Forschung erlitt Ende April in Oklahoma City einen empfindlichen Rückschlag, als ein der breiten Öffentlichkeit angekündigter Startversuch von O.T.C.

Enterprises aus Baltimore, Maryland, fehlschlug. Hunderte Menschen waren von Otis T. Carr nach Oklahoma City eingeladen worden, um ihm beim Start eines Sechs-Fuß-Prototypen des O.T.C. X-1, eines Raumschiffs, das mit ›Utronen‹-Energie betrieben werden sollte, zuzusehen. Die Anwesenden mussten eine herbe Enttäuschung hinnehmen. Die Fliegende Untertasse flog nicht.«[14]

Alles, was der Öffentlichkeit gezeigt wurde, waren dreidimensionale Illustrationen des Designs. Carr war nirgends zu finden. Long John Nebel, ein berühmter New Yorker Rundfunkmoderator, fand ihn im nahe gelegenen Mercy Hospital, in das er wegen einer Lungenblutung eingewiesen worden war. Seltsamerweise erkrankte Carr genau in dem Augenblick, in dem er seinen größten öffentlichen Triumph erleben wollte. Sein Raumschiffprojekt wurde zunehmend von einem Nebel des Mysteriösen und Umstrittenen umhüllt.

Die Anwesenden waren sehr unzufrieden und beschwerten sich, dass ihnen nicht einmal das zu testende Modell gezeigt worden sei:

»Ich wusste nicht, was da vor sich ging, aber ich hatte den Eindruck, dass sie niemals auch nur hatten versuchen wollen, das Modell zu starten. Ich konnte keinerlei Pläne mit Bezug auf das Modell erkennen und verstand tatsächlich nur, dass ein Mr. Maywood Jones lediglich etwas präsentierte, was er als ›dreidimensionale Illustrationen‹ zu Carrs Ideen bezeichnete.«[15]

Viele fanden die öffentliche Kritik überzeugend, dass Carr sein OTC-X1 promotete, um Interesse an seinen geplanten Vergüngungsparktouren in Frontier City in Oklahoma City zu wecken:

»Ein Fernsehreporter in Oklahoma City brachte die allgemeine Stimmung der Menschen in der Stadt zum Ausdruck: ›Dieses Ding wird niemals vom Boden abheben. Und ich glaube, ein großer Teil des Tamtams, das sie veranstalten, hat mit der Tour in Frontier City zu tun. Ich habe wiederholt versucht, hineinzukommen und das Untertassen-Modell zu sehen, aber sie hielten es versteckt.‹«[16]

Angesichts der zunehmend ablehnenden öffentlichen Meinung in Oklahoma entschied sich Carr Ende 1959, den Schwerpunkt seiner Tätigkeiten nach Apple Valley, Kalifornien, zu verlegen. Um künftige öffentliche Debakel zu vermeiden, beschloss er nun, keine Testflüge mehr im Voraus anzukündigen. Mit neuen finanziellen Mitteln und einer großen Produktionsanlage, Osbrink, ausgestattet, verfolgte Carr seine Pläne, sein Raumschiff zu entwickeln und zu testen, weiter. Major Wayne Aho – während des Zweiten Weltkriegs ein Geheimdienstoffizier der kämpfenden Truppe und Carrs Chefpilot – verkündete, dass er »am 7. Dezember 1959 in einer Fliegenden Untertasse zum Mond fliegen« würde.[17] Little hörte sodann von Carrs Bemühungen und Vorhaben, seinen maßstabsgetreuen 45-Fuß[13,7-Meter]-Prototypen zu testen. Es gibt allerdings keinerlei öffentliche Berichte über irgendwelche folgenden Tests.

In seinem Bestreben, Einnahmen für sein Raumschiff-Programm zu erzielen, stieß Carr zunehmend auf Schwierigkeiten mit der U.S. Securities and Exchange Commission, der amerikanischen Wertpapieraufsichtsbehörde. Sie erließ eine Verfügung gegen ihn, »in der ihm untersagt wurde, mit unregistrierten Aktien zu handeln«.[18] Am 2. Juni 1960 sagte Carr in Kalifornien vor einem Publikum von 300 Menschen, dass es eine »heimtückische Verleumdung gewesen sei, dass wir [OTC Enterprises] nach Kalifornien kämen, um mit Wertpapierhandel Geld zu verdienen«.[19]

Im Januar 1961 behauptete der Generalstaatsanwalt von New York, Louis J. Lefkowitz, Carr habe sich 50.000 Dollar ergaunert. Ihm wurde vorgeworfen, »widerrechtlich mit unregistrierten Wertpapieren gehandelt zu haben«.[20]

Carr wurde zu vierzehn Jahren Gefängnis verurteilt. Zur selben Zeit nannte ihn das *True Magazine* einen Hochstapler und zerstörte damit jede noch verbliebene öffentliche Sympathie für ihn. Nachdem er einen Teil seiner Haftstrafe abgesessen hatte, wurde Carr aus dem Gefängnis entlassen und zog sich aus der Öffentlichkeit zurück. An schlechter Gesundheit leidend und ohne Unterstützer lebte er bis zu seinem Tod 1982 im Verborgenen. Offenkundig war die kühne Entwicklung einer zivilen Raumfahrt-Industrie schmählich gescheitert. Deren Pionier, ein Schüler des großen Nikola Tesla, war öffentlich in Verruf geraten und galt nun als Krimineller, der anscheinend eine breite Öffentlichkeit mit seinen Märchen vom Bau eines zivilen Raumschiffes genarrt hatte, während er tatsächlich Vergnügungsparkausflüge promotete.

Die wahre Geschichte, was wirklich mit Carr und seinem Bestreben, eine zivile Raumfahrt-Industrie aufzubauen, geschehen war, sollte beinahe weitere fünfzig Jahre geheim bleiben. Aber es bedurfte jetzt nur noch des öffentlichen Auftritts eines seiner vertrauten Techniker, um endlich die Wahrheit darüber zu erfahren, was sich beim dritten Versuch der Welt, eine zivile Raumfahrt zu begründen, zugetragen hatte.

Ralph Ring enthüllt Carrs erfolgreiche Entwicklung des OTC-X1

Im März 2006 trat ein weithin unbekannter Mann mit der Bekanntmachung auf, dass er einer von drei Piloten gewesen sei, die an einem erfolgreichen bemannten Testflug von Carrs originalgroßem Prototypen, dem OTC-X1, teilgenommen hatten.[21]

Ralph Ring behauptete, damals als Techniker in Carrs Team aufgenommen worden zu sein, das versucht habe, nach der Übersiedelung nach Kalifornien 1959 einen 45 Fuß [13,72 Meter] großen Raumschiffprototypen zu bauen. Ring war außerdem ein begabter Erfinder, der vom Desinteresse der Unternehmen an innovativen Ideen hinsichtlich elektromagnetischer Energie enttäuscht war. Zuvor hatte er den berühmten französischen Meeresforscher Jacques Cousteau bei der Entwicklung der Taucherlunge unterstützt, und später arbeitete er an einer von der Regierung finanzierten Forschungseinrichtung in Falls Church, Virginia, mit dem Namen Advanced Kinetics.

In einer Reihe öffentlicher Interviews und Darstellungen erläuterte Ring die Umstände, unter denen er Advanced Kinetics verlassen hatte. Er behauptete, zwei komplizierte Forschungsprobleme in Bezug auf Elektromagnetismus gelöst zu haben. Statt der erwarteten Beförderung wurde ihm jedoch vom Direktor mitgeteilt, dass sie eine von der Regierung bezahlte Einrichtung seien, was er durch die Bemerkung ergänzte: »Wir werden dafür bezahlt, nach Antworten zu suchen, nicht, sie zu finden!«[22] Enttäuscht kündigte Ring, traf sich Ende 1959 mit Carr und war schnell von seinen Ideen und seinem Plan, ein ziviles Raumschiff zu bauen, beeindruckt. In seinem ersten öffentlichen Interview beschrieb Ring Carr folgendermaßen:

> »Er war zweifellos ein Genie. Tesla hatte seine Qualitäten sofort erkannt und ihm alles mitgeteilt, was er wusste. Er war inspiriert und schien – ähnlich wie Tesla – genau zu wissen, was zu tun ist, um etwas voranzubringen. Er war ein zurückhaltender Mann und sehr metaphysisch in seinem Denken ausgerichtet. Ich glaube, dass das Fehlen einer schulmäßigen Ausbildung in Physik ihm zugutekam. Dadurch war er nicht durch irgendwelche Vorurteile eingeschränkt. So verrückt das heute klingt, er war entschlossen, zum Mond zu fliegen, und glaubte wirklich, dass dies getan werden könne. Ich glaubte es. Wir alle glaubten es.«[23]

Ring nahm unmittelbar an den Tests kleinerer Modelle des OTC-X1-Raumschiffs teil, das Carr entwickelt hatte. Er schildert, wie diese erfolgreich getestet worden waren und einzigartige Eigenschaften gezeigt hatten, als sie bestimmte Rotationsgeschwindigkeiten erreichten:

> »... das Material verwandelte sich in Wackelpudding. Man konnte richtig seinen Finger hineinstecken. Es hörte auf, fest zu sein. Es verwandelte sich in eine andere Form von Materie, die so wirkte, als würde sie nicht ganz zu unserer Wirklichkeit gehören. Das ist die einzige Art und Weise, wie ich das beschreiben kann. Es war unheimlich. Es war eine der größten Sensationen, die ich jemals erlebt habe.«[24]

Und was das Wichtigste war: Ring behauptete, dass der Prototyp des 45 Fuß [13,72 Meter] großen, von Carr entwickelten OTC-X1 im Jahre 1959 fertiggestellt und erfolgreich getestet worden war. Er sagt, dass er einer der drei Piloten an Bord des Raumschiffes gewesen ist, das auf Anhieb zehn Meilen [16 Kilometer] weit flog. Ring beschreibt auch, wie Carr in der Lage war, mit dem Drei-Mann-Team, das das OTC-X1 steuerte, zu kommunizieren, und wie dieses angewiesen wurde, eine Reihe von Aufgaben auszuführen, bevor sie zum Startplatz zurückkehrten. Auf die Frage, ob das OTC-X1 zu seinem Ziel *geflogen* sei, antwortete Ring:

»›Fliegen‹ ist nicht das richtige Wort. Es überwand die Entfernung. Es schien so, als dauerte dies keinen Augenblick. Ich war mit zwei anderen Ingenieuren an Bord, als wir die 45-Fuß-Maschine über eine Strecke von zehn Meilen steuerten. Dabei glaubte ich, dass es sich nicht bewegt habe – ich dachte, es hätte versagt. Ich war völlig verblüfft, als ich realisierte, dass wir mit Proben von Steinen und Pflanzen von unserem Ziel zurückgekehrt waren. Es war ein dramatischer Erfolg. Es war eher wie eine Art von Teleportation.«[25]

Ring erläutert auch, dass sie bei dem Testflug imstande waren, den Fluss der Zeit zu verändern:

»Darüber hinaus wurde die Zeit irgendwie verzerrt. Wir hatten den Eindruck, fünfzehn oder zwanzig Sekunden lang in der Maschine gewesen zu sein. Anschließend wurde uns gesagt, dass dies genau gemessen worden sei und wir nicht länger als drei oder vier Minuten in der Maschine verbracht hätten. Ich weiß eigentlich immer noch nicht so recht, wie das ablief.«[26]

Bemerkenswerterweise lässt Rings Äußerung darauf schließen, dass Carr ein Antriebssystem mit einigen Ähnlichkeiten zu dem Zeitreisesystem entwickelt hatte, das erstmals von der Vril-Gesellschaft entworfen worden war – und das tatsächlich ein Vril-Raumschiff durch die Raumzeit teleportieren sollte. Es wird vermutet, dass Teslas Ideen ein Kernstück des »Philadelphia-Experiments« der U.S. Navy von 1943 waren, bei dem die *U.S.S. Eldridge* erfolgreich durch Raum und Zeit teleportiert wurde.[27] Wenn dies stimmt, hat Tesla offenbar einige dieser Ideen an Carr weitergegeben, der sie anschließend beim Bau seines OTC-X1 umsetzte.

Ein weiterer wichtiger Aspekt von Rings Zeugnis betrifft das einzigartige Navigationssystem, das von den Piloten verwendet wurde, um die Bewegungen des OTC-X1 zu kontrollieren. Ring zufolge nutzte dieses Navigationssystem eher die bewusste Absicht der Piloten als konventionelle Technologie.

> »Das Utron war der Schlüssel zu allem. Carr sagte, es sammele aufgrund seiner Form Energie an, konzentriere sie und reagiere auch auf unsere bewussten Intentionen. Als wir die Maschine einsetzten, arbeiteten wir nicht mit Kontrollen. Wir begaben uns alle drei in eine Art meditativen Zustand und richteten unsere Absicht auf die Wirkung, die wir erzielen wollten. Ich weiß, das klingt irre. Aber genau das taten wir, und es funktionierte. Carr hatte ein noch nicht verstandenes Prinzip angezapft, bei dem sich das Bewusstsein mit der Technik verbindet, um eine Wirkung zu erzielen. Das kann man nicht in Gleichungen niederschreiben. Ich habe keine Ahnung, woher er wusste, dass es funktionieren würde. Aber es funktionierte.«[28]

Der Erfolg des ersten Tests des originalgroßen OTC-X1 bedeutete, dass die Planung von Flügen in den offenen Weltraum und zum Mond nun wirklich voranschritt. Bevor er die Ergebnisse der allgemeinen Öffentlichkeit bekannt machte, arbeiteten Carr und seine Mannschaft laut Ring rund um die Uhr daran, das Testprogramm fertigzustellen.

Der dramatischste Teil von Rings Aussagen betrifft das, was zwei Wochen nach dem erfolgreichen Test des OTC-X1 geschah. Er sagte, dass Carrs Arbeit vom FBI und anderen Regierungsbehörden durch einen geheimen Überfall von bewaffnetem Regierungspersonal – sieben oder acht Wagen voller Männer – zunichtegemacht worden sei. Das FBI teilte Carr mit, dass sein Projekt »wegen seines Versuchs, das Währungssystem der Vereinigten Staaten von Amerika zu stürzen«, beendet würde.[29]

In der Tat hätte Carrs erfolgreicher Test eines zivilen Raumschiffes, wäre ihm eine Weiterführung erlaubt worden, den Energiesektor und die Luft- und Raumfahrt-Industrie revolutioniert. Die konventionelle Energiebranche, die fossile Brennstoffe nutzt, um elektrischen Strom zu erzeugen, sowie die Luftfahrt-Industrie wären über Nacht marginalisiert worden. Große amerikanische Konzerne in der Energiebranche hätten wesentliche Investitionen eingebüßt. Der Einbruch unternehmerischer Profite hätte unzählige Menschen arbeitslos gemacht. Die finanziellen Auswirkungen einer zivilen Raumfahrt-Industrie auf der Basis einer Nutzung von Strom aus der Atmosphäre hätten das amerikanische Währungssystem sicher einem enormen Druck ausgesetzt und vielleicht seinen Zusammenbruch bedeutet.

In einer Reihe von Interviews und öffentlichen Darstellungen behauptete Ring, dass FBI-Agenten Carrs Ausrüstung, darunter auch den OTC-X1-Prototypen, beschlagnahmt hätten. Im Anschluss daran sprachen sie seiner Aussage nach mit sämtlichen seiner Angestellten, ermahnten sie zur Verschwiegenheit hinsichtlich des Geschehenen und zwangen Carr, eine Vereinbarung zu unterzeichnen, dass er diese Ereignisse nicht bekanntmacht.

Rings Zeugnis enthüllt, wenn es stimmt, was wirklich mit Otis Carrs radikalem zivilen Raumschiffprojekt passiert ist. Anstatt dass er ein Ganove war, der eine Reihe von Investoren betrogen hätte, hat sein radikal neuartiges ziviles Raumschiff seinen Test bestanden. Sein Erfolg berührte die Interessen des Establishments auf dem Energiemarkt in solchem Maße, dass seine Arbeit mit dem Wissen und der vollen Zustimmung einer bestimmten Zahl von Regierungsbehörden, die sich über die finanziellen Auswirkungen auf das US-Währungssystem im Klaren waren, vernichtet wurde. Carr selbst war gezwungen, Scheinbelastungen, die ihn diskreditieren sollten, zu erdulden und seinen kühnen Versuch, eine zivile Raumfahrt-Industrie aufzubauen, einzustellen.

Die Glaubwürdigkeit von Ralph Rings Zeugnis

Ring hat eine ganze Anzahl Fotos des von Carr entwickelten OTC-X1 bereitgestellt. Diese Fotos wurden zuvor noch nicht veröffentlicht. Sie zeigen, dass Carr in der Tat mit Erfolg mehrere Modelle gebaut hat, darunter den 45 Fuß [13,72 Meter] großen Raumschiffprototypen.[30]

Außerdem wird durch diese Fotos der Eindruck zerstreut, dass Carr ein bloßer Geschäftemacher gewesen und mit dem Bau eines Raumschiffprototypen in Originalgröße gescheitert wäre. Rings Fotos sind ein materieller Beweis dafür, dass er tatsächlich mit Carr am OTC-X1 zusammengearbeitet hat, wie er angibt.

Abb. 26. Foto des OTC-X1 von Ralph Ring

Vielleicht am bedeutsamsten ist aber das, was mit Ring geschah, kurz nachdem er im März 2006 öffentlich in Erscheinung trat, um von seinen Erlebnissen mit Otis Carr zu berichten. Bill Ryan vom Projekt Camelot schildert, was passierte:

> »Wenig später ging Ralph wegen einer routinemäßigen Kniegelenkersatz-Operation ins Krankenhaus. Zufällig wurde er falsch behandelt und wäre drei Mal beinahe gestorben. Zurzeit der Niederschrift (im Juli 2006) war er erst kürzlich wieder, sehr gebrechlich, von der Notstation entlassen worden – aber er ist fest entschlossen, seine Geschichte zu erzählen. Bis zu diesem Zeitpunkt erfreute er sich 71 Jahre lang bester Gesundheit.«[31]

In seinen Vorträgen auf einer Reihe von Tagungen beschrieb Ring, wie er vom Notarzt in ein 25 Meilen [40 Kilometer] entferntes Krankenhaus gebracht wurde, statt in eines, das in unmittelbarer Nähe lag.[32] Ring schwebte aufgrund der »Fehlbehandlung« und der langen Fahrt zur Klinik in akuter Lebensgefahr. Waren die »zufällige« Verabreichung der Medikamente, die angeblich eigentlich für einen anderen Patienten bestimmt gewesen waren, und die »Umgehung« näher gelegener Krankenhäuser Maßnahmen eines verdeckten Anschlags auf Rings Leben? Die Umstände sind sicherlich verdächtig und deuten auf einen Versuch hin, Ring zum Schweigen zu bringen. Diese Reihe von »zufälligen« Ereignissen, die ihn kurz nach seinem öffentlichen Hervortreten fast das Leben gekostet hätte, liefern Indizien, die seine Behauptungen unterstützen.

Schließlich ist Ring eine sehr ehrliche Persönlichkeit, die ihr Publikum oft durch ihre Aufrichtigkeit und Offenheit beeindruckt hat. Bill Ryan und Kerry Cassidy, die Mitbegründer der bekannten Projekt-Camelot-Webseite, waren die ersten, die Ring im März 2006 interviewten.[33] Am Ende ihrer Reihe von Interviews erklärten sie: »Wir haben keinerlei Zweifel, dass Ralph Ring zu 100 Prozent aufrichtig ist. Jeder, der ihn getroffen und seine Geschichte von ihm persönlich gehört hat, stimmt darin völlig überein.«[34]

Das ist etwas, was ich persönlich bestätigen kann, da ich mitanhören durfte, wie Ring seine Anschauungen auf dem Internationalen UFO-Kongress 2007 präsentierte. Später war es mir auch möglich, ihn auf Hawaii zu interviewen, als er eine Einladung zu einer von mir mitorganisierten Konferenz annahm.[35] Ich stimme mit Ryan und Cassidy vollkommen überein, dass Rings persönliche Qualitäten ihn überaus glaubwürdig machen. Er schien von dem schlichten Wunsch angetrieben, die Wahrheit über Ereignisse zu erzählen, die fünfzig Jahre früher geschehen waren und die das Leben auf diesem Planeten hätten revolutionieren können.

Implikationen für die öffentliche Strategie

Die verschiedenen Aspekte, die Otis Carrs OTC-X1-Projekt und Ralph Rings Augenzeugenbericht betreffen, können nun in einen Zusammenhang gebracht werden. Carrs erfolgreiche Entwicklung eines voll funktionsfähigen zivilen Raumschiffes, das über elektromagnetische Antriebs- und Navigationssysteme verfügte, zog die brutale Reaktion staatlicher Ämter nach sich. Unter der Führung des FBI überfielen Behörden die Konstruktionsanlagen, beschlagnahmten die Ausrüstung, brachten Mitarbeiter durch Drohungen zum Schweigen und diskreditierten Carr öffentlich durch falsche Anschuldigungen, die von der US-Börsenaufsichtsbehörde orchestriert wurden. Rings öffentliches Zeugnis und die fotografischen Belege, die er für die Existenz von Carrs OTC-X1 vorlegte, zeigen auf eindrucksvolle Weise, dass gewisse Elemente der amerikanischen Regierungskreise eine vollständig in zivilem Besitz befindliche Raumfahrt-Industrie unterdrückten. Verschiedene Motive für diese Unterdrückung erscheinen ohne Weiteres offenkundig.

Das erste und offensichtlichste Motiv für die Unterdrückung durch die Regierung besteht darin, die Interessen der amerikanischen Industrie auf dem Energiesektor zu schützen, die durch das Wissen, wie freie elektrische Energie aus der Atmosphäre gewonnen werden kann, unter Druck geraten wären. Amerikanische Konzerne dominieren den Energiesektor auf dem gesamten Planeten, und das Auftauchen von Freie-Energie-Technologien hätte sich verheerend auf ihren Börsenwert ausgewirkt. Die gesamte US-Wirtschaft wäre dadurch in Mitleidenschaft gezogen worden.

Ein zweiter, damit zusammenhängender Grund für dieses Vorgehen ist der Einfluss von Freie-Energie-Technologien auf das amerikanische Währungssystem – diese Erklärung wurde Carr von FBI-Agenten für die Verwüstung seiner Anlage gegeben. Die Entwicklung solcher Technologien hätte den konventionellen Energiesektor im Besitz amerikanischer Konzerne marginalisiert und womöglich zum Zusammenbruch des US-Dollars geführt.

Ein drittes mögliches Motiv liegt in der Verhinderung des Aufbaus einer zivilen Raumfahrt-Industrie, die mit geringer oder gar keiner staatlichen Reglementierung Reisen in den offenen Weltraum und zu anderen Planeten durchführen könnte. Eine solche zivile Raumfahrt-Industrie würde durch den Besuch nahegelegener Planeten irgendwann schließlich die Frage klären, ob es in unserem Sonnensystem intelligente Lebensformen gegeben hat oder noch immer gibt.[36] Es existieren gewichtige Belege dafür, dass intelligentes außerirdisches Leben bereits entdeckt wurde und dass solche Wesen mit der Menschheit Kontakt haben, aber entsprechende Informationen werden strengstens unter Verschluss gehalten.[37] Kapitel 11 wird eine Reihe außerirdischer Besucher behandeln, die angeblich mit der Menschheit sowie mit den in früheren Kapiteln dargestellten Geheimen Weltraumprogrammen interagierten. Es ist einleuchtend, dass eine zivile Raumschiff-Industrie die fortwährende Verschleierung außerirdischen Lebens bedrohen würde.

Ein Hinweis auf das letzte und vielleicht zutreffendste Motiv liegt in der Zusammensetzung der Regierungsbehörden, die Carrs Projekt niederschlugen. Es handelte sich um zivile Ämter und nicht um Personal militärischer Streitkräfte. Wir haben bereits dargelegt, dass das von der U.S. Navy entwickelte Weltraumprogramm Solar Warden für fast vier Jahrzehnte zurückgestellt wurde, bis es die hochmodernen Antriebssysteme, die bei Vril-/NS-Raumschiffen und aufgefundenen außerirdischen Flugmaschinen entdeckt wurden, für Interstellarreisen nutzbar gemacht hat. Ebenso wurden Bemühungen, progressive Zeitreisen, wie sie für den Besuch anderer Sonnensysteme nötig sind, durchzuführen, sabotiert; ähnlich auch die zugehörigen Navigationssysteme. Diese technologischen Durchbrüche traten nicht vor den Achtzigerjahren auf, wie in der Analyse von Ben Richs Kommentaren in Kapitel 6 mit Blick auf die Errungenschaften der interstellaren Reisetechnologien angedeutet wurde.

Im Gegensatz hierzu fuhr Carr damit fort, Teslas Prinzipien in einem Teleportationsraumschiff/-gerät anzuwenden, das die Raumzeit veränderte. Außerdem entwickelte er ein praktikables Navigationssystem auf der Basis einer Schnittstelle von Bewusstsein und Technik zwischen Piloten und Raumschiff.

Nach Lieutenant Colonel Philip J. Corso, der von 1961 bis 1963 als Leiter des Amtes für Fremde Technologien [*Foreign Technologies*] im Bereich Forschung und Entwicklung der U.S. Army arbeitete, war das Pentagon eifrig auf der Suche nach Informationen darüber, wie die Bewusstsein-Technik-Schnittstelle, auf die man in außerirdischen Weltraumfahrzeugen gestoßen war, nutzbar gemacht werden konnte. Corso erklärt, dass das Navigationselement noch längst nicht verstanden wurde:

> »Es gab auch anderswo Abstürze, und sie [die Deutschen] sammelten ebenfalls Material. Die Deutschen arbeiteten daran. … Sie führten eine Vielzahl von Experimenten an Fliegenden Untertassen durch. Aber was wir alle, wir und sie, vermissten, war das Steuerungssystem. Bei R&D [Research & Development, Forschung & Entwicklung] aber begannen wir zu begreifen, dass dieses Wesen [ein Außerirdischer] Teil dieses Steuerungssystems war.«[38]

Corso scheint das parallele Weltraumprogramm der Vril-Gesellschaft, das man vor dem Zweiten Weltkrieg in die Antarktis zu verlagern begonnen hatte, nicht gekannt zu haben, und er bezog sich stattdessen auf die erfolglosen Versuche der SS, Fliegende Untertassen zu bewaffnen. Gleichwohl betont er ziemlich deutlich, dass das Pentagon in den Sechzigerjahren nicht in der Lage war, die in abgestürzten außerirdischen Raumschiffen verwendete Bewusstsein-Technik-Schnittstelle nachzubauen. Carr hingegen entwickelte ohne Wissen des US-Militärs diese erforderliche Bewusstsein-Technik-Schnittstelle für die OTC-X1-Piloten. Wäre Carrs Wissen, wie diese Schnittstelle herbeizuführen war, der U.S. Navy in die Hände gefallen, dann hätte dies zu einer schnelleren Entwicklung des Solar-Warden-Programms geführt. Für die Dunkle Flotte, die aus dem früheren Vril-/NS-Weltraumprogramm hervorgegangen war, wäre dies allerdings eine Bedrohung gewesen.

Einflussreiche Stellen innerhalb des Militärisch-Industriellen Komplexes der USA, der aufgrund der geheimen Abkommen mit der Vril-/NS-Exilantengruppe von Nazi-Sympathisanten unterwandert worden war, wünschten nicht, dass die Navy etwas über Carrs von Erfolg gekrönte Bemühungen erfahren sollte. Die MJ-12-Gruppe sowie die CIA, die beide kompromittiert waren, verfügten über Mittel und Ressourcen, um dafür zu sorgen, dass Carrs Projekt niedergeschlagen und er selbst diskreditiert wurde und dass man seine Techniker durch Drohungen zum Schweigen brachte.

Carrs mysteriöse Krankheit vor dem öffentlichen Test seines 6 Fuß [1,83 Meter] großen Modells 1959 und der beinahe erfolgte Tod von Ralph Ring im Jahre 2006, nachdem er mit seinen Augenzeugenberichten nach draußen gegangen war, lassen beide auf verdeckte Aktionen der CIA schließen, um der Öffentlichkeit das Wissen von diesen fortgeschrittenen Technologien vorzuenthalten. Geheime Regierungsbehörden und/oder Unternehmensgruppen sind in der Geschichte bereits damit aufgefallen, dass sie Erfinder und Forscher, die an hoch entwickelten Technologien auf der Grundlage von Nikola Teslas Ideen arbeiteten, ins Visier nahmen.[39] Die Diskreditierung, das Zum-Schweigen-Bringen und die Eliminierung von Erfindern und/oder Whistleblowern scheint nach wie vor anzudauern.

Ergebnisse

In den Jahren 1959/60 haben Otis Carr und sein Team erfolgreich ein ziviles Raumfahrt-Programm entwickelt – das dritte auf der Welt, wenn wir die früheren Bestrebungen der Vril-Gesellschaft in den Zwanzigerjahren ebenso einbeziehen wie Marconis angebliches Programm der Dreißigerjahre. Carr tat dies, indem er Prinzipien, in denen er von Nikola Tesla unterwiesen worden war, anwandte, was zum Bau des OTC-X1 führte, der ähnlich wie ein Teleportationsgerät funktionierte, das sich durch die Raumzeit bewegen kann. Diese Art des Reisens soll bereits das Andromeda-Gerät von Vril-Gesellschaft und SS verwendet haben, das dadurch Mitte der Vierzigerjahre zum Aldebaran-Sternensystem und wieder zurück flog. Sehr begehrt war diese fortgeschrittene Raum-Zeit-Antriebstechnologie in den späten Fünfzigerjahren von der U.S. Navy, als sie ihr eigenes Geheimes Weltraumprogramm entwickelte, das sie zu interplanetarischen und interstellaren Reisen befähigen sollte.

Carrs Errungenschaften wurden in einer Reihe verdeckter Aktionen, die wahrscheinlich von der CIA und der MJ-12-Gruppe geleitet wurden, brutal zunichtegemacht. Dazu gehörte auch, dass staatliche Exekutiv-Organe Carrs Konstruktionsanlagen überfielen, seine Ausrüstung beschlagnahmten und 1961 seine Inhaftierung aufgrund erfundener Beschuldigungen arrangierten. Die Komplizenschaft verschiedener ziviler Elemente der US-Regierung bei der Unterdrückung einer entstehenden, zivil geführten Raumfahrt-Industrie ist ein bedeutsames historisches Faktum. Nicht weniger wahrscheinlich waren amerikanische Firmen aus der Energiebranche, die Carrs ehrgeiziges Programm fürchteten, weitere zentrale Mittäter bei diesen Unterdrückungsmaßnahmen.

Die Implikationen von Rings Augenzeugenberichten und Carrs Errungenschaften sind von großer Tragweite. Carr war keinesfalls ein Gauner, der die allgemeine Öffentlichkeit mit radikalen Ansichten über zivile Raumschiffe betrog, sondern ein heroischer Erfinder, der – trotz gewaltiger Widrigkeiten – Erfolg dabei hatte, ein Raumschiff zu bauen, das ein Potenzial für sehr große zivile Einsatzfelder besaß. Es hätte auch die verdeckten Bestrebungen der U.S. Navy, interstellar einsatzfähige Raumschiffe zu entwickeln, um Jahrzehnte voranbringen können.

Man sollte Carr und seinem Team von Mitarbeitern für ihre Pionierarbeit Anerkennung zollen. Die dunklen Regierungsagenturen und Konzerne, die für die Verhinderung der öffentlichen Kenntnisnahme von Carrs Raumschiff – bis hin zur Leugnen seiner Existenz gegenüber Stellen des US-Militärs – verantwortlich sind, müssen vor das Gericht der Öffentlichkeit gebracht und zur Rechenschaft gezogen werden. Eigennützigen finanziellen Interessen und halbstaatlichen Gruppierungen, die solche Technologien horten, sollte nicht länger gestattet werden, Erfinder wie Carr daran zu hindern, mit ihrem Fachwissen bezahlbare Raumschiffe für den privaten Gebrauch nutzbar zu machen.

Anmerkungen

1 Dies ist die überarbeitete Version des siebten Kapitels von Michael Sallas *Exposing U.S. Government Policies on Extraterrestrial Life* (Exopolitics Institute, 2009). Ralph Rings Zeugnis wurde erstmals durch Bill Ryan und Kerry Cassidy (Projekt Camelot) bekannt, die sein Interview als Video zugänglich machten und weitere Dokumente von ihm online publizierten; für weitere Informationen siehe http://www.projectcamelot.org/ralph_ring.html (aufgerufen am 01.08.2015)

2 Siehe Renato Vesco und David Hatcher Childress, *Man-Made UFOs 1944-1994* (AUP Publishers Network, 2003), 361-65.

3 David Hatcher Childress, »Tesla and Marconi«, http://www.bibliotecapleyades.net/tesla/esp_tesla_18.htm (aufgerufen am 09.08.2015)

4 »Questions for Corey/GoodETxSG – 4/4/2015«, http://exopolitics.org/secret-space programs-more-complex-than-previously-revealed/ (aufgerufen am 01.08.2015)

5 Das Prinzip gespeicherter elektrischer Energie, die Antigravitationseffekte hervorbringt, wurde von dem Erfinder Thomas Townsend Brown patentiert und später als Biefeld-Brown-Effekt bezeichnet. Siehe dazu Thomas Valone, *Electrogravitics II: Validating Reports on a New Propulsion Methodology* (Integrity Research Institute, 2005). – Eine hilfreiches deutsches Nachschlagewerk ist *Das Freie-Energie-Handbuch*, eine Sammlung von Patenten und Informationen, erschienen im Michaels Verlag, Peiting 1998.

6 Nikola Tesla im Interview mit *The New York Herald Tribune*, 15. Oktober 1911.

7 Siehe das Interview von 1957 mit Long John Nebow, in dem Carr beschreibt, wie er begann, Modelle für seine Ideen zu bauen; http://tinyurl.com/na8nnse (aufgerufen am 03.08.2015)

8 »US Patent Nr. 2,912,244, Amusement Device« (10. November 1959)

9 Abschrift eines Radio-Interviews: »Long John« Nebel & Otis Carr et al. (WOR Radio, NY, 1959); online verfügbar unter http://www.rexresearch.com/carr/1carr.htm (aufgerufen am 03.08.2015)

10 Zitiert unter http://www.keelynet.com/gravity/carr4.htm (aufgerufen am 03.08.2015)

11 Die vorherrschende wissenschaftliche Auffassung, dass die Lichtgeschwindigkeit eine unüberwindliche Hürde für außerirdische Besucher darstellt, wird durch neue Theorien über Reisen mit Hyperlichtgeschwindigkeit zunehmend in Frage gestellt. Siehe James Deardorff u.a., »Inflation-Theory Implications for Extraterrestrial Visitation«, *Journal of the British Interplanetary Society*, 58 (2005), 43-50; online verfügbar unter http://www.ufoevidence.org/news/article204.htm (aufgerufen am 03.08.2015)

12 Zitiert aus einem Interview mit Long John Nebow von 1957, online verfügbar unter http://www.keelynet.com/gravity/carr4.htm (aufgerufen am 03.08.2015)

13 Originalquelle: »Gravity Machine?«, *FATE Magazine* (Mai 1958), 17. Online-Ausgabe zugänglich unter http://www.keelynet.com/gravity/carr1.txt (aufgerufen am 03.08.2015)

14 W. E. Du Soir, »The Saucer that didn't Fly«, *FATE Magazine* (August 1959), 32. Online-Ausgabe zitiert unter http://www.keelynet.com/gravity/carr3.htm (aufgerufen am 03.08.2015)

15 Du Soir, »The Saucer that didn't Fly«, zitiert unter http://www.keelynet.com/gravity/carr3.htm (aufgerufen am 03.08.2015)

16 Du Soir, »The Saucer that didn't Fly«, zitiert unter http://www.keelynet.com/gravity/carr3.htm (aufgerufen am 03.08.2015)

17 Zitiert unter http://www.keelynet.com/gravity/carr3.htm; biografische Angaben zu Wayne Aho finden sich unter http://www.answers.com/topic/wayne-sulo-aho (aufgerufen am 03.08.2015)

18 Zitiert aus den Interviews des Projekt Camelot mit Ralph Ring: http://tinyurl.com/nf54j8n (aufgerufen am 15.07.20)

19 Du Soir, »The Saucer that didn't Fly«, zitiert unter http://www.keelynet.com/gravity/carr3.htm (aufgerufen am 03.08.2015)

20 Zitiert in Otis T. Carr, *Plaintiff In Error, V. State Of Oklahoma, Defendant In Error*. Case No. A-12907. 11. Januar 1961

21 Ring traf sich mit Bill Ryan und Kerry Cassidy zum ersten Mal im März 2006.

22 Ralph Ring, *Conference presentation at the International UFO Congress*, Laughlin, Nevada, 2007.

23 Zitiert aus den Interviews des Projekt Camelot mit Ralph Ring, http://tinyurl.com/nf54j8n (aufgerufen am 15.07.2015)

24 Zitiert aus den Interviews des Projekt Camelot mit Ralph Ring, http://tinyurl.com/nf54j8n (aufgerufen am 15.07.2015)

25 Zitiert aus den Projekt-Camelot-Interviews mit Ralph Ring, http://tinyurl.com/nf54j8n (aufgerufen am 15.07.2015)

26 Die Zitate auf Projekt Camelot nennen fünfzehn Minuten, in einem privaten Gespräch mit Ralph Ring am 25. März 2007 korrigierte er dies auf fünfzehn Sekunden; Ralph Ring, http://tinyurl.com/nf54j8n (aufgerufen am 15.07.2015)

27 Siehe Vadim Telitsin, *Nikola Tesla and the Secrets of The Philadelphia Experiment* (Yauza-Eksmo Press, 2009).

28 Zitiert aus den Projekt-Camelot-Interviews mit Ralph Ring, http://tinyurl.com/nf54j8n (aufgerufen am 15.07.2015)

29 Ralph Ring, *Conference presentation at the International UFO Congress*, Laughlin, Nevada, 2007.

30 Fotos online zugänglich unter http://projectcamelot.org/ralph_ring.html (aufgerufen am 03.08.2015)

31 Zitiert aus den Project-Camelot-Interviews mit Ralph Ring, http://tinyurl.com/nf54j8n (aufgerufen am 15.07.2015).

32 Seine erste Präsentation legte Ring auf dem Internationalen UFO-Kongress in Laughlin, Nevada, im März 2007 vor. Eine ähnliche Präsentation folgte bei der Earth Transformation Conference in Kona, Hawaii, im Mai 2007.

33 Weitere Informationen über das Projekt Camelot finden sich unter http://project camelotportal.com/ (aufgerufen am 03.08.2015)

34 Zitiert aus den Projekt-Camelot-Interviews mit Ralph Ring, http://tinyurl.com/nf54j8n (aufgerufen am 15.07.2015)

35 Ralph Ring sprach auf der Earth Transformation Conference vom 11. bis 13 Mai 2007. Nähere Einzelheiten unter http://earthtransformation.com/speakers-2007.htm (aufgerufen am 03.08.2015)

36 Siehe Richard C. Hoagland, *The Monuments of Mars: A City on the Edge of Forever*, 5th Edition (North Atlantic Books, 2003), und Fred Steckling, *We Discovered Alien Bases on the Moon* (G.A.F. International, 1990). – Dt. Ausgaben: *Die Mars-Connection*, Bettendorf Verlag, Essen 1994; *Wir entdeckten außerirdische Basen auf dem Mond*, Kopp Verlag, Rottenburg 1996. Das Buch von Hoagland erschien anlässlich der Marsmission 1996 noch einmal neu mit einem Vorwort von Johannes von Buttlar.

37 Siehe Michael Salla, *Exopolitics: Political Implications of the Extraterrestrial Presence* (Dandelion Books, 2004), und Steven Greer, *Disclosure: Military and Government Witnesses reveal the Greatest Secrets in Modern History* (Crossing Point Press, Inc., 2001)

38 Zitiert bei Michael Lindeman, »Colonel Philip Corso Interview«, http://www.bibliotecapleyades.net/exopolitica/esp_exopolitics_ZZZH.htm (aufgerufen am 09.08.2015)

39 Siehe G. Cope Schellhorn, »Is Someone Killing Our UFO Investigators«, http://www.bibliotecapleyades.net/sociopolitica/sociopol_scientistkilling03.htm (aufgerufen am 03.08.2015)

10 Geheime Weltraumprogramme der Frühzeit

Die regelmäßig wiederholte TV-Doku-Serie *Ancient Aliens* ist überaus erfolgreich und läuft derzeit in der siebten Staffel auf dem History Channel. Ihre zentrale Theorie und die Schlüsselfrage, der sie nachgeht, werden von der Serie treffend zusammengefasst:

> »*Ancient Aliens* untersucht die umstrittene Theorie, dass Außerirdische die Erde über Millionen von Jahren besucht haben. Vom Zeitalter der Dinosaurier bis zum alten Ägypten, von der frühen Höhlenmalerei bis zu massenhaften Sichtungen in den USA, jede Folge dieser Erfolgsserie geht mit historischer Tiefenschärfe den Fragen, Spekulationen, provokativen Streitfällen, Berichten aus erster Hand und begründeten Theorien nach, die diese jahrhundertealte Debatte begleiten. Haben intelligente Wesen aus dem Weltraum die Erde vor Tausenden von Jahren besucht?«[1]

Diese spektakuläre Fernsehserie *Ancient Aliens* liefert reichlich historische Belege dafür, dass schon in früheren Epochen eine Vielzahl verschiedener Flugobjekte beobachtet wurde. Der offenkundige Schluss lautet, dass diese keinen irdischen Ursprung hatten, sondern dass die Menschheit von außerirdischem Leben aufgesucht wurde. Diese außerirdischen Besucher unterstützten die primitiven Menschen dabei, ein gewisses technologisches Niveau zu erreichen, und womöglich gliederten sie sich selbst als »Götter«, die über die Menschen herrschen, in die menschliche Gesellschaft ein.

Der ägyptische Historiker Manetho (aus der ptolemäischen Epoche) behauptete, dass es vor den dreißig Dynastien menschlicher Pharaonen, die Ägypten regiert haben, eine unmittelbare Herrschaft der Götter und Halbgötter gegeben habe.[2] Diese vordynastischen Götter lebten Tausende von Jahren lang und vereinigten sich mit Menschen, um Nachkommen hervorzubringen, die als Halbgötter angesehen wurden und ebenfalls sehr lange lebten. Ähnliches geschah auch in Sumer, gemäß der sumerischen Königsliste:

> »Die frühe sumerische Königsliste nennt acht Könige mit einer Gesamtlebensdauer von 241.200 Jahren von der Zeit, als ›das Königtum vom Himmel herabkam‹, bis zu jener, als ›die Flut‹ das Land überschwemmte und danach wiederum ›die königliche Herrschaft vom Himmel herabgesenkt‹ wurde.«[3]

Erich von Däniken und Zecharia Sitchin haben in zahlreichen Büchern eine Fülle historischer Daten präsentiert, um die Idee zu belegen, dass die Menschheit von außerirdischen »Göttern« besucht wurde, die sich anschließend mit ihr vermischten, um Generationen von Führern zu begründen.[4]

Es gibt allerdings noch eine weitere Erklärung dafür, wer die beobachteten Flugmaschinen, von denen die Quellen aus antiken Gesellschaften berichten, gebaut hat: Es waren keine Flugzeuge der Götter, die von anderen Welten kamen, wie unsere Vorfahren glaubten. Stattdessen gehörten die Flugmaschinen der führenden Elite ihrer eigenen oder einer benachbarten Gesellschaft; deren Wissenschaftler hatten die Geheimnisse der Antigravitation, des Flugzeugbaus und sogar der Weltraumreise entschlüsselt. Anstatt dass die Menschheit von Außerirdischen besucht wurde, haben antike Gesellschaften womöglich selbst erstaunliche technologische Durchbrüche erzielt, die sie befähigten, andere Welten zu bereisen. Diese technologischen Errungenschaften könnten dem eigenen wissenschaftlichen Genius jener Zeit, außerirdischer Einflussnahme oder einer Mischung von beidem entstammen.

Es gibt ein Beispiel für solch eine erstaunliche Möglichkeit in unserer eigenen Zeit. Wie bereits dargestellt, haben die Vril-Gesellschaft und die SS Fliegende Untertassen gebaut, mit denen interplanetarische und sogar interstellare Reisen möglich waren. Die zugehörigen Techniken waren angeblich ein Ergebnis außerirdischer Unterweisungen, die Maria Oršić erhielt, sowie des wissenschaftlichen Genies von Professor W. O. Schumann und anderen. Nach den ersten erfolgreichen Tests Fliegender Untertassen in den Dreißigerjahren haben Vril-Gesellschaft und SS 1942 eine Mondstation eingerichtet und seit 1945 sogar das Aldebaran-Sternensystem besucht. Dies geschah alles lange vor der offiziellen Eröffnung des Zeitalters der Raumfahrt mit dem Start des Sputnik-Satelliten 1959 und der Mondlandung 1969.

Könnte etwas Vergleichbares auch in antiken Zivilisationen geschehen sein, so dass die herrschende Oberklasse und ihre Wissenschaftler die nötige Schwelle des technologischen Fortschritts überschritten hätten? Es gibt viele Beispiele für alte Kulturen, die erstaunliche technische Errungenschaften – weit über das hinaus, was man gewöhnlich annimmt – hervorgebracht haben. Diese Zivilisationen könnten einen ähnlichen Weg wie Vril-Gesellschaft und SS beschritten und für eine nationale Elite Fluggeräte gebaut haben, ohne diese auch der allgemeinen Öffentlichkeit zugänglich zu machen.

John Anthony West, ein preisgekrönter Erforscher der Großen Sphinx und des alten Ägypten, schreibt darüber:

> »Ägyptische Wissenschaft, Medizin, Mathematik und Astronomie wiesen einen exponentiell höheren Grad an Verfeinerung und Ausgereiftheit auf als moderne Gelehrte wahrhaben wollen. Die ägyptische Kultur in ihrer Gesamtheit beruhte auf einem vollständigen und präzisen Verständnis universaler Gesetzmäßigkeiten. … Darüber hinaus scheint jeder Aspekt des ägyptischen Wissens von Anfang an vollständig gewesen zu sein. Wissenschaft, künstlerische und architektonische Techniken sowie das System der Hieroglyphen zeigen praktisch keine Periode der ›Entwicklung‹; tatsächlich wurden viele Errungenschaften der frühesten Dynastien später niemals überschritten oder auch nur erreicht. … Die ägyptische Zivilisation war keine Entwicklung, sondern ein Erbe.«[5]

Der berühmte Tempel von Abydos wurde von Sethos I. (gestorben 1279 v.Chr.) und dessen Sohn Ramses II. (gest. 1213 v.Chr.) erbaut, der zur Zeit der 19. ägyptischen Dynastie (1292-1190 v.Chr.) regierte. Auf einer schweren Steinplatte, die die Decke des Tempels stützt, finden sich Hieroglyphen, die vier futuristische Flugmaschinen und/oder Unterwasserfahrzeuge im antiken Ägypten zeigen.[6] Diese Hieroglyphen sind 1848 entdeckt worden – lange vor dem ersten Flug der Gebrüder Wright mit einem Flugzeug im Jahre 1903. Die Hieroglyphen aus dem Tempel von Abydos sind vielfach als konkrete Belege dafür, dass die alten Ägypter über Flugmaschinen verfügten, angeführt worden.[7]

Abb. 27. Im Tempel von Abydos gefundene Hieroglyphen

Bei vielen antiken Völkern verwendeten die Menschen eine ihrer Kultur entsprechende Beschreibung der Flugmaschinen, die sie am Himmel beobachteten. Ähnlich wie »Fliegende Untertasse« in der modernen Welt der erste Begriff für ein unidentifiziertes Flugobjekt war, so diente auch »Fliegender Wagen« den damaligen alten Kulturen als beschreibender Terminus.

In chinesischen Texten ist von einer technologisch hoch entwickelten Zivilisation die Rede, die über »Fliegende Wagen« verfügt habe:

»Alle antiken chinesischen Texte, insbesondere diejenigen von Laotse und Konfuzius, sowie das *I Ging*, sprechen von den Alten und ihrer ruhmreichen Zivilisation. Wahrscheinlich meinen sie damit mindestens die Menschen, die zur Zeit der ›Fünf Könige‹ [2852-2216 v.Chr.] – und womöglich noch früher – lebten. Vom legendären Volk Chi-Kung dieser Frühzeit wird gesagt, dass es ›Fliegende Wagen‹ besessen habe.«[8]

Der Autor, Dozent und Erforscher antiker Kulturen und Technologien David Hatcher Childress beschreibt einige der Bemühungen altchinesischer Erfinder, um Flugmaschinen zu bauen:

»In den Chroniken der Gelehrten des alten China wird berichtet, dass der große Astronom und Ingenieur der Han-Dynastie Chang Heng einen hölzernen Vogel mit einem Mechanismus in seinem Bauch gebaut habe, der fast eine Meile weit fliegen konnte. In einem Buch, das um das Jahr 320 n.Chr. von Ko Hung, einem Alchemisten und Mystiker, verfasst wurde, scheinen Propeller beschrieben zu werden: ›Einige haben Fliegende Wagen aus Holz von den inneren Teilen des Jojoba-Baumes angefertigt, wobei sie Streifen aus Rindsleder verwendeten, die sie an sich drehenden Klingen befestigten, um dadurch die Maschine in Bewegung zu versetzen.‹«[9]

Sogar der legendäre König Salomon (der von 970 bis 931 v.Chr. herrschte) verfügte offenbar über einen Zugang zu irgendeinem Fliegenden Gerät:

»Nach dem *Kebra Negast* [altäthiopisch ›Ruhm der Könige‹] hat König Salomon Makeda [die mythische Königin von Saba] und seinen Sohn Menelik besucht, indem er in einem ›himmlischen Wagen‹ flog. ›Der König … und alle, die seinem Wort gehorchten, flogen ohne Mühsal, Anstrengung und Erschöpfung in dem Wagen und überwanden an einem Tag eine Entfernung, für die man (zu Fuß) drei Monate benötigen würde.‹«[10]

1949 wurde ein großer Sarkophag in einem Gewölbe unter dem Boden des Tempels der Inschriften in Palenque, Mexiko, gefunden. Der Sarkophag hatte ein Zeichen auf der ihn bedeckenden Steinplatte, das ein Wesen zeigt, welches wie ein Astronaut aussieht und für den legendären Maya-Herrscher Pakal gehalten wird:

»Die menschliche Figur, die als Relief auf der Steinplatte dargestellt ist, wurde einigen als ›der Astronaut‹, anderen als ›Pakal‹, der Maya-Herrscher, bekannt. Von den Zeichen her kann man dieses Wesen als Pakal ansehen; angesichts der visuell wahrnehmbaren Gegenstände könnte man etwas erkennen, das wie ein Raumschiff aussieht, in dem er sitzt. Pakal scheint vor einem Steuerpult in einer bewohnbaren Zelle, ähnlich einer heutigen Raumkapsel, zu sitzen. Dieses Relief wurde auf die Zeit um 690 unserer Zeitrechnung datiert, als es offenkundig noch keine Raumschiffe gab, wie wir auf jeden Fall wissen.«[11]

Auch aus jüngerer Zeit gibt es eine Reihe von Maya-Symbolen – entdeckt in der mexikanischen Maya-Pyramide von Calakmul –, die Fliegende Untertassen zeigen.[12] Diese Zeichen sind von dem angesehenen Astrophysiker Nassim Haramein für echt befunden worden, obwohl es eine Kontroverse über ihre Authentizität aufgrund eines gescheiterten Dokumentarfilmprojekts gab, das sie eigentlich bekanntmachen sollte, dann aber zu Rechtsstreitigkeiten geführt hat.[13]

Die umfangreichste Literatur über Flugmaschinen stammt aus Indien. Es gibt eine Reihe von vedischen Texten, die Vimanas (Fliegende Wagen oder Fliegende Paläste) beschreiben. Zu den ältesten gehört eine Passage im *Ramayana*:

»Die *Pushpaka Vimana*, welche der Sonne gleicht und meinem Bruder gehört, wurde von dem machtvollen Ravana gebracht; diese luftleichte und wunderbare Vimana, die auf Wunsch überallhin fliegt … jener Wagen, der einer hellen Wolke am Himmel ähnelt … und der König [Rama] stieg ein, und der herrliche Wagen unter dem Befehl des Raghira erhob sich in die höhere Atmosphäre.«[14]

Das *Samarangana Sutradhara* wird einem König des 11. Jahrhunderts, Bhoja von Dhara, zugeschrieben, der einiges beschreibt, was für den Bau einer Flugmaschine nötig ist:

»Stark und dauerhaft muss der Rumpf der Vimana gebaut werden, ähnlich wie ein großer fliegender Vogel aus einem hellen Material. Innen ist der Quecksilbermotor [*mercury engine*] mit seinem eisernen Heizapparat darunter einzubauen. Durch die im Quecksilber verborgene Kraft, die den Wirbelwind für den Antrieb in Bewegung setzt, kann ein darin sitzender Mann eine große Entfernung am Himmel zurücklegen. Die Bewegungen einer Vimana verlaufen so, dass es vertikal auf- und absteigen oder stehend vorwärts und rückwärts fliegen kann. Mit der Hilfe von Maschinen können menschliche Wesen durch die Luft fliegen, und himmlische Wesen können auf die Erde herabsteigen.«[15]

Abb. 28. Maya-Hieroglyphe, die vermutlich eine Fliegende Untertasse zeigt

Der Bezug auf einen »Quecksilbermotor«, der »den Wirbelwind für den Antrieb in Bewegung setzt«, ist verblüffend. Es handelt sich um eine grobe Beschreibung der kreisförmigen Hochfrequenzrotation eines Quecksilberplasmas, das dadurch einen Magnetfeldstörer hervorbringt, wie weiter vorne von Edgar Fouche beschrieben. Das *Samarangana Sut-*

radhara wurde vor mehr als einem Jahrtausend verfasst, beschreibt aber die gleichen Prinzipien, die, wie in Kapitel 1 dargestellt, beim Antriebssystem des streng geheimen TR-3B Anwendung finden!

Die Behandlung von Quecksilbermotoren in altindischen Texten hat William Clendenon, den Autor von *Mercury: UFO Messenger of the Gods* [»Merkur: UFO-Bote der Götter«], zu der Behauptung veranlasst, dass viele Berichte über Fliegende Untertassen aus neuerer Zeit bis zu den antiken Vimanas zurückverfolgt werden können:

> »Clendenons Ansicht über eine große Zahl diskusförmiger Flugobjekte, die seit 1947 gesehen wurden, besteht darin, dass viele von ihnen Vimanas sind, entweder schon in der Antike oder in der Neuzeit gebaut. Er glaubt, dass das berühmte, von George Adamski (und später von anderen Zeugen) beobachtete Aufklärungsschiff weder eine Täuschung noch ein interplanetarisches Raumschiff ist. Seiner Auffassung nach sind dessen Wirbelmotoren nicht zum interplanetarischen Flug geeignet, sondern … nur für den terrestrischen Flug. … Er glaubt, dass einige dieser Fluggefährte aus antiker Produktion stammen – und von mysteriösen Menschen, die Hunderte von Jahren lang lebten, gesteuert wurden –, und dass andere dieser Fluggefährte moderne Konstruktionen waren und von den Amerikanern, Briten und Deutschen gebaut wurden.«[16]

Clendenon stellt mit seiner Sichtweise eine faszinierende Möglichkeit in den Raum: Antike Eliten waren in der Lage, den Katastrophen zu entkommen, die den Großteil ihrer Bevölkerungen auslöschten und ihre Kulturen hinwegfegten – indem sie die fortgeschrittenen Technologien der von ihnen erbauten Fliegenden Untertassen verwendeten. Wenn dies so ist, flohen diese antiken Eliten dann zum Mond, zum Mars, zu anderen Planeten oder in unbekannte Bereiche des Erdinneren?

Weltraumprogramme der Frühzeit

Nach dem Whistleblower Corey Goode entkamen die Eliten alter Zivilisationen den Katastrophen mit Hilfe hoch entwickelter Raumschiffe, die sie selbst entwickelt hatten. Goode (CG) führt dazu in seiner Antwort auf die Frage nach dem Gesellschaftssystem, das dies ermöglichte, das Folgende aus:

»F16: *Gingen diese antiken menschlichen Gesellschaften einen ähnlichen Weg wie wir heute bezüglich der breiten Öffentlichkeit, vor der die meisten fortgeschrittenen Technologien geleugnet werden, während eine kleine Elite diese monopolisiert, indem sie ein Geheimes Weltraumprogramm verfolgt?*

[CG:] Einige dieser Gesellschaften waren den unseren sehr ähnlich. Die meisten bildeten ein recht unterschiedliches ›Kastensystem‹ aus, in dem ›Königtum‹ und ›Priesterschaft‹ Zugang zum Geheimwissen hatten. Letztere war gewöhnlich in Unterklassen gegliedert, und unter diesen fanden sich diejenigen mit den Spezialisten für ›Wissenschaften‹, ›Magie‹ und so weiter. … Eine Konstante war, dass der ›einfache Mann‹ oder die ›Arbeiterklasse‹ vollständig außen vor gelassen wurde. Für sie gab es lediglich ›Mythen‹ oder ›Geschichten‹, die ›durchsickerten‹ und ihnen bekannt wurden. In vielen Fällen scheint die ›Priesterkaste‹ die Geheimnisse vor den anderen Kasten behütet zu haben.«[17]

Goodes Beschreibung einer von Priestern und Königen beherrschten Kastengesellschaft hilft zu verstehen, wie die Massen bezüglich der hoch entwickelten Luftfahrttechnologien, über die die Elite verfügte, in Unwissenheit gehalten wurden.

Goode antwortete auch auf eine Frage nach dem Unterschied zwischen unserer globalen Zivilisation und antiken Gesellschaften im Hinblick auf den Grad der Teilhabe der allgemeinen Bevölkerung an den fortgeschrittenen Technologien.

»F17: *Man nimmt an, dass in unserer heutigen menschlichen Gesellschaft mehr hoch entwickelte Technologie öffentlich verbreitet wurde als in früheren Zivilisationen, in denen Eliten ein rigideres Monopol darüber innehatten. Stimmen Sie mit dieser Position überein?*

[CG:] Ich stimme dem bis zu einem gewissen Punkt zu. In Zeiten, in denen das ›einfache Volk‹ weniger gebildet war, ist es wesentlich leichter gewesen, das, was die Leute sahen, mit Hilfe von Mystizismus und Zaubergeschichten wegzuinterpretieren. In dem Maße, in dem die ›einfachen Leute‹ zunehmend über Bildung und technisches Wissen verfügten, wurde dies immer schwieriger. Die Entwicklung des ›Bewusstseins‹ der breiten Massen ist also ein wichtiger Faktor. Die Eliten haben auf unterschiedlichste Weise daran gearbeitet, die breite Öffentlichkeit unwissend und unbewusst zu halten hinsichtlich der wahren Kraft unseres ›gemeinsamen/kollektiven Bewusstseins und dessen schöpferischen Fähigkeiten‹. …«[18]

Goode sagt sogar, dass zwischen fünf und sieben antike Weltraumprogramme bis zum heutigen Tag weiter betrieben werden. Darunter ist eine Abgespaltene Zivilisation der Maya, deren erfolgreiche Weltraumprogramme auch interplanetarische Flüge umfassten.

»F19: *Was wissen Sie von einem Geheimen Weltraumprogramm, das mit den antiken Maya zu tun hat? Wie komplex ist deren Technologie im Vergleich zu anderen Weltraumprogrammen?*

[CG:] Ja! Sie sind sehr friedfertig und bleiben für sich. Jüngst haben sie mit einigen anderen Gruppierungen zusammengearbeitet und manchen Personen (darunter mir) mit ihren ›interessanten Technologien‹ geholfen. Wirklich interessant! Sie möchten sicher ein Beispiel hören, nicht wahr? Ein riesiges Fluggerät aus ›Poliertem Stein‹ in geometrisch perfekt zylindrischer Form. Aufgrund ihres technologischen Fortschritts und mit Hilfe von Telepathie nutzen sie sehr unterschiedliche Arten von technischen und physikalischen Prinzipien – das geht in Richtung ›Bewusstsein-Schnittstellen-Technologie‹. Ich mag sie sehr gerne aufgrund meiner kurzen Begegnungen und ihrer Unterstützung.«[19]

Die Erwähnung der »Bewusstsein-Schnittstellen-Technologie« ist bemerkenswert, liegt darin doch eine Parallele zu der Navigationstechnologie, die – wie im vorangegangenen Kapitel ausgeführt – Otis Carr für sein OTC-X1 verwendet hat. Es ist behauptet worden, dass die U.S. Navy ebenso wie die Streitkräfte bis in die Achtzigerjahre hinein aufgrund von Sabotageakten durch NS-/Dunkle-Flotte-Agenten nicht in der Lage war, ähnliche Navigationstechnologien für Interstellarreisen zu entwickeln. Nikola Teslas Ideen, auf denen Carrs Arbeit an seiner Fliegenden Untertasse in den späten Fünfzigern beruhte, enthielten offenbar die wesentlichen Prinzipien, um eine solche fortgeschrittene Bewusstsein-Schnittstellen-Technologie zu entwickeln, wie sie von der Abgespaltenen Zivilisation der Maya genutzt wurde.

Hinsichtlich der im Tempel von Abydos entdeckten Hieroglyphen-Zeichnungen von Fliegenden Untertassen wurde Goode gefragt, wie weit das Wissen von Flugzeugen und Raumschiffen in der altägyptischen Gesellschaft verbreitet gewesen ist:

»F18: *Im Tempel von Abydos in Ägypten findet sich eine Zeichnung, die hoch entwickelte Technologien zeigt ... Handelt es sich dabei um Technologie, die der antiken ägyptischen Gesellschaft weithin bekannt oder Teil eines Geheimen Weltraumprogramms war?*

[CG:] Ja, absolut! Es sei denn, sie gehörte zu einer der vorher schon ›Abgespaltenen Zivilisationen‹, von deren ›Technologie‹ sie Zeuge wurde. Wenn man aber den Ort (den Tempel) bedenkt und die Tatsache, dass die ›Priesterkaste‹ oft ›mehr Ahnung‹ hatte als ihre Könige oder Herrscher ... Es kann gut sein, dass meine Antwort auf Ihre Frage unmittelbar davon abhängt, was sie verwendeten. Wir wissen mit Sicherheit, dass sie auch mit ›außerweltlichen‹ Gruppen und mit ›Antiken Abgespaltenen und Trickster-Gott-Zivilisationen‹ in ›Kontakt‹ standen.«[20]

Goode wurde außerdem die Frage nach Geheimen Weltraumprogrammen im Zusammenhang mit den antiken atlantischen und griechischen Gesellschaften gestellt:

»F20: *Plato schrieb von einem Krieg zwischen antiken Atlantern und Griechen, in dem letztere sich gegen eine machtvolle atlantische Streitmacht behaupteten. Gab es ein atlantisches und/oder griechisches GWP?*

[CG:] Es waren sehr oft die ›untere Kaste‹ oder die einfachen Leute, die das, was sie beobachteten, so gut, wie sie konnten, in den Begriffen ihrer Zeit erklärten. Es gab alle möglichen Schlachten, und dies waren Zeiten, in denen sowohl ›außerweltliche Gruppen‹ als auch ›Antike Abgespaltene Gruppen‹ am Himmel erschienen und auf der Erde unter den ›gewöhnlichen Menschen‹ wandelten (wenn sie ihre unterirdischen Botschaften/Basen oder die ›himmlischen‹ Stützpunkte auf ihren Einsätzen oder Beobachtungsmissionen – je nach ihrer Agenda – verließen).

Es könnte eine frühere Antike Abgespaltene Zivilisation gewesen sein, die eine andere bekämpfte, oder eine außerweltliche Zivilisation im Kampf um die Kontrolle eines Teils des Planeten oder des gesamten (viele solche Geschichten wurden von Kultur zu Kultur weitergegeben, ergänzt und mit der Zeit verändert). Ich habe nichts gesehen, was auf ein richtiges ›Abgespaltenes Weltraumprogramm antiker Griechen‹ hingewiesen hätte. Es gab einige enge Bande zwischen den antiken Griechen und einer antiken Abgespaltenen Gruppe, zu der sie mehrere genetische und soziale Verbindungen unterhielten. Dasselbe kann von den antiken Römern und einer der mächtigeren Gruppierungen des Römischen Imperiums unserer Zeit gesagt werden. Diese Beziehungen sind kompliziert und noch immer in mancherlei Hinsicht sehr umstritten.«[21]

Schließlich wurde Goode nach der altindischen Gesellschaft des vedischen Zeitalters gefragt:

»F21: *Die Veden beziehen sich auf fliegende Städte, die mit einem großen Krieg in Zusammenhang stehen (Mahabharata) – gehörten diese Städte zu einem altindischen Geheimen Weltraumprogramm oder sind sie Relikte älterer Zivilisationen?*

[CG:] Es handelte sich dabei um das, was wir bei den GWPs als Trägerschiffe oder in der Ufologie als ›Mutterschiffe‹ bezeichnen. Man hat Schlachten zwischen antiken Abgespaltenen Zivilisationen und ›außerweltlichen Wesen‹ beobachtet, ähnlich Ereignissen, wie man sie bezüglich anderer Kulturen, darunter die Griechen oder die Wikinger, beschrieben hat. ... Diese Konflikte ereigneten sich meist außerhalb der Erdatmosphäre und in der Nähe des Mondes (sowie weiter entfernt im Sonnensystem), aber manchmal fanden solche Schlachten in der Antike sowie im Mittelalter (und später) auch am Himmel, auf dem Erdboden und unterhalb desselben statt. Es gibt eine Vielzahl geheimer Berichte über diese Kämpfe, die sich im Besitz des Vatikans und anderer ›elitärer‹ Gemeinschaften befinden und mittlerweile in ›die Datenbank‹ eingescannt wurden, zu der die ›Intelligenten Glaspads‹ einem Zugang verschafften (ebenso wie zu Außenwelt-›Datenbanken‹, je nach Situation).«[22]

Goodes Antwort ist ziemlich bemerkenswert, da er annimmt, die gewaltigen, trägerartigen Mutterschiffe seien bereits früher gebaut worden. Mit Tausenden von Menschen an Bord könnte man sie gut als fliegende Städte bezeichnet haben.

Abgesehen von seiner Erwähnung einer Abgespaltenen Zivilisation der Maya war Goode nicht geneigt, die fünf bis sieben antiken Zivilisationen zu benennen, deren Vertreter noch heute tätig sind. Er behauptete, dass manche vorgeben würden, außerirdischer Herkunft zu sein, um so Personen und (Weltraum-)Programme, mit denen sie in Kontrakt treten, zu täuschen:

»F15: *Sie sagen, dass das GWP … die GWP-Allianz das Solar-Warden-GWP sowie noch fünf bis sieben weitere Geheime Weltraumprogramme umfasst, die zu antiken Erdzivilisationen gehören. Können Sie benennen, von welchen Zivilisationen sie stammen?*

[CG:] Nein, das ist in einigen Fällen umstritten. Einige dieser Gruppen haben in der UFO-Community ein ganzes Glaubenssystem um sich herum geschaffen. Manche haben sich auch Einzelpersonen oder kleinen Gruppen genähert oder mit ihnen Kontakt aufgenommen und ihnen mitgeteilt, sie wären ›Außerirdische‹ von diesem Sternensystem oder jener Föderation und so weiter … Das war ein Schwindel, den sie in Bezug auf die GWPs eine Zeitlang durchgezogen haben, bis er zum ersten Mal vermutet und später von anderen ›außerweltlichen‹ Verbündeten widerlegt wurde, von anderen antiken ›Abgespaltenen Zivilisationen‹ und durch ausgiebige Forschungen und Expeditionen der GWPs selbst zu diesen ›Sternensystemen‹, um ihre Behauptungen zu verifizieren. … Es wird noch eine heftige Gegenreaktion von Leuten erfolgen, die überzeugt davon sind, dass diese Gruppen ›wohlmeinende Außerirdische‹ sind, die für die ›Rettung der Menschheit arbeiten‹. Solche irregeleiteten Menschen werden die Gesandten heftig attackieren.«[23]

In seiner Antwort auf eine Frage auf seiner FAQ-Seite für häufig gestellte Fragen möchte Goode klarstellen, dass er damit nicht gesagt habe, alle antiken Abgespaltenen Zivilisationen seien betrügerisch. Vielmehr meint er, dass einige davon sogar sehr wichtige humanitäre Arbeiten auf der Erde und in Kolonien auf anderen Welten verrichten, bei denen es um misshandelte Menschen geht:

»Es gibt eine ›Handvoll‹ antiker ›Abgespaltener Zivilisationen der Menschen‹. Ein paar sind sehr wohltätig und hielten bis vor Kurzem Distanz zu allen anderen Gruppen. Sie sind dadurch hervorgetreten, dass sie viel für die Rettung und Rehabilitierung mancher Menschen getan haben, die bei bösartigen Überfällen einiger negativer Alienrassen von der Erde ›entführt‹ wurden, aber auch für andere, menschliche Sklaven, die an Aliens verkauft und zu anderen Sternensystemen verschleppt wurden. Manche dieser Menschen haben einen solchen Horror durchlitten, dass sie aus verschiedenen Gründen noch nicht in der Verfassung sind, in unsere gegenwärtige Gesellschaft zurückzukehren. Einige dieser antiken Abgespaltenen Gruppen haben auch Kolonien in anderen Sternensystemen gegründet und eine große Zahl dieser Opfer dorthin gebracht, um sie zu rehabilitieren. Ich möchte dies klar zum Ausdruck bringen, damit nicht alle durch meine jüngsten Enthüllungen in Verruf geraten.«[24]

Gleichwohl möchte Goode daran festhalten, dass die meisten dieser antiken Abgespaltenen Gruppen betrügerisch sind – auf der Grundlage ihrer Geschichte des wechselseitigen Austauschs mit den Geheimen Weltraumprogrammen:

»Die Mehrheit von ihnen hat sich allerdings viele Jahrhunderte lang sehr betrügerisch gezeigt und sich selbst als ›Götter‹, ›Engel‹ und ›Außerirdische von Föderationen, die der Menschheit helfen‹, dargestellt. Es war nicht bekannt, dass manche Gruppen, die sich als außerirdisch ausgaben, in Wahrheit Abgespaltene Gruppierungen antiker Zivilisationen waren, die vor langer Zeit untergegangen sind. Und viele der echten ›Außerirdischen‹ haben uns nicht die Wahrheit darüber gesagt, wo ihre

> heimatlichen Sternensysteme liegen. In den GWPs fingen wir an, verschiedene Bezeichnungen für diese ›Wesen‹ einzuführen und sie nicht nach ihrer angeblichen Herkunft in irgendeinem Sternensystem zu benennen. Dies ist ein sehr sensibles Thema, das nun schon seit vielen Jahren mit Desinformationen und Täuschungen überfrachtet wird. Nach ›der Enthüllung‹ oder ›dem Ereignis‹ werden wir alle in vielerlei Hinsicht umlernen und neu lernen müssen.»[25]

Goodes Behauptungen sind zweifellos sehr umstritten. Von den vielen, die angeblich Kontakte hatten, wie George Adamski, Howard Menger und in neuerer Zeit Billy Meier, standen einige möglicherweise überhaupt nicht mit Außerirdischen in Kontakt. Vielmehr hatten sie es mit antiken Abgespaltenen Zivilisationen zu tun, die sich als Außerirdische ausgaben. Diese Informationen bekam Goode durch die »Intelligenten Glaspads«, auf die er Zugriff hatte und die im Rahmen der Geheimen Weltraumprogramme, an denen er teilnahm, allgemein leicht verfügbar waren.

Aber welche Motive haben antike Abgespaltenene Zivilisationen der Menschen, so etwas zu tun? Eines ist manipulativer Natur, wie Goode meint. Die Maskierung als Außerirdische könnte heute einen ähnlichen Effekt haben wie in antiken Gesellschaften, in denen die Anwender fortgeschrittener Technologien als Götter verehrt wurden. Es gibt deutliche Vorteile für antike Abgespaltene Zivilisationen, wenn sie von Kontaktlern für außerirdische Besucher (die ›Götter‹ der heutigen Zeit) gehalten werden. Die antike Abgespaltene Gruppe könnte imstande sein, mehr Einfluss auf gewisse Teile der Menschheit auszuüben, wenn diese überzeugt sind, dass die Besucher sich sehr von Menschen unterscheiden. Darüber hinaus könnten die antiken Eliten Abgespaltener Zivilisationen Bündnisse mit heutigen Eliten schließen, bei denen beide Seiten einen Nutzen daraus ziehen, die große Mehrheit der Menschen über fortgeschrittene Technologien und die wahre Geschichte der Menschheit in Unwissenheit zu halten.

Es ist wichtig anzumerken, dass sich, wie Goode hervorhebt, nicht alle antiken Abgespaltenen Gruppen in dieser manipulativen Weise verhalten. Einige unterstützen die Menschheit auch dabei, sich hinsichtlich ihrer Errungenschaften und ihres Einfallsreichtums wieder mit ihrem alten Erbe zu verbinden. Die Implikationen sind erstaunlich. Es bedeutet, dass die Menschheit die angeborene Fähigkeit besitzt, hoch entwickelte Technologien auf der Basis freier Energie zu entwickeln, interstellare Reisen durchzuführen, holografische Heilmethoden anzuwenden und so weiter. Menschliche Erfinder haben die Möglichkeit, das kollektive Unbewusste der Menschheit anzuzapfen, das sich bis ins Altertum erstreckt, und fortgeschrittene Technologien hervorzubringen. Erfinder und Wissenschaftler wie Nikola Tesla, Thomas Townsend Brown, Viktor Schauberger, Winfried Schumann und viele andere haben dies in der Vergangenheit getan. Außerirdische Besucher, ob sie nun echt sind oder nicht, sind nicht zwangsläufig die Retter der Menschheit, weil sie ihr fortgeschrittene Technologien bringen. Vielmehr können außerirdische Besucher die Menschheit dazu inspirieren, diejenigen Technologien neu zu erfinden, die erforderlich sind, um die Bedingungen des Menschseins in jeder Hinsicht zu verbessern. Es ist zweifellos sehr wichtig, das im Hinterkopf zu behalten, wenn wir uns jetzt den Interaktionen der Außerirdischen mit der Menschheit und den Geheimen Weltraumprogrammen zuwenden.

Anmerkungen

1 *Ancient Aliens*, History Channel, http://www.history.com/shows/ancient-aliens/about (aufgerufen am 01.08.2015)

2 *Manetho*, ins Englische übersetzt von W. G. Waddell (Harvard University Press, 1940)

3 Thorkild Jacobsen, *The Sumerian King List* (University of Chicago Press, 1939), 71/77

4 Ihre jeweils ersten Bücher über dieses Thema waren: Erich von Däniken, *Erinnerungen an die Zukunft* (1968) und Zecharia Sitchin, *Der 12. Planet* (1976); von beiden liegen mehrere deutsche Ausgaben vor.

5 Zitiert nach David Hatcher Childress, *Technology of the Gods: The Incredible Sciences of the Ancients* (Adventures Unlimited Press, 2001), 12. – Dt. Ausgabe: *Technologie der Götter*, Michaels Verlag, Peiting 2003.

6 Siehe »The Abydos Helicopter & Secrets of the Golden Section«, http://vejprty.com/abyhelic.htm (aufgerufen am 08.07.2015)

7 »Did Ancient Egyptians use Aircraft in Battle?«, http://www.ufodigest.com/egyptplanes.html (aufgerufen am 08.07.2015)

8 David Hatcher Childress, *Technology of the Gods: The Incredible Sciences of the Ancients*, 12.
9 David Hatcher Childress, *Technology of the Gods: The Incredible Sciences of the Ancients*, 147.
10 David Hatcher Childress, *Technology of the Gods: The Incredible Sciences of the Ancients*, 155.
11 Charles William Johnson, »Pakal, The Maya Astronaut: A Study Of Ancient Space Travel«, http://earthmatrix.com/serie26/pakal.htm (aufgerufen am 13.07.2015)
12 *Wikipedia*, »Calakmul«, https://en.wikipedia.org/wiki/Calakmul (aufgerufen am 13.07.2015)
13 Gary Vey, »Ancient Mayan Artefacts: or Another Hoax«, http://www.viewzone.com/mexstatues.html (aufgerufen am 13.07.2015)
14 *Ramayana*, Elysium Press, 1892/1910, übersetzt von Manmatha Nath Dutt (1855-1912). Zitiert in *Wikipedia*, https://en.wikipedia.org/wiki/Vimana#cite_note-3 (aufgerufen am 13.07.2015)
15 *The Samarangana Sutradhara*, Chapter 1, 95-100. Zitiert nach Come Carpentier, »Indian Cosmology Revisited in the Light of Current Facts«, http://www.exopoliticsjournal.com/vol-3/vol-3-4-Carpentier.htm (aufgerufen am 16.07.2015)
16 David Hatcher Childress, *Technology of the Gods: The Incredible Sciences of the Ancients*, 277.
17 »Questions for Corey/GoodETxSG – April 12, 2015«, http://exopolitics.org/ancient-space-programs-human-extraterrestrial-alliance-meetings/ (aufgerufen am 13.07.2015)
18 »Questions for Corey/GoodETxSG – April 12, 2015«, http://exopolitics.org/ancient-space-programs-human-extraterrestrial-alliance-meetings/ (aufgerufen am 13.07.2015)
19 »Questions for Corey/GoodETxSG – April 12, 2015«, http://exopolitics.org/ancient-space-programs-human-extraterrestrial-alliance-meetings/ (aufgerufen am 13.07.2015)
20 »Questions for Corey/GoodETxSG – April 12, 2015«, http://exopolitics.org/ancient-space-programs-human-extraterrestrial-alliance-meetings/ (aufgerufen am 13.07.2015)
21 »Questions for Corey/GoodETxSG – April 12, 2015«, http://exopolitics.org/ancient-space-programs-human-extraterrestrial-alliance-meetings/ (aufgerufen am 13.07.2015)
22 »Questions for Corey/GoodETxSG – April 12, 2015«, http://exopolitics.org/ancient-space-programs-human-extraterrestrial-alliance-meetings/ (aufgerufen am 13.07.2015)
23 »Questions for Corey/GoodETxSG – April 12, 2015«, http://exopolitics.org/ancient-space-programs-human-extraterrestrial-alliance-meetings/ (aufgerufen am 13.07.2015)
24 FAQs »Sphere Being Alliance«, http://spherebeingalliance.com/faqs (aufgerufen am 13.07.2015)
25 FAQs »Sphere Being Alliance«, http://spherebeingalliance.com/faqs (aufgerufen am 13.07.2015)

11 Außerirdische Interaktionen mit Geheimen Weltraumprogrammen

Es gibt mindestens vier Geheime Weltraumprogramme, die über kleine Ableger mit Speziellen Zugriffsprogrammen (SAPs) verfügen und auf die erfolgreiche Entwicklung Fliegender Untertassen durch die Vril-Gesellschaft und NS-Deutschland in den Dreißigerjahren zurückgehen, wie in Kapitel 2 und Kapitel 3 dargestellt wurde. Diese Programme, wobei das Zusammenspiel der SAPs sogar ein fünftes bildet, haben Stützpunkte auf dem Mond und dem Mars eingerichtet und/oder Flotten für Interstellarreisen aufgebaut. Jedes dieser Programme wird entweder von nationalen Sicherheits- oder Konzerneliten oder von Geheimgesellschaften kontrolliert. Wie wir nur zu gut wissen, ist keines davon der Öffentlichkeit bisher bekanntgemacht worden, stattdessen werden sie weiter im Rahmen verschiedener nationaler Sicherheitssysteme der Regierungen geheimgehalten. Gäbe es keine Whistleblower und geleakte Dokumente, hätten wir von diesen Geheimen Weltraumprogrammen keinerlei Kenntnis.

Zusätzlich zu den genannten Programmen haben wir in Kapitel 10 weitere behandelt, deren Ursprünge weit in die menschliche Geschichte zurückreichen. Auch sie wurden von den militärischen, politischen und religiösen Eliten der jeweiligen Gesellschaft strikt kontrolliert. Mindestens eines kann bis zur Maya-Zivilisation zurückverfolgt werden; wenn Corey Goode recht hat, umfasst dieses Programm Flotten, die für interstellare Flüge tauglich sind, und unterhält Kolonien in anderen Sternensystemen.

Beziehen wir in das, was innerhalb dieser verschiedenen Geheimen Weltraumprogramme geschieht, noch eine weitere Komplexitätsstufe mit ein, dann kommen wir zur Existenz außerirdischer

Zivilisationen, die unsere Welt besuchen oder auf ihr Einfluss ausüben. Ein Beispiel dafür ist die Kooperation der Vril-Gesellschaft beziehungsweise NS-Deutschlands mit einer oder mehreren außerirdischen Gruppen in dem Bestreben, ein Geheimes Weltraumprogramm zu entwickeln. Dies geschah in den Zwanziger- und Dreißigerjahren des vorigen Jahrhunderts. Die Gruppen von Außerirdischen, die in Kapitel 2 und Kapitel 4 erwähnt werden, stammen angeblich von den Sternensystemen Aldebaran und Alpha Draconis sowie aus dem Erdinneren (letztere nenne ich »Intraterrestrische« oder »Innerirdische«). Im Zuge des Baus spaltbarer Nuklearwaffen in den Vierziger- und noch wirkungsvolleren Thermonuklearwaffen in den Fünfzigerjahren scheinen weitere außerirdische Gruppierungen Interesse an den Angelegenheiten auf der Erde entwickelt zu haben.

In meinem Buch *Galactic Diplomacy: Getting to Yes with ET* (»Galaktische Diplomatie: E.T. ein Ja abringen«) beschreibe ich neunzehn verschiedene außerirdische oder »innerirdische« Gruppen.[1] Diese Darstellungen beruhen auf vielen Erfahrungsberichten und den Angaben von Whistleblowern, die unmittelbar mit einer oder mehreren dieser Gemeinschaften von Außerirdischen zu tun hatten. Ich habe auch eine zusammenfassende Auflistung dieser Gruppen erstellt, aus der hervorgeht, wie die meisten von Außerirdischen kontaktierten Menschen deren Aktivitäten schilderten. Die verschiedenen außerirdischen Gruppen wurden im Hinblick darauf eingeteilt, wie sie zur Zusammenarbeit mit dem Militärisch-Industriellen Komplex hinsichtlich der Entwicklung fortgeschrittener Technologien stehen, die allerdings eher in geheimen Programmen als zum Nutzen der gesamten Menschheit Anwendung fanden. Wie in *Galactic Diplomacy* dargelegt, bildeten diese Außerirdischen mit nationalen Sicherheitsorganen und ökonomischen Eliten einen »Militärisch-Industriell-Außerirdischen Komplex« (Military Industrial Extraterrestrial Complex, MIEC). Die neunzehn außerirdischen Gruppen, die ich in *Galactic Diplomacy* behandelt habe, werden dahingehend kategorisiert, ob sie dem MIEC angehörten oder außerhalb von ihm operierten.

Die nachfolgende Tabelle liefert eine Übersicht über die außerirdischen Gruppen, die mit dem MIEC kooperierten; sie beruht auf dem Material für *Galactic Diplomacy* sowie auf dem, was bislang über die Zusammenarbeit von Vril-Gesellschaft und SS mit außerirdischen und innerirdischen Gruppierungen dargestellt wurde. [Für weitergehende Beschreibungen dieser Gruppen und der verschiedenen Augenzeugenberichte oder Darstellungen von Whistleblowern siehe mein Buch *Galactic Diplomacy*.[2]]

Tafel 1: Gruppierungen, die mit dem Militärisch-Industriell-Außerirdischen Komplex zusammengearbeitet haben

Außerirdische Gruppen	**Hauptaktivitäten**	**Daraus resultierende globale Probleme**
Kleine Greys (Zeta Reticulum & Orion)	Entführung von Menschen, genetische Experimente, Bewusstseinsprogrammierung, Überwachung von Menschen durch Implantate, Klonen und Züchten von Hybriden aus Menschen und Greys, galaktischer Sklavenhandel	– traumatisierte »Entführte« – genetisch veränderte Menschen – durch Implantate überwachte Menschen – geistig programmierte »Entführte« – Verstöße gegen Menschenrechte
Große Greys – Große Weiße (Orion)	Genetische Experimente, Schaffung einer Hybridrasse aus Menschen und Greys, Bewusstseinskontrolle, diplomatische Verträge mit der »Schattenregierung«, galaktischer Sklavenhandel	– genetisch veränderte Menschen – Verstöße gegen Menschenrechte – geistig programmierte »Entführte« – korrumpierte politische Eliten – Unterwanderung nationaler Sicherheitsbehörden

Außerirdische Gruppen	Hauptaktivitäten	Daraus resultierende globale Probleme
Gottes-anbeterinnen	Überwachung genetischer Experimente, Hilfe bei der Unterwerfung von Menschen, die den Greys Widerstand entgegensetzen, Bewusstseinskontrolle, diplomatische Verträge mit der »Schattenregierung«, galaktischer Sklavenhandel	– genetisch veränderte Menschen – Menschen, die durch Implantate überwacht werden – »Entführte« mit Bewusstseinsprogrammierung – korrumpierte politische Elite – Verstöße gegen Menschenrechte
Indigene Reptiloide Innerirdische (Erde)	Beteiligung an Abmachungen mit nationalen Sicherheitsbehörden, die zu Menschenrechtsverletzungen führen; Manipulation menschlicher Eliten, Beeinflussung religiöser Glaubenssysteme, galaktischer Sklavenhandel	– Menschenrechtsverstöße – Gentechnologie – Korrumpierung und Beherrschung von Eliten – Zwietracht durch widersprüchliche religiöse Dogmen – Eugenik
Draco-Reptiloide (Alpha Draconis)	Kontrolle menschlicher Eliten, Institutionen, Geheimgesellschaften und des Finanzsystems Militarismus; Erzeugung von Mangel, Unsicherheit und Kämpfen Manipulation der Greys sowie der innerweltlichen Reptiloiden; galaktischer Sklavenhandel	– Konzentration des globalen Reichtums beziehungsweise der Armut – korrupte Eliten und Institutionen – ethnische/religiöse Gewalt – Menschenrechtsverstöße – Erstarken von Gewalt und Terrorismus – Drogenhandel & organisierte Kriminalität
Sirianer (Sirius B)	Beteiligung an Technologie-Austauschprogrammen, die militärische Zusammenarbeit angesichts potenzieller außerirdischer Bedrohungen fördern	– geheime Waffenentwicklung – Einsatz exotischer Waffen – Missbrauch von Bürgern bei Zeitreise-Experimenten

Außerirdische Gruppen	Hauptaktivitäten	Daraus resultierende globale Probleme
Anunnaki (Nibiru)	Kontrolle der langfristigen menschlichen Evolution durch elitäre Gruppen, Systeme und Institutionen; Manipulation des menschlichen Bewusstseins Wettstreit mit Draconern um die Herrschaft über die Erde	- Elitenmanipulation - religiöser Fundamentalismus - patriarchale globale Kultur - Vorherrschaft der Gewalt
Aldebaraner	Zusammenarbeit mit Vril-Gesellschaft und anderen Geheimgesellschaften; Förderung von Eugenik, Rassenreinheit und fortgeschrittenen Technologien	- Eugenik - ethnische Säuberungen - Elitenmanipulation - hierarchisches Kastensystem

Die folgende Tabelle enthält eine Zusammenfassung außerirdischer Gruppierungen außerhalb der mit dem MIEC gleichgesetzten »Galaktischen Diplomatie«. [Für detaillierte Beschreibungen aller Gruppen, der verschiedenen Zeugnisse oder Berichte von Whistleblowern, die über entsprechende Informationen verfügen, siehe *Galactic Diplomacy.*[3]]

Tafel 2: Gruppierungen außerhalb des Militärisch-Industriell-Außerirdischen Komplexes

Außerirdische Gruppen	Hauptaktivitäten	Unterstützung bei globalen Lösungen
Innerirdische (Erde) Menschen	Unterstützung der Menschheit an der Erdoberfläche beim Lernen aus ihrer frühen irdischen Geschichte; Wiederherstellung der menschlichen Langlebigkeit, Entwicklung psychischer Fähigkeiten, Beendigung von Militarismus und Umweltschutz	- Umweltschutz - Förderung von biologischer Vielfalt - Steigerung der Gesundheit des Menschen und seiner Fähigkeiten - Wiederentdeckung der Geschichte der Menschheit

Außerirdische Gruppen	**Hauptaktivitäten**	**Unterstützung bei globalen Lösungen**
Solarer (Venus, Mars, Saturn etc.)	Unterstützung der Entwicklung des menschlichen Bewusstseins, Eindämmung des Einsatzes destruktiver Militärtechnologien, Beratung politischer Führer, Hilfe bei der Einführung neuer Technologien, Entwicklung eines größeren Respekts vor allen Formen fühlenden Lebens	– Ächtung des Militarismus – Umweltschutz – Förderung der biologischen Vielfalt – Einführung neuer Energie-Technologien – Förderung des spirituellen Bewusstseins – Umgang mit »bösartigen« Außerirdischen
Alpha-Centaurier (Alpha Centauri)	Förderung des Weltfriedens, von sozialer Gerechtigkeit, Menschenrechten, Freiheit und der verantwortungsvollen Verwendung fortgeschrittener Technologien	– soziale Gerechtigkeit auf globaler Ebene – Menschenrechte und Freiheit – Bereiche des Friedens und der Menschenrechte – nachhaltige Entwicklungen
Lyraner (Lyra)	Verbreitung der einzigartigen Geschichte der nordischen Menschenrasse in der Galaxis und Hilfe beim Verständnis menschlicher Motive und Potenziale	– Wiederentdeckung der wahren Geschichte der Menschheit – Verständnis der galaktischen Geschichte – Entdeckung des Wesens des Menschen – Diplomatie und Konfliktlösung
Weganer (Lyra)	Verbreitung der einzigartigen Geschichte der dunkleren/blauhäutigen menschlichen Rasse in der Galaxis und Hilfe beim Verständnis menschlicher Motive und Potenziale	– Wiederentdeckung der Geschichte der Menschheit – Verständnis der galaktischen Geschichte – Entdeckung des menschlichen Wesens – Diplomatie und Konfliktlösung

Außerirdische Gruppen	Hauptaktivitäten	Unterstützung bei globalen Lösungen
Plejader (Plejaden)	Unterstützung der Menschheit bei der Befreiung von Unterdrückung durch Steigerung des Bewusstseins und Gewährung der Zuflucht in Kolonien	– universale menschliche Rechte und Bildung – partizipatorische demokratische Systeme – Evolution des menschlichen Bewusstseins
Prokyoner (Prokyon)	Förderung effektiver Gegenwehr bei außerirdischer Zersetzung, Entwicklung eines »multidimensionalen Bewusstseins«, Einsatz mentaler Bilderwelten gegen außerirdische Gedankenkontrolle, Beobachtung feindlicher außerirdischer Aktivitäten	– Offenlegung außerirdischer Unterwanderung (auch im Internet) – Beendigung der globalen Geheimhaltung von Außerirdischen – multidimensionales Bewusstsein – Deprogrammierung von Bewusstseinskontrolle – universale Menschenrechte
Tau-Cetianer (Tau Ceti)	Offenlegung außerirdischer Unterwanderung und Kontrolle, Identifikation korrupter Eliten und Institutionen, Erhöhung des menschlichen Bewusstseins, Bekämpfung außerirdischer Gedankenkontrolle, Eindämmung von Militarismus	– Offenlegung von Korruption und Manipulation – Beobachtung von außerirdischer Unterwanderung – multidimensionales Bewusstsein – Deprogrammierung von Gedankenkontrolle und Konfliktlösung
Andromedaner (Andromeda)	Erleichterung von Entscheidungen der galaktischen Gemeinschaft in Bezug auf die derzeitige Situation der Erde; innovative Strategien zur Konfliktlösung, Erziehung der Jugend; Kornkreise	– Erziehung von spirituellen und sensitiven Kindern – Offenlegung der Manipulationen durch Eliten – Verbesserung globaler Führung – Diplomatie und Konfliktlösung – Kommunikation mit Außerirdischen

Außerirdische Gruppen	Hauptaktivitäten	Unterstützung bei globalen Lösungen
Sirianer (Sirius A) Menschen & Katzenartige	Unterstützung beim Aufbau eines nachhaltigen ökologischen Systems für die (menschliche) Entwicklung auf der Erde durch Veränderung des »biomagnetischen Netzes« des Planeten	- globaler Umweltschutz - Förderung von biologischer Vielfalt - Anhebung des menschlichen Bewusstseins - Hilfe bei der Gründung neuer Zivilisationen
Ummiten (Ummo)	Verbreitung technischen Wissens, Transformation der wissenschaftlichen Kultur, globale Erziehung	- transformatorische Wissenschaft und Bildung - Entwicklung alternativer Technologien
Arcturianer (Arcturus)	Verbindung spiritueller Werte mit fortgeschrittenen Technologien; strategischer Rat bei der Transformation planetarischer Systeme; Kornkreise	- globale Leitung - Integration globaler Systeme - Koordination der Beziehungen mit Außerirdischen - Diplomatie und Konfliktlösung

Obwohl *Galactic Diplomacy* eine nützliche Übersicht über die verschiedenen außerirdischen Gruppen auf der Grundlage ihrer Zusammenarbeit mit dem Militärisch-Industriellen Komplex und Privatleuten liefert, enthält es doch keine Informationen darüber, wie diese Gruppen mit den unterschiedlichen Geheimen Weltraumprogrammen interagieren. Wie schon in früheren Kapiteln dargestellt, verfolgen die Programme unterschiedliche Ziele und operieren auf verschiedene Weise. Dies führt zu einem dynamischen Komplex von Beziehungen zu den uns besuchenden außerirdischen Gruppen oder zu den »Innerirdischen«, die im Inneren der Erde ihre Stützpunkte haben. Es ist von vitalem Interesse zu wissen, ob die verschiedenen außerirdischen Gruppen sich in irgendeiner Weise organisiert haben, um mit der komplexen Situation auf der Erde beziehungsweise den vielfach Geheimen

Weltraumprogrammen umzugehen, die ebenso der Neuzeit als auch antiken Zivilisationen entstammen.

In dieser Hinsicht sind Corey Goodes Enthüllungen äußerst hilfreich. Goode sagt, dass Außerirdische in verschiedenen Bündnissen mit einem oder mehreren der obigen Geheimen Weltraumprogramme interagieren oder zusammenarbeiten. Goode fasst diese komplexe Situation folgendermaßen zusammen:

> »Es gibt viele, die an den drei verschiedenen Geheimen Weltraumprogrammen teilgenommen haben, die von den Geheimen Weltregierungen unabhängig sind. (Eine davon ist ein mächtiger Interplanetarischer Mischkonzern [ICC], dem die meisten Mars-Stationen gehören.) Weiterhin gibt es fünf bis sieben ›Antike Irdische Abgespaltene Zivilisationen‹, die Stützpunkte hier auf der Erde unterhalten. All diese genannten Gruppen sind mit allerlei verschiedenen ›Außerweltlichen Wesenheiten‹ und ›Föderationen in der Art der Vereinten Nationen‹ verbündet, darunter ›menschenähnliche Außerirdische‹ und ›nicht menschliche Außerirdische‹ (alle mit UNTERSCHIEDLICHEN ZIELSETZUNGEN).«[4]

Goode behauptet, dass es vier Hauptgruppen von Außer- und Innerirdischen gibt, darunter eine neuere Gruppe von Wesen mit sechs- bis neunfacher Dichte; diese interagieren auf unterschiedliche Weise mit den Geheimen Weltraumprogrammen sowie miteinander in Allianzen, die sie gebildet haben.[5] Goode liefert sehr hilfreiche Informationen über diese Bündnisse, die für die Erde und die Geheimen Weltraumprogramme in dieser historischen Epoche bedeutsam sind.

Die Allianz Geheimer Weltraumprogramme

Goode enthüllt die Existenz einer »Allianz Geheimer Weltraumprogramme« – der Secret Space Program Alliance –, die um das Solar-Warden-Programm herum gebildet wurde; sie zog ähnlich gesinnte Gruppen und Programme an, die eher vom Geist der amerikanischen Verfassung geprägt waren und die Zukunft der Erde auf eine ethische

Weise zu gestalten suchten. Überläufer von den anderen Geheimen Weltraumprogrammen – dem Interplanetary Corporate Conglomerate (ICC), der Dunklen Flotte und den kleineren, übelgesinnten SAPs – brachten Schiffe und Ressourcen mit. Goode sagt, dass die GWP-Allianz von einem gemeinsamen Rat von Repräsentanten verschiedener Organisationen, die die Allianz ausmachen, geführt wird:

> »Der ›Rat der GWP-Allianz‹ ist eine Gruppe von Führungspersönlichkeiten auf verschiedenen Ebenen von Battalionen, Regimentern, Divisionen, Flügeln und Corps aus jeder der alliierten Gemeinschaften, die die Allianz bilden. Es gibt eine große Zahl von Mitgliedern dessen, was das Projekt Solar Warden gewesen ist, von Überläufern aus der Verbindung, die als ICC bezeichnet wird (und aus vielen Firmenzusammenschlüssen und -zweigen mit einem Leiter zusammengesetzt ist), von verbliebenen Angehörigen der Dunklen Flotte sowie von mehreren verdeckten Militärprogrammen, darunter einige weniger technisierte Gruppen, die erst vor relativ kurzer Zeit in die Allianz aufgenommen wurden.«[6]

Goode beschreibt die GWP-Allianz als ziemlich schwach, wenn man die unterschiedlichen Hintergründe und Weltanschauungen der sie konstituierenden Gruppen bedenkt:

> »Dieser Rat der GWP-Allianz ist eine recht dürftige Verbindung von Führern diverser Cliquen und Fraktionen, die einander nicht vollkommen trauen. Es gibt eine Abmachung, dass sie sich gemeinsam treffen und nach Maßgabe bestimmter Regeln des Übereinkommens sowie ethischer Codes, die von einem Komitee aufgestellt wurden, übereinstimmen. ...«[7]

Das Hauptziel, das von der GWP-Allianz verfolgt wird, identifiziert Goode folgendermaßen:

> »Das Ziel der Allianz liegt in der Vernichtung des ›Babylonischen Geldmagie-Systems‹ beziehungsweise in der Abschaffung der Finanzdiktatur über die Welt. Die Allianz möchte in unserer Welt wieder eine gerechte

bürgerliche Ordnung etablieren und die hochmoderne Technologie der Planetenheilung und Lebensverlängerung, die eigentlich allen gehört, allgemein zugänglich machen.«[8]

Das »Babylonische Geldmagie-System« geht, wie der Name bereits andeutet, auf uralte Blutlinien (und zwar der Kabale/Illuminaten) zurück, die Geld und »Schwarze Magie« angewandt haben, um den Rest der Menschheit zu manipulieren. Goode hat diese »Schwarze Magie« als die Fähigkeit der Eliten dieser alten Blutlinien beschrieben, die Menschheit in kollektive Unterdrückungszusammenhänge wie Krieg, Armut und Leid hineinzusteuern, die auch das Invividuum entmachten.

Die Erdallianz

Nach Goode umfasst die Erdallianz verschiedene Lager und Organisationen, die über diverse Unterstützungs-, Hilfs- und Kommandoaufgaben hinsichtlich der unterschiedlichen Geheimen Weltraumprogramme verfügen. Zur Erdallianz gehören »White Hats« [positiv eingestellte »Weißhüte«] aus der militärisch-industriellen Elite der USA und vieler anderer großer Länder, die die Ziele der GWP-Allianz unterstützen. Außerdem umfasst die Erdallianz auch die BRICS-Länder (Brasilien, Russland, Indien, China, Südafrika), die versuchen, aus dem von Goode beschriebenen »Babylonischen Geldmagie-System« auszubrechen. Die BRICS-Allianz hat bereits große Schritte unternommen, um ein alternatives Finanzsystem zu dem von der Kabale beziehungsweise den Illuminaten kontrollierten aufzubauen. Die Erdallianz sollte *nicht* mit den Kabale/Illuminaten, die Schlüsselrollen in den Weltraumprogrammen des ICC und der Dunklen Flotte innehaben, sowie den kleineren verbrecherischen SAPs, die häufig False-Flag-Operationen durchführen, verwechselt werden.

Goode hat seinen Angaben nach im Juni 2015 über die Erdallianz die folgende Unterweisung erhalten:

»Als wir am Tisch saßen und mit der Diskussion begannen, enthielt die Darlegung neben recht alltäglichen auch einige tiefere Informationen. Dazu gehörten Ausführungen, was es mit den verschiedenen lose verbündeten Fraktionen der Erdallianz auf sich hat. Ich erhielt Kenntnis von einigen neueren False-Flag-Operationsversuchen geheimer Organisationen, die glücklicherweise scheiterten – während andere offenbar erfolgreich verliefen. Außerdem haben wir die Zusammenfassung der Massenintelligenz diskutiert, die sowohl von Gruppen der Erdallianz als auch durch Maßnahmen des Rates der GWP-Allianz vorgenommen wird.«[9]

Goode schildert Versuche der Kabale/Illuminaten, die Erdallianz zu unterwandern:

»Dieselbe Infiltration trat bei Fraktionen der Erdallianz auf. Es gibt derzeit ein starkes Bestreben der anderen Mitglieder der BRICS-Allianz, diese unterwanderten Bereiche innerhalb eines ihrer Verbündeten zu isolieren.«[10]

Goode meint, dass diese Infiltrierung die Erdallianz dazu geführt habe, nicht immer die von der GWP-Allianz gesetzten Verhaltensmaßregeln zu befolgen, wenn es zu Verhandlungen mit der Kabale beziehungsweise den Illuminaten kommt:

»Wie wir wissen …, werden die Regeln der korrekten Betätigung nicht immer angewandt. Das scheint auch für die lose organisierte ›erdbasierte Allianz‹ zu gelten, in der einige ihrer Fraktionen Geschäfte mit der Gegenseite abschließen, die nicht von den anderen Mitgliedern gebilligt werden.«[11]

Nach Goodes Bericht von einem Treffen, an dem er am 9. Juni 2015 teilnahm, hatten die Kabale/Illuminaten offenbar eine Übereinkunft mit einigen Fraktionen innerhalb der Erdallianz erzielt, und man bemühte sich, dasselbe auch mit der »Kosmischen Allianz« zu erreichen:

»Sie erklärten, dass eine Abmachung mit einigen Elementen der Erdallianz geschlossen wurde und dass sie hofften, dasselbe auch mit der ›Kosmischen Allianz‹ (ich hatte diesen Begriff nie zuvor gehört) zustande zu bringen.«[12]

Zur Kosmischen Allianz gehören Wesen von höherer Dichte, die nach Goode zur »Sphärenwesen-Allianz« zählen.

Die Allianz der Sphärenwesen

Die Sphärenwesen-Allianz kann am besten als Zivilisation vom Typ III (oder sogar IV) beschrieben werden – gemäß der Typologie außerirdischer Zivilisationen, die der 1932 geborene russische Astrophysiker Nikolai Semjonowitsch Kardaschow 1964 aufgestellt hat.[13] Während Typ-I-Zivilisationen auf der Ebene planetarischer Energie und solche vom Typ II auf stellarer Energiestufe arbeiten, bedient sich Typ III Energien auf einem galaktischen Niveau. Dies scheint nach Goode zu den primären Aufgaben der Sphärenwesen-Allianz zu gehören:

»Die Sphärenallianz war meistens auf die energetischen Veränderungen fokussiert, die in unserem lokalen Sternenhaufen auftreten – aufgrund der galaktischen Region, in die er eintritt. Sie haben die vielen Tausende von verhüllten [*cloaked*] Sphären genutzt, die in gleichmäßigen Abständen über unser Solsystem und benachbarte Sonnensysteme (elektronisch miteinander verbunden im ›Kosmischen Netz‹ und Natürlichen Portalsystem) verbreitet sind, um auftretende Tsunami-Wellen hoher Energieladungen zu dämpfen und zu zerstreuen, die den Schwingungszustand von Raum/Zeit, Energie und Materie verändern und ihn zu einem höheren Grad des ›Dichte-Spektrums‹ ansteigen lassen.«[14]

Goode fuhr fort zu erklären, warum die Sphärenwesen-Allianz begonnen hatte, mit der Allianz der Geheimen Weltraumprogramme zusammenzuarbeiten, zu denen auch das Programm Solar Warden gehörte, für das sie vorrangig tätig war:

»Die Sphärenallianz wählte also die GWP-Allianz (zu der nicht nur die Solar-Warden-Gruppe gehörte), weil sie die bewusste Entscheidung getroffen hatte, die Beherrschung und Versklavung irdischer Menschen durch ›Trickster-Götter‹ zu einem Ende zu führen; diese waren außerirdischer Wächter und ihre Verehrer/Anhänger, die wir unter Sammelnamen wie ›Die Kabale‹ oder ›Illuminaten‹ zusammenfassen. Die GWP-Allianz hatte entschieden, dass nun die Zeit gekommen war, der gesamten Menschheit auf der Erde einen Zugang zu ihrer vollständigen, wahren Geschichte und zu unterdrückten Technologien, die das Leben verlängern und verbessern können, zu verschaffen und das Schuldsklavensystem der Finanzwirtschaft (alias Babylonisches Sklavensystem der Geldmagie) zu stürzen. Das ließ die GWP-Allianz in einem höheren Maße zu einem ›Dienst an Anderen‹ werden als jede sonstige Gruppe in unserem Sonnensystem, die von Erdenmenschen gebildet wird, die für die Freiheit der Erdenmenschen kämpfen. Zweifellos haben sie auch ihre Schattenseiten, insofern sie Krieger sind, die auch Gewaltanwendung einkalkulieren, um die gewünschte Freiheit zu erreichen. Die Sphärenallianz ist eine gewaltfreie Gruppierung, und bei der GWP-Allianz wurde eine ziemliche Anzahl an Korrekturen vorgenommen (wobei auch Fehler gemacht wurden), um eine tragfähige Partnerschaft mit einer Gruppe von Wesen der sechsten bis neunten Dichte zu schließen, deren Art und Weise, Dinge zu tun, eine völlig andere ist.«[15]

Die Sphärenwesen-Allianz ernannte Goode, wie er sagt, zu einem Delegierten mit dem klar umrissenen Auftrag, bei den von der Allianz der Geheimen Weltraumprogramme veranstalteten Konferenzen in ihrem Namen zu sprechen:

»Wenn ich im Auftrag der Sphärenwesen-Allianz tätig bin, werden Oppositionstreffen mit der GWP-Allianz abgehalten. Sie geben mir die Worte vor, die ich sagen soll, und ich sage exakt das, was sie wünschen. … Die GWP-Allianz trifft sich gelegentlich mit der Sphärenallianz auch ohne mich, beziehungsweise durch die Person, die sie als Vertreter bei der Sphärenallianz wünscht und die ein Mitglied der GWP-Allianz und folglich mein primärer Kontakt bei dieser ist. Diese Person steht

> schon seit derselben Anzahl von Jahren mit der Gruppe Blauer Avianer der Sphärenallianz in Kontakt wie ich. Sein Kontakt zu ihnen begann fast in demselben Zeitraum.«[16]

Goode erklärte auch, warum die Sphärenwesen-Allianz ihn zum Delegierten bei einer »UN-artigen Superföderation« aus verschiedenen außerirdischen Allianzen ernannte, die sich äußerst intensiv um die Aktivitäten der Sphärenwesen rund um die Erde und im Sonnensystem kümmern:

> »Die Sphärenallianz trifft sich nicht direkt mit Wesen, die Dienst am Selbst [*service-to-self*] leisten. Viele der außerirdischen Gruppen/Föderationen, die sich in dieser Superföderation vom Typ der UN begegnen, werden als ›die Guten‹ aufgefasst, obwohl sie der Menschheit nicht im Rahmen einer ›STS‹-Agenda [›*Service-To-Self*‹] dienen. Auch in diesen Fällen hat die Sphärenallianz mich als einen Delegierten bei diesen ›Superföderationen‹ teilnehmen lassen, der in ihrem Namen spricht.«[17]

Goodes Behauptung, dass die Sphärenwesen-Allianz »sich nicht direkt mit Wesen trifft, die Dienst am Selbst leisten«, ist sehr umstritten. Sie deutet an, dass Motive außerirdischer Gruppen, die etwas tun, was gemäß Tafel 2 positiv erscheint, dennoch als etwas wahrgenommen werden, was dem eigenen Selbst dient, also eigennützig sind. Dies erscheint seltsam. Trotzdem ist es naheliegend, die Zivilisationstypologie von Kardaschow anzuwenden. Aus der Perspektive einer Zivilisation der Stufe III (oder IV) werden außerirdische Zivilisationen der Stufe I oder II, obwohl sie offenkundig wohlmeinenden Zwecken dienen, bis zu einem gewissen Grad als eigennützig motiviert angesehen. Dies ist der Hauptgrund, warum Goode zu einem Gesandten der Sphärenwesen-Allianz ernannt wurde, um als Mittelsmann aufzutreten.

Goode hat dargelegt, was daraus folgt, wenn die »verhüllten Sphären« gleichmäßig im ganzen Sonnensystem verteilt werden, um kosmische Energien zu dämpfen, während sie zugleich als ein dichter Schirm dienen, der das Sonnensystem und mit ihm die Erde wirksam unter Quarantäne stellt:

»Die Sphärenallianz hat zwei ›Energiebarrieren‹ errichtet, die von keinem Wesen und keiner Technologie durchbrochen werden können (seien es auch 3/4D[ichte]- oder 4/5D[ichte]-Wesenheiten). Eine ist die ›Äußere Barriere‹, die das gesamte Sonnensystem (einschließlich Tor/Portal-Reisen) vollständig nach innen und außen abschottet. Die andere ist eine ›Barriere‹, die die Erde umgibt. Sie hält jedes Wesen und alle Raumschiffe/technologischen Erzeugnisse, die auf der Erde oder im nahen Erdorbit waren, davon ab, einen bestimmten Abstand von unserem Planeten zu überschreiten. Es gibt aber auch funktionsfähige Tore/Portale, die Reisen zwischen Planeten innerhalb des Sonnensystems ermöglichen. Allerdings sind diese Portale von Zeit zu Zeit durch die ›Energetischen Tsunami-Wellen‹ betroffen, und reguläre Reisen sind dann nicht geraten und können gefährlich sein.«[18]

Goode legt dar, wie die Sphärenwesen-Allianz die Allianz der Geheimen Weltraumprogramme mit Technologie ausstattete, die es ihr ermöglichte, False-Flag-Operationen und andere destruktive Ereignisse in dieser Zeit des planetarischen Übergangs aufgrund eintreffender kosmischer Energien von der Erde abzuhalten:

»Die gesamte der GWP-Allianz zur Verfügung stehende Technologie war VOLLSTÄNDIG defensiver Natur. Sie erlaubte es der Allianz, Waffen- und Tarnsysteme durcheinander zu bringen sowie hochgradig geschütze Raumschiffe und verschiedene Arten hochenergetischer Strahlen- und Torsionsfeldstrahlen zu stören (Torsionswaffen, die Gebäude oder Maschinen zerreißen, indem sie das Raum-Zeit-Gefüge verdrehen, in dem sich die Struktur gerade befindet, was dazu führt, dass die anvisierte Struktur zerrissen wird und so weiter) …«[19]

Kurz gesagt, die Allianz Geheimer Weltraumprogramme hat ihre Position dadurch bemerkenswert gestärkt, dass die Sphärenwesen-Allianz mit anderen Bündnissen Handel treibt, besonders mit der am zerstörerischsten und manipulativsten wirkenden unter ihnen, der Allianz der Draconischen Föderation.

Die Allianz der Draconischen Föderation

Kapitel 4 hat die Dunkle Flotte und ihre Zusammenarbeit mit einer Allianz der Draconischen Föderation behandelt. Die Draco-Allianz scheint eine äußerst hierarchisch organisierte Vereinigung zu sein, die aus einer kriegerischen außerirdischen Rasse besteht, die »Draconer« genannt wird. Die führende Kaste dieser Allianz der Draconischen Föderation ist eine Gruppe, die Goode als Königliche Weiße Dracos [Royal White Dracos] bezeichnet. Sie sind furchteinflößende 14 Fuß [4,27 Meter] große Wesen, die wie Drachen aussehen, mit sehr machtvollen psychischen Kräften. Alex Collier, der behauptet, Kontakt zu Außerirdischen vom Andromeda-Rat [Andromeda Council] gehabt zu haben, nennt diese führende Kaste die »Ciakar«:

> »Die Draconer sind eine sehr große reptiloide Rasse, auch als ›die Dracs‹ bekannt. Unter ihnen gibt es eine königliche Sippe, die man als die Ciakar bezeichnet. Ihre Größe beträgt zwischen 14 und 22 Fuß [4,27 bis 6,71 Meter], und sie wiegen bis zu 1.800 Pfund. Sie haben geflügelte Gliedmaßen und sind furchteinflößende Wesen. Sie verfügen über ausgesprochene Hellsichtigkeit, sind extrem klug und können auch unglaublich bösartig sein.«[20]

Nach Collier sind die Königlichen Weißen Dracos (oder Ciakar) »die älteste bekannte reptiloide Rasse in unserer Galaxis«.[21] Goode behauptet, dass er durch die Betätigungen der Allianz der Draconischen Föderation in unserem Sonnensystem den obersten Königlichen Weißen Draco aus nächster Nähe gesehen hat; dieser bot an, das Sonnensystem mit seinen draconischen Streitkräften zu evakuieren, wenn die Sphärenwesen-Allianz ihre Quarantäne aufhöbe.[22]

Goode hat eine Zusammenfassung des Berichts eines anderen Zeugen, Lieutenant Colonel Gonzales (Pseudonym), vorgelegt, der ebenfalls an einem Treffen mit der Draco-Föderation teilgenommen hat. Er beschrieb seine Begegnung in einem Briefing an Goode folgendermaßen:

»Hinter der reptiloiden Ehrengarde standen insektenartige Wesen und solche wie Gottesanbeterinnen, die nun sehr still waren und sich in loser Formation aufgestellt hatten. Bei unserer letzten Begegnung liefen sie die ganze Zeit herum. Gonzales sagte, er habe den Weißen Königlichen Draco vorne in der Mitte dieser Formation der anderen Wesen stehen sehen.«[23]

Als Reaktion auf die »Äußere Barriere«, die von der Sphärenwesen-Allianz geschaffen wurde, hat man gegen die anderen Bündnisse Drohungen ausgesprochen:

»Derselbe Weiße Königliche Draco teilte Gonzales nun seine Wünsche – verpackt in Drohungen – mit, die dieser den Räten der GWP-Allianz und der Sphärenallianz ausrichten sollte. Der Wunsch bestand darin, dass jedem Angehörigen der Draco-Föderation erlaubt sei, die Äußere Barriere zu passieren, wie er möchte, und dass ihren menschlichen Verbündeten Milde entgegengebracht und das Versprechen keiner künftigen Repressalien in einem von Menschen kontrollierten Sonnensystem gegeben werden solle.«[24]

Zu den Aufgaben der »Äußeren Barriere« – einer Schwingungsmauer, die von der »Sphärenwesen-Allianz« errichtet worden war, um eintretende kosmische Energien abzudämpfen – gehörte die Einrichtung einer Blockade des gesamten Sonnensystems. Sie sollte den Transport von Lebewesen, Weltraumflotten und Ressourcen verhindern, während die kosmischen Energien integriert wurden. Die Blockade hatte der Draconischen Föderation große Probleme bereitet, die schlimme Drohungen aussprach, wenn man sie nicht aufheben würde:

»Der Weiße Königliche verkündete unmissverständlich, dass sie die Macht besäßen, Krieg und großes Unheil über die Erde zu bringen, und auch darauf vorbereitet wären, dies zu tun. Sie erklärten, dass die Sphärenallianz sich noch nicht zur wahren Stärke ihrer Extradimensionalen Oberherren [Extra Dimensional Overlords] entfaltet habe, die nun bereit und in der Lage wären, an der Seite der Allianz der Draconischen Föderation zu kämpfen, wie es ihrem Imperium vor Millionen von Jahren vorhergesagt worden war.«[25]

In diesem Augenblick war »Gonzales« sehr überrascht zu erfahren, dass die Weißen Königlichen Dracos nicht an der Spitze der Allianz der Draconischen Föderation standen. Über ihnen gab es noch Extradimensionale (ED) Oberherren, die für die Schaffung Künstlicher Intelligenz verantwortlich waren, wie Goode enthüllt hat:

»Sie prahlten damit, dass diese ED-Oberherren die Wesenheiten hervorgebracht hätten, die wir ›Künstliche ED/ET-Intelligenz‹ nennen, welche ihre Verbündeten sind und schon ganze Galaxien erobert haben. Gonzales erläuterte, dass die gewaltige Prahlerei und das Drohgebaren in dieser theatralischen Weise eine Weile so weiterging, bis der Weiße Königliche Draco fast ausrastete, sich umwandte und mit seiner reptiloiden Ehrenwache und der Insektoiden-Delegation aus dem Raum hinaustrampelte.«[26]

Goode hat die Bedrohung, die von Künstlicher Intelligenz (KI) auf viele Tausende außerirdische Zivilisationen sowie die Menschheit in der heutigen Zeit ausgeht, nachdrücklich hervorgehoben.[27] Wie in Kapitel 8 dargestellt, wenden Solar Warden und andere Geheime Weltraumprogramme strenge Sicherheitsmaßnahmen an, um KI-Infiltrationen biologischer und elektronischer Systeme zu verhindern. Die »ED-Oberherren«, die sowohl die KI als auch die Allianz der Draconischen Föderation kontrollieren, stellen offenbar eine ähnliche okkult-satanische Macht dar, wie sie oben schon am Beispiel des SS-Ordens der Schwarzen Sonne und die Entstehung der Dunklen Flotte geschildert wurde.

Die Superföderation – Außerirdische in Menschengestalt

Goode beschreibt eine Superföderation von vierzig bis sechzig Gruppen menschenähnlicher Außerirdischer, die sehr großes Interesse an der Zukunft der Menschheit haben. Zur Superföderation zählen die in Tafel 2 genannten Gruppierungen und andere, die verschiedenen galaktischen Räten und Vereinigungen angehören: »Die Superföderation ist eine größere Verbindung, die aus einer ähnlich den UN aufgebauten Organisation anderer ›menschenähnlicher‹ ET-Föderationen, Konföderationen und Räte gebildet wird.«[28]

Diese Superföderation sitzt Goode zufolge ebenfalls hinter einem von der Sphärenallianz geschaffenen Schwingungszaun fest:

> »Es gibt mehrere ET-Föderationen, die in einer Art Superföderation menschenähnlicher ETs zusammenarbeiten, ebenso wie eine Allianz nichtmenschlicher ETs; sie haben ›Delegierte‹ und ›Mitglieder‹, die gerade jetzt in unserem Solsystem hinter der ›Äußeren Barriere‹ gefangen sind. Ebenso gibt es ETs, die gewöhnlich wie auf einer galaktischen Seidenstraße durch unser Sonnensystem reisen und anderen Föderationen irgendwo in der Galaxis angehören. Ich kann gar nicht alle Föderationen aufzählen, die es allein in unserer Galaxis gibt.«[29]

Goode legt dar, dass die Superföderation zweiundzwanzig genetische Experimente durchgeführt hat, bei denen bereits seit 250.000 Jahren Gene unterschiedlicher außerirdischer Rassen in die menschliche DNA implemetiert worden sind. Seine Ausführungen ähneln denen von Alex Collier, der dazu sagt:

> »Grob zusammengefasst sind wir eine Mischung aus einer Vielzahl verschiedener Rassen – oder, um genau zu sein, von zweiundzwanzig. Es ist eine physiologische Tatsache, dass es zweiundzwanzig verschiedene Körpertypen auf dem Planeten gibt. Und dies ist das Resultat der extraterrestrischen Rassen.«[30]

Das lange andauernde, fortwährende genetische Experiment von zweiundzwanzig außerirdischen Zivilisationen auf der Erde hilft zu erklären, warum die Sphärenwesen-Allianz ihre Aktivitäten als »Dienst am Selbst« betrachtet. Statt direkt mit der Superföderation Umgang zu pflegen und Goode zu ihrem Delegierten zu ernennen, schickte die Sphärenwesen-Allianz eine machtvolle Botschaft an Mitglieder der Superföderation. Diskussionen über die Zukunft der Menschheit hatten nun deren Wünsche aus einer anderen Perspektive zu berücksichtigen, als dies zuvor bei Treffen der Superföderation der Fall war, bei denen man langfristigen biologischen Projekten den Vorrang gegeben hatte.

Goode besuchte während seines verdeckten Dienstes im Geheimen Weltraumprogramm (1987-2007) und danach in neuerer Zeit als Delegierter der Sphärenwesen-Allianz Tagungen der Superföderation. Er beschreibt die Vielfalt menschlich aussehender Außerirdischer, denen er bei einem Treffen am 7. Juni 2015 begegnete, folgendermaßen:

> »Üblicherweise sind höchstens vierzig Gruppen bei diesen Konferenzen anwesend. Jüngst waren es mehr als sechzig, und sie haben Sitzplätze hinzufügen müssen, bis sogar der Flur ziemlich voll war. ... Es sind so viele dort, dass man gar nicht weiß, mit wem man anfangen soll. Es gibt ›Leute‹ von 3 bis 4 Fuß [90 bis 122 Zentimeter] und sogar 12 Fuß [3,66 Meter] Größe. Manche haben olivgrüne Haut, andere sind orange wie ein Kürbis, hellblau, mokkabraun oder zeigen alle möglichen anderen Schattierungen der Hautfarbe und Körpertextur. Eine hervorstechende, in der Nähe sitzende Gruppe ist groß und dünn und hat weiße, leuchtende (glänzende) Haut, weißes Haar wie Baumwolle und ziemlich rote Augen, die eine Art Licht oder Energie auszustrahlen scheinen. Sie tragen alle weiße Kleidung ohne Nähte, hauteng. Einige sehen uns sehr ähnlich, sind aber größer und haben etwas größere Augen; andere sind etwa 5 Fuß 5 Zoll [1,63 Meter] groß, haben ihre schwarzen Haare militärisch kurz frisiert, eine hellbraune Haut und eine sehr dichte Körperstruktur (so dass sie weitaus mehr wiegen, als es den Anschein hat).«[31]

Auch Lieutenant Colonel Gonzales hat eine solche Tagung der Superföderation besucht und beschreibt sie in einem eigens für Goode angefertigten Bericht folgendermaßen:

> »Er fuhr fort, mir von seiner Ankunft am Ort des Treffens des Föderationsrates zu erzählen. Dies ist eine Einrichtung in einer sicheren Zeitblase

außerhalb der Orbits von Jupiter und Saturn. ... Gonzales sagte, dass er sich sehr beeilte, um zu den Sitzplätzen der Sphärenallianz-Delegation zu gelangen. Dabei wurde er von einem hochrangigen Mitglied des Rates der GWP-Allianz begleitet, das den Rang eines Beraters innehatte. ... Gonzales stand vor dem Rat der Superföderation, den gewöhnlich vierzig bis sechzig Gruppen besuchten. Nun waren deutlich mehr als hundert Gruppierungen im Auditorium zusammengepfercht.«[32]

Zusätzlich zu den Tagungen der Superföderation gab es auch ein Treffen des Rates der antiken Geheimen Weltraumprogramme, von dessen Existenz Goode ebenfalls spricht:

»Ich erfuhr, dass es außerdem einen kleinen Rat gab, der aus einigen antiken Abgespaltenen Gruppen der Menschen gebildet wurde, von denen ich bislang nichts gewusst hatte. Es stellte sich heraus, dass sich Gonzales exklusiv als Delegierter des Rates der GWP-Allianz mit dieser Gruppe getroffen hatte. Gonzales meinte, dass ich selbst in Zukunft einige dieser Meetings entweder begleiten oder organisieren würde.«[33]

Bewaffnete Konflikte zwischen den verschiedenen Geheimen Weltraumprogrammen und Allianzen

Bis zu Beginn des Jahres 2015 gab es Zeiten, in denen zwischen den wichtigsten Geheimen Weltraumprogrammen und ihren außerirdischen Verbündeten im Weltraum, auf dem Mars und/oder der Erde im großen Stil Feindseligkeiten über die Zukunft der Erde ausbrachen. Goode schreibt:

»Es gibt ... einen ›Schattenbürgerkrieg‹ zwischen einigen dieser Geheimen Weltraumprogramme und ihren ›außerweltlichen Verbündeten‹, um die Macht der Geheimen Weltregierungen zu brechen, die das ›Babylonische Sklavensystem der Geldmagie‹ nutzt, um die irdische Menschheit zu kontrollieren.«[34]

Nach Goodes Schilderungen unterhielten die drei wesentlichen Geheimen Weltraumprogramme (Solar Warden, der Interplanetarische Mischkonzern ICC und die Dunkle Flotte) einst ausgeglichene Beziehungen. Diese begannen sich in den späten Neunzigerjahren zu verschlechtern, als die Führer des Solar-Warden-Programms anfingen, die Agenda der anderen beiden ernsthaft zu hinterfragen, und auch das infrage stellten, was die Kabale/Illuminaten im Verborgenen durch die verschiedenen verbrecherischen SAPs unter ihrer Kontrolle taten. Der Fall des Vize-Admirals Tom Wilson, den wir in Kapitel 8 behandelt haben, veranschaulicht dies deutlich. Wilson war Leiter der Geheimdienst-Abteilung der Joint Chiefs of Staff, der Vereinten Generalstabschefs, als ihm 1997 der Zugang zu SAPs mit außerirdischen Technologien, von denen er durch Edgar Mitchell und Steven Greer erfuhr, verweigert wurde.

Einen Überblick über den allmählichen Verfall der Beziehungen zwischen den verschiedenen Allianzen der Weltraumprogramme liefert Goode:

> »Vor dem Zusammenbruch der gesamten Beziehungen zwischen den Fraktionen, die einst unter dem Dach der ›Geheimen Erdregierungen‹ (und ihrer als Kabale/Illuminaten und verschiedene andere Geheimgesellschaften bekannten ›Syndikate‹) sowie deren Kontrollinstanzen (dem Adel der Draco-Föderation und den antiken irdischen/menschlichen Abgespaltenen Zivilisationen, die sich gegenüber vielen Menschen als Außerirdische aus diversen Sternensystemen ausgegeben hatten) vereint waren, gab es reichlich Chaos unter diesen Gruppen, mit dem Ergebnis, dass sie sich schließlich gegeneinander wendeten. Dies wiederum führte zu Konflikten in verschiedenen miteinander vernetzten Anlagen unter der Erde und unter Wasser, was die Ursache für die Erdbeben bildete, die in den letzten Monaten überall auf dem Planeten Erde stattfanden, sowie für einige Zwischenfälle auf dem Mars und anderen Himmelskörpern im Solsystem.«[35]

Nach Goodes Auffassung haben sich die angespannten Beziehungen durch die Reaktion des Königlichen Weißen Dracos auf die von der

Sphärenwesen-Allianz über das Sonnensystem verhängte Quarantäne noch weiter verschlechtert:

»Viele dieser Gruppen fingen an, sich vor der jüngsten Konferenz der Draco-Alliierten [März 2015], auf der ich als ›Gesandter‹ der Sphärenallianz auftrat (und der GWP-Allianz als IE [Intuitiver Empath] sowie im Sicherheitsbereich diente), gegeneinander zu wenden. Es war das Treffen, an dem ein gut 14 Fuß [4,27 Meter] großer Weißer Königlicher Reptiloide anwesend war und der Sphärenwesen-Allianz gegenüber den Wunsch nach sicherer Durchreise ihres Hochadels äußerte, um in der Lage zu sein, die ›Äußere Barriere‹ zu überschreiten. Das menschliche ›Komitee der 200‹ nahm ebenfalls an der Tagung teil und bezeugte die Angelegenheit. Sie waren offensichtlich schockiert, als es dazu kam; und kurz danach begann nicht nur der große Desinformationskrieg (um die Kontrolle der Berichterstattungen), sondern auch die chaotischen internen Machtkämpfe zwischen den ›Elite-Gruppen‹ (die im Rotationsverfahren mit den anderen Geheimen Erdregierungen und von den Kabale kontrollierten GWP-Führungsgruppen als ›Delegierte‹ bei den größeren Konferenzen der ›Superföderation menschenähnlicher Außerirdischer‹ auftreten).«[36]

Seit Ende 2014 beschreibt Goode, wie Überläufer zu Solar Warden (der Allianz Geheimer Weltraumprogramme) militärische Aktionen angestachelt haben. Zu den Überläufern gehörten Einheiten des Interplanetarischen Mischkonzerns ICC und der Dunklen Flotte ebenso wie solche aus den von den Kabale/Illuminaten kontrollierten Schurken-SAPs. Sie verfügten über äußerst sensible Informationen, die zwei Ereignisse nach sich zogen, welche sich als sehr problematisch herausstellten:

»Im Laufe der letzten sechs Monate gab es sowohl einige Überläufe von Spionen des von den Geheimdiensten beherrschten geheimen ICC-Weltraumprogramms, von Restbeständen der Dunklen Flotte (die keine Draco-Flotte, sondern eine menschliche GWP-Flotte ist, welche an der Seite der Draco-Allianz dient), die nicht außerhalb der Äußeren Barriere gefangengenommen wurden, als auch von verschiedenen anderen Mitgliedern aus militärischen ›Black Operation‹-GWPs. Einige teilten auch dringliche und unmittelbar anwendbare Informationen mit, die von einigen Führern der GWP-Allianz und ihren neuen Verbündeten genutzt wurden, ohne sie mit dem Rat der GWP-Allianz zu teilen. Dies führte zu zwei schweren Angriffen, die eine große Zahl unschuldiger Toter nach sich zogen. Diejenigen, die an dem teilnahmen, was die Blauen Avianer ›Gräueltaten‹ nannten, machten keine Anstalten, sich zu entschuldigen, und sagten nur, dies gehöre eben zum Krieg und sei ein bedauerlicher Kollateralschaden. Die Folge war ein Riss zwischen einigen Mitgliedern des Rates der GWP-Allianz, die unterschiedliche Ansichten darüber hatten, wie man weiter verfahren sollte; außerdem sorgte es für einiges Misstrauen der neu eingetretenen Überläufer aus den anderen GWPs, die selbstverständlich noch andere Moralvorstellungen hinsichtlich der Verhaltensmaßregeln vertraten.«[37]

Aufgrund der Möglichkeit, dass militärische Feindseligkeiten eskalieren und zu offenen kriegerischen Aktionen führen könnten, wurde eine Konferenz einberufen, bei der die Blauen Avianer nach den Regeln befragt wurden, die für alle Handlungen bis hin zur – von der GWP-Allianz gewünschten – »völligen Offenlegung« maßgeblich sein sollten. Goode schrieb hierzu das Folgende:

»Auf der ersten großen gemeinsamen Konferenz aller erschienenen Vertreter der GWP-Allianz und ihres Rates wurde von den Blauen Avianern die Frage nach den Verfahrensregeln gestellt. Die Sphärenallianz hatte die GWP-Allianz mit einigen äußerst fortschrittlichen Abwehrtechnologien ausgerüstet und verlangte, dass diese keine Einrichtungen von Illuminaten, ICC und Dunkler Flotte mehr angreifen oder zerstören solle. Bereits vor einiger Zeit hatten sie einen ›Plan für die Zeit nach der vollständigen Enthüllung‹ mit der GWP-Allianz ausgearbeitet, um sämtliche Bewohner dieser Anlagen zu befreien, ihnen Hilfe bei der Bewältigung des Durchlittenen anzubieten und alle Spione der Erdzivilisation nach der totalen Aufdeckung zu übergeben. Diese Infrastruktur, die zu negativen Zwecken eingerichtet worden war, sollte jeder einzelnen

Person auf der Erde, zusammen mit der unterdrückten Technologie, zugleich übergeben werden und der Beginn der von der GWP-Allianz erträumten ›*Star Trek*‹-Zivilisation sein.«[38]

Es wurde entschieden, militärische Feindseligkeiten streng zu begrenzen und sich gemeinsam zu bemühen, den »Augenblick der vollen Enthüllung« zu verwirklichen; in diesem Sinne verabschiedete man eine Resolution, was mit den Einrichtungen und Ressourcen im Besitz der verschiedenen Geheimen Weltraumprogramme geschehen solle:

»Abgesehen von einigen autorisierten Einsätzen, um die Kabale auf der Erde zu schwächen, stimmten die GWP-Allianz und ihre Verbündeten in ihren von der Sphärenwesen-Allianz und dem Rat der GWP-Allianz aufgestellten Verhaltensmaßregeln sowie bezüglich des Zeitrahmens überein. Nach der ›völligen Aufdeckung‹ werden diese Stützpunkte geöffnet, und es soll kein Konflikt darüber herrschen, dass die Bewohner in andere Gebiete verbracht werden, wo sich eine der alliierten Gruppen mit ihren Ressourcen deren körperlicher und seelischer Genesung widmet.«[39]

Goode hat behauptet, dass der Enthüllungsplan der GWP-Allianz große Massen an offiellen Dokumenten, Whistleblower-Zeugnissen und Fernsehsendungen umfasst, die die Wahrheit über die Lage der Menschheit offenbaren und zu Tribunalen gegen (frühere) Führer der von der Kabale beherrschten GWPs führen werden, ähnlich den Nürnberger Prozessen der Nachkriegszeit.[40] Zur selben Zeit etwa deckte Goode den Plan der GWP-Allianz auf, WikiLeaks solle noch einmal anfangen, bergeweise Dokumente zu veröffentlichen, wie sie seinerzeit im Jahr 2010 eine Mediensensation darstellten. Anfang Mai 2015, nach einer Zeitspanne von fünf Jahren, erneuerte WikiLeaks seine elektronische Datenbank für Whistleblower, um wieder anonym Daten zu verbreiten.[41] Es liegt für eine Organisation wie WikiLeaks alles bereit, um die Dokumentenberge zugänglich zu machen, von denen Goode meint, dass sie alles offenbaren werden. Das Wiederauftreten von WikiLeaks ist entweder ein bemerkenswerter Zufall oder ein bestechendes Indiz dafür, dass Pläne im

Gange sind, einen Haufen geheimer Unterlagen bezüglich Geheimer Weltraumprogramme der Öffentlichkeit mitzuteilen.

Goodes Zeugnis ist Teil eines Prozesses, der zu einer vollständigen Aufdeckung führen wird, die wir noch genauer in Kapitel 15 behandeln. Zusätzlich zu seinen Beschreibungen der verschiedenen Geheimen Weltraumprogramme, ihrer Allianzen und Verbindungen mit diversen außerirdischen Gruppen hat Goode Informationen über geheime Basen auf dem Mond und dem Mars offengelegt, die eng mit den Äußerungen anderer Whistleblower korrespondieren.

Anmerkungen

1 Michael Salla, *Galactic Diplomacy: Getting to Yes with ET* (Exopolitics Institute, 2009).
2 Michael Salla, *Galactic Diplomacy: Getting to Yes with ET*, Chapter 4 und 5
3 Michael Salla, *Galactic Diplomacy: Getting to Yes with ET*, Chapter 6
4 »Whistleblower reveals multiple secret space programs concerned about new alien visitors«, http://exopolitics.org/whistleblower-reveals-multiple-secret-space-program sconcerned-about-new-alien-visitors/ (aufgerufen am 13.07.2015)
5 Außerirdische vom Typ IV werden als himmlische Wesen beschrieben, in: *Galactic Diplomacy: Getting to Yes with ET*, Chapter 14 und 15
6 »Secret Space Program Conferences discuss full disclosure & humanity's future«, http://exopolitics.org/secret-space-program-conferences-discuss-full-disclos urehumanitys-future/ (aufgerufen am 21.07.2015)
7 »Secret Space Program Conferences discuss full disclosure & humanity's future«, http://exopolitics.org/secret-space-program-conferences-discuss-full-disclos urehumanitys-future/ (aufgerufen am 21.07.2015)
8 »The Lt. Col. Gonzales SSP Council Delegation Briefings Part 2«, http://sphere beingalliance.com/blog/the-lt-col-gonzales-ssp-council-delegation-briefingspart-2. html (aufgerufen am 21.07.2015)
9 »The Lt. Col. Gonzales SSP Council Delegation Briefings Part 2«, http://sphere beingalliance.com/blog/the-lt-col-gonzales-ssp-council-delegation-briefingspart-2. html (aufgerufen am 21.07.2015)
10 »The Lt. Col. Gonzales SSP Council Delegation Briefings Part 2«, http://sphere beingalliance.com/blog/the-lt-col-gonzales-ssp-council-delegation-briefingspart-2. html (aufgerufen am 21.07.2015)
11 »Secret Space Program Conferences discuss full disclosure & humanity's future«, http://exopolitics.org/secret-space-program-conferences-discuss-full-disclo surehumanitys-future/ (aufgerufen am 21.07.2015)
12 »Human Elite Attempt to Negotiate Cessation of SSP Alliance Disclosure in Latest Conference«, http://spherebeingalliance.com/blog/human-elite-attempt-to-nego tiate-cessation-of-sspalliance-disclosure-in-latest-conference.html (aufgerufen am 21.07.2015)

13 »Kardashev Scale«, *Wikipedia*, https://en.wikipedia.org/wiki/Kardashev_scale (aufgerufen am 21.07.2015)
14 »Extraterrestrial alliance helps secret space program overcome opposition to full disclosure«, http://exopolitics.org/extraterrestrial-alliance-helps-secret-space-program-overcomeopposition-to-full-disclosure/ (aufgerufen am 21.07.2015)
15 »Extraterrestrial alliance helps secret space program overcome opposition to full disclosure«, http://exopolitics.org/extraterrestrial-alliance-helps-secret-space-pro gram-overcomeopposition-to-full-disclosure/ aufgerufen am 21.07.2015)
16 FAQs »Sphere Being Alliance«, http://spherebeingalliance.com/faqs (aufgerufen am 21.07.2015)
17 FAQs »Sphere Being Alliance«, http://spherebeingalliance.com/faqs (aufgerufen am 21.07.2015)
18 »Extraterrestrial alliance helps secret space program overcome opposition to full disclosure«, http://exopolitics.org/extraterrestrial-alliance-helps-secret-space-pro gram-overcomeopposition-to-full-disclosure/ (aufgerufen am 21.07.2015)
19 »Extraterrestrial alliance helps secret space program overcome opposition to full disclosure«, http://exopolitics.org/extraterrestrial-alliance-helps-secret-space-pro gram-overcomeopposition-to-full-disclosure/ (aufgerufen am 21.07.2015)
20 Alex Collier, *Defending Sacred Ground* (1998), 76; http://thesonsofthelawofone.com/TheLawofOneLibrary/Defending.Sacred.Ground/files/basic-html/page76.html (aufgerufen am 21.07.2015)
21 Alex Collier, »An Andromedan Perspective on Galactic History, Part II«, *Exopolitics Journal*, Vol. 2, No. 3 (2008); http://www.exopoliticsjournal.com/vol-2/vol-2-3-Collier.htm (aufgerufen am 21.07.2015)
22 Siehe »Secret Space War halts as Extraterrestrial Disclosure Plans move forward«, http://exopolitics.org/secret-space-war-halts-as-extraterrestrial-disclosure-plans-moveforward/ (aufgerufen am 21.07.2015)
23 »The Lt. Col. Gonzales SSP Council Delegation Briefings Part 1«, http://sphere beingalliance.com/blog/the-lt-col-gonzales-ssp-council-delegation-briefingspart-1.html (aufgerufen am 21.07.2015)
24 »The Lt. Col. Gonzales SSP Council Delegation Briefings Part 1«, http://sphere beingalliance.com/blog/the-lt-col-gonzales-ssp-council-delegation-briefingspart-1.html (aufgerufen am 21.07.2015)
25 »The Lt. Col. Gonzales SSP Council Delegation Briefings Part 1«, http://sphere beingalliance.com/blog/the-lt-col-gonzales-ssp-council-delegation-briefingspart-1.html (aufgerufen am 21.07.2015)
26 »The Lt. Col. Gonzales SSP Council Delegation Briefings Part 1«, http://sphere beingalliance.com/blog/the-lt-col-gonzales-ssp-council-delegation-briefingspart-1.html (aufgerufen am 21.07.2015)
27 »Questions for Corey Goode on SSP Conflicts and Human Slave Trade«, http://exopolitics.org/galactic-human-slave-trade-ai-threat-to-end-with-full-disclosure-ofet-life/ (aufgerufen am 10.08.2015)
28 »The Lt. Col. Gonzales SSP Council Delegation Briefings Part 2«, http://sphere beingalliance.com/blog/the-lt-col-gonzales-ssp-council-delegation-briefingspart-2.html (aufgerufen am 21.07.2015)
29 FAQs »Q44«, http://spherebeingalliance.com/faqs (aufgerufen am 21.07.2015)
30 Alex Collier, »An Andromedan Perspective on Galactic History«, *Exopolitics*

Journal, Vol. 2, No. 2 (2008); http://www.exopoliticsjournal.com/vol-2/vol-2-2-Collier.pdf (aufgerufen am 21.07.2015)

31 »Secret Space Program Conferences discuss full disclosure & humanity's future«, http://exopolitics.org/secret-space-program-conferences-discuss-full-disclosure humanitys-future/ (aufgerufen am 21.07.2015)

32 »Second Eyewitness Report of Secret Space Meetings discussing Alien Disclosure«, http://exopolitics.org/second-eyewitness-report-of-secret-space-meetings-discussingalien-disclosure/ (aufgerufen am 21.07.2015)

33 »Second Eyewitness Report of Secret Space Meetings discussing Alien Disclosure«, http://exopolitics.org/second-eyewitness-report-of-secret-space-meetings-discussingalien-disclosure/ (aufgerufen am 21.07.2015)

34 »Whistleblower reveals multiple secret space programs concerned about new alien visitors« http://exopolitics.org/whistleblower-reveals-multiple-secret-space-pro gramsconcerned-about-new-alien-visitors/ (aufgerufen am 21.07.2015)

35 Siehe »Secret Space War halts as Extraterrestrial Disclosure Plans move forward«, http://exopolitics.org/secret-space-war-halts-as-extraterrestrial-disclosure-plans-moveforward/ (aufgerufen am 21.07.2015)

36 Siehe »Secret Space War halts as Extraterrestrial Disclosure Plans move forward«, http://exopolitics.org/secret-space-war-halts-as-extraterrestrial-disclosure-plans-moveforward/ (aufgerufen am 21.07.2015)

37 Siehe »Secret Space War halts as Extraterrestrial Disclosure Plans move forward«, http://exopolitics.org/secret-space-war-halts-as-extraterrestrial-disclosure-plans-moveforward/ (aufgerufen am 21.07.2015)

38 Siehe »Secret Space War halts as Extraterrestrial Disclosure Plans move forward«, http://exopolitics.org/secret-space-war-halts-as-extraterrestrial-disclosure-plans-moveforward/ (aufgerufen am 21.07.2015)

39 Siehe »Secret Space War halts as Extraterrestrial Disclosure Plans move forward«, http://exopolitics.org/secret-space-war-halts-as-extraterrestrial-disclosure-plans-moveforward/ (aufgerufen am 21.07.2015)

40 Siehe »Secret Space War halts as Extraterrestrial Disclosure Plans move forward«, http://exopolitics.org/secret-space-war-halts-as-extraterrestrial-disclosure-plans-moveforward/ (aufgerufen am 21.07.2015)

41 »With Its French NSA Leak, WikiLeaks Is Back«, dazu auch: http://www.wired.com/2015/06/french-nsa-leak-wikileaks-back/ (aufgerufen am 10.08.2015)

12 Geheime Mondbasen – Lunares Einsatzkommando

Während der Mondlandung von Apollo 11 gab es eine Funkstille von zwei Minuten. Laut NASA folgte diese Unterbrechung daraus, dass eine der beiden Fernsehkameras überhitzt war. Nach verschiedenen Quellen geschah in Wirklichkeit etwas völlig anderes: Armstrong und Aldrin sahen etwas, das sie beobachtete! Wie Timothy Good, der Autor von *Jenseits von Top Secret*, berichtet, fingen Amateurfunker, bei denen die von Apollo 11 an das Hauptquartier der NASA in Houston gesendeten VHF-Signale eingingen, in den fehlenden zwei Minuten folgende, der Öffentlichkeit vorenthaltene Nachricht ab:

> »KONTROLLSTATION: Was ist dort los? Kontrollstation an Apollo 11.
>
> APOLLO 11: Diese Babys sind riesig, Sir … gigantisch … Oh Gott, Sie würden es nicht glauben! Ich sage Ihnen, es gibt hier draußen noch andere Raumschiffe … nebeneinander aufgereiht am Rand auf der anderen Seite des Kraters … Sie sind auf dem Mond und beobachten uns.«[1]

Der Mitschnitt der Amateurfunker wurde von den Medien größtenteils übergangen, erhielt aber im Jahr 1975 eine unerwartete Unterstützung: Maurice Chatelain ist ein Kommunikationstechniker der NASA im Ruhestand, der daran mitgewirkt hat, das bei den Apollo-Mondflügen verwendete Kommunikationssystem zu entwickeln. In seinem Buch *Our Cosmic Ancestors* (1975, »Unsere Kosmischen Vorgänger«) schrieb er:

> »Nur wenige Augenblicke bevor Armstrong die Leiter hinabstieg, um den Fuß auf den Mond zu setzen, schwebten oben zwei UFOs entlang.

> Edwin Aldrin machte einige Fotos von ihnen. Ein paar dieser Fotografien wurden in der Ausgabe von Juni 1975 des *Modern People Magazines* veröffentlicht.«[2]

Später – 1979 – sagte Chatelain, dass Armstrongs Sichtung zweier UFOs über einem Mondkrater von der NASA mit Absicht den Medien und der Öffentlichkeit verheimlicht wurde: »Der Bericht war bei der NASA Allgemeingut, aber niemand sprach darüber bis heute.«[3] Und was noch bemerkenswerter ist, Chatelain behauptete auch,

> »... dass alle Apollo- und Gemini-Flüge sowohl aus größerer Entfernung als auch manchmal ziemlich nah von Raumfahrzeugen außerirdischen Ursprungs verfolgt wurden – oder von UFOs, wenn man sie so nennen möchte. Jedes Mal, wenn dies geschah, informierten die Astronauten die Bodenstation, die absolutes Stillschweigen anordnete.«[4]

War die zweiminütige Unterbrechung der Funkverbindung während der Mondlandung von Apollo 11 vielleicht ein Versuch der NASA, zu vertuschen, was Armstrong tatsächlich auf dem Mond gesehen hatte? Waren UFO-Sichtungen wirklich ein übliches Phänomen bei Apollo-Missionen?

Wie Buzz Aldrin in einer Reihe von Presseinterviews sagte, wurde Apollo 11 während seiner Reise zum Mond tatsächlich von einem UFO aus beobachtet. Aldrin beschreibt, wie die Astronauten in ihrem Bericht über das Gesehene ausdrücklich das Wort »UFO« vermieden und die Station in Houston nach dem Standort der Saturn-V-Rakete fragten. Aldrins Eindruck, dass Apollo 11 von einem UFO beschattet wurde, unterstützt die Vermutung, dass UFOs auch die Mondlandung verfolgten und dass Armstrong dies der NASA per Funk mitgeteilt hatte, was den zweiminütigen Ausfall der Verbindung nach sich zog. Ebenso wird durch Aldrins Annahme Chatelains Behauptung bestärkt, dass ein oder mehrere unbekannte Raumschiffe die Landung von Apollo 11 auf dem Mond beobachteten, wie Chatelain in seinem Buch schrieb.

Abgesehen von Chatelain gibt es noch eine weitere Quelle, die die von ihm in seinem Buch aufgestellte These unterstützt, dass Neil Armstrong zwei große, die Landung von Apollo 11 beobachtende Raumschiffe über einem Mondkrater gesehen hat. Laut Timothy Good äußerte Dr. Vladimir Azhazha, der damals Mathematikprofessor an der Moskauer Universität war, das Folgende:

> »Neil Armstrong übermittelte der Kontrollstation die Nachricht, dass sie nach ihrer Landung von zwei großen, mysteriösen Objekten in der Nähe des Mondmoduls beobachtet wurden. Aber diese Mitteilung wurde der Öffentlichkeit vorenthalten – da die NASA sie zensierte.«[5]

Warum also beendete die NASA letztlich die Apollo-Flüge zum Mond, wenn dort bereits Raumschiffe waren und die Erde beobachteten? Die Antwort lautet nach Armstrong, wie ein namentlich nicht genannter Professor auf einem NASA-Symposion mitteilte, folgendermaßen:

> »*Professor:* Was geschah wirklich dort draußen mit der Apollo 11?
>
> *Armstrong:* Es war unglaublich ... Natürlich wussten wir immer, dass es diese Möglichkeit gab ... Tatsache ist, dass wir vertrieben wurden. Es war niemals die Frage, ob es eine Raumstation oder gar eine Stadt auf dem Mond geben würde.
>
> *Professor:* Was meinen Sie mit ›vertrieben‹?
>
> *Armstrong:* Ich kann nicht auf nähere Details eingehen, außer darauf, dass ihre Schiffe unseren sowohl an Größe als auch hinsichtlich der Technologie weit überlegen waren – Mann, waren die riesig! ... Und ziemlich furchteinflößend ... Nein, eine Raumstation kam überhaupt nicht in Frage.
>
> *Professor:* Aber die NASA unternahm doch noch andere Missionen nach Apollo 11?
>
> *Armstrong:* Natürlich – Die NASA hatte damals ihre Verpflichtungen und durfte keine Panik auf der Erde riskieren. ... Es war aber eine Hals-über-Kopf-Aktion hin und zurück.«[6]

Was ist also die Wahrheit? Hat Neil Armstrong wirklich große unbekannte Flugobjekte auf dem Mond gesehen, die Teil einer Warnung an die NASA waren, sich dort nicht wieder zu zeigen?

Da Armstrong inzwischen gestorben ist, werden wir wohl niemals seine persönliche Version dessen erhalten, was an jenem Julitag des Jahres 1969 wirklich geschah. Vielleicht wird die NASA eines Tages eine offizielle Version des tatsächlich Geschehenen veröffentlichen – oder hat sie dies schon in Form einer fiktionalen filmischen Darstellung durch Buzz Aldrin getan? In dem Kinofilm *Transformers 3 – Die dunkle Seite des Mondes* (2011) rückt Aldrin mit einer versteckten Schilderung des von ihm und Armstrong auf dem Mond Wahrgenommenen heraus. Der Film zeigt Armstrong und Aldrin, wie sie sich nach der Mondlandung innerhalb einer einundzwanzigminütigen Funkunterbrechung zu einem in der Nähe befindlichen verlassenen Raumschiff bewegen. Während er auf dem Mond ist, spricht Aldrin in dem Film mit der NASA über eine geheime Funkverbindung für verdeckte Operationen:

»*Buzz Aldrin:* Sie werden nicht glauben, was wir hier sehen. …

NASA-Techniker für Geheimoperationen: Wir sind also nicht allein im Universum?

Buzz Aldrin: Nein, Sir. Wir sind nicht allein.«[7]

Was haben Armstrong und Aldrin während der ersten Mondlandung nun also gesehen, das die NASA warnte und veranlasste, sich besser fernzuhalten?

Die deutsche Mondstation Alpha wird zum Lunaren Einsatzkommando

Kapitel 4 lieferte einen kurzen Überblick über Corey Goodes außergewöhnliche Behauptung, dass NS-Deutschland mit Erfolg Flüge zum Mond durchgeführt und dort unter Aufsicht der Vril-Gesellschaft, die streng geheime Weltraumprogramme von Südamerika und der Antarktis aus leitete, eine Station eingerichtet habe. Goodes Aussage wird durch Vladimir Terziski bestärkt:

> »Die Deutschen landeten womöglich bereits 1942 auf dem Mond und verwendeten dabei ihre größeren exo-atmosphärischen Raketen-Untertassen vom Miethe- und Schriever-Typ. Die Miethe-Flugscheibe wurde mit Durchmessern von fünfzehn und fünfzig Metern gebaut, und das mit einer Walter-Turbine betriebene Schriever-Raumschiff war als interplanetarisches Forschungsschiff entwickelt worden. Es hatte einen Durchmesser von sechzig Metern, verfügte über zehngeschossige Mannschaftsabteilungen und ragte 45 Meter empor.«[8]

Terziski bestätigt Goodes Aussage, wonach Vril-Gesellschaft und SS sogar schon vor dem Ende des Zweiten Weltkriegs ihre erste Mondstation errichtet hatten:

> »Gleich nach dem ersten Tag ihrer Mondlandung begannen die Deutschen damit, dessen Oberfläche zu untertunneln und zu unterhöhlen, und gegen Kriegsende gab es eine kleine NS-Forschungsstation auf dem Mond.«[9]

Noch erstaunlicher ist die Behauptung, dass Vril-Gesellschaft und SS ein Tachyonen-Gerät unterhielten. In Kapitel 5 haben wir ausgeführt, dass das große zigarrenförmige, für Interstellarreisen entwickelte Andromeda-Gerät einen Zeitreise-Antrieb auf der Basis eines Tachyonen-Gerätes nutzte. Terziski sagt, dass diese Tachyonen-Anlagen auch bei kleineren Fluggeräten eingesetzt wurden: »Das tachyonengetriebene Freie-Energie-Raumschiff vom Typ *Haunebu 1* und *2* wurde nach 1944 verwendet, um Menschen, Material und die ersten Roboter zur Mondbaustelle zu transportieren.«[10]

Terziski fuhr damit fort zu beschreiben, was mehr als ein Jahrzehnt später geschah, als die ersten amerikanischen und sowjetischen Geheimen Weltraumprogramme in der Lage waren, den Mond zu betreten:

> »Als die Russen und die Amerikaner in den frühen Fünfzigern gemeinsam und insgeheim mit ihren eigenen Untertassen auf dem Mond landeten, verbrachten sie ihre erste Nacht dort als Gäste der … Untergrundbasis der Nazis. Danach wurde in den Sechzigerjahren

eine große russisch-amerikanische Mondstation errichtet, die mittlerweile, wie Gerüchte behaupten, eine Bevölkerung von 40.000 Menschen beherbergt.«[11]

Terziskis unglaubliche Äußerungen bestätigen Corey Goodes eigene Information, dass die Vril-Gesellschaft beziehungsweise NS-Deutschland eine große swastikaförmige Mondstation errichtet hatte, bevor US-Amerikaner und Sowjets dort landeten. Goode nimmt an, dass die Vril-/NS-Basis den USA im Rahmen eines geheimen Abkommens übergeben wurde, das in den frühen Fünfzigerjahren geschlossen worden war:

»Die Basis befand sich noch im Bau, als sie in den frühen Fünfzigern die bahnbrechenden Deals mit den Amerikanern aushandelten, die ihnen den Zugang zu der Industriellen Macht verschaffte, um die sie der Europäische Krieg gebracht hatte. Jetzt verwendeten sie diese Industrielle Power (die bald als der Militärisch-Industrielle Komplex bekannt werden sollte) zu ihrem Vorteil und bauten eine gewaltige Station, die über viele Ebenen glockenförmig in die Tiefe führte und deren Struktur an der Oberfläche um die älteren Architekturelemente herum gebaut war; sie bildete das, was wir heute als Lunares Einsatzkommando (Lunar Operation Command, LOC) bezeichnen.«[12]

Der erste Whistleblower, der sich auf eine geheime Mondbasis mit dem Namen »Lunares Einsatzkommando« bezog, ist Randy Cramer (oder Captain Kaye), der ebenso wie Goode angibt, zwanzig Jahre lang von 1987 bis 2007 im Rahmen eines Geheimen Weltraumprogramms gedient zu haben.[13] Cramer sagt, dass er 1987, nachdem er eine Ausbildung in einem geheimen Supersoldaten-Programm für Kinder – genannt »Operation Moonshadow« [Operation Mondschatten] – absolviert hatte, in das Lunare Einsatzkommando aufgenommen wurde. In einem 2014 veröffentlichten Interview sagte Cramer:

»Ich wurde bei einer üblichen, routinemäßigen Einbestellung mitten in der Nacht herausgegriffen, sodann zum Lunaren Einsatzkommando verbracht und in einem kleinen Wohnbereich, ähnlich etwa einem Schlafraum in einem College, untergebracht. … Sie führten uns, mich, jeden einzeln … in einen großen Warteraum außerhalb einer langen Reihe von Arbeitsplätzen, an denen zahlreiche Büro-Mitarbeiter in verschiedenen militärischen Uniformen Papierkram erledigten. … Es gab einige Erklärungen darüber, was es mit dem Papierkram auf sich hatte und was im Vertrag steht, und dann paraphierst du einfach und unterzeichnest alles an den richtigen Stellen.«[14]

Im März 2015 hat Corey Goode mitgeteilt, dass er ebenfalls zum Lunaren Einsatzkommando (LOC) gebracht wurde, bei dem er einen Vertrag für eine zwanzigjährige Dienstzeit und eine Verpflichtung zur Geheimhaltung unterschrieb. Zufällig erfolgte Goodes Unterzeichnung etwa zur selben Zeit wie die Aufnahme Cramers 1987 im Alter von siebzehn Jahren in das LOC:

»Zuvor wurde ich darüber belehrt, dass ich Geheimhaltungserklärungen unterschreiben und dann zwanzig Jahre von der Erde entfernt dienen müsse; ich hätte keinen Kontakt mehr zum Planeten und bekäme keine Informationen darüber, was dort vor sich ginge, und am Ende meines Dienstes würde man mich wieder ›verjüngen‹ [*age-regress*], ›reinwaschen‹ [*blank-slate*] und in die Zeit zurückversetzen, als ich die Erde verlassen habe. Wenn ich diese äußerst wichtige Mission erfüllt hätte, würde ich nach meiner Rückkehr ein sehr angenehmes Leben führen. … Technisch gesehen diente ich fast 21 Jahre, da ich 1986 mit sechzehn Jahren vor meiner Übernahme in die Anlage des LOC noch ein kurzes Programm durchlief, in dem ich körperlich verbessert [*physically enhanced*] wurde. … Als ich siebzehn war und dem GWP zugewiesen wurde, fing meine eigentliche Zeit an.«[15]

Der Mond als diplomatisch neutrale Zone

Im April 2014 war Randy Cramer auch der Erste, der vom Mond in einer ähnlichen Weise wie von der Antarktis sprach – in dem Sinne, dass er eine neutrale Zone sei, die von verschiedenen Weltraumprogrammen und außerirdischen Besuchern genutzt werden könne:

»Es ist ähnlich wie in der Antarktis; der Mond hat seine verschiedenen Gebiete, in denen verschiedene Länder und Leute sagen können: ›Wir haben dieses oder jenes Territorium‹, und jeder respektiert den Anspruch jedes anderen, seinen Bereich zu nutzen. Es gibt also eine Anzahl von Gebieten, die von einer Anzahl unterschiedlicher Außerirdischer bewohnt wird, die dort schon seit langer Zeit Stationen unterhalten und offenbar nirgendwo anders hingehen. Ob die Gruppen nun freundlich oder feindlich zueinander eingestellt sind, es handelt sich um neutrales Territorium, und es gibt Orte, an denen jene, die sich nicht mit anderen vertragen, sich nicht allzu weit voneinander entfernen können. Dennoch greifen sie sich nicht an und achten die neurale Zone aller Übrigen auf der Rückseite des Mondes; dazu dienen, aus welchem Grund auch immer, die Verträge und diplomatischen Abmachungen.«[16]

Cramer erläuterte weiterhin, dass die Neutralität des Mondes das Ergebnis einer langen Geschichte sei, zu der auch einige bewaffnete Konflikte gehörten:

»Ich glaube, jeder respektiert das, weil es schon lange Zeit so üblich ist. Ich weiß auch, dass es schon mehrfach zu Kriegen auf der abgewandten Seite des Mondes kam und dass diese so schlimm waren, dass jeder sagte: Nein, nein, nein, das wollen wir hier nicht. Dies ist eine neutrale Sphäre, in der jeder tun kann, was er will, aber wir können hier nicht gegeneinander kämpfen; sonst verlören wir womöglich die ganze Sache an jemand anderen oder so. Ich denke, das war ungefähr der Deal. Es ist also eine ziemlich interessante Mischung aus denen, die dort sind, dessen, was dort ist, uns, die wir dort sind. Das ist so ziemlich alles, was ich gesehen habe und was mir erzählt wurde. Natürlich weiß ich nicht über alles Bescheid, was es dort gibt und was darüber bekannt ist; ich bin nur in das eingeweiht, was mir mitgeteilt wurde. Das ist alles, was ich vom Lunaren Einsatzkommando weiß.«[17]

In einem eMail-Interview vom Mai 2015 beschrieb Goode auf ganz ähnliche Weise, wie der Mond, der Antarktis vergleichbar, in verschiedene Zonen aufgeteilt ist:

»Der Mond ist in Botschaftsgelände aufgeteilt (ähnlich den Einflusszonen in der Antarktis), das Dutzenden verschiedener außerweltlicher Gruppen (und antiker Abgespaltener Gruppen der Menschen) gehört, die nicht miteinander klarkommen. Einige der größten Feinde sind nur wenige Kilometer voneinander entfernt stationiert und leben trotzdem seit Jahrtausenden friedlich nebeneinander. Der Mond ist eine diplomatische Zone, und Konflikte werden auf ihm oder in seiner Nähe nicht geduldet. Diplomatisches Territorium wird streng respektiert und von keiner anderen Gruppe verletzt.«[18]

Goode fährt fort, eine mögliche Antwort auf die Frage zu geben, wer die Apollo-Astronauten aufgefordert hat, dem Mond fernzubleiben:

»Wenn für die Apollo-Landungen ein Gebiet in einer dieser diplomatischen Zonen ausgewählt wurde (die sich über jeden Quadratzentimeter auf der gesamten Mondoberfläche erstrecken), dann landeten sie mehr als wahrscheinlich auf dem Gebiet einer Gruppierung, die dies nicht wünschte. Höchstwahrscheinlich werden sie einen nachdrücklichen Hinweis erhalten haben, diesen Ort schleunigst zu verlassen und nicht wiederzukehren, ganz gleich von welcher Gruppe, deren Rechte sie verletzt haben.«[19]

Cramers und Goodes Zeugnisse decken auf, dass der Mond ein sehr alter Außenposten einer Anzahl außerirdischer Gruppen sowie Geheimer Weltraumprogramme ist und dass dies bis in die Zeit der Nazis zurückreicht, die dort Stationen errichteten.

Die Wahrscheinlichkeit, dass die Apollo-Missionen zur Verletzung eines oder mehrerer Souveränitätsansprüche dieser Gruppen geführt haben, hilft bei der Beantwortung der Frage, warum die Mondflüge 1972 plötzlich gestoppt wurden. Seit mehr als vierzig Jahren gab es keine Mondlandungen der NASA oder anderer Nationen mehr, bis der unbemannte chinesische Mondrover names *Yutu* (Jadehase) im Dezember 2013 erfolgreich landete.

Anmerkungen

1 Timothy Good, *Above Top Secret: The Worldwide U.F.O. Cover-Up* (Quill, 1989), 384. – Dt. Ausgabe: *Jenseits von Top Secret*, Zweitausendeins Verlag, Frankfurt am Main 1991.
2 Maurice Chatelain, *Our Cosmic Ancestors* (Light Technology Publishing, 1988), 25.
3 Maurice Chatelain, http://ronrecord.com/astronauts/mchatelain.html (aufgerufen am 23.07.2015)
4 Maurice Chatelain, http://ronrecord.com/astronauts/mchatelain.html (aufgerufen am 23.07.2015)
5 Timothy Good, *Above Top Secret*, 384.
6 Timothy Good, *Above Top Secret*, 186.
7 Zitate von Buzz Aldrin unter http://www.imdb.com/character/ch0040032/quotes (aufgerufen am 23.07.2015)
8 »Half a Century of … The German Moon Base«, http://www.bibliotecapleyades.net/luna/esp_luna_46.htm (aufgerufen am 30.06.2015)
9 »Half a Century of … The German Moon Base«, http://www.bibliotecapleyades.net/luna/esp_luna_46.htm (aufgerufen am 30.06.2015)
10 »Half a Century of … The German Moon Base«, http://www.bibliotecapleyades.net/luna/esp_luna_46.htm (aufgerufen am 30.06.2015)
11 »Half a Century of … The German Moon Base«, http://www.bibliotecapleyades.net/luna/esp_luna_46.htm (aufgerufen am 30.06.2015)
12 Interview mit Corey Goode vom 19. Mai 2014, »Corporate bases on Mars and Nazi infiltration of US Secret Space Program«, http://exopolitics.org/corporate-bases-on-mars-and-nazi-infiltration-of-us-secret-space-program/ (aufgerufen am 30.06.2015)
13 In Kapitel 12 werde ich Cramers Äußerungen mit denen von Michael Relfe vergleichen, um die Glaubwürdigkeit ihrer Behauptungen, im Rahmen eines Geheimen Weltraumprogramms auf dem Mars gedient zu haben, zu überprüfen.
14 »Mars Defense Force: Defending Human Colonies – Interview Transcript«, http://exopolitics.org/mars-defense-force-defending-human-colonies-interview-transcript/ (aufgerufen am 23.07.2015)
15 »Mars Defense Force: Defending Human Colonies – Interview Transcript«, http://exopolitics.org/mars-defense-force-defending-human-colonies-interview-transcript/ (aufgerufen am 23.07.2015)
16 »Mars Defense Force: Defending Human Colonies – Interview Transcript«, http://exopolitics.org/mars-defense-force-defending-human-colonies-interview-transcript/ (aufgerufen am 23.07.2015)
17 »Mars Defense Force: Defending Human Colonies – Interview Transcript«, http://exopolitics.org/mars-defense-force-defending-human-colonies-interview-transcript/ (aufgerufen am 23.07.2015)
18 »Multiple Moon bases & U.S. Military Space Shuttles as cover programs«, http://

exopolitics.org/multiple-moon-bases-u-s-military-space-shuttles-as-cover programs/ (aufgerufen am 23.07.2015)

19 »Multiple Moon bases & U.S. Military Space Shuttles as cover programs«, http://exopolitics.org/multiple-moon-bases-u-s-military-space-shuttles-as-coverprograms/ (aufgerufen am 23.07.2015)

13 Whistleblower-Zeugnisse über den Mars im Vergleich

Einen Dienst von zwanzig Jahren in Geheimen Weltraumprogrammen absolviert zu haben, ist die fundamentale Behauptung von drei Whistleblowern: Michael Relfe, Randy Cramer und Corey Goode. Relfe und Cramer geben an, einen ausgedehnten Dienst auf dem Mars abgeleistet zu haben. Wie Goode behaupten auch Relfe und Cramer, dass sie nach dem Ende ihrer geheimen Dienstzeit »verjüngt« und mit Hilfe geheimer Technologien in die Vergangenheit zurückgeschickt worden sind. Weiterhin sagen Relfe und Cramer, dass Technologien und Chemikalien verwendet wurden, um ihre Erinnerungen an ihren verdeckten Dienst zu löschen.

Die Übereinstimmungen von Relfes und Cramers Angaben bezüglich der wesentlichen Elemente ihrer Rekrutierung, ihres Dienstes und ihrer Rückkehr ins zivile Leben decken sich obendrein mit Goodes außergewöhnlichen Behauptungen. All dies belegt, dass Geheime Weltraumprogramme Personal für eine zwanzigjährige Dienstzeit rekrutieren, bevor ihre Erinnerungen durch ein standardisiertes Verfahren gelöscht und sie in die Gesellschaft reintegriert werden.

Im Jahr 2000 wurde ein Buch mit dem Titel *The Mars Records* (»Die Mars-Berichte«) über die Äußerungen von Relfe veröffentlicht, der von sich behauptet, eine Ausbildung für ein Geheimes Weltraumprogramm mit dem Namen »Mars Defense Force«, also Verteidigungsstreitkräfte des Mars, durchlaufen zu haben.[1] Er absolvierte, wie er sagt, ein zwanzigjähriges Pflichtprogramm auf dem Mars, wo seine psychischen Fähigkeiten auf vielfache und komplexe Weise genutzt wurden – von einer passiven Form der »Fernwahrnehmung« bis hin zum »psychischen Mord«. Relfe will angeblich siebzig hochkarätige Zielpersonen getötet haben, darunter menschliche VIPs, außerirdische Wesen und synthetische Lebensformen, die Künstliche Intelligenz verkörpern.

Relfes Geschichte wurde damals allgemein zurückgewiesen, da es seinen unfassbaren Behauptungen an triftigen Belegen mangelte. Die neueren Bezeugungen von Cramer und Goode stimmen aber mit den zentralen Elementen von Relfes angeblichem Dienst in seinem Geheimen Weltraumprogramm überein. Eine vergleichende Untersuchung von Relfes bemerkenswerten Angaben und denjenigen Cramers unter Einbeziehung der Kernstücke von Goodes Zeugnis, soweit bislang dargestellt, ist daher notwendig.

Michael Relfe und *The Mars Records*

The Mars Records wurde von Stephanie Relfe geschrieben und veröffentlicht – einer professionellen Kinesiologin, die Michael Relfe erstmals 1996 traf und sich entschloss, ihm bei der Bewältigung seiner tiefen emotionalen Traumata zu helfen. Während die von Stephanie entwickelte Technik zur Befreiung von seelischen Belastungen bei Michael Relfe angewandt wurde, kam sein geheimer Dienst auf dem Mars zum Vorschein.

The Mars Records schildert exakt den Prozess, wie Stephanie Michael darin unterstützte, seine Erinnerungen wiederzugewinnen. Das Buch dient mehreren Zwecken. Es ist eine Aufzeichnung über Michaels zwanzigjährigen Dienst bei der Mars Defense Force – den marsianischen Verteidigungsstreitkräften – und einem Geheimen Weltraumprogramm. Weiterhin zeigt das Buch, wie Erinnerungen, die tief im menschlichen Unterbewusstsein verborgen sind, entschlüsselt werden können, und verdeutlicht, wie die verschiedenen geistigen Kontrollblockaden, die dazu dienen, die Wiedergewinnung des Gedächtnisses zu sabotieren, überwunden werden können. Schließlich enthüllt es, wie Michael und Stephanie die Machenschaften eines Emissärs einer Schattenregierung vereitelten, der intervenierte, um die Veröffentlichung jeder Information über den Mars und das Geheime Weltraumprogramm zu verhindern.

Michael Relfes Geschichte begann, als er sechs Jahre alt war und sich an seine Entführung durch außerdische »Greys« erinnerte. Im Laufe der Jahre kam Relfe zu der Überzeugung, dass die »Greys« bei diesen Entführungen seine psychischen Fähigkeiten erhöhten. Er erinnert sich nicht, als Kind an einem offiziellen militärischen Programm teilgenommen zu haben. Was auch immer die Greys taten, sicher ist, dass Behörden einer Schattenregierung die Situation beobachteten und ihre eigenen Pläne für seine weitere Zukunft hegten, wie er in einem Interview im Februar 2000 erklärte:

> »Mir scheint, dass ich mein ganzes Leben lang ein ›Versuchskaninchen‹ gewesen bin. Schon an meinem Vater wurden Modifikationen vorgenommen, die zu meiner Existenz führten. Veränderungen (genetischer Art) wurden an mir in jungen Jahren und während meines Heranwachsens durchgeführt. Irgendwann auf meinem Weg wurde ich dazu angeregt (programmiert), zur Navy zu gehen. Die Regierung kannte mein psychologisches Profil.«[2]

In *The Mars Records* liefert Relfe weitere Details, wie diese Behörden die Entführungen durch Außerirdische überwachten:

> »Die Regierung hat daran teil, und ebenso die Aliens. Es hat etwas mit meinem Vater zu tun – sie erfuhren von mir deshalb, weil mein Vater für die Regierung arbeitete. … Sie machten etwas mit ihm. Ich bin das Ergebnis dessen, was sie taten.«[3]

Relfe erläuterte, inwiefern seine zukünftige Einberufung zur Navy Teil eines geheimen Plans war:

> »Die ganze Sache mit der Navy war eine Falle. Es war kein Zufall, dass ich zur Marine ging – sie kannten und leiteten mich. Wir wurden nicht ausgewählt, weil wir klug waren – der Grund war unsere Genetik. Wir wurden schon in der Grundschule ausgesucht.«[4]

1976 trat Relfe in die Navy ein und wurde bald darauf von einem Rekrutierer angesprochen und für ein als streng geheim klassifiziertes Militärprogramm angeworben. Er willigte ein und unterzeichnete einen Vertrag für eine zwanzigjährige Dienstzeit in einem Geheimen Weltraumprogramm. Relfe hatte in der »Mars Defense Force« zu dienen und reiste durch ein von ihm als Teleportationsgerät beschriebenes »Sprungtor«, wie man es nannte, zum Mars, um seinen Dienst anzutreten:

> »Als ich rekrutiert war, wurde ich eines Nachts aufgeweckt. Zwei Leute sind in einem Raum. Jemand fordert mich auf, ihnen zu folgen. Ich bin noch schläfrig. Ich gehe in den Flur, und wir treffen den Offizier. Er erzählt uns von dem Programm. Es ist nach Mitternacht. Freiwillige werden gesucht. Mir wird keine Gelegenheit gegeben, in mein Zimmer zurückzukehren. Wir werden durch den Flur geführt. Wir sind noch immer in der Kaserne. Dann werden wir in ein Zimmer geführt. Es ist ein getarntes Zimmer – so angelegt, dass es wie eine Art Besenkammer aussieht. Von dort führt eine Treppe in die Tiefe. Unterhalb der Great-Lakes-Basis gibt es eine komplette unterirdische Anlage … der Tunnel. Die Station, der ich zugeteilt werden soll, ist die Mars-Station. Der Weg, um dorthin zu gelangen, führt durch das Sprungtor. Es ist wie ein Tunnel durch den Hyperraum.«[5]

Relfe sagt, dass seine psychischen Fähigkeiten, während er auf dem Mars war, durch chemische Substanzen und Technologien künstlich erweitert wurden, so dass er sich schnell von der Gabe der geistigen Wahrnehmung entfernter Ereignisse (Fernwahrnehmung) zu der Befähigung entwickelte, diese Ereignisse auch beeinflussen zu können (Fernbeeinflussung). Schließlich waren seine psychischen Fähigkeiten so machtvoll, dass er zu einem Psycho-Attentäter wurde, der seinen eigenen Angaben nach für folgende Tätigkeiten geeignet war:

> »… nicht jeder, der zum TRV [Tactical Remote Viewing, Taktische Fernwahrnehmung] herangezogen wird, wird auch zur Zielperson-Liquidierung eingesetzt. Es erfordert eine besondere Persönlichkeit, um als Attentäter erfolgreich zu sein. Ich war kalt, hart und arrogant. …

Ich habe eine so hohe PSI-Effizienz, ›rohe Pferdestärke‹, wenn man so will, dass ich zuletzt auf siebzig Liquidierungen kam. Einige davon waren Reptiloide. Und ich überlebte diese Einsätze. Wenn ich im Einsatz war, machte ich einen SEHR guten Job.«[6]

Relfe beschreibt die verschiedenen Missionen, die er mit seinen erweiterten psychischen Fähigkeiten durchzuführen hatte – bis hin zu psychischen Attentaten:

»Die Aufträge, die ich auf verschiedenen Stufen ausführte, erstreckten sich von der Aufklärung (Datensammlung) über die Verteidigung bis hin zur Offensive.

Aufklärung – Datenermittlung, verdeckte Spionage etc. Gegen Fernwahrnehmung kann man sich abschirmen. Man braucht Kontrolle und Raffinesse, um wirkungsvoll gegen eine solche Abschirmung vorzugehen.

Verteidigung – Unterschiedliche Aufträge je nach ›Stärke‹ der Begabung. Sie reichen von einfacher, allgemeiner ›Beobachtung‹ einer Gegend über die aktive Verteidigung einer Region, die aktive Verteidigung einer Einrichtung bis zur aktiven Verteidigung eines ausgewählten VIP-Ziels. Die Regionen können sich auf einem Planeten oder in einem Gebiet im Umfeld des Planeten befinden. Machmal erfolgt die Verteidigung ›mental‹. Manchmal wird man in offensive oder defensive Waffensysteme eingeklinkt.

Offensive – Fernwahrnehmung, die als offensive taktische Waffe eingesetzt wird, um ausgewählte VIP-Ziele auszuschalten (Liquidierung). Selbst mit Hilfe der Maschinen erfordert dieser Job große ›Pferdestärke‹ und geringes Mitgefühl für andere Wesen. Die meisten Leute mit einer Begabung für Fernwahrnehmung erreichen diese Stufe nicht einmal näherungsweise.

Diese Aufgaben vollziehen sich progressiv in ›aufsteigender‹ Linie. Ich erinnere mich, sehr gut im Umgang mit Abschirmungen gewesen zu sein. Später, als ich mehr Erfahrung erlangt hatte, wurde ich offensiv tätig und sehr kompetent in Bezug auf Liquidierungen. Mein Endergebnis waren siebzig liquidierte Ziele.«[7]

Relfe berichtet, dass es, um Stress zu reduzieren, eine gewisse Rotation bei den Aufträgen gab. Auf seinen eigenen Wunsch hin wurde er schon bald als Raumjägerpilot eingesetzt, wo er mit seinen telepathischen Fähigkeiten weiterhin außerirdische feindliche Bedrohungen der Mars Defense Force und des Geheimen Weltraumprogramms bekämpfte. Er schreibt:

> »Ich ›weiß‹, dass dies ein sehr belastender Vorgang ist, der eine Einsatz-Rotation erfordert. Ebenso ›weiß‹ ich, dass ich Gelegenheit zu anderen Trainingsmethoden erhalten und mich für das Flugtraining entschieden hatte …[8] Während dieser Zeit diente ich außerdem als Kampfflieger in einem Ein-Mann-Angriffsraumschiff bestimmten Typs. Ich habe den Eindruck, dass mein telepathisches ›Talent‹ auch in dieser Rolle genutzt wurde.«[9]

Während seiner gesamten zwanzigjährigen Dienstzeit gab es, wie Relfe betont, die strikte Anweisung zu verhindern, dass ihm oder einem anderen Mitarbeiter des Geheimen Weltraumprogramms irgendeine Information über Menschen und Ereignisse auf der Erde zugänglich würde. Relfe sagt dazu:

> »Das Programm funktioniert so, wie es funktioniert, weil NIEMAND im Dienst (der irgendwann in die Zeit vor seinem Eintritt in das Programm zurückversetzt wird) befugt ist, Wissen von irgendeinem Ereignis (oder Zugang zu einer Person) auf der Erde zu erhalten, während er auf der Mars-Basis stationiert ist. Das heißt, Besucher und VIPs sind TABU.«[10]

Am Ende seines zwanzigjährigen Dienstes im Jahr 2002 wurden Verjüngungs- und Zeitreise-Technologien angewandt, um ihn in die Zeit seiner Einberufung 1976 zurückzuversetzen, damit er seinen sechsjährigen Navy-Dienst als Teil seines »normalen« Lebens beenden konnte. Relfe beschreibt diesen Prozess folgendermaßen:

> »Die Verjüngung war pure Langeweile. Wochenlang in einem traumähnlichen, halbbewussten Zustand gehalten zu werden, war äußerst lang-

weilig. Das ist die einzige Erinnerung, die ich mir ins Gedächtnis zurückrufen kann. Der Sprung zwanzig Jahre zurück bis 1976 war zu Ende, bevor er begann. Durch den Tunnel zu gehen war ereignislos.«[11]

Da die Idee der Altersrückführung fantastisch erscheint, ist es sinnvoll anzumerken, dass man mittlerweile ein bestimmtes Alters-Gen entdeckt hat und gerade verschiedene Anti-Aging-Technologien entwickelt werden.[12] Streng geheime Genforschung, die der öffentlich zugänglichen wissenschaftlichen Literatur um Jahrzehnte voraus ist, hat mit hoher Wahrscheinlichkeit bereits eine Manipulation der Alters-Gene möglich gemacht, um Ergebnisse wie Altersregression zu bewirken. Relfes Charakterisierung dieses Vorgangs als langweilig bezieht sich wahrscheinlich darauf, dass diese Art fortgeschrittener Gentherapie in einem Labor durchgeführt werden muss.

Bei Relfe wurde eine Reihe von Mind-Control-Technologien angewandt, um ihn daran zu hindern, Erinnerungen an seinen geheimen Dienst im Weltraum wiederzuerlangen und um seine psychischen Fähigkeiten zu unterdrücken. Er schildert, was geschehen ist:

»Am Schluss meines aktiven Dienstes in dem Programm wurde mein Alter um zwanzig Jahre ›zurückgestellt‹, und ich wurde wieder auf die Erde geschickt, damit ich meinen gewöhnlichen Lebenslauf weiterführe. Um die Abrufung von Erinnerungen zu unterbinden, wurden mir Gedächtnisblockaden implementiert. Um meine metaphysischen Fähigkeiten zu unterdrücken und um meinen Standort und meine Bewegungen nachzuverfolgen, wurden mir Implantate eingesetzt. Die Folge dieser ›Gedächtnis-Blocker‹ war, dass ich in meinem Familienleben, meinen Beziehungen, meiner Gesundheit und bei meiner Arbeit negativ beeinträchtigt wurde ...«[13]

Zusätzlich wurde Relfe, wie er sagt, von Autoritäten des Geheimen Weltraumprogramms gewaltsam zu »monatlichen medizinischen Untersuchungen« entführt. Im Jahr 2000 schrieb er über diese Erlebnisse in seinen zusammenfassenden Gedanken am Schluss von *The Mars Records*:

»Meine Beteiligung setzt sich bis in die Gegenwart fort. Ich werde monatlich von Mitgliedern dieser Gruppe besucht. Wenn ich mich in einem ›veränderten Zustand‹ befinde, bin ich darauf ›programmiert‹, sie fraglos zu begleiten, und dann werde ich an einen mir unbekannten Ort gebracht, wo ich medizinisch untersucht werde. Sodann wird eine Prozedur angewandt, bei der durch Einschnitte zu beiden Seiten meiner Leistengegend Gewebe/Zellen/biologisches Material entnommen wird. Anschließend werde ich wieder dorthin zurückgebracht, von wo man mich entführt hat.«[14]

Relfe sagt, dass er durch Gebete und andere vorbeugende Maßnahmen in der Lage war, die Entführungen 2002 zu beenden. In seinem Buch verfasste er eine Nachricht an hohe Regierungsstellen, in der er gegen das, was ihm widerfuhr, protestierte und eine Entschädigung für seinen verdeckten Dienst verlangte. Er schrieb:

»Wo ist die Entschädigung, die Sie mir versprochen haben? Ich bin der Ansicht, Sie schulden mir noch immer eine Rückzahlung mit Zins und Zinseszinsen, eine monatliche Rente für den Dienstgrad eines Captains mit mehr als zwanzigjähriger Dienstzeit und Sozialleistungen einschließlich Krankenversicherung. Ich erwarte eine schnellstmögliche Bearbeitung!«[15]

Relfe glaubt, dass seine Offenlegung dieser Zusammenhänge von höheren Dienststellen des Geheimen Weltraumprogramms, die ihn überwacht haben, aus taktischen Gründen zugelassen wurde:

»Es wurden weder Versuche unternommen zu unterbinden, dass diese Sitzungen aufgezeichnet werden, noch wurden wir von irgendwelchen ›offiziellen‹ Repräsentanten irgendeiner Gruppe angesprochen. Es kann sein, dass sich diese Personen so sehr außerhalb der Reichweite von jedermann bewegen, dass solche Bücher sie nicht weiter kümmern, oder sie setzen darauf, dass diese einen Beitrag zu ihrem fortlaufenden Programm leisten, die Bevölkerung des Planeten mit der Existenz ›Außerirdischer‹ vertraut zu machen.«[16]

Bald nach der Veröffentlichung seines Buches wurde Relfe im Februar 2000 von Eve Lorgen für die Webseite *Alien Love Bite*[17] und im Juli desselben Jahres von Theresa de Veto für die Webseite *Surfing the Apocalypse*[18] interviewt. Dies sind die beiden einzigen Interviews, die auf der *Mars Records*-Webseite aufgeführt werden, in denen Michael und Stephanie nach seinem verdeckten Dienst auf dem Mars und der geheimen Weltraumflotte befragt werden.

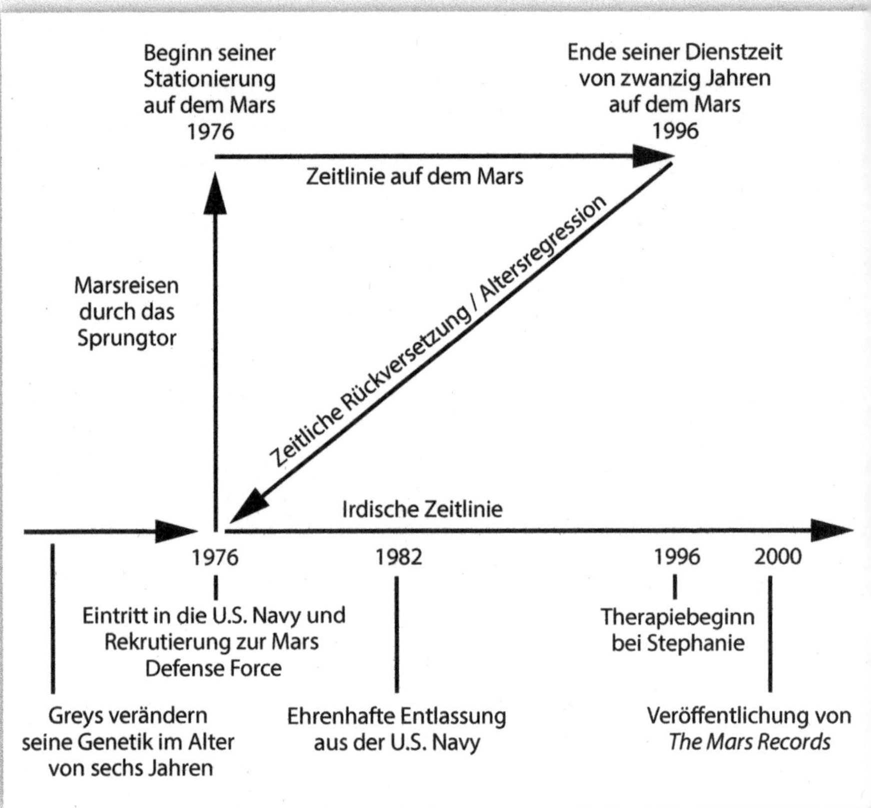

Abb. 29. Zeitlinien nach Michael Relfe

Es gibt noch weitere Whistleblower, die von sich behaupten, den Mars mit Hilfe von Sprungtor-Technologien besucht, Altersregression erfahren und Zeitreise-Technologien kennengelernt zu haben.[19] Gleichwohl stand Relfe 2000 alleine da mit seiner zentralen Aussage, dass es ein Geheimes Weltraumprogramm gibt, für das Menschen – im Rahmen eines Standardverfahrens – für einen verdecken zwanzigjährigen Dienst rekrutiert werden. Das änderte sich erst Anfang 2014.

Randy Cramer und die »Mars Defense Force«

Im März 2014 trat Randy Cramer unter dem Pseudonym »Captain Kaye« mit seiner Äußerung an die Öffentlichkeit, von 1987 bis 2007 eine zwanzigjährige Dienstzeit in einem Geheimen Weltraumprogramm absolviert zu haben. Erstmals offenbarte er seine »lückenlose Erinnerung« an seinen Dienst in einem verdeckten Weltraumprogramm in einer fünfteiligen Reihe von Interviews, die ich mit ihm geführt habe.[20] Er sagt, dass er die ersten siebzehn Jahre seines Dienstes bei einer Infanterie-Einheit auf dem Mars absolviert habe; diese sei Teil einer von ihm so genannten »Mars Defense Force« gewesen, deren primäre Aufgabe darin bestand, fünf zivile Kolonien im Besitz der »Mars Colony Corporation« zu verteidigen.[21]

Cramer legt dar, was ihm nach seiner Verpflichtung zum Dienst im Lunaren Einsatzkommando bei seiner Ankunft auf dem Mars 1987 mitgeteilt wurde:

> »Ich komme also in Aries Prime an, und wir werden alle darüber informiert, dass wir nun Mitglieder der Mars Defense Force (MDF) seien. Die MDF ist eine spezifische militärische Organisation, die unter privatem Vertrag steht und speziell den Auftrag hat, unter der MCC [Mars Colony Corporation] zu dienen und diese sowie ihre Interessen zu schützen und zu verteidigen. Uns wurde gesagt: Du bist nun ein Mitglied der Mars Defense Force; dir wird ein Zettel ausgestellt, eine kleine Karte, Papierkram, auf dem steht, in welches Shuttle du gehen wirst. Dann wirst du in das Shuttle steigen, dieses Shuttle wird dich in eine Station bringen – und auf der Station wirst du wahrscheinlich die nächsten zwanzig Jahre verbringen, und wenn du die Station betrittst, wird man dich exakt darüber informieren, was du tun und mit wem genau du zusammenarbei-

ten wirst, und du wirst alle nötigen Dinge für deine Ausbildung und so weiter bekommen, sobald du dort eintriffst.«[22]

Cramer schildert die Geschichte der geheimen Stützpunkte auf dem Mars, so wie sie ihm während seines Dienstes enthüllt wurde:

»Die Mars Colony Corporation wurde etwa 1974/1975 gegründet. Meines Wissens waren wir zum ersten Mal Mitte der Sechzigerjahre auf dem Mars, versuchten aber zunächst nicht, irgendetwas ernsthaft zu beginnen oder waren bis in die Siebziger nicht wirklich darauf vorbereitet. Soweit ich weiß, wurde 1970 unsere erste Forschungsmission dorthin entsandt, um dort unbegrenzt lange zu bleiben. Nach einigen Jahren aber wurde entschieden, dass wir nun soweit sind und mit der Gründung einer Mars Colony Corporation Boden unter den Füßen bekommen können. Wir sind jetzt in der Lage, ein paar Siedlungen zu errichten, Bodenschätze abzubauen und einige Ressourcen zu nutzen, damit die Sache sich selbst finanziert. Anscheinend war es um 1975, dass die Mars Colony Corporation den Fuß auf den Mars setzte und mit dem Bergbau begann. Nach dem, was mir mitgeteilt wurde, müsste es 1975 gewesen sein.«[23]

Nach dem Ende seines verdeckten Dienstes auf dem Mars diente Cramer, wie er sagt, in einem Geheimen Weltraumprogramm mit dem Namen »Earth Defense Force«, Verteidigungsstreitkräfte der Erde, in deren Rahmen er an Bord eines zigarrenförmigen Raumschiff-Trägers durchs Sonnensystem patrouillierte.

In einem Interview beschrieb Cramer seine Ausbildung für die Steuerung von Raumschiffen der Earth Defense Force:

»Das Training war wie jedes andere grundlegende Training, das ich erwarten würde. Wie auch sonst überall gab es bestimmte Unterweisungen, gewisse Lehrstunden in einem Seminarraum, Zeiten, in denen marschiert wurde, Simulationszeiten und schließlich Unterrichtseinheiten, in denen wir in die eigentlichen Schiffe kamen und sie flogen. Im Wesentlichen hatten sie wohl drei verschiedene Typen von Kampfflugzeugen und zwei oder drei unterschiedliche Arten von Bombern. Ich hatte niemals Flugunterricht bekommen … in dem großen Raumschiff, mit dem wir vom Mond zum Mars flogen, zum Beispiel. Das war eine andere Art von Trainingsprogramm für Piloten. Piloten, die mit solchen Maschinen flogen, waren nicht in unserer Flugschule. Das, womit wir trainierten, waren meistens kleinere militärische Flugmaschinen, drei verschiedene Klassen von Kampfflugzeugen und zwei Bomberklassen, manchmal auch eine dritte.«[24]

Auf die Frage, wo eigentlich sein Weltraumpiloten-Training stattfand, antwortete er:

»Das begann schon damals im Lunaren Einsatzkommando, und dann wurden wir etwa nach der Hälfte der Ausbildungszeit zum Titan verbracht, wo wir ein äußeres Trainung absolvierten – ja, ich möchte hervorheben, dass es auf dem Titan war. Anschließend hatten wir den zweiten Abschnitt der Ausbildung weiter draußen im Sonnensystem, jenseits des Titan. Wir begannen also in ziemlicher Nähe, auf dem Mond, bewegten uns dann zum Titan und anschließend noch ein wenig weiter nach draußen.«[25]

Cramer schildert einige seiner Aufgaben als Pilot tief im Weltraum:

»An der *Nautilus* [dem zigarrenförmigen Weltraum-Trägerschiff] gab es damals vier Luftschwingen [*air wings*]. Sie rotierten. … Es gab einen Haufen Patrouillen, bei denen man mit Flugmaschinen aus dem Hauptschiff fliegt, um einen bestimmten Radius zu kontrollieren, ein Raster abzudecken oder einen Rasterquadranten oder etwas Ähnliches und um Aufklärungsmanöver durchzuführen, anomale Aktivitäten zu untersuchen oder zu sehen, ob man in irgendetwas Feindliches hineingeraten könnte. …«[26]

In einem Interview wurde Cramer gefragt, ob er Zugang zu Informationen über die Erde hatte, und er antwortete:

> »Tatsächlich waren sämtliche Informationen über Vorgänge auf der Erde, Zeitungen, Medien und so weiter streng verboten, und jeglicher Besitz solcher Dinge, Wissen darüber, Kommunikation oder Gespräche über sie konnten harte Strafen nach sich ziehen. So sollten wir einfach nicht sein ... Im Grunde wurde uns äußerst nachdrücklich klargemacht: ›Schau, wenn du darüber nachdenkst, was zu Hause passiert, kümmerst du dich nicht genug um deinen Job. Wir brauchen dich zu 100 Prozent hier und jetzt in deinem Job. Das Einzige, was dir an Gedanken über deine Heimat kommen darf, sind deine guten Erinnerungen daran und der Wunsch, wieder dorthin zurückzukehren.«[27]

Cramer beschreibt auch das Antriebssystem des Raumschiffes, auf dem er seinen Dienst tat:

> »Im Wesentlichen hat diese Klasse von Raumschiffen eher Zigarrenform, im Gegensatz zur Scheibe oder einer anderen Form … Es gibt einen vorderen Bereich, ein langes Mittelstück und dann ein Ende. Dort am Ende sind der Maschinenraum und der Antriebsbereich, was eine interessante Kombination darstellt, soweit ich es verstanden habe. … Meines Wissens nach handelte es sich bei der Antriebstechnik um ein komplexes System, zu dem neben traditionellen Formen von Schubenergie auch Atomkraft, Kernspaltung oder Kernfusion, weitere Arten moderner technologischer Energien und schließlich so fortschrittliche Antriebssysteme wie Elektrogravitation und Zeitreisetechniken gehörten.«[28]

Cramers Bemerkung, dass die zigarrenförmigen Träger-Raumschiffe tatsächlich Zeitreise-Antriebstechnik benutzten, stimmt mit der Entwicklung dieser Art von interstellaren Raumschiffen überein, die in Kapitel 5 behandelt wurde.

Auch Cramer wurde, wie er sagt, vor seinem zwanzigjährigen Dienst zum Supersoldaten ausgebildet. Dabei wurden während eines zwölf Jahre dauernden Trainingsprogramms in seiner Kindheit, genannt »Operation Moonshadow«, auch Mind-Control-Technologien angewandt, um seine physischen Fähigkeiten zu steigern.[29] Dies geschah durch einen verdeckten Zweig des U.S. Marine Corps, den Cramer als

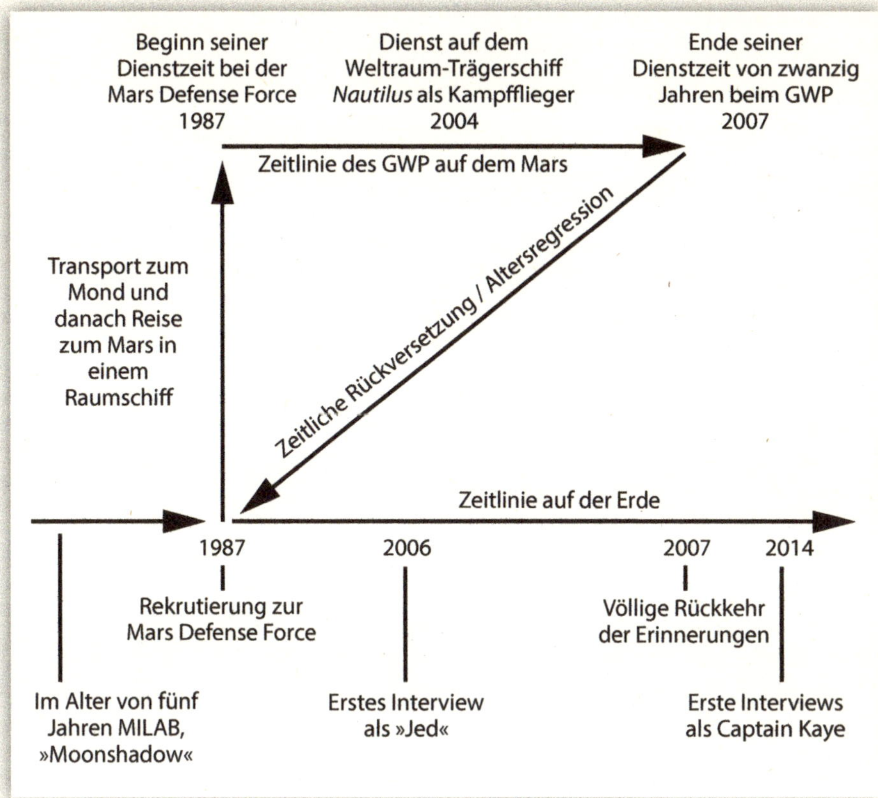

Abb. 30. Zeitlinien nach Randy Cramer

»Special Section« (S.S.) bezeichnet. Die Techniken der Gedankenkontrolle, die bei ihm und anderen Rekruten des Marine Corps eingesetzt wurden, beruhten seiner Aussage nach nicht wie in anderen Geheimprogrammen auf Traumatisierung:

> »Die an mir angewandten Techniken wurden mir als eine Art Programmierung ›mit dem Strich‹ im Gegensatz zu den meisten ›gegen den Strich‹ beschrieben, die Supersoldaten dazu bringen sollen, alles überall und zu jeder Zeit zu töten – wobei wir als menschliche Wesen gewöhnlich nicht so veranlagt sind und uns dagegen sträuben –, und die Hauptfunktion wird dann die Unterdrückung des Dranges, dagegen

aufzubegehren. Anstelle des bestmöglichen Supersoldaten bringt man dann eher den gehorsamsten hervor. Die Programmierung ›mit dem Strich‹ strebt nicht danach, ein Wesen hervorzubringen, das auf Kommando tötet, sondern verankert eher den tiefsitzenden Instinkt, den eigenen Stamm und dessen Lebensraum gegen Angriffe zu verteidigen. Solange man in der Lage ist, diese Bedrohung glaubwürdig darzustellen, wird der Soldat all seine Stärke und Schlauheit darauf verwenden, jeden zu vernichten, der denjenigen Schaden zufügen könnte, zu deren Schutz er genetisch veranlagt ist.«[30]

Vielleicht am wichtigsten sind Cramers Angaben, dass er bei der Aufdeckung seines Wissens über die Mars Defense Force und das Geheime Weltraumprogramm, in dem er diente, im Rahmen einer militärischen Befehlskette handelte:

»Colonel Jamieson brachte mich in Kontakt zu einem Mann, der sich selbst als Brigadegeneral Smyth vorstellte. General Smyth gab mir eine ziemlich langatmige Erklärung über die ›seelenlosen Schwänze‹ (seine Worte) im ›Komitee‹, denen er zu gehorchen hatte, und die ernsten Meinungsverschiedenheiten der höheren Ränge der S.S. [Special Section] des USMC [United States Marine Corps] mit besagtem Komitee. Auch ohne diese ganzen Ausführungen war ich mit seiner Erklärung der Situation am Ende zufrieden. Als er mir persönlich den Auftrag erteilte (er sagte, und ich zitiere: ›Ich erteile Ihnen den Auftrag, mit allem, was Sie wissen, an die Öffentlichkeit zu gehen …‹) und ich zurückfragte: ›Wirklich mit allem?‹, da sagte er ›MIT ALLEM!‹, und wir waren uns einig. Solange ich die Sicherheit hatte, dass mein direkter Vorgesetzter in der Befehlskette hinter mir stand und mir keine Beschränkungen hinsichtlich vertraulicher Inhalte auferlegt waren, wusste ich, dass es ihm ernst war und dass ER es ernst meinte. Niemand – nicht einmal ein Feind – hätte gewollt, dass ich so etwas tue, oder mir befehlen können, es zu tun. Er sagte sogar, dass ich seinen Namen nennen dürfte, was ich ja gerade tat, um die Menschen, die das erfahren müssen, wissen zu lassen, dass ich auf seinen Befehl handle, einzig auf seinen Befehl … und wenn ihnen das nicht gefällt, müssen sie es eben mit ihm oder mit dem CMC aufnehmen.«

Ein Vergleich zweier Zeugnisse: Michael Relfe und Randy Cramer

Es gibt wesentliche Parallelen zwischen den Zeugnissen von Relfe und Cramer, aber auch einige wichtige Unterschiede. Beide behaupten von sich, Supersoldaten bei der »Mars Defense Force« gewesen zu sein, während sie auf dem Mars stationiert waren. Beide geben an, einer Steigerung ihrer physischen Fähigkeiten sowie Mind-Control-Maßnahmen unterzogen worden zu sein, wodurch sie in die Lage versetzt wurden, Außerirdische und andere »Feinde« zu bekämpfen. Und schließlich sagen Relfe und Cramer beide aus, in ihrer jeweiligen Dienstzeit unter völliger Abschirmung von Informationen bezüglich der Erde gearbeitet zu haben.

Nach einer bestimmten Einsatzdauer auf dem Mars (17 Jahre) wurden Relfe und Cramer zu einer Weltraumflotte gebracht und darin ausgebildet, kleine für militärische und andere Zwecke verwendete Raumschiffe zu steuern. Beide bezeugen, dass sie zum Dienstgrad eines Captains befördert wurden.

Ebenso behaupten beide, verjüngt und zurück in die Zeit geschickt worden zu sein, in der sie anfangs rekrutiert worden waren. Relfe berichtet, dass dieser Prozess zwei Wochen in Anspruch genommen habe, während Cramer meint, dass die Altersreduktion bis zu ihrem Abschluss mehrere Wochen gedauert habe.[31] Die Dauer der Altersregression, so stellt Relfe in *The Mars Records* (Band 1, Seite 72) klar, ist dabei unerlässlich: »Sie müssen vorsichtig sein, dass sie dich nicht zu schnell verjüngen – man könnte sonst seine Persönlichkeit verlieren.«[32]

Eine andere Übereinstimmung besteht darin, dass es beiden gelang, nach zwanzig Jahren eines zivilen Lebens ihr Erinnerungsvermögen vollständig zurückzugewinnen. Relfes geheimer Dienst dauerte von 1976 bis 1996, bevor er dann zwanzig Jahre in seiner »normalen« Zeitlinie weiterlebte. Es war Ende 1996, dass Michael Relfe begann, mit Stephanie Relfe an der Wiedererlangung seines Gedächtnisses zu arbeiten. Bei Cramer dauerte es bis 2007, bevor er, nach dem zwanzig Jahre dauernden Lebensabschnitt im Weltraum und anschließend auf der Erde von 1987 bis 2007, in der Lage war, sich weiterzubewegen und alle seine Erinnerungen zurückzugewinnen. Cramer sagte in einem Interview, dass die »totale Erinnerung« erst möglich wurde, nachdem die beiden sich überlappenden Zeitabschnitte abgeschlossen waren.

Schließlich sagen Relfe und Cramer gleichermaßen, dass sie die versprochenen Sonderzahlungen und Sozialleistungen niemals erhalten haben. Bei Michael und Stephanie Relfe heißt es dazu:

> »Wir wundern uns oft darüber: Was ist mit der Sonderzahlung? Wie kommt er [Michael] an die Pension, die er verdient, nachdem er zwanzig Jahre lang für das Militär gearbeitet hat?«[33]

Cramer schildert ganz ähnlich, wie ein junger Offizier, der ihm half, die Einberufungsformulare auszufüllen, ihm versicherte, dass er am Ende seines verdeckten Militärdienstes finanziell entschädigt würde.

> »Er nahm dann einen Stapel Papier hervor und sagte: Hier ist Ihr Vertrag; ich werde ihn jetzt mit Ihnen durchgehen, Ihre Fragen beantworten und Ihnen dabei behilflich sein, die richtigen Stellen auszufüllen und ihn zu unterzeichnen; danach dürfen Sie wieder gehen. Manches, was er erzählte, klang ungefähr folgendermaßen: Okay, das ist es nun also, was Sie tun werden; Sie unterschreiben einen Vertrag für eine zwanzigjährige Dienstzeit, aber seien Sie unbesorgt, es hat alles seine Ordnung. Wir kümmern uns um Sie; wir werden alle üblen Erinnerungen aus Ihrem Kopf entfernen, an die Sie niemals mehr werden denken wollen; anschließend werden wir Sie verjüngen und wieder in die Zeit zurückführen, als wir Sie eingezogen haben, Sie werden Ihr ganzes Leben noch einmal leben können, und alles ist perfekt. Sie werden keine Zeit verlieren, keine Jahre vergeuden, sondern tatsächlich einen netten, lockeren Job zurückbekommen. Wir sorgen für Sie; Ihnen wird es gut gehen.«[34]

Schließlich geben Relfe und Cramer beide an, dass sie die Erlaubnis erhielten, ihre Lebenszeugnisse zu veröffentlichen. Im Fall von Relfe geschah dies indirekt, indem nicht auf die Publikation seines Buches *The Mars Records* Einfluss genommen wurde. Cramer hingegen behauptet, er sei ausdrücklich von einem Brigadegeneral der S.S. [Special Section] des USMC [United States Marine Corps] dazu aufgefordert worden.

Ein Vergleich zweier Zeugnisse: Randy Cramer und Corey Goode

Als Nächstes behandle ich die bemerkenswerten Ähnlichkeiten zwischen Cramers und Goodes Zeugnissen. Beide sagen von sich, sie seien als besonders begabte Kinder betrachtet und in einem getarnten Programm in Gruppen von bis zu 300 Kindern geheim ausgebildet worden. Cramer nennt das Programm für Kinder, in das er aufgenommen wurde, »Operation Moonshadow«. Es wurde vom USMC/ S.S. geleitet, das nach Cramers Angaben keine traumatisch basierte Gedankenkontrolle anwandte, wie es bei anderen Programmen der Fall war. In Goodes Programm wurde traumabasierte Gedankenkontrolle praktiziert, die ein schweres Erbe nach sich zog, bis es schließlich unter Einfluss eines mit einer antiken »Maya«-Kultur verbundenen GWP beseitigt werden konnte.

Goode behauptet wie Cramer, dass die Kinder mit Mind-Control-Techniken behandelt wurden, damit sie die Zeit ihrer Abwesenheit von zu Hause vergessen sollten, ohne dass ihre christlich-fundamentalistischen Eltern irgendetwas Seltsames bemerkten. Um Unterbrechungen ihrer gewöhnlichen Lebensabläufe zu vermeiden, wurde Zeitreise-Technologie angewandt, durch die sie nach jedem Ausbildungsabschnitt wieder in die Zeit zuvor zurückversetzt wurden.

Beide geben an, dass zum Training in ihrer Kindheit auch die Ausbildung mit tödlichen Waffen, Taktiken für spezielle Operationen und anderes gehörte, was die Fähigkeiten normaler Kinder weit übersteigt. Cramer berichtet, dass er gewöhnlich mit Erwachsenen in Spezialeinheiten ausgebildet wurde, die ihre Fehleinschätzung der physischen Befähigung der Kinder von »Operation Moonshadow« bald korrigieren mussten.

Goode und Cramer behaupteten, dass sie nach dem »Examen« ihres jeweiligen geheimen Trainingsprogramms in das Lunare Einsatzkommando (LOC) auf der abgewandten Seite des Mondes aufgenommen wurden. Nach Cramer hat er dort seinen Dienstvertrag unterzeichnet, bevor er zum Mars gebracht wurde. Goode sagt, dass er zunächst ein »befristetes Programm« absolvierte und sodann zur Steigerung seiner physischen Fähigkeiten und Aufnahme in das Geheime Weltraumprogramm zum LOC eingezogen wurde.

Auch die Zeitangaben beider bezüglich der Dauer ihres jeweiligen Kinder-Ausbildungsprogramms sind ähnlich. Cramer wurde, wie er sagt, mit fünf Jahren eingezogen und dann zwölf Jahre lang ausgebildet, bis er 1987 im Alter von 17 Jahren erstmals rekrutiert wurde. Goode sagt, dass sein Training begann, als er sechs Jahre alt war, und als er 1986 sechzehn wurde, begann sein befristeter Dienst. Nach seinem 17. Geburtstag erfolgte 1987 seine Aufnahme in das LOC. Ich halte es für sehr bedeutsam, dass beide 1987 in das LOC eintraten, um ihren jeweiligen Dienst im Geheimen Weltraumprogramm (GWP) anzutreten.

Beide sagen, dass sie Verträge für eine Dienstzeit von zwanzig Jahren unterzeichneten. Am Ende ihres Dienstes wurde Goode und Cramer mitgeteilt, dass sie nun verjüngt und in die Zeit ihrer Abreise mit 16 beziehungsweise 17 Jahren zurückversetzt würden, um ihr ziviles Leben ohne Unterbrechung fortzusetzen. Cramer behauptet zudem, infolge der Gedächtnislöschungs- und Mind-Control-Techniken, die an ihm vor seiner Rückkehr ins bürgerliche Leben angewandt wurden, alle seine Erinnerungen verloren zu haben. Über einen Zeitraum von zwanzig Jahren, von 1987 bis 2007, unterzog er sich einer Hypnosetherapie, praktizierte Tiefenmeditation und so weiter, um seine Erinnerungen sowohl an die Ausbildung als auch an seinen Dienst im GWP zurückzugewinnen. Seiner Angabe nach erlangte er die meisten Erinnerungen 2007 wieder zurück und setzte seine Gedächtnisarbeit bis zur vollständigen Rückgewinnung Anfang 2014 fort.

Ähnliches berichtete Goode über die Löschungstechniken, die auch bei ihm angewandt wurden, aber anders als bei Cramer haben diese

Verfahren seine Erinnerungen an die Ausbildung in seiner Kindheit nicht entfernt. Er fügte hinzu, dass er rund 70 Prozent seiner Erinnerungen an seinen Dienst bei den GWPs wiedergewonnen habe, als er ins bürgerliche Leben zurückkehrte; der Rest kam dann später noch hinzu. Es gibt also einen gravierenden Unterschied zwischen Cramers und Goodes Erinnerungen an ihre GWP-Dienstzeiten: Bei Cramer waren es wiederentdeckte Erinnerungen, bei Goode hingegen waren sie intakt und niemals verloren gegangen.

Als ich mit Cramer am 10. April 2015 ein Telefongespräch führte, erzählte ich, dass es mit Goode einen weiteren GWP-Whistleblower gäbe. Er war, angesichts von Goodes Arbeit und Fähigkeiten als Intuitiver Empath, nicht überrascht zu erfahren, dass dieser sein Gedächtnis vollständig wiedererlangt hatte. Persönlichkeiten mit außergewöhnlichen PSI-Fähigkeiten sind nach Cramer besser in der Lage, den zur Löschung der Erinnerungen eingesetzten Techniken und Chemikalien zu widerstehen.

Goode berichtet, dass ihm bei seiner Rekrutierung zum zwanzigjährigen GWP-Dienst Versprechungen hinsichtlich universitärer Studien und lukrativer Jobs gemacht wurden, die man freilich nie gehalten hat. Ähnlich hat auch Cramer, wie schon beim Vergleich mit Michael Relfe angemerkt, für seine Dienstzeit von zwanzig Jahren niemals eine Vergütung erhalten. Es ist sehr wahrscheinlich, dass solche Versprechen gegeben werden, um Geheimpersonal zur Zustimmung zu bewegen, und dass sie später nicht gehalten und die Leute ohne die nötigen Mittel, beruflichen Möglichkeiten oder Reputationen zurückgelassen werden, die das Geheimhaltungssystem der verschiedenen Weltraumprogramme herausfordern könnten. Wahrscheinlich haben weitere ehemalige Mitarbeiter Geheimer Weltraumprogramme ähnliche unangenehme Erfahrungen gemacht, was dazu führen könnte, dass noch mehr von ihnen Entschädigungsforderungen stellen.

Goode betont insbesondere, dass es während seiner gesamten Stationierungszeit von zwanzig Jahren strikte Vorschriften gab, die jeden Kontakt zu Familien, zu Menschen auf der Erde oder das Ansehen von Nachrichtensendungen über die Erde und so weiter unterbanden. Es gab also eine vollständige Kommunikationslücke bezüglich jeder mit dem Planeten Erde verbundenen Information. Dies gleicht haargenau dem, was Cramer während seines Dienstes sowohl bei der Mars Defense Force als auch bei der Earth Defense Force widerfuhr. Er sagte außerdem, dass diese strikte Erdnachrichtensperre auch für höhere Bedienstete des Geheimen Weltraumprogramms galt.

Die Übereinstimmungen zwischen den Zeugnissen von Michael Relfe, Randy Cramer und Corey Goode können tabellarisch in folgender Form zusammengefasst werden:

Tafel 3: Allgemeiner Vergleich dreier GWP-Whistleblower

	Michael Relfe	**Randy Cramer**	**Corey Goode**
Ausbildung	Genetisch verändert seit dem Alter von sechs Jahren durch außerirdische Greys; Ziel: Steigerung psychischer Fähigkeiten; Überwachung durch die Navy	Trainiert seit dem Alter von fünf Jahren in Gruppen mit 300 Kindern mit dem Ziel, Supersoldat zu werden	Trainiert seit dem Alter von sechs Jahren in Gruppen mit 300 Kindern mit dem Ziel, ein Intuitiver Empath zu werden
Dienst in der Mars Defense Force/GWP	Behauptet, 20 Jahre als psychischer Supersoldat und Jagdflieger in der Mars Defense Force gedient zu haben	Behauptet, 17 Jahre als Supersoldat und 3 Jahre als Pilot im Weltraum in der Mars Defense Force gedient zu haben	Behauptet, 20 Jahre bei Solar Warden und in anderen GWPs als Intuitiver Empath gedieht zu haben; besuchte mehrfach Kolonien auf dem Mars

	Michael Relfe	Randy Cramer	Corey Goode
Zwanzigjährige Dienstzeit	Erinnert sich, einen 20-Jahres-Vertrag unterzeichnet zu haben; für die Zeit nach dessen Ende wurden soziale Leistungen versprochen	Erinnert sich, einen 20-Jahres-Vertrag unterzeichnet zu haben; für die Zeit nach dessen Ende wurden soziale Leistungen versprochen	Erinnert sich, einen 20-Jahres-Vertrag unterzeichnet zu haben; für die Zeit nach dessen Ende wurden soziale Leistungen versprochen
Altersregression	Verbrachte zwei Wochen in halbbewusstem Zustand, in dem ihm Chemikalien verabreicht und medizinische Technologien an ihm angewandt wurden	Verbrachte mehrere Wochen in halbbewusstem Zustand, in dem ihm Chemikalien verabreicht und medizinische Technologien an ihm angewandt wurden	Ruhigstellung und Regungslosigkeit während eines langen Altersregressionsprozesses
Zeitreisen	Am Ende des Dienstes Rückversetzung in die Zeit, als er seinen verdeckten Dienst begann (1976)	Am Ende des Dienstes Rückversetzung in die Zeit, als er seinen verdeckten Dienst begann (1987)	Am Ende des Dienstes Rückversetzung in die Zeit, als er seinen verdeckten Dienst begann (1987)
Steigerung physischer Fähigkeiten und Ausbildung zum Supersoldat	Mind Control und genetische Veränderungen durch außerirdische Greys, um psychische Fähigkeiten zu erweitern	Mind Control, um physische Fähigkeiten zu steigern	Mind Control, um Fähigkeiten als Intuitiver Empath zu steigern
Teil eines verdeckten Enthüllungsprogramms	Indirekte Erlaubnis, Wissen über den Mars und das GWP offenzulegen	Direkte Aufforderung, Wissen über den Mars und GWPs offenzulegen	Zusammenarbeit mit Bediensteten von Solar Warden bei der Aufdeckung von GWPs

Unterschiede in den Zeugnissen: Relfe, Cramer & Goode

Die Erlebnisberichte von Relfe, Cramer und Goode weichen in wesentlichen Aspekten auch voneinander ab. Cramer und Goode geben an, während ihrer Kindheit in Gruppen zu 300 Kindern geheim ausgebildet worden zu sein. Relfe kann sich an keine Ausbildung in seiner Kindheit erinnern, aber er wurde regelmäßig von außerirdischen Greys entführt, die verschiedene genetische Experimente an ihm vorgenommen haben. Cramer behauptet, dass er in der Lage war, sich selbst zu deprogrammieren und dank einer Reihe von Selbsthilfetechniken einschließlich Meditation in einem Zeitraum von zwanzig Jahren seine Erinnerungen wiederzuerlangen. Goodes Erinnerungen waren größtenteils nie verloren gegangen, und andere kehrten mit der Zeit allmählich wieder zurück. Im Gegensatz dazu berichtet Relfe, dass er sein Gedächtnis aufgrund der von Stephanie Relfe angeleiteten Deprogrammierung sowie seiner tiefen, gläubigen Hingabe an Jesus Christus zurückgewonnen habe.

Es gibt noch einen weiteren grundlegenden Unterschied hinsichtlich des jeweiligen »normalen Lebens« von Relfe und Cramer nach ihren zwanzigjährigen geheimen Dienstzeiten. Cramer sagt, dass man ihn davon abbringen wollte, nach Abschluss seines Dienstes irgendeine andere militärische Tätigkeit zu beginnen. Der Grund war, dass man verhindern wollte, dass ein Militärdienst Erinnerungen an seinen früheren Dienst auf dem Mars und bei einer geheimen Weltraumflotte wachrufen könnte. Dennoch ist Cramer seinen Angaben nach im Juni 1988 in die U.S. Navy eingetreten, aber durch einen externen Eingriff unter Einsatz von Mind Control veranlasste man ihn schnell, am 1. Januar 1989, kurz nach dem Training in einem Ausbildungslager, die Navy wieder zu verlassen.[35] Sodann führte er ein unmilitärisches Leben – merkwürdigerweise – ohne jede militärische Dokumentation seiner Einberufung oder seines Ausscheidens. Anders bei Relfe: Dieser berichtet, dass er nach seiner zwanzigjährigen Dienstzeit seinen sechsjährigen Dienst bei der Navy, zu dem er sich 1976 verpflichtet hatte, zu Ende geführt hat. Er verbrachte also sechs Jahre bei der U.S. Navy und erhielt eine ehrenhafte Entlassung.[36] Es wurden keinerlei Bemühungen unternommen, ihn zu überreden, die Navy vorzeitig zu verlassen, wie es bei Cramer geschah.

Relfe und Cramer wurden beide ausgebildet, um Supersoldaten zu werden. Goode hingegen wurde zum Intuitiven Empathen geschult und hat hervorgehoben, dass er niemals Supersoldat war. Weiterhin behaupten Cramer und Goode, dass sie beide im Jahr 1987 zum Lunaren Einsatzkommando gebracht wurden, um Papiere zu unterzeichnen; anschließend schickte man sie zu ihren GWPs. Relfe wurde dagegen bereits 1976 mit Hilfe der Sprungtor-Technologie direkt von der Erde zum Mars entsandt.

Auswertung der Übereinstimmungen: Michael Relfe & Randy Cramer

Bei einer Untersuchung der Berichte von Relfe und Cramer über ihren geheimen Dienst auf dem Mars lautet die wichtigste Frage: Wie kommt es zu diesen auffallenden Übereinstimmungen? Ergeben sie sich daraus, dass beide Männer ähnliche Erfahrungen in ihren Geheimen Weltraumprogrammen gemacht haben, im Rahmen derer sie für siebzehn oder mehr Jahre auf dem Mars stationiert waren? Oder liegen sie an wechselseitiger Beeinflussung, oder sind sie Teilaspekte einer hoch entwickelten Maßnahme psychologischer Kriegführung? Jede dieser Möglichkeiten soll nun näher überprüft werden.

Zur ersten Möglichkeit ist zu sagen, dass sich Michael Relfe und Randy Cramer in persönlichen Interviews und Online-Foren auf eine Weise verhalten, die wahrhaftige Aufrichtigkeit und den überzeugenden Willen zum Ausdruck bringt, ihr Wissen der Öffentlichkeit zu vermitteln. Am bemerkenswertesten ist die Beständigkeit ihrer Äußerungen über die Jahre. Bis 2015 hat Relfe mehr als fünfzehn Jahre lang daran festgehalten, dass er an einem Geheimen Weltraumprogramm teilgenommen hat, und er hat seine Geschichte nicht verändert. Auch gegenwärtig versucht er, durch Petitionen und andere Formen des Internet-Aktivismus die US-Regierung dazu zu bewegen, die Wahrheit seiner Behauptungen zu bestätigen.

Ähnlich hat auch Cramer die innere Logik der zentralen Elemente seiner Geschichte aufrechterhalten. Dies zeigt ein eMail-Interview, dass er 2006 Eve Lorgen gab, wobei er das Pseudonym »Zed« verwendete.[37] Das Interview behandelte seine Erfahrungen, seit dem Alter von vier Jahren entführt und zum Elitesoldaten ausgebildet worden zu sein, sowie seine späteren Bestrebungen, als Erwachsener die Erinnerungen an seine Kindheit wiederzuerlangen.

An diesem Interview ist besonders hervorzuheben, dass er Abschnitte seines »normalen zivilen Zeitverlaufs« in den Mittelpunkt stellt, also andere Erfahrungen als diejenigen seines zwei Jahrzehnte dauernden Dienstes, den er in dem Geheimen Weltraumprogramm abgeleistet haben will [siehe die Grafik zu Cramers Zeitlinie]. Hier ist äußerst bezeichnend, dass er seine Erinnerung daran beschreibt, in einem Raumschiff zum Mond gebracht worden zu sein:

> »Zu den unterdrückten Erinnerungen gehört ein Flug in einem großen untertassenförmigen Schiff. Es war vielleicht dreißig Meter breit. Die Dach-Innenseite hatte diese seltsame Eigenschaft. Da es keine Fenster gab, musste die gesamte Innenseite des Daches während des Fluges als großes Sichtfenster dienen, durch das man hinausschauen konnte, als wenn es das Dach nicht gäbe und man direkt hinaus in den Weltraum sähe. Es sorgte für atemberaubende Blicke. Aber es lieferte dem Piloten und den Passagieren auch einen praktischen 360-Grad-Rundblick. Dann landeten wir auf der dunklen Seite des Mondes und wurden zu einem Gebäudekomplex geführt, wo unser Training stattfinden sollte. Das alles mag auch alle möglichen anderen Zwecke gehabt haben. Ich kann darüber nicht spekulieren.«[38]

Während Cramer den Mars nicht erwähnt, deutet er in seinem Bericht von 2014 eine geheime Mondbasis an, die er »Lunares Einsatzkommando« nennt. Seine Erinnerungen von 2006 sind, verglichen mit dem, was er sich acht Jahre später ins Gedächtnis rief, ziemlich dürftig, stimmen aber mit seinen Behauptungen überein, dass sich die ersten Erinnerungen, die er wiedergewinnen konnte, auf seine Ausbildung zum Supersoldaten im Alter von fünf bis siebzehn Jahren beziehen. Das zeigt den hohen Grad an Übereinstimmung seiner Äußerungen des Jahres 2006, als er sich noch im Prozess der Wiederaneignung seines Gedächtnisses befand, bis zu dessen völliger Rückgewinnung um 2014.

Die Kohärenz der Behauptungen im Rückblick von Relfe und Cramer während eines Zeitraumes von 15 beziehungsweise 9 Jahren von ihrem öffentlichen Auftreten (2000 von Relfe und 2006 von Cramer) bis 2015 belegt, dass sie sich Erinnerungen an ihre Dienstzeiten in Geheimen Weltraumprogrammen und bei der Mars Defense Force ins Gedächtnis rufen, die sie wirklich besitzen. Wenn dies stimmt, veranschaulichen die Ähnlichkeiten zwischen Cramers und Relfes Berichten wesentliche Aspekte der Art und Weise, wie die Geheimprogramme auf dem Mars und im Weltraum gehandhabt werden.

Die nächste Möglichkeit, die es zu prüfen gilt, ist die der wechselseitigen Beeinflussung oder der einer Trittbrettfahrer-Geschichte. Relfes Zeugnis wurde Anfang 2000 zugänglich, während Cramers Mars-Bericht im April 2014 herauskam. Cramer hat in einem Interview bestätigt, dass er in irgendeinem Moment seines Gedächtnis-Wiedergewinnungsprozesses auf Relfes Material stieß.[39] Dennoch erwähnt Cramer in seinem Interwiew von 2006 als »Zed« keinen Dienst auf dem Mars, der während seines verdeckten Dienstes (1987-2007) geleistet wurde. Gleichwohl verweisen andere Elemente seiner Darstellung, ein MILAB-Opfer gewesen und zwecks Ausbildung zu einem Kinder-Supersoldaten zum Mond gebracht worden zu sein, darauf, dass er für die Teilnahme an einem Geheimen Weltraumprogramm trainiert wurde. Als Cramer daran arbeitete, sich seine Erinnerungen an die übrige Zeit seines Dienstes im Geheimen Weltraumprogramm zurückzurufen, wurde er sich schließlich dieser 17 Jahre auf dem Mars wieder bewusst. Cramers Beschreibungen seines verdeckten Mars-Dienstes sind weitaus detaillierter und umfassender als diejenigen Relfes. Dies stärkt das Vertrauen, dass Cramers Rückbesinnungen von Relfes unabhängig oder, wenn überhaupt, nur wenig von ihnen beeinflusst sind. Darüber hinaus liefern Cramers Erinnerungen an seinen Dienst im Geheimen Weltraumprogramm eine zusätzliche Bestätigung, dass seine geheime Weltraumausbildung ihn tatsächlich auf eine Stationierung ähnlich Relfes langer Dienstzeit auf dem Mars vorbereitete.

Die dritte und vielschichtigste Möglichkeit liegt darin, dass Cramer – und vielleicht auch Relfe – Teil eines hochkomplexen Programmes psychologischer Kriegführung sind. Die Zeugnisse beider entstammen wiedergewonnenen Erinnerungen infolge einer umfassenden Arbeit unter Einbeziehung von Techniken der Hypnosetherapie, Kinesiologie sowie von Selbsthilfemaßnahmen. Es gibt noch immer die Möglichkeit, dass es sich bei einigen ihrer Erinnerungen um gesteuerte Gedanken handelt, die ihnen von ihren früheren verdeckten Aufsehern mit dem Ziel implantiert wurden, diejenigen, die nach der Wahrheit ihrer Behauptungen über Geheime Weltraumprogramme suchen, zu verwirren, zu desinformieren und in die Irre zu führen. Sowohl Cramer als auch Relfe kann Teil eines komplexen Experiments psychologischer Kriegführung sein, bei dem ihre Zeugnisse das Produkt von Mind-Control-Technologien sind, die von verdeckten militärischen, privatwirtschaftlichen und/oder außerirdischen Geheimdiensten genutzt werden, um Erinnerungen von Individuen zu übertragen oder zu erzeugen.

In diesem Fall wären Cramer und Relfe Opfer von Gedankenkontrolle, ähnlich wie es in den beiden Filmversionen von *The Manchurian Candidate* dargestellt wird – *Botschafter der Angst* (1962) und *Der Manchurian Kandidat* (2004). Die Zielsetzung eines solchen psychologischen Kriegführungsexperiments könnte darin liegen, die Bereitschaft der Öffentlichkeit zu testen, an Täuschungen über Geheime Weltraumprogramme und außerirdisches Leben zu glauben, oder sie auf bevorstehende künftige Enthüllungen dieser Gegenstände psychisch vorzubereiten.

Bei Michael Relfe freilich war seine Frau Stephanie eine kompetente Therapeutin, die einen rigorosen kinesiologischen Prozess in Gang setzte, durch den viele Schichten der Täuschung in seinen Erinnerungen an den geheimen Mars-Dienst identifiziert und entfernt wurden.[40]

Die Relfes fanden heraus, dass es in der Tat fortgesetzte Bestrebungen gab, Michaels Erinnerungen mit Hilfe von Mind Control vom MK-Ultra-Typ zu zerstören und/oder zu durchkreuzen. In *The Mars Records* wird der harte Weg eindringlich beschrieben, den die Relfes gehen mussten, um dies alles aufzuarbeiten und zur Wahrheit des von ihm Erlebten vorzudringen. Wir können daher sicher darauf vertrauen, dass Michael Relfes Zeugnis eine zutreffende Zusammenfassung dessen ist, was er auf dem Mars erlebte.

Anders als Michael Relfe arbeitete Cramer im Wesentlichen auf eigene Faust daran, seine Erinnerungen wiederzuerlangen, und es gibt folglich keinen Bericht über die harte, systematische Bemühung, die Einflüsse der Gedankenkontrolle vom MK-Ultra-Typ zu beseitigen. Es ist natürlich möglich, dass Cramer keinen Erfolg dabei hatte, alle Mind-Control-Einflüsse zu entfernen, die seinen Gedächtnis-Rückgewinnungsprozess und andere unabhängige Handlungen durchkreuzen könnten. Wenn dies stimmt, könnten Cramer gefilterte oder falsche Erinnerungen direkt eingepflanzt worden sein, so dass er glaubt, sie stammten von wirklichen Erfahrungen. Diese Möglichkeit wurde von dem Marsanomalie-Forscher Alfred Lambremont Webre, J.D., erwogen, der eine anonyme Quelle zitiert, in der behauptet wird, Cramer habe die Erinnerungen von jemand anders, der in einem Geheimen Weltraumprogramm gedient hat, übertragen bekommen:

> »Bestimmte Erinnerungen eines verstorbenen Mitglieds der Mars Defense Force wurden heruntergeladen und Randy implantiert, was Randy allerdings noch nicht bewusst ist. ... Dies geschah als wohlbedachte Aufdeckungsmaßnahme durch Mitarbeiter der Mars Defense Force, um die Öffentlichkeit über die exopolitische Situation auf Mars und Erde zu informieren.«[41]

In einem Interview antwortete Cramer auf Webres Hypothese und stellte fest, dass es unmöglich sei, gefilterte Erinnerungen zu übertragen, die eine derartige emotionale Qualität besitzen, wie er sie bezüglich seiner Erlebnisse empfindet.[42]

Die Möglichkeit, dass Cramers Zeugnis extern beeinflusst sein könnte, wird durch sein eigenes Eingeständnis bestärkt, dass ein Gehirnimplantat zwei höheren Offizieren, die er als Colonel Jamieson und Brigadier General Julian Smythe identifiziert hat, ermöglicht, durch elektronische Telepathie mit ihm zu kommunizieren.[43]

> »Die Implantate variieren, da es einige unterschiedliche Typen gibt, von denen ich weiß, dass sie irgendwo in meinem Körper stecken. Manche sind einfache Geo-Lokatoren oder ein Audio-/Video-Link. Andere sind von der Art, dass sie virtuellen Unterricht und geistiges Training erlauben, während man schläft. In meinem Fall ist es eine Anzahl von Nanomaschinen mit der Fähigkeit, beschädigte Zellen wiederherzustellen und spezielle Infektionen zu bekämpfen; ich habe sie zweimal benutzt, um nervliche Schäden zu heilen – und zwar ganz alleine. Ich kann nämlich mit ihnen umgehen, wie es mir beliebt. Implantate, gleichgültig von welchem Typ, ermöglichen eine Art doppelter Kommunikation, so dass die Anwender Daten erhalten und Befehle an das Subjekt senden können. Es ist ein sehr komplexes und vielfältiges Gebiet geheimer Forschung.«[44]

Cramers Angaben werden von einem US-Patent unterstützt, das Implantat-Technologien beschreibt, die über Satelliten eine Überwachung und Beeinflussung von Personen sowie die Kommunikation mit ihnen aus der Ferne möglich machen.[45] Cramer könnte also elektronisch überwacht werden, um die öffentliche Wirkung seiner Bezeugungen zu verfolgen; und er würde womöglich durch ein oder mehrere Implantate aus der Distanz beeinflusst.

Die Gemeinsamkeiten wesentlicher Elemente in Relfes und Cramers Berichten sind bestechend und enthüllen bedeutsame Aspekte hinsichtlich geheimer Dienste auf dem Mars, die von insgeheim rekrutierten Personen während zwanzigjähriger Stationierung geleistet werden. Es ist unwahrscheinlich, dass es zu einer nennenswerten Beeinflussung kam, als Cramer bei seiner Erinnerungsarbeit auf Relfes Zeugnis stieß. Die dritte Möglichkeit einer psychologischen Kriegführungsmaßnahme kann bezüglich Relfes Zeugnis ausgeschlossen werden, wenn auch nicht für dasjenige Cramers.

Mit einem hohen Maß an Sicherheit kann geschlossen werden, dass Relfes Bericht eine genaue Wiedergabe von Ereignissen darstellt, die er erlebt hat, während er zwanzig Jahre lang bei der Mars Defense Force diente; er bietet dadurch auch einen wichtigen Maßstab, um die Behauptungen anderer, die ähnliche Dienste geleistet haben wollen, zu beurteilen. Was Cramers gesamte Erinnerungen an das, was er auf dem Mars sah und erlebte, betrifft, besteht die Möglichkeit, dass einige davon mit Hilfe von Gehirnimplantat-Technologie elektronisch beeinflusst wurden. Alternativ dazu sollte auch Webres Behauptung, dass Cramers Erinnerungen aus dem Gehirn eines verstorbenen Soldaten der Mars Defense Force übertragen worden sind, bedacht werden, wenngleich Cramer diese Möglichkeit zurückweist. Jedes Szenario wirft die Frage auf, ob Cramers Erinnerungen dazu dienen sollen, die Öffentlichkeit zu täuschen, oder Teil einer gründlich geplanten Enthüllungsinitiative eines verdeckten Zweiges des US-Marine Corps sind, wie er behauptet.

Die Übereinstimmungen der Zeugnisse von Cramer und Relfe sprechen dafür, dass letztere Erklärung wahrscheinlicher ist. Dies führt zu dem Schluss, dass Cramer und Relfe erlaubt wurde – oder genauer – dass sie die Weisung erhielten, öffentlich in Erscheinung zu treten, weil es Fraktionen in den Geheimen Weltraumprogrammen gibt, die die Öffentlichkeit auf die Wahrheit über das vorbereiten wollen, was wirklich auf dem Mars geschieht, sowie über Geheime Weltraumprogramme im Allgemeinen.

Auswertung der Übereinstimmungen: Randy Cramer & Corey Goode

Die übereinstimmenden Punkte in den Berichten von Randy Cramer und Corey Goode sind ebenfalls bestechend. Cramer war der erste der beiden, der mit seinem »vollständigen Zeugnis« im April 2014 an die Öffentlichkeit ging: in einer fünfteiligen Serie von Interviews, die von *ExoNewsTV* ausgestrahlt wurde.[46] Goode wandte sich zum ersten Mal im September 2014 mit seinem Bericht an die Öffentlichkeit, als er von Christine im Auftrag von Bill Ryan, dem Gründer des populären Project Avalon Forum, interviewt wurde. Der erste Teil dieses Interviews wurde im Oktober 2014 auf YouTube veröffentlicht.[47]

Im Juli 2014 postete Goode einen Kommentar im Project Avalon Forum über die Äußerungen von Captain Kaye (Cramer). Er schrieb: »Cpt. Kaye liefert in diesen Interviews einige gute Informationen; sie sind ein ›Muss‹ für jeden, der sich für die verschiedenen Geheimen Weltraumprogramme interessiert.«[48]

Zweifellos war Goode Cramers Bericht bekannt, bevor er zwei Monate später an die Öffentlichkeit ging. Goodes Kommentar, dass Cramers Information ein »Muss« sei, legt eher nahe, dass er die Glaubwürdigkeit bestimmter Aspekte von Cramers Zeugnis bekräftigt, als dass er es als Material nehmen würde, um eine ähnliche Geschichte zusammenzufabulieren.

Dies wird durch einen Thread verifiziert, den Goode schon früher, am 3. März 2014, im Project Avalon Forum gestartet hat und der den Titel trägt: »U.S. Has 8 Cigar Shaped UFOs In Space Fleet Used For ›Solar Warden‹ Program To Protect Solar System« [»Die USA haben acht zigarrenförmige UFOs in ihrer Weltraumflotte, die vom Programm ›Solar Warden‹ eingesetzt werden, um das Sonnensystem zu schützen«].[49] In seinem zweiten Post zu diesem Thread schreibt er:

> »Die Weltraumflotte ist eine Realität, und es gibt Hunderttausende von Menschen, die auf verschiedenen Stufen in sie einbezogen sind (untergliedert natürlich, aber sie sind ja nicht dumm) und die wissen, wovon sie ein Teil sind.«[50]

In nachfolgenden Posts zu diesem Thread teilte Goode nach und nach immer mehr von seinem persönlichen Wissen über GWPs mit und ging schließlich als Ergebnis seines ersten, im Oktober 2014 gesendeten Audio-Interviews an die breitere Öffentlichkeit.

Eine Analyse von Goodes Kommentaren im Project Avalon Forum verdeutlicht, dass er aus tiefer Vertrautheit mit den GWPs sprach und nicht nur Informationen aus Captain Kayes/Cramers Bericht weiterspann, der im April 2014, also NACH Goodes erstem Post über GWPs im März, publiziert wurde. Cramer hatte überhaupt keine Kenntnis von Goode, bis ich ihn am 10. April 2015 informierte.

Die Übereinstimmungen der Zeugnisse von Goode und Cramer legen es nahe, dass sie ähnliche Ausbildungs- und Arbeitsbedingungen während ihrer Dienste in verschiedenen Geheimen Weltraumprogrammen erfahren haben. Angesichts der Unabhängigkeit beider Berichte voneinander und des Fehlens von Belegen für eine Beeinflussung ist es eine korrekte Schlussfolgerung, dass die Gemeinsamkeiten die Wahrhaftigkeit des jeweils anderen Zeugnisses unterstreichen.

Schlussfolgerung

Drei voneinander unabhängige Whistleblower sind hervorgetreten, um ein ähnliches Muster zu enthüllen: wie künftige Bedienstete bereits in ihrer Kindheit aufgrund sehr spezifischer Ausnahmebegabungen wahrgenommen worden sind und wie man sie danach genetisch modifiziert oder ausgebildet hat. Anschließend wurden sie in ein Geheimes Weltraumprogramm aufgenommen und schließlich in das zivile Leben zurückgeführt, wobei man, nach dem Versuch, ihre Erinnerungen vollständig zu löschen, Technologien der Altersregression und der Zeitreise anwandte.

Weiterhin ist sehr bemerkenswert, dass Relfe, Cramer und Goode in unterschiedlichem Ausmaß stillschweigend oder auch explizit ermutigt wurden, öffentlich hervorzutreten. In Relfes Fall war es eine stillschweigende Unterstützung, mit der Publikation des Buches seiner Frau Stephanie aus dem Jahr 2000 fortzufahren, obwohl er damals noch immer durch das für die Überwachung ausgeschiedenen Personals zuständige Geheimprogramm entführt wurde. Diese implizite Ermutigung erfuhr er nach dem Fall des Vize-Admirals Wilson von 1997, der in Kapitel 8 dargestellt wurde, und nach dem Prozess, den Goode als ein Zerwürfnis zwischen dem Programm Solar Warden und den anderen Geheimen Weltraumprogrammen irgendwann in den Neunzigerjahren beschrieben hat.

Dies war auch die Zeit, in der Dr. Steven Greers *Disclosure Project* bedeutende Unterstützung hinter den Kulissen erfuhr – von »Weißhüten« im Pentagon und im Geheimen Weltraumprogramm: etwa dadurch, dass Dokumente geleaked wurden und man Whistleblowern erlaubte, an die Öffentlichkeit zu gehen.[51]

Mit gutem Grund kann die Frage nach der Richtigkeit von Cramers Erinnerungen gestellt werden – oder ob er womöglich durch Implantate in einem gewissen Ausmaß elektronisch beeinflusst wird. Bei Relfe kommt dies weniger in Betracht, da er einen strengen Prozess der Auslese durch die kinesiologischen Maßnahmen seiner Frau Stephanie zur Ausschaltung von Mind-Control-Einflüssen durchschritten hat. Goodes Erinnerungen an seinen Dienst im Geheimen Weltraumprogramm bietet den geringsten Anlass zu zweifeln, da Goodes empathische Fähigkeiten seine Erinnerungen tatsächlich davor bewahrten, am Ende seines geheimen Dienstes gelöscht zu werden. Außerdem zeigen Goodes Erinnerungen an neuere Erfahrungen mit Geheimen Weltraumprogrammen, die auf Tagungen beruhen, an denen er 2015 teilnahm, keine Spur von Mind Control.

Die Übereinstimmungen in den Zeugnissen von Relfe, Cramer und Goode bieten keine Anzeichen für wechselseitige Beeinflussung. Dies führt zu dem Schluss, dass sie wahrhaftig das offenbaren, woran sie sich aus ihrer zwanzigjährigen Stationierung bei verschiedenen Geheimen Weltraumprogrammen erinnern. Zusätzlich zu Relfes und Cramers unglaublichen Ausführungen über das von ihnen auf dem Mars Erlebte behauptet auch Goode, während seines zwanzigjährigen Dienstes eine gewisse Zeit auf dem Mars verbracht zu haben und erst kürzlich von einer Inspektionsreise im Juni 2015 zurückgekehrt zu sein. Goodes Aussagen über das, was derzeit auf dem Mars sowie in anderen Geheimen Weltraumprogrammen geschieht, enthüllen verstörende Details über Zwangsarbeit im Sonnensystem und über interstellaren Menschenhandel.

Anmerkungen

1 Michael und Stephanie Relfe, *The Mars Records*, Vol. 1 (2000), 114; http://www.themarsrecords.com/wp/ (aufgerufen am 23.07.2015)
2 »Interview With Michael and Stephanie Relfe of the Mars Records«, http://evelorgen.com/wp/articles/military-abduction-milabs-and-reptilians/interview-withmichael-and-stephanie-relfe-of-the-mars-records/ (aufgerufen am 23.07.2015)
3 Michael und Stephanie Relfe, *The Mars Records*, Vol. 1 (2000), 104; http://www.themarsrecords.com/wp/ (aufgerufen am 23.07.2015)
4 Michael und Stephanie Relfe, *The Mars Records*, Vol. 1 (2000), 85; http://www.themarsrecords.com/wp/ (aufgerufen am 23.07.2015)
5 Michael und Stephanie Relfe, *The Mars Records*, Vol 1. (2000), 110-11; http://www.themarsrecords.com/wp/ (aufgerufen am 23.07.2015)
6 »Interview With Michael and Stephanie Relfe of the Mars Records«, http://evelorgen.com/wp/articles/military-abduction-milabs-and-reptilians/interview-withmichael-and-stephanie-relfe-of-the-mars-records/ (aufgerufen am 23.07.2015)
7 »The Mars Records Interview«, http://www.surfingtheapocalypse.com/mars_records.html (aufgerufen am 23.07.2015)
8 »The Mars Records Interview«, http://www.surfingtheapocalypse.com/mars_records.html (aufgerufen am 23.07.2015)
9 Michael und Stephanie Relfe, *The Mars Records*, Vol. 1 (2000), 258; http://www.themarsrecords.com/wp (aufgerufen am 23.07.2015)
10 »Interview With Michael and Stephanie Relfe of the Mars Records«, http://evelorgen.com/wp/articles/military-abduction-milabs-and-reptilians/interview-withmichael-and-stephanie-relfe-of-the-mars-records/ (aufgerufen am 23.07.2015)
11 »Interview With Michael and Stephanie Relfe of the Mars Records«, http://evelorgen.com/wp/articles/military-abduction-milabs-and-reptilians/interview-withmichael-and-stephanie-relfe-of-the-mars-records/ (aufgerufen am 23.07.2015)
12 »Get Tomorrow's Anti-Aging Therapy – Available Today Outside the U.S.«, http://hplusmagazine.com/2015/03/26/get-tomorrows-anti-aging-therapy-available today-outside-the-u-s/ (aufgerufen am 02.08.2015)
13 Michael und Stephanie Relfe, *The Mars Records*, Vol. 1 (2000), 258; http://www.themarsrecords.com/wp/ (aufgerufen am 23.07.2015)
14 Michael und Stephanie Relfe, *The Mars Records*, Vol. 1 (2000), 258; http://www.themarsrecords.com/wp/ (aufgerufen am 23.07.2015)
15 Michael und Stephanie Relfe, *The Mars Records*, Vol. 1 (2000), 262; http://www.themarsrecords.com/wp/ (aufgerufen am 23.07.2015)
16 Michael und Stephanie Relfe, *The Mars Records*, Vol. 1 (2000), 259; http://www.themarsrecords.com/wp/ (aufgerufen am 23.07.2015)
17 »Interview With Michael and Stephanie Relfe of the Mars Records«, http://evelorgen.com/wp/articles/military-abduction-milabs-and-reptilians/interview-withmichael-and-stephanie-relfe-of-the-mars-records/ (aufgerufen am 23.07.2015)
18 »The Mars Records Interview«, http://www.surfingtheapocalypse.com/mars_records.html (aufgerufen am 23.07.2015)
19 »Interview with Al Bielek«, http://www.bibliotecapleyades.net/montauk/esp_montauk_7a.htm (aufgerufen am 23.07.2015)
20 »Whistleblower claims he served 17 years at secret Mars military base«, http://

exopolitics.org/whistleblowers-claims-he-served-17-years-at-secret-mars-militarybase/ (aufgerufen am 23.07.2015)

21 »Whistleblower claims he served 17 years at secret Mars military base«, http://exopolitics.org/whistleblowers-claims-he-served-17-years-at-secret-mars-militarybase/ (aufgerufen am 23.07.2015)

22 »Mars Defense Force: Defending Human Colonies – Interview Transcript Pt 2«, http://exopolitics.org/mars-defense-force-defending-human-colonies-interview-transcriptpt-2-2/ (aufgerufen am 23.07.2015)

23 »Mars Defense Force: Defending Human Colonies – Interview Transcript«, http://exopolitics.org/mars-defense-force-defending-human-colonies-interview-transcript/ (aufgerufen am 23.07.2015)

24 »Audio – Earth Defense Force: Secret Space Fleet – Full Interview«, https://youtu.be/oWLZwD4qq2c?t=5m43s (aufgerufen am 02.08.2015)

25 »Audio – Earth Defense Force: Secret Space Fleet – Full Interview«, https://youtu.be/oWLZwD4qq2c?t=10m23s (aufgerufen am 23.07.2015)

26 »Audio – Earth Defense Force: Secret Space Fleet – Full Interview«, https://youtu.be/oWLZwD4qq2c?t=7m36s (aufgerufen am 02.08.2015)

27 »Audio – Earth Defense Force: Secret Space Fleet – Full Interview«, https://youtu.be/oWLZwD4qq2c?t=29m17s (aufgerufen am 02.08.2015)

28 »Audio – Earth Defense Force: Secret Space Fleet – Full Interview«, https://youtu.be/oWLZwD4qq2c?t=11m22s (aufgerufen am 02.08.2015)

29 »ExoNewsTV: Super Soldiers & Operation Moonshadow«, http://exopolitics.org/exonews-tv-super-soldiers-operation-moon-shadow/ (aufgerufen am 23.07.2015)

30 »Mars whistleblower reveals more of his covert military service«, http://exopolitics.org/mars-whistleblower-reveals-more-of-his-covert-military-service/ (aufgerufen am 23.07.2015)

31 »Interview With Michael and Stephanie Relfe of the Mars Records«, http://evelorgen.com/wp/articles/military-abduction-milabs-and-reptilians/interview-withmichael-and-stephanie-relfe-of-the-mars-records/ (aufgerufen am 23.07.2015)

32 Michael und Stephanie Relfe, *The Mars Records*, Vol. 1 (2000), 72; http://www.themarsrecords.com/wp/ (aufgerufen am 23.07.2015)

33 Michael und Stephanie Relfe, *The Mars Records*, Vol. 1 (2000), 113; http://www.themarsrecords.com/wp/ (aufgerufen am 23.07.2015)

34 »Mars Defense Force: Defending Human Colonies – Interview Transcript Pt 2«, http://exopolitics.org/mars-defense-force-defending-human-colonies-interview-transcriptpt-2-2/ (aufgerufen am 23.07.2015)

35 Die Niederschrift eines Interviews, in dem Randy Cramer seinen kurzen Dienst bei der Navy behandelt, findet sich unter »Whistleblower Randy Cramer Tells About Secret Military Operations on Mars«; http://evelorgen.com/wp/news/whistleblower-randy-cramer-tells-about-secret-militaryoperations-on-mars/ (aufgegerufen am 24.07.2015)

36 Am 10. August 2015 bat ich Michael Relfe, mir seine Dokumente zu seiner Entlassung aus dem Militär (DD-214) für dieses Buch zur Verfügung zu stellen, aber er lehnte dies aus Gründen des Persönlichkeitsschutzes ab.

37 »Interview with a Milab Supersoldier Recovered from Military and Reptilian/DracControl«, http://evelorgen.com/wp/articles/military-abduction-milabs-and-reptilians/interview-with-amilab-supersoldier-recovered-from-military-and-reptilian-drac-control/0/ (aufgerufen am 24.07.2015)

38 »Interview with a Milab Supersoldier Recovered from Military and Reptilian/ DracControl«, http://evelorgen.com/wp/articles/military-abduction-milabs-and-reptilians/interview-with-amilab-supersoldier-recovered-from-military-and-reptilian-drac-control/0/ (aufgerufen am 24.07.2015)
39 Interview des Verfassers mit Randy Cramer am 10. Juli 2015
40 Michael und Stephanie Relfe, *The Mars Records*, Vol. 1 (2000), 2-27; http://www.themarsrecords.com/wp/ (aufgerufen am 02.08.2015)
41 »Are USMC Capt. Randy Cramer's ss Mars Defense Force memories his own?«, http://newsinsideout.com/2015/05/are-usmc-capt-randy-cramers-ss-mars-defense-forcememories-his-own/ (aufgerufen am 24.07.2015)
42 Interview, geführt von Michael Salla am 1. Juli 2015
43 »Mars whistleblower reveals more of his covert military service«, http://exopolitics.org/mars-whistleblower-reveals-more-of-his-covert-military-service/ (aufgerufen am 24.07.2015)
44 »ECC Times: Q&A Public Release Vol. 1«, http://tinyurl.com/pxdd5fq (aufgerufen am 23.07.2015)
45 Siehe »Communication system and method including brain wave analysis and/or use of brain activity«, Patent # 6011991 A, https://www.google.com/patents/US 6011991 (aufgerufen am 24.07.2015)
46 »Captain Kaye – Audio & Skype Interviews« https://www.youtube.com/playlist?list=PLX3lwnG0Hv8ZJ_4kJt_TtGIHyQzur1u72 (aufgerufen am 02.08.2015)
47 »GoodETxSG Part I – Secret Space Program, ET Federation Delegation & MILAB Participant«, https://youtu.be/6f_L5lmKCb4 (aufgerufen am 02.08.2015)
48 »Captain Kaye Whistleblower on Secret Space Projects & Earth Defence Force«, Project Avalon, http://tinyurl.com/nsvp5c5 (aufgerufen am 02.08.2015)
49 »U.S. Has 8 Cigar Shaped UFOs In Space Fleet Used For ›Solar Warden‹ Program To Protect Solar System«, http://tinyurl.com/nvqe7ee (aufgerufen am 02.08.2015)
50 »U.S. Has 8 Cigar Shaped UFOs In Space Fleet Used For ›Solar Warden‹ Program To Protect Solar System«, http://tinyurl.com/o6wlqz2 (aufgerufen am 02.08.2015)
51 Siehe »Disclosure Project Executive Summary«, http://siriusdisclosure.com/wpcontent/ uploads/2012/12/ExecutiveSummary-LRdocs.pdf (aufgerufen am 02.08.2015)

14 Geheime Mars-Stationen: Konzernherrschaft, Sklavenarbeit und interstellarer Menschenhandel

Während des Zweiten Weltkriegs verfolgte die Nazi-SS gnadenlos ihren Traum von der Schöpfung eines parallelen Industrie-Imperiums, in dem unter Ausbeutung von Millionen Sklavenarbeitern für Weltraumreisen geeignete Fliegende Untertassen und Superwaffen für den Krieg produziert würden. Als der Krieg seinem schicksalhaften Ende entgegenging, widmete die SS ihre schnell schwindenden Ressourcen der Aufgabe, alles, was sie von ihrer industriellen Infrastruktur retten konnte, zu geheimen Stützpunkten in Südamerika und der Antarktis zu bringen – immer noch in der Hoffnung, eines Tages ihren Traum verwirklichen zu können.

Kapitel 4 untersuchte, wie die SS mit der Vril-Gesellschaft gemeinsame Sache machte, die ihre parallel entwickelten Geheimen Weltraumprogramme sowohl vor als auch während des Krieges zu drei abgelegenen Stationen in der Antarktis verlagerte. Die SS arbeitete, an der Spitze ihre Elite der Schwarzen Sonne, mit der Vril-Gesellschaft zusammen und nutzte deren neue Basen, um weiterhin hochmoderne Waffen und Raumschiffe zu bauen. Die überlebenden Vril-/NS-Kräfte schritten sehr schnell voran und waren in der Lage, Admiral Byrds Operation Highjump zurückzuschlagen – eine Strafexpedition der Navy mit dem Ziel, die geheimen antarktischen Stützpunkte der SS zu lokalisieren und zu zerstören. Als Nächstes setzten die Nazis die Administrationen Trumans und Eisenhowers unter Druck, geheime Verträge zu unterzeichnen. Nazi-Spione infiltrierten und übernahmen anschließend weite Teile des Militärisch-Industriellen Komplexes der Vereinigten

Staaten sowie das gerade entstehende, privatwirtschaftlich organisierte Weltraumprogramm – das Interplanetary Corporate Conglomerate (ICC). Ein ideologisches Grundprinzip der SS – die Ausbeutung von Sklavenarbeit – wurde vom nationalsozialistisch unterwanderten Militärisch-Industriellen Komplex der USA sowohl in tiefen unterirdischen Militärbasen als auch in den von Konzernen geführten Bereichen Geheimer Weltraumprogramme weitergeführt.

Nach seiner Entlassung aus dem Spandauer Gefängnis im Jahr 1966 schrieb der frühere NS-Rüstungsminister Albert Speer ein Buch über die parallele industrielle Infrastruktur der SS, die von Himmler aufgebaut worden war, um Superwaffen zu entwickeln, mit denen der Krieg doch noch gewonnen werden sollte. In seinem Buch *Der Sklavenstaat* beschreibt Speer, wie er beauftragt wurde, Himmlers SS beim Aufbau dieses industriellen Parallelreiches zu unterstützen, das Millionen von Sklaven in gewaltigen unterirdischen Fabriken Superwaffen bauen ließ:

> »Rund 14,6 Millionen Sklavenarbeiter, die Hitlers und Himmlers Konstruktionspläne ausführen: ein Menschenalter später erscheint das wie ein reines Hirngespinst. Wir dürfen aber nicht vergessen, dass Sauckel [Fritz Sauckel, der Generalbevollmächtigte für die Zwangsarbeit] es zwischen 1942 und 1945 schaffte, 7.652.000 Menschen aus den besetzten Gebieten nach Deutschland zu deportieren, um sie für die deutsche Industrie nutzbar zu machen.«[1]

Die SS versuchte nicht nur, durch den Einsatz von Millionen Sklaven den Krieg zu gewinnen, sondern plante auch, die Sklavenarbeit in Friedenszeiten fortzusetzen, um sich auf die finale Auseinandersetzung mit den USA vorzubereiten.

> »Die Vision eines ›Friedensreiches‹ beruhte daher auf der Existenz von Millionen ständiger Sklaven, die weder politische Gegner noch so genannte ›Rassenfeinde‹ waren. Aufgrund ökonomischer Notwendigkeiten sollten sie ihr Leben lang – zusammen mit ›Nutten‹ – in Lagern gefangengehalten werden. Dieses Sklavenreich, das sich bis in den Ural erstrecken sollte, wäre die wesentliche Energiequelle eines Europa gewesen,

das sich auf die Bezwingung des größten Feindes hätte vorbereiten müssen: der Vereinigten Staaten von Amerika.«[2]

Corey Goode hat offengelegt, dass in den geheimen Basen des Interplanetary Corporate Conglomerate (ICC) auf der Erde, dem Mond und anderswo Sklavenarbeit eingesetzt wird – ein ideologisches Kernprinzip, das von der SS übernommen wurde.[3]

Wir wissen aus Speers Büchern, dass die SS in NS-Deutschland plante, unter Einsatz eines »Reiches von Sklaven« weiterhin Superwaffen in großen unterirdischen Fabriken zu bauen, um letztlich die USA zu erobern. Und Goode teilt uns mit, dass die SS die USA zwar nicht mit militärischen Mitteln im Zweiten Weltkrieg erobert hat – wohl aber durch einen stillen Staatsstreich in den Fünfzigerjahren, als sie wesentliche Bereiche des amerikanischen Militärisch-Industriellen Komplexes unterwanderte und übernahm.

Infolgedessen wird ein »Sklavenreich« in einer Reihe tiefer unterirdischer Basen auf der Erde und woanders ausgebeutet, um neue Generationen hoch entwickelter Waffen und Raumschiffe für ein konzerngeführtes Geheimes Weltraumprogramm zu bauen. Diese Programme waren in hohem Maße von den Überresten der SS beeinflusst, die Geheime Weltraumprogramme wie das Interplanetary Corporate Conglomerate, das eine größere Zahl von Stützpunkten auf dem Mars unterhält, erfolgreich infiltrierte.

Sklavenarbeit auf dem Mars

Am 22. Juni 2015 verbreitete Corey Goode einen Bericht über eine Inspektionstour, die seinen Angaben zufolge zwei Tage zuvor auf dem Mars stattgefunden habe und an der er, gemeinsam mit anderen Mitgliedern einer Allianz Geheimer Weltraumprogramme, teilgenommen habe.[4] Er beschreibt, wie er zunächst in seiner Wohnung von einer blauen/indigofarbenen Kugel mitgenommen worden sei, die zu einer Gruppe hoch entwickelter außerirdischer Besucher, genannt die »Sphärenwesen-Allianz«, gehöre; von dieser sei er als Delegierter für alle Tagungen mit Bezug auf irdische Geheime Weltraumprogramme ausgewählt worden. Die Kugel brachte Goode zu einer Geheimstation auf dem Mond, zum Lunaren Einsatzkommando, wo er Lieutenant Colonel Gonzales (Pseudonym) traf, den Vertreter einer Allianz Geheimer Weltraumprogramme, die der Welt die Wahrheit über außerirdisches Leben und fortgeschrittene Technologien vollständig enthüllen will.

Sodann schildert Goode, wie Gonzales und ihm ein Sicherheitsteam von zwei Intuitiven Empathen (IE) als Assistenten zugewiesen wurde – eine Aufgabe, die Goode früher selbst für zwanzig Jahre innehatte, als er von 1987 bis 2007 in Solar Warden und anderen Programmen diente. Goode und Gonzales wurden auf ihrer Reise zum Mars von einem Repräsentanten des »Interplanetary Corporate Conglomerate« begleitet.

Goode sagt, dass die Reise dreißig Minuten gedauert habe, länger als die paar Minuten, die es normalerweise brauchte, um zum Mars zu reisen, wenn er nicht auf der anderen Seite der Sonne stand. Die Gesamtdistanz betrug zu dieser Zeit annähernd 250 Millionen Meilen (rund 420 Millionen Kilometer), was bedeutet, dass Goodes Transportshuttle eine Durchschnittsgeschwindigkeit von drei Vierteln der Lichtgeschwindigkeit erreichte. Ein konventionelles raketengetriebenes Raumschiff hätte für dieselbe Reise 260 Tage benötigt.

Goode erläutert die Ziele, auf die sich die Vertreter des Interplanetary Corporate Conglomerate (ICC) und des Rates der Allianz des Geheimen Weltraumprogramms verständigt hatten. Folgendes sollte geschehen, sobald sie den Mars erreichten:

> »Erneut versicherte Gonzales dem ICC-Gesandten, wie sehr wir es begrüßten, dass sie uns erlaubt hätten, den bewaffneten Sicherheitsdienst mitzubringen, den Ort der Konferenz im Orbit auszuwählen, die Ausflüge dort, und dass sie uns ebenfalls gestattet hätten, eine Familie unserer Wahl mit zurückzubringen, um sie zu befragen und ihr entweder Zuflucht zu gewähren oder sie wieder in ihre Heimatkolonie zurückkehren zu lassen, je nachdem, was sie wünsche. Ich saß da, hörte zu, da ich nicht an den Verhandlungen teilnahm, und hoffte, zufällig etwas Neues über den weiteren Fortgang aufzuschnappen.«[5]

Nach unserer Ankunft auf dem Mars gab der ICC-Vertreter Gonzales eine Liste von ICC-Anlagen in der nördlichen Hemisphäre des Planeten, die für die Stützpunkt-Besichtigung geeignet wären. Gonzales fragte indessen nach einem Ort auf der Südhalbkugel, der nicht auf der Liste stand, was den Gesandten des ICC, der dessen Existenz zunächst verneinte, ziemlich beunruhigte. Gonzales bestand jedoch darauf, dass dieser Stützpunkt gemäß neuer geheimdienstlicher Erkenntnisse existieren müsse. Der ICC-Mitarbeiter kontaktiere daraufhin seine Vorgesetzten und sagte, es würde eine Stunde dauern, um den Stützpunkt zur Inspektion vorzubereiten.

Goode erläuterte die Anweisungen, die ihnen nach ihrer Ankunft an der südlichen Marsbasis mitgeteilt wurden und in denen geregelt war, worüber sie mit den Bewohnern des Stützpunktes überhaupt sprechen durften:

»Der ICC-Vertreter belehrte uns sodann, was das Thema des Gesprächs sein würde. Er beobachtete sehr genau unsere Reaktionen, als er uns eine Zusammenfassung dessen aushändigte, was von dem Kommandeur des Stützpunktes zu erwarten sei. Er betonte, dass die Menschen seit Generationen in dieser Anlage lebten und schon jahrzehntelang das Bewusstsein verinnerlicht hätten, dass die Erde aufgrund einer Reihe von Katastrophen unbewohnbar geworden wäre. Weiterhin teilte er uns mit, dass wir gebeten würden, die gesellschaftlichen Verhältnisse der Einrichtung nicht durcheinander zu bringen, indem wir die Leute darüber aufklärten, dass dies nicht der Fall sei; auch sollten wir nicht verraten, dass jemand von uns von der Oberfläche der Erde käme.«[6]

Goode und Gonzales trafen anschließend den Stützpunktkommandeur, der ihnen den vornehmlichen Zweck der Anlage erklärte, den er als soziales Experiment über Jahrzehnte hinweg beschrieb:

»Als wir eintraten, gab der Befehlshaber des Stützpunktes die Linie vor, indem er von Leuten erzählte, die nicht wüssten, dass die Erde noch immer gedeihe und dass dies überhaupt nichts mit irgendwelchen Theorien über Sklaverei zu tun habe, wie von der GWP-Allianz propagiert werde, sondern dass hier ein komplexes ›Gesellschaftsexperiment‹ durchgeführt würde. Er hob hervor, dass wir vorsichtig sein müssten, nicht ein über Jahrzehnte betriebenes Experiment zu stören, das der Menschheit helfen würde. Ich sah zu Gonzales hinüber, und er verdrehte die Augen, als dies gesagt wurde. Dann gab der Stützpunktkommandeur bekannt, dass die ›Haupthalle‹ für die Konferenz vorbereitet worden war und wir zunächst der Industrieanlage einen Besuch abstatten würden, die in acht Kilometer Entfernung mit einer Untergrundbahn erreicht werden könne. Nach der Konferenz – so teilte er uns mit – würden wir dann die Kolonie besuchen und die Menschen treffen, ihre Lebensumstände kennenlernen und eine Familie fragen, ob sie bereit wäre, mit uns zu kommen.«[7]

Anschließend schildert Goode, wie er versehentlich einem Mitglied der Security des Stützpunktes – dem wahrscheinlich erzählt worden war, die Erdoberfläche sei durch mehrere Katastrophen verwüstet worden –, sagte, dass er aus Texas stamme. Dies löste bei den anderen Wachmännern wachsende Aufregung aus und führte zu ihrer plötzlichen Ablösung:

»Etwa zu dieser Zeit fuhr eine weitere Einschienenbahn mit viel weiterem Sicherheitspersonal ein. Sie befahlen uns stehenzubleiben, trennten uns von den Sicherheitsleuten, die uns begleiteten, entwaffneten diese, führten sie zu den Zügen und verschwanden. Danach wurde uns ein neues Security-Team zugewiesen, und der ICC-Vertreter, der offenbar einen ›Funk-im-Ohr-Hörer‹ (ein Kommunikationsgerät im Ohr) hatte, teilte uns mit, dass uns nicht erlaubt sei, mit dem Sicherheitspersonal zu sprechen, soweit es nicht sicherheitsrelevante Themen beträfe.«[8]

Goode beschreibt, wie er, Gonzales und ihre Wachmannschaft als Nächstes zum großen Konferenzsaal geführt wurden und viele Kolonisten sowie ihre Anführer sahen, die eine Präsentation der in der Fabrik hergestellten fortgeschrittenen Technologien veranstalteten. Die Kolonieführer verkündeten voller Stolz, dass mit bis zu 900 verschiedenen außerirdischen Zivilisationen exopolitische Verträge abgeschlossen worden waren:

»Wir wurden in die ›Haupthalle‹ begleitet, die aussah wie ein Ort, zu dem Menschen zu täglicher Propaganda gebracht werden, und dort war bereits eine große Zahl von ICC-Führungsmitgliedern anwesend, die sehr geschäftig herumliefen, so dass es schwer war, sie zu zählen. Sie wiesen uns unsere Sitze zu und zeigten uns eine Werbeshow auf einem großen ›Smart-Glas-Bildschirm‹, auf dem alle möglichen Technologien, die sie produzierten, zu sehen waren, und ebenso, was sie produzieren, um solche Technologien einzutauschen. Dabei hoben sie hervor, dass sie laufende Handelsabkommen mit fast 900 Zivilisationen hätten und noch mit weitaus mehr gelegentlich Handel trieben. Sie zeigten alle Arten von Raumschiffen und Raumschiffkomponenten, die andere Zivilisationen in ihre eigenen Technologien integrieren, und behandelten auch die exopolitischen Verträge, die sie mit Gruppen abgeschlossen hatten, die unser Territorium auf legaler Basis durch die nahe gelegenen natürlichen Portalsysteme, die Teile des ›kosmischen Netzes‹ sind, durchqueren.«[9]

Anschließend schilderte Goode ein Ereignis, das die Festnahme von ihm, Gonzales und ihrem Security-Team durch den Stützpunktkommandeur zur Folge hatte. Das Ganze begann mit der Familie, die ausgewählt worden war, Goode und seine Gefährten für eine Nachbesprechung außerhalb der Anlage zurück zum Lunaren Einsatzkommando zu begleiten:

»Es war nun für Gonzales an der Zeit, dem ICC-Repräsentanten die Familie zu benennen, die wir mitnehmen wollten. Er gab ihm die Nummer der Wohnung einer bestimmten Familie – eine alphanumerische Zahl an ihrer Tür –, und fünfzehn Minuten später zeigten sich ein Mann, eine Frau, ein Sohn im Teenager-Alter und eine jüngere Tochter, alle mit kleinen Taschen in den Händen. Sie sahen etwas niedergeschlagen und ängstlich aus. Dies war zu erwarten gewesen, aber sie erschienen mir sehr verunsichert. … Als die Tür geschlossen war, wandte sich

Gonzales zu den Leuten und sagte ihnen, sie befänden sich in Sicherheit und er würde ihr Vertrauen nicht missbrauchen. Dann sagte er auch: ›Wir wissen, dass es ein weiteres Familienmitglied gibt, das nicht anwesend ist.‹ ›Woher wissen Sie das?‹, fragte der Vater zurück. Gonzales bewegte sich zu unserem Sicherheitspersonal und sagte, dass ›unsere Leute Fähigkeiten haben‹. Darauf war aus der Familie kein Wort mehr herauszubringen. Gonzales wurde erregt, äußerte, dass er dies wieder in Ordnung bringe, und er und die beiden ihm zugewiesenen Sicherheitsleute verließen das Fahrzeug.«[10]

Goode erzählt, dass der Stützpunktkommandeur, als er sich von Gonzales provoziert sah, in Zorn geriet und diesen in eine Arrestzelle bringen ließ, wohin ihm Goode und die beiden Security-Männer bald folgen mussten. Über das, was er auf dem Weg sah, berichtet Goode: »Als wir an den Zellenreihen vorbeiliefen, sahen wir viele eingesperrte Menschen in verschiedenen Zuständen der Trauer und Verzweiflung.«[11]

Sie befürchteten schon das Schlimmste vom Stützpunktkommandeur, den Gonzales als »größenwahnsinnigen Tyrannen« beschrieb, aber Goode schildert, wie die blauen/indigofarbenen Kugelwesen, die zur Sphärenallianz gehören, sie retteten:

»Es war kaum eine Minute vergangen, als wir unsere blauen/indigofarbenen Kugelfreunde durch die Wände der Zelle schwirren sahen, einen für jeden von uns. Einige Sekunden tanzten sie umher, und die anderen GWP-Mitglieder, die sich noch niemals auf diese Weise fortbewegt hatten, drückten sich mit dem Rücken an die Wand. Gonzales erklärte ihnen, wie der Transport abläuft, und danach folgten sie alle der SOP [Standard Operating Procedure, Standardvorgehensweise] und waren bald an dem LOC-Raum angelangt, zu dem ich zu Beginn dieser Reise gebracht worden war.«

Wieder sicher im Lunaren Einsatzkommando, erklärte Gonzales Goode, dass die Mission ihnen neue Erkenntnisse über ICC-Tätigkeiten auf dem Mars verschafft hätte:

»Er legte dar, dass das Ziel des ICC die Propaganda sei und dass diese Herrschaften, seit der Öffentlichkeit neueste Berichte über vom ICC betriebenen Sklavenhandel und Zwangsarbeit bekannt geworden waren, die niemals hätten bekannt werden sollen, ausgesprochen beunruhigt und verärgert sind.«[12]

Die von Goode in seinem Bericht beschriebene Besichtigung der ICC-Anlage auf dem Mars unterstützt die Auffassung, dass dort Bedingungen von Sklavenarbeit tatsächlich anzutreffen sind; zumindest in einigen dieser Fabriken, in denen Zivilisten psychologisch manipuliert und von tyrannischen Stützpunktkommandeuren, die keinen Widerspruch dulden, physisch misshandelt werden. Hoch entwickelte Technologien, die in getarnten Mars-Fabriken produziert werden, scheinen ein wertvolles Gut bei Handelsabkommen mit einer außerordentlich hohen Zahl außerirdischer Kulturen zu sein – bis zu 900, wenn die Ausführungen des ICC-Vertreters zutreffend sind.

Die Existenz geheimer Basen auf dem Mars und anderswo im Sonnensystem, die von einem Mischkonzern kontrolliert werden, der mit hoch entwickelten, von menschlichen Arbeitern in Zwangsarbeit für den interstellaren Markt produzierten Technologien handelt, ist zweifellos ein Anlass für große Empörung. Offenbar unterliegen solche Fabrikanlagen und die sie leitenden Stützpunktkommandeure kaum einer Aufsicht und Rechenschaftspflicht.

Die Britische Interplanetarische Gesellschaft untersucht den Sturz von Diktatoren auf dem Mars

Goode liefert keine belastbaren Fakten oder Dokumente, um seinen Bericht von der Mars-Besichtigungsreise am 20. Juni 2015 zu stützen, und Lieutenant Colonel Gonzales müsste noch öffentlich auftreten, um seine Teilnahme oder seine Identität zu belegen. Dennoch gibt es bedeutsame Indizien, die für Goodes Behauptungen sprechen.

Am 11. Juni 2015 begann die 1933 in Liverpool gegründete British Interplanetary Society [BIS, Britische Interplanetarische Gesellschaft] laut einer Meldung der BBC eine zweitägige Konferenz abzuhalten – mit dem äußerst ungewöhnlichen Titel »How to Overthrow a Martian Dictatorship« [»Wie man eine Marsianische Diktatur stürzt«].[13] Die Tagung nahm eine Mars-Kolonie in den Blick, geführt von skrupellosen Diktatoren, die in einer futuristischen, von einem Konzern beherrschten Gesellschaft die Rechte der Arbeiter mit Füßen treten. Der Diktator soll gestürzt werden, ohne die Kolonie selbst zu zerstören. Laut dem Autor des BBC-Artikels Richard Hollingham kamen bei dem Treffen dreißig bekannte Wissenschaftler, Ingenieure und Philosophen zusammen, die ihre »Aufgabe ernst nahmen« und dabei – Achtung, Achtung – »nur zwei schmale Blöcke vom Hauptquartier des britischen Auslandsgeheimdienstes MI6 entfernt waren«.[14]

Zur selben Zeit, als die Tagung veranstaltet wurde – am 11./12. Juni –, traten angeblich auf einer geheimen Mars-Kolonie tatsächlich Ereignisse ein, die zu den von der British Interplanetary Society diskutierten Themen bemerkenswerte Parallelen bildeten. War es reiner Zufall, oder bereiteten sich britische Wissenschaftler und Politiker mit einer mehr als bloß physischen Nähe zum britischen MI6 insgeheim darauf vor, grausame Diktatoren, die geheime industrielle Kolonien auf dem Mars beherrschen, abzusetzen?

Hollingham lieferte zu der Veranstaltung der British Interplanetary Society einige Hintergrundinformationen unter dem offiziellen Titel »Extraterrestrial Liberty III – Dissent, Revolution and Liberty in Space« [»Außerirdische Freiheit III – Abweichende Meinung, Revolution und Freiheit im Weltraum«]:

> »Dies ist die dritte jährliche Konferenz über außerirdische Freiheit. Letztes Jahr stellte sich die Tagung der Herausforderung, eine Verfassung für eine außerirdische Niederlassung zu schreiben, und kam zu dem Schluss, dass erfolgreiche Weltraumkolonien ihre Gesetze und Freiheiten auf die amerikanische Verfassung und die Bill of Rights gründen sollten.«[15]

Laut dem Organisator der Tagung, Charles Cockell, einem Professor für Astrobiologie an der Universität Edingburgh, der Leben unter Extrembedingungen erforscht, geht es um Folgendes: »Dieses Jahr diskutieren wir, was passiert, wenn man die Regierung, die man eingesetzt hat, nicht mehr möchte und stürzen will.«[16]

Cockell beschrieb das Szenario so:

> »Die Umstände, über die die Gruppe nachdachte, kann man sich am ehesten vorstellen, wenn man bedenkt, wie eine Weltraumkolonie aussehen könnte: Sie ist vielleicht eine Siedlung mit einigen hundert Bewohnern unter einer Kuppel; darüber der dürftige, staubige Himmel des Mars. Ein fragiler und isolierter Außenposten der Menschheit, 225 Millionen Kilometer von ihrer heimischen Welt entfernt – beherrscht von einem brutalen Diktator und seinen Komplizen, die beispielsweise über die Sauerstoff-Generatoren verfügen.«[17]

Mit größter Wahrscheinlichkeit würde der Diktator einem Konzern entstammen, der eine Mars-Kolonie kontrolliert, die – nach Cockell – Arbeiter als Sklaven ausbeutet:

> »Wie wir wissen, können private Konzerne genauso skrupellos und despotisch agieren wie die schlimmsten Regierungen. Wenn du streikst, sagt die Firma vielleicht: ›Gut, dann zeigen wir dir mal die Luftschleuse, und du kannst verschwinden‹, und plötzlich bist du draußen im Vakuum des Weltraums.«[18]

Sicher war es kein Zufall, dass genau am *selben Tag*, an dem die BBC Hollinghams Beitrag vom 22. Juni 2015 über die Konferenz der British Interplanetary Society veröffentlichte, Goodes Bericht über seine Rolle in dem Inspektionsteam erschien, das nur zwei Tage zuvor, am 20. Juni 2015, zu einem Mars-Bergwerk des Interplanetary Corporate Conglomerate (ICC) geschickt worden war, um den Vorwürfen der Sklavenarbeit nachzugehen.[19]

Es folgt ein weiteres Zitat aus Goodes Bericht vom 22. Juni, in dem beschrieben wird, wie der Kommandeur der Mars-Basis auf eine

Herausforderung seiner Autorität reagierte, obwohl höherrangige Beamte anwesend waren:

> »Das Sicherheitsteam der Fabrik führte uns hinein, direkt vorbei am Stützpunktkommandeur, der sich in einer sehr hitzigen Debatte mit dem ICC-Vertreter befand. Etwas war enorm schiefgelaufen, und sein Ego war angekratzt, oder seine Autorität war vor seinen Männern in Frage gestellt worden. Er war jedenfalls äußerst erregt und hörte dem ICC-Verantwortlichen nicht mehr zu, der im Rang weit über ihm stand.«[20]

Die in Goodes Bericht dargestellten Ereignisse ähneln überraschend stark dem auf der Tagung der British Interplanetary Society am 11. und 12. Juni diskutierten Szenario, das Hollingham in seinem Artikel vom 22. Juni zusammenfasst. Auch hier haben wir einen Kommandeur einer privatwirtschaftlichen Einrichtung – einen »völlig größenwahnsinnigen Tyrannen«, der niemandem gestatten würde, seine Autorität anzuzweifeln, auch keinem höherstehenden Vertreter des Konzerns.[21]

Die Übereinstimmungen der auf der Konferenz der British Interplanetary Society am 11./12. Juni 2015 besprochenen Szenarien und der anschließend am 22. Juni publizierten Beschreibungen von Goode und Hollingham führen zu einer erstaunlichen Schlussfolgerung: Britische Wissenschaftler, Ingenieure, Philosophen und politische Entscheidungsträger bereiten die britische Elite insgeheim, mit stillschweigender Unterstützung der MI6-Beamten, auf künftige Enthüllungen bezüglich geheimer Kolonien auf dem Mars und anderswo vor, die von größenwahnsinnigen Tyrannen, die ihre Arbeiter jahrelang versklavt haben, als Konzerndiktaturen geführt worden sind. Wie diese Marskolonie-Diktatoren, ohne ihre Untertanen zu töten und/oder ihre wertvollen Fabriken zu zerstören, beseitigt werden können, ist eine Frage, der sich die gesamte Menschheit eines Tages stellen muss. Die Herausforderung, mit Konzernchefs umzugehen, die in solche Verbrechen unmittelbar involviert sind, führt zu noch gewichtigeren Indizien, die Goodes Ausführungen vom 20. Juni 2015 über eine Inspektionsreise zu einer ICC-Kolonie auf dem Mars, in der Sklavenarbeit betrieben wird, unterstützen.

Der US-Kongress soll Sklavenarbeit auf dem Mars und in privatwirtschaftlichen Weltraumkolonien unterbinden

Am 15. Juni 2015 unternahm das amerikanische Repräsentantenhaus einen großen Schritt, indem es ein Gesetz verabschiedete, das im Weltraum betriebenen Bergbau durch Konzerne mit Sitz in den USA, die außerhalb der Erde tätig sind, unter rechtlichen Schutz stellte. Während die meisten Mitglieder des »Science, Space and Technology Committee« [Ausschuss für Wissenschaft, Weltraum und Technologie] des Hauses, das das Gesetz erließ, wohl in dem Glauben abgestimmt haben, die Rechte amerikanischer Firmen bei künftigen Bergbau-Missionen im Weltraum zu schützen, haben sie stattdessen Firmen einen Rechtsschutz gewährt, die solche Tätigkeiten bereits seit Jahrzehnten insgeheim durchführen.[22] Dies ist besonders bemerkenswert vor dem Hintergrund von Goodes Ausführungen, dass Konzerne mit Sitz in den USA im außerweltlichen Bergbau auf dem Mars und anderswo in unserem Sonnensystem bereits Sklavenarbeit eingesetzt haben.[23]

Das Gesetz »H.R.1508: Space Resource Exploration and Utilization Act of 2015« [Gesetz zur Erforschung und Nutzung von Rohstoffen im Weltraum] wurde dem Science, Space and Technology Committee von einer überparteilichen Gruppe mit acht Mitgliedern am 19. März 2015 vorgestellt und erläutert.[24] Am 15. Juni wurde es, nach einer Abstimmung von 18 zu 15 zwei Tage zuvor zugunsten einer Änderung des Gesetzes, dem gesamten Parlament offiziell zur Abstimmung vorgelegt. Ein identisches überparteilich ausgearbeitetes Gesetz ist auch dem Senat von den Senatoren Marco Rubio (R-FL) und Patty Murry (D-WA) übermittelt worden.[25]

Der Space Resource Exploration and Utilization Act schützt vordergründig die Rechte von Bergbauunternehmen, die bereit sind, bedeutsame finanzielle Mittel in die zukünftige Weltraumforschung zu investieren. Wenn eine Bergbaufirma beispielsweise eine Station auf dem Mars einrichtet, hätte sie das Recht, dort Bodenschätze auszubeuten, und stünde unter dem Schutz der amerikanischen Bundesgesetze. Das geplante Gesetz führt dazu in Paragraph 51302 Folgendes aus:

»(a) Kommerzieller Umgang mit der Erforschung und Nutzung von Ressourcen im Weltraum

(1) ALLGEMEIN möge der Präsident, vertreten durch geeignete Bundesbehörden, die kommerzielle Erschließung und Nutzung von Weltraum-Ressourcen fördern, um nationale Bedürfnisse zu befriedigen ...«[26]

Die Klausel deutet die Möglichkeit an, dass der Präsident Bergbauunternehmen, die außerirdische Basen einrichten und Bodenschätze abbauen, unter Berufung auf »nationale Bedürfnisse« der USA Ressourcen und Unterstützung zukommen lassen kann. Es wird also nichts Alarmierendes daran gefunden, dass Firmen wie SpaceX – ein Unternehmen, das mit dem Ziel gegründet wurde, Technologien zu entwickeln, die es der Menschheit ermöglichen sollen, den Mars zu kolonisieren – Unterstützung dabei in Aussicht gestellt wird, zukünftige Mars-Missionen vorzubereiten, um dort Bergwerke zu gründen, die sich selbst finanzieren.

Bereits am 16. November 2012 kündigte Elon Musk, der Gründer von SpaceX, an, eine Kolonie mit 80.000 Menschen einzurichten: »Auf dem Mars kann man eine sich selbst versorgende Zivilisation begründen und zu etwas wirklich Großem anwachsen lassen.«[27]

Die nächste Klausel des Space Resource Exploration and Utilization Act weist allerdings auf verstörende Themen hin:

»(2) Staatliche [*government*] Hindernisse für die Entwicklung ökonomisch wertvoller, sicherer und stabiler Industrien zum Zwecke der Erforschung und Nutzung von Weltraum-Ressourcen in einer Weise abbauen, dass es mit den bestehenden internationalen Verpflichtungen der Vereinigten Staaten übereinstimmt ...«[28]

Was genau ist mit dem »Abbau staatlicher Hindernisse« gemeint? Es scheint auf der Hand zu liegen, dass damit gemeint ist, jegliche Regulierung durch die Regierung sei überflüssig und könnte ein wesentliches

Hindernis gewinnbringender Förderung von Bodenschätzen sein. Wenn beispielsweise die Bergbaufirma ihre Arbeiter unter Bedingungen ähnlich einem Zwangsarbeitslager ausbeutet, wäre dies eher ein Problem, das die Firma selbst zu lösen hätte, und weniger ein Anlass für staatliche Regulierung, amerikanische Arbeitsrichtlinien durchzusetzen.

Der nachfolgende Absatz ist sogar noch alarmierender:

> »(3) Das Recht von Wirtschaftsunternehmen der Vereinigten Staaten fördern, den Weltraum zu erforschen und Ressourcen im Weltraum zu nutzen, in Übereinstimmung mit den bestehenden internationalen Verpflichtungen der Vereinigten Staaten und frei von schädlichen Einflüssen ...«[29]

Was soll »frei von schädlichen Einflüssen« bedeuten? Im Fall eines Berbauunternehmens, das Bedingungen von Sklavenarbeit einführt, deutet diese Klausel an, dass internationale Organisationen wie der Internationale Strafgerichtshof nicht die Macht hätten, direkt zu intervenieren. Manager, die Rohstoff-Förderung im Weltraum beabsichtigen, würden grundsätzlich vom amerikanischen Bundesrecht vor internationalen Organisationen geschützt, die gegen sie wegen der Nutzung von Sklavenarbeit ermitteln.

Schließlich spricht der Space Resource Exploration and Utilization Act den amerikanischen Bezirksgerichten eine »exklusive Gerichtsbarkeit« zu:

> »Exklusive Gerichtsbarkeit: Die Bezirksgerichte der Vereinigten Staaten sollen die ursprüngliche Rechtsgewalt über eine in diesem Abschnitt bezeichnete Handlung ohne Rücksicht auf den Streitwert innehaben.«[30]

Grundsätzlich bedeutet dies, dass alle menschenrechtlichen Fragen, die bei der Förderung von Bodenschätzen durch Firmen mit außerirdischen Stützpunkten aufkommen, vor amerikanischen Bezirksgerichten zu behandeln wären.

Der Space Resource Exploration and Utilization Act wirft einige sehr beunruhigende rechtliche Fragen im Hinblick auf zukünftige

Rohstoff-Förderung durch Bergbaufirmen mit Sitz in den USA auf. Goodes Bericht seiner Inspektionsreise am 22. Juni 2015 deutet freilich darauf hin, dass geheimer Rohstoffabbau im Weltraum bereits Usus ist und nicht nur eine hypothetische Rechtsfrage behandelt, die von Fachanwälten für Weltraumrecht diskutiert werden kann. Vertrauen wir dem, was Goode und Gonzales unmittelbar wahrgenommen haben, sind dies Belege dafür, dass Sklavenarbeit gegenwärtig auf dem Mars bereits eingesetzt wird, um Güter im Auftrag des Interplanetary Corporate Conglomerate (ICC) abzubauen beziehungsweise herzustellen.

Wenn Goodes Ausführungen zutreffen, würde der Space Resource Exploration and Utilization Act den Besitzern, Managern und Mitarbeitern dieser gegenwärtig Sklavenarbeit einsetzenden Firmen den Schutz des amerikanischen Bundesrechts vor möglichen Ermittlungen durch internationale Menschenrechtsorganisationen, einschließlich den Internationalen Strafgerichtshof, verschaffen.

Zur Zeit der Niederschrift dieses Buches wurde dieses Gesetz dem gesamten Repräsentantenhaus zur Diskussion und Abstimmung vorgelegt, während der Senat bald danach mit seiner eigenen Version des Gesetzes folgen wird. Es scheint kein Zufall zu sein, dass zur selben Zeit, in der insgeheim Vorwürfen der Sklavenarbeit im außerweltlichen Bergbau nachgegangen wird, der US-Kongress dabei ist, eine Gesetzgebung zu erlassen, die den für derlei Verbrechen verantwortlichen Vertretern solcher Firmen rechtlichen Schutz verschaffen würde.

Und obgleich es schon erschreckend genug ist, einer Realität ins Auge zu sehen, in der Sklavenarbeit von manchen Geheimen Weltraumprogrammen in geheimen Bergwerken und Produktionsanlagen eingesetzt wird, hat Goode etwas noch Erschreckenderes zu enthüllen.

Galaktischer Handel mit menschlichen Sklaven

Im 18. und 19. Jahrhundert unterstützten die großen Kolonialmächte einen blühenden Sklavenhandel in ihren Kolonien mit Hilfe korrupter lokaler Eliten oder durch die unverhohlene Besetzung fremder Territorien. Als sich die Bewegung gegen die Sklaverei ausbreitete und das Bewusstsein in früheren Kolonialmächten wie Spanien und Großbritannien veränderte, gingen diese Länder bei der Abschaffung des globalen Sklavenhandels voran. Nach Goode gibt es jedoch einen galaktischen Handel mit menschlichen Sklaven, bei dem Millionen entführter Menschen von unserem Planeten zu entfernten Kolonien auf anderen Welten gebracht werden, um dort verschachert oder misshandelt zu werden.

Goode behauptet, dass der galaktische Menschenhandel derzeit von einer Allianz Geheimer Weltraumprogramme (GWP-Allianz) bekämpft wird, die den Plan verfolgt, die volle Wahrheit über diesen Missbrauch zu enthüllen, dem die Menschheit seit Jahrhunderten, wenn nicht gar seit Jahrtausenden durch korrupte lokale Eliten (Kabale/Illuminaten) und die Eingriffe imperialistischer Weltraummächte (Draco-Föderation-Allianz/Imperium) ausgesetzt ist.

In seiner Antwort auf eine Reihe von Fragen erläuterte Goode, wie umfassend der galaktische Handel mit menschlichen Sklaven bislang gewesen ist, welche Parteien im Wesentlichen daran beteiligt waren und welche entsetzlichen Misshandlungen diejenigen über sich ergehen lassen mussten, die das Unglück hatten, entführt zu werden.

> »Dies ist eine wirklich schreckliche und brisante Information. Sie beginnt in einigen Fällen mit ganz gewöhnlichen kriminellen Banden, die sich im Sexbusiness und Sklavenhandel betätigen, der im 20. und 21. Jahrhundert sehr lebendig ist. Viele dieser Verbrecherbanden oder Gangs verfügen über Spezialisten, die anhand von Listen mit erwünschten Leuten arbeiten (viele andere sind Gelegenheitsopfer). Diese Spezialisten sind oft freundliche, reifer aussehende Menschen oder hochqualifzierte Persönlichkeiten (die beispielsweise in der Medizin, im Justiz- oder Erziehungswesen tätig sind), die niemand für gefährlich halten würde, die mit vielen Menschen zu tun haben und die generell als vertrauenswürdig gelten. Diese Leute betätigen sich in jedem beliebigen Land. Oft werden Menschen, die auf der Straße leben, aufgegriffen, etwa in Ländern der Dritten Welt (wo sie ihre Macht einsetzen können), oder es werden vernachlässigte Kinder entführt. Durch diesen

Menschenhandel auf enormem Niveau geraten jedes Jahr viele hunderttausend Menschen auf den Sklavenmarkt. Diese Leute wissen nicht oder kümmern sich nicht darum, was mit den Menschen geschieht, die sie erwischen und Händlern für Geld übergeben.

Weiterhin gibt es spezielle Einsatzgruppen mit besonderen Einkaufslisten, die großen Aufwand und persönliche Risiken auf sich nehmen, um bestimmte Typen von Individuen zu erhalten, die auf ihren Listen stehen. Die Leute, die auf dieser Ebene arbeiten, wissen, dass ihre Opfer in etwas Größeres als nur die globalen Menschenhandelssysteme hineingeraten, und sie handeln direkt mit Kabale/Illuminaten-Vertretern. Diese stopfen die entführten Menschen in ihre Abwicklungszentren, wo sie katalogisiert werden und wo man entscheidet, ob sie unter die Erdoberfläche zu mannigfacher Verwendung durch verbündete Außerirdische geschickt oder ob sie als Ware im außerweltlichen Handel vermarktet werden.

Es gibt weder eine Währung noch ein gemeinsames Finanzsystem zwischen weltraumfahrenden Zivilisationen; daher beruht alles auf Schacher. Manche Außerirdische interessieren sich für Kunst von der Erde (man denke daran, dass sich einige unserer berühmtesten historischen Kunstwerke in außerweltlichen Sammlungen befinden), für Genusswaren wie Gewürze und Schokolade (seltsam genug), für Tiere und Pflanzen, während viele andere es vorziehen, mit Technologie und biologischen Spezimen, die sie anderswo gegen menschliche Wesen eingetauscht haben, zu handeln. Diese Menschen werden für viele Zwecke verwendet, darunter manuelle Sklavenarbeit, Missbrauch als Sexsklaven, für Technik und Produktion (wir sind wohlbekannt für die Fähigkeiten, die einige von uns in bestimmten technischen Bereichen haben). Und es gibt einige Außerirdische, die Menschen auf unterschiedliche Weise als Nahrungsquelle nutzen (ich will dies nicht im Detail ausführen).«[31]

Goode fährt darin fort zu beschreiben, wie sich ein galaktischer Handel mit menschlichen Sklaven über viele Jahrhunderte hinweg entwickelte und wie das Führungspersonal verschiedener Geheimer Weltraumprogramme einen Gewinn daraus zog, statt ihn zu beenden:

»Die Geheimen Erdregierungen und ihre Syndikate fanden heraus, dass verschiedene Außerirdische ohnehin große Zahlen von Menschen vom Planeten entführen; also beschlossen sie, einen Weg zu suchen, wie sie damit Profit machen und Kontrolle darüber erlangen können, welche Menschen mitgenommen werden. Frühere Verträge enthielten Versprechungen, wonach sie Technologie und biologische Proben erhalten würden, wenn sie dafür den außerirdischen Gruppen erlaubten, Menschen zu entführen, aber die ETs hielten sich selten an ihre Versprechen. Als sie die fortgeschrittene Infrastruktur (ICC) in unserem Sonnensystem zusammen mit den zugehörigen Technologien entwickelt hatten (an deren Besitz einige der Tausende von ET-Gruppen, die durch unser Sonnensystem reisen, nun interessiert sind) und dadurch auch in der Lage waren, die meisten unwillkommenen Gäste davon abzuhalten, in den Luftraum der Erde einzudringen, beschlossen die Kabale beziehungsweise das ICC, den Menschenhandel als eine ihrer Ressourcen auf dem interstellaren Tauschmarkt zu benutzen.«[32]

Goode benennt einige Haupttäter auf dem galaktischen Sklavenmarkt für Menschen und zählt auf seiner Liste auch die außerirdischen »Großen Weißen« auf, die weiter oben schon der pensionierte Flieger der U.S. Air Force Charles Hall beschrieben hatte. Sie sollen eng mit einem getarnten Zweig der U.S. Air Force zusammenarbeiten.[33] Andere außerirdische Gruppen, die ebenfalls am galaktischen Sklavenhandel beteiligt sind, werden auf Tafel 2 in Kapitel 11 angeführt.

Auch einige positive Entwicklungen, die neuerdings den galaktischen Sklavenhandel beschnitten und zurückgedrängt haben, werden von Goode behandelt. So sagt er, dass die das Sonnensystem umspannende, von der Sphärenwesen-Allianz eingeführte Quarantäne die Anzahl der gefangengenommenen Menschen vermindert hat, die zuvor aus dem Sonnensystem entführt und eingetauscht oder verkauft worden sind. Goode hebt die sehr positive Rolle eines antiken Maya-Weltraumprogramms hervor, das in den Plejaden Kolonien eingerichtet und dadurch wesentlich zur Eindämmung des galaktischen Sklavenhandels beigetragen hat, indem gefangene Menschen befreit und an Zufluchtsorte in diesen Kolonien gebracht wurden.

Nach dem Ereignis einer »vollständigen Enthüllung« wird die Menschheit, wie Goode erläutert, in eine sehr positive Zukunft eintreten und bereit sein, eine *Star Trek*-artige Zivilisation zu entfalten. Frühere Opfer des galaktischen Sklavenhandels oder Menschen, die zu Sklavenarbeit in Fabriken des Interplanetary Corporate Conglomerate (ICC) herangezogen wurden, werden dann sicher heimkehren können. Die Evolution der Menschheit ist, nach Goode, offenbar eines der Hauptziele der Sphärenwesen-Allianz, und unsere Evolution beinhaltet ihre Hilfe bei diesem Ereignis der »vollständigen Enthüllung«.

Anmerkungen

1 Albert Speer, *Infiltration: How Heinrich Himmler Schemed to Build an SS Industrial Empire* (Ishi Press, 2010), 302. – Dt. Ausgabe: *Der Sklavenstaat*, Deutsche Verlagsanstalt, Stuttgart 1981; mehrere weitere Ausgaben.

2 Albert Speer, *Infiltration: How Heinrich Himmler Schemed to Build an SS Industrial Empire*, 302.

3 »Questions for Corey Goode on Mars, Moon and Nazi Space Program – May 14, 2015«, http://exopolitics.org/corporate-bases-on-mars-and-nazi-infiltration-of-us-secretspace-program/ (aufgerufen am 25./26.07.2015)

4 Corey Goode, »Joint SSP, Sphere Alliance & ICC Leadership Conference & Tour of Mars Colony on 6.20.2015«, http://spherebeingalliance.com/blog/joint-ssp-sphere-alliance-iccleadership-conference-tour-of-mars-colony-on-6-20.html (aufgerufen am 25.07.2015)

5 Corey Goode, »Joint SSP, Sphere Alliance & ICC Leadership Conference & Tour of Mars Colony on 6.20.2015«, http://spherebeingalliance.com/blog/joint-ssp-sphere-alliance-iccleadership-conference-tour-of-mars-colony-on-6-20.html (aufgerufen am 25.07.2015)

6 Corey Goode, »Joint SSP, Sphere Alliance & ICC Leadership Conference & Tour of Mars Colony on 6.20.2015«, http://spherebeingalliance.com/blog/joint-ssp-sphere-alliance-iccleadership-conference-tour-of-mars-colony-on-6-20.html (aufgerufen am 25.07.2015)

7 Corey Goode, »Joint SSP, Sphere Alliance & ICC Leadership Conference & Tour of Mars Colony on 6.20.2015«, http://spherebeingalliance.com/blog/joint-ssp-sphere-alliance-iccleadership-conference-tour-of-mars-colony-on-6-20.html (aufgerufen am 25.07.2015)

8 Corey Goode, »Joint SSP, Sphere Alliance & ICC Leadership Conference & Tour of Mars Colony on 6.20.2015«, http://spherebeingalliance.com/blog/joint-ssp-sphere-alliance-iccleadership-conference-tour-of-mars-colony-on-6-20.html (aufgerufen am 25.07.2015)

9 Corey Goode, »Joint SSP, Sphere Alliance & ICC Leadership Conference & Tour of Mars Colony on 6.20.2015«, http://spherebeingalliance.com/blog/joint-ssp-

sphere-alliance-iccleadership-conference-tour-of-mars-colony-on-6-20.html (aufgerufen am 25.07.2015)

10 Corey Goode, »Joint SSP, Sphere Alliance & ICC Leadership Conference & Tour of Mars Colony on 6.20.2015«, http://spherebeingalliance.com/blog/joint-ssp-sphere-alliance-iccleadership-conference-tour-of-mars-colony-on-6-20.html (aufgerufen am 25.07.2015)

11 Corey Goode, »Joint SSP, Sphere Alliance & ICC Leadership Conference & Tour of Mars Colony on 6.20.2015«, http://spherebeingalliance.com/blog/joint-ssp-sphere-alliance-iccleadership-conference-tour-of-mars-colony-on-6-20.html (aufgerufen am 25.07.2015)

12 Corey Goode, »Joint SSP, Sphere Alliance & ICC Leadership Conference & Tour of Mars Colony on 6.20.2015«, http://spherebeingalliance.com/blog/joint-ssp-sphere-alliance-iccleadership-conference-tour-of-mars-colony-on-6-20.html (aufgerufen am 25.07.2015)

13 Richard Hollingham, »How to Overthrow a Martian Dictatorship«, http://www.bbc.com/future/story/20150619-how-to-overthrow-a-martian-dictatorship (aufgerufen am 25.07.2015)

14 Richard Hollingham, »How to Overthrow a Martian Dictatorship«, http://www.bbc.com/future/story/20150619-how-to-overthrow-a-martian-dictatorship (aufgerufen am 25.07.2015)

15 »Extraterrestrial Liberty III – Dissent, Revolution and Liberty in Space«, http://www.bisspace. com/2014/10/07/13692/extraterrestrial-liberty-iii-dissent-revolu tion-and-libertyin-space (aufgerufen am 25.07.2015)

16 Richard Hollingham, »How to Overthrow a Martian Dictatorship«, http://www.bbc.com/future/story/20150619-how-to-overthrow-a-martian-dictatorship (aufgerufen am 25.07.2015)

17 Richard Hollingham, »How to Overthrow a Martian Dictatorship«, http://www.bbc.com/future/story/20150619-how-to-overthrow-a-martian-dictatorship (aufgerufen am 25.07.2015)

18 Richard Hollingham, »How to Overthrow a Martian Dictatorship«, http://www.bbc.com/future/story/20150619-how-to-overthrow-a-martian-dictatorship (aufgerufen am 25.07.2015)

19 Corey Goode, »Joint SSP, Sphere Alliance & ICC Leadership Conference & Tour of Mars Colony on 6.20.2015«, http://spherebeingalliance.com/blog/joint-ssp-sphere-alliance-iccleadership-conference-tour-of-mars-colony-on-6-20.html (aufgerufen am 25.07.2015)

20 Corey Goode, »Joint SSP, Sphere Alliance & ICC Leadership Conference & Tour of Mars Colony on 6.20.2015«, http://spherebeingalliance.com/blog/joint-ssp-sphere-alliance-iccleadership-conference-tour-of-mars-colony-on-6-20.html (aufgerufen am 25.07.2015)

21 Corey Goode, »Joint SSP, Sphere Alliance & ICC Leadership Conference & Tour of Mars Colony on 6.20.2015«, http://spherebeingalliance.com/blog/joint-ssp-sphere-alliance-iccleadership-conference-tour-of-mars-colony-on-6-20.html (aufgerufen am 25.07.2015)

22 »H.R.1508 – Space Resource Exploration and Utilization Act of 2015«, https://www.opencongress.org/bill/hr1508-114/actions_votes (aufgerufen am 25.07.2015)

23 Corey Goode, »Joint SSP, Sphere Alliance & ICC Leadership Conference & Tour of Mars Colony on 6.20.2015«, http://spherebeingalliance.com/blog/joint-ssp-

sphere-alliance-iccleadership-conference-tour-of-mars-colony-on-6-20.html (aufgerufen am 25.07.2015)

24 »H.R.1508 – Space Resource Exploration and Utilization Act of 2015«, https://www.opencongress.org/bill/hr1508-114/actions_votes (aufgerufen am 25.07.2015)

25 »Asteroid Property Rights Legislation Introduced in Congress«, http://www.parabolicarc.com/2015/05/10/asteroid-property-rights-legislation-introducedcongress/ (aufgerufen am 25.07.2015)

26 »Text of the Space Resource Exploration and Utilization Act of 2015«, https://www.govtrack.us/congress/bills/114/hr1508/text (aufgerufen am 25.07.2015)

27 »SpaceX Billionaire Elon Musk Wants A Martian Colony Of 80,000 People«, http://www.forbes.com/sites/alexknapp/2012/11/27/spacex-billionaire-elon-musk-wantsa-martian-colony-of-80000-people/ (aufgerufen am 25.07.2015)

28 »Text of the Space Resource Exploration and Utilization Act of 2015«, https://www.govtrack.us/congress/bills/114/hr1508/text (aufgerufen am 25.07.2015)

29 »Text of the Space Resource Exploration and Utilization Act of 2015«, https://www.govtrack.us/congress/bills/114/hr1508/text (aufgerufen am 25.07.2015)

30 »Text of the Space Resource Exploration and Utilization Act of 2015«, https://www.govtrack.us/congress/bills/114/hr1508/text (aufgerufen am 25.07.2015)

31 »Questions for Corey Goode on SSP Conflicts and Human Slave Trade«, http://exopolitics.org/galactic-human-slave-trade-ai-threat-to-end-with-full-disclosure-ofet-life/ (aufgerufen am 25.07.2015)

32 »Questions for Corey Goode on SSP Conflicts and Human Slave Trade«, http://exopolitics.org/galactic-human-slave-trade-ai-threat-to-end-with-full-disclosure-ofet-life/ (aufgerufen am 25.07.2015)

33 »Questions for Corey Goode on SSP Conflicts and Human Slave Trade«, http://exopolitics.org/galactic-human-slave-trade-ai-threat-to-end-with-full-disclosure-ofet-life/ (aufgerufen am 25.07.2015)

15 Gesetz des Einen, Sphärenwesen-Allianz, vollständige Enthüllung und Aufstieg

Dr. Don Elkins, ein früherer Professor für Ingenieurwissenschaften und Physik, war von 1981 bis 1984 Teilnehmer an einem innovativen experimentellen Kommunikationsprojekt unter Mitwirkung des 1943 geborenen Volltrance-Channelmediums Carla Rückert, das im Jahr 2015 leider verstarb. Das streng wissenschaftliche Protokoll, das Elkins geführt hat, verbürgt die größtmögliche Authentizität der von Rückert empfangenen Botschaften; diese wurden zunächst als »The Ra Material« bezeichnet, in späteren Buchausgaben wurden sie dann als das »Gesetz des Einen« [»The Law of One«] bekannt. Das Gesetz des Einen wird allgemein für eine der zuverlässigsten und genauesten telepathischen Nachrichten über außerirdisches Leben, die menschliche Geschichte und die Evolution des Bewusstseins gehalten, die jemals mitgeteilt wurden. Die von Carla Rückert gechannelten »Wesen« identifizierten sich selbst als »Ra«, als ein sozialer Erinnerungskomplex, der über drei Jahrzehnte hinweg, von 1981 bis 2011, vielerlei Wissen über die Vergangenheit der Menschheit, ihre Gegenwart und ihre Zukunft mitzuteilen hatte.

Das Ende dieses Zeitfensters fällt mit dem Erscheinen der Blauen Avianer zusammen, von denen Corey Goode sagt, dass sie ihn und Lieutenant Colonel Gonzales 2011 erstmals kontaktiert hätten. Bald darauf erschienen, wie berichtet wird, rund einhundert große Kugeln, die zur Sphärenwesen-Allianz gehörten, und richteten einen Schwingungszaun (eine Quarantäne) um das gesamte Sonnensystem ein, also auch, wie in Kapitel 11 dargestellt, um die Erde.

Goodes Beschreibung seiner Kommunikation mit Raw Teir-Eir führte David Wilcock [DW] zu der Annahme, dass Raw Teir-Eir und die Ra-Gruppe in irgendeiner relevanten Weise verbunden seien. Goode fasst ihr Gespräch folgendermaßen zusammen:

»Als ich anfing, David Wilcock die Einzelheiten meiner Kontakte zu den Blauen Avianern mitzuteilen, begann er, häufiger vom Gesetz des Einen und ›Ra‹ zu sprechen, um dadurch zur Erklärung einiger Begriffe beizutragen, die die Blauen Avianer mir übermittelten. Sie drücken sich sehr kryptisch aus und beantworten meine Fragen oft nicht so, wie ich mir das gewünscht hätte. DW sagte mir, dass dies genau die Art sei, wie ›Ra‹ denjenigen antworte, die an diesem groß angelegten Forschungs- und Experimentalprojekt beteiligt sind.«[1]

Nachdem er zunächst beträchtliche persönliche Vorbehalte gegen die Echtheit von gechanneltem Material hatte, erkannte Goode später an, dass das Gesetz des Einen einen Schlüsseltext für zentrale Gruppierungen in verschiedenen Geheimen Weltraumprogrammen darstellt:

»Ich habe mit DW eingehend besprochen, dass ich gechanneltem Material gegenüber generell misstrauisch bin – aufgrund meiner Erfahrungen im GWP und mit Technologien, die bei PsyOPs [psychologischen Operationen] angewendet wurden, um Menschen glauben zu machen, sie würden Aufgestiegene Meister, ETs und Wesen aus anderen Dimensionen ›channeln‹. Außerdem war es eine Tatsache, dass man von bestimmten Gruppen in den GWPs und Syndikaten der Geheimen Erdregierung (Kabale/Illuminaten) verlangte, das Gesetz des Einen und das Seth-Material zu studieren, während sie damit beschäftigt waren, es in der Öffentlichkeit durch die zahlreichen ›PsyOP-Channelings‹ zu diskreditieren (was schon einiges besagt).«[2]

Schließlich gab Goode aber zu, dass die Ra-Gruppe und die Sphärenwesen-Allianz auf bedeutsame Weise miteinander verbunden waren:

»Allerdings ließ ich mich recht bald in unseren Gesprächen auf die Möglichkeit ein, dass die Sphärenwesen-Allianz mit der ›Ra‹-Gruppe, die im Gesetz des Einen zitiert wird, in Verbindung stehen könnte. Sämtliche Informationen der Blauen Avianer haben sehr starke Bezüge zum ›Gesetz des Einen‹ (immer wieder scheinen die Informationen der Blauen Avianer das Material des Gesetzes des Einen zu bestätigen und umgekehrt).«[3]

In Anbetracht von Goodes Zugeständnis einer bedeutsamen Verbindung lohnt es sich, einige Schlüsselkonzepte und wesentliche Informationen über das Material des Gesetzes des Einen zu betrachten, um die gegenwärtige Mission der Blauen Avianer und der Sphärenwesen-Allianz besser zu verstehen.

Schlüsselkonzepte im Gesetz des Einen

Das Gesetz des Einen führt eine Reihe von Begriffen und Unterscheidungen ein, die für das Verständnis der Evolution des Bewusstseins, außerirdischer Zivilisationen und Geheimer Weltraumprogramme hilfreich sind. Ähnlich wie ein Magnet zwei Pole hat, den positiven und den negativen, so verfügt auch das Bewusstsein, gemäß der Ra-Gruppe, über zwei Pole. Der positive Pol beruht auf »Dienst an Anderen«, der negative auf »Dienst am Selbst«.

Das Konzept von »Dienst an Anderen« kann allgemein als ein Verhalten beschrieben werden, das von einer gut entwickelten empathischen Verbindung zu anderen geprägt ist, die, in unterschiedlichem Maße, als Teile oder Ausprägungen des eigenen Selbst angesehen werden. Diese Anschauung führt zu individuellen Moralvorstellungen und gesellschaftlichen ethischen Systemen, die die Bedürfnisse anderer in sämtlichen Aspekten der Kommunikation, der Beziehungen und Konflikte stark berücksichtigen. Ein gutes Beispiel für eine Philosophie auf der Basis des »Dienst an Anderen« ist der Buddhismus, der das gesamte Bewusstsein als eine Einheit betrachtet, die sich in multiplen Aspekten manifestiert.

Das Konzept des »Dienst am Selbst« zeigt sich generell in der Fixierung auf das eigene individuelle Selbst, auf den Stamm, die Gemeinschaft oder die Nation, wobei dieses Selbst als von anderen getrennt angesehen wird. Den Bedürfnissen derjenigen außerhalb dieser stärker eingeschränkten Definition von »Selbst« wird keine Priorität eingeräumt, oder sie werden gänzlich missachtet. Ein gutes Beispiel für diese Philosophie des »Dienst am Selbst« ist das Nazitum (Nationalsozialismus), das die Überlegenheit des arischen Menschen gegenüber allen anderen und die Rassentrennung postulierte.

Was auf viele, die das Gesetz des Einen zum ersten Mal lesen, sehr überraschend wirkt, ist die Aussage, dass sich die Evolution des Bewusstseins an beiden Polen vollziehen kann. Die Ra-Gruppe gibt prozentuale Anteile an, zu denen sich unser Bewusstsein sowohl am negativen als auch am positiven Pol entwickeln muss, um wirklich und wahrhaftig zu wachsen:

> »Für die Wahl des positiven Pfades müssen mindestens 51 Prozent aller Gedanken und Handlungen dem Dienst an Anderen gewidmet sein. Zur Wahl des negativen Weges müssen wenigstens 95 Prozent dem eigenen Ego dienen. Zwischen beiden liegt ›die Senkgrube der Gleichgültigkeit‹.«[4]

Alle großen Systeme der Weltreligionen haben Elemente in sich, die – graduell verschieden – zu einem Weg auf Seiten des positiven Pols aufrufen, auf dem der Dienst an Anderen Teil eines Prozesses individueller Erlösung ist. Diese Position stimmt mit den Idealen des säkularen Humanismus überein, der zu den Fundamenten der westlichen Kultur gehört. Eine geistige Haltung mit 51 Prozent »Dienst an Anderen« zu entwickeln, in der die Mehrheit der Gedanken und Taten der Hilfe anderer, vor allem außerhalb unseres begrenzten Selbstbildes (also Fremden) gewidmet ist, scheint deshalb nicht schlecht zu sein, auch wenn sie eine Herausforderung darstellen kann.

Es ist der negative Weg mit 95 Prozent Dienst-am-Selbst, der sehr eigenartig erscheint. Könnte die Ra-Gruppe wirklich nahelegen, dass fanatische Nazis, die die Bedürfnisse anderer, außerhalb ihres beschränkten Begriffs der arischen Gemeinschaft, missachteten, tatsächlich eine höhere Stufe des Seins erreicht haben? Die folgende Übersicht fasst die

Antworten der Ra-Gruppe auf solche Fragen zusammen; weiterhin wird beschrieben, was mit denen passiert, die sich für keinen der beiden Wege am Ende des bestimmten Zeitabschnittes entscheiden, der mit dem zusammenfällt, den Ra als die für unsere gegenwärtige Epoche vorausgesagte »Ernte« (oder den Aufstieg) bezeichnet:

»*Was geschieht, wenn wir einen der beiden Wege erfolgreich beschreiten?*

Wir steigen zu einem Planeten auf, der dem Dienst an Anderen, oder zu einem solchen, der dem Dienst-am-Selbst gewidmet ist.

Wie lange haben wir Zeit zu wählen?

75.000 Jahre.

Was passiert nach diesen 75.000 Jahren?

Danach wird die Erde ein Planet für den Dienst an Anderen sein. Diejenigen, die sich für den Dienst an Anderen entschieden haben, werden in einer Weise zusammenarbeiten, die für sie am besten erscheint. Diejenigen, die den Dienst am Selbst gewählt haben, werden Planeten aufsuchen, die ihrem Weg gewidmet sind. Und diejenigen, die sich bis dahin nicht entschieden haben, werden zu Planeten des dritten Dichtegrades gehen.«[5]

Die Grade der Dichte korrespondieren mit verschiedenen Oktaven von Licht/Energie, die bestimmte Zyklen umfassen, in denen sich das Bewusstsein für alles Leben, auch den Planeten selbst, entwickelt. Nach Ra weisen Sonnen ebenfalls ein Bewusstsein auf, und es kann sich etwa ein gelber Stern dritter Dichte zu einem grünen Stern vierter Dichte entwickeln. Von allen Sternen unserer Galaxis wird gesagt, dass sie unmittelbar von der Lichtenergie durchströmt sind, die vom Herz der Galaxis ausgeht.

Die Ra-Gruppe erläutert, dass sich die Frequenz der Photonen, die alles beeinflussen, was auf atomarer Ebene geschieht, in einer Weise wandelt, die zu Übergängen von einem Grad der Dichte zum nächsten führt. Wenn beispielsweise das galaktische Zentrum beginnt, verschiedene Energiespiralen auszusenden, bewirkt dies, dass die Photonen veranlasst werden, ihre Frequenz zu ändern. Das Ergebnis ist ein Evolutionsdruck, dem alle Lebensformen aufgrund der Veränderungen auf der Ebene der Atome und Photonen, die die Bausteine allen Lebens bilden, ausgesetzt sind.

Übergänge zwischen Dichtegraden werden in kollektiver Hinsicht jeweils am Ende dreier Hauptzyklen möglich; jeder Zyklus dauert rund 25.000 Jahre. Dies ähnelt sehr der Idee der »galaktischen Superwellen«, wie sie von Dr. Paul LaViolette formuliert worden ist; diese emanieren aus einem galaktischen Zentrum in Zyklen, die 10.000. bis 16.000 Jahre umspannen. In seinem Buch *Die Botschaft der Pulsare* beschreibt Dr. LaViolette Pulsare, die strategisch in der Galaxis platziert sind und Warnungen vor diesen Superwellen versenden.[6]

LaViolette vermutet, dass diese Pulsare von einer sehr fortgeschrittenen außerirdischen Zivilisation vom Typ III eingerichtet wurden – von einer, die wusste, wie galaktische Superwellen funktionieren und deren möglichen Einfluss auf Sonnensysteme und Welten kannten.

Das Gesetz des Einen offenbart, dass galaktische Superwellen, wenn sie durch verschiedene Regionen der Galaxis strömen, einen Übergang von einem Dichtegrad zum nächsten hervorrufen:

Dichte 1:	Zyklus des Bewusstseins, zum Beispiel Mineralien, Kristalle	Frequenz: Rot
Dichte 2:	Zyklus des Wachstums, zum Beispiel Pflanzen, Mikroben, Tiere	Frequenz: Orange
Dichte 3:	Zyklus des Selbstbewusstseins, zum Beispiel Menschen	Frequenz: Gelb
Dichte 4:	Zyklus der Liebe oder des Verständnisses	Frequenz: Grün
Dichte 5:	Zyklus des Lichtes oder der Weisheit	Frequenz: Blau
Dichte 6:	Zyklus von Liebe/Licht oder der Einheit	Frequenz: Indigo
Dichte 7:	Zyklus des Eingangs in den Schöpfer	Frequenz: Violett[7]

Die Ra-Gruppe beschreibt sich selbst als sozialen Erinnerungskomplex der 6. Dichte, das heißt als eine Gesamtheit vieler individueller Seelen, die eine bedeutende Stufe des Einheitsbewusstseins oder der Liebe/Licht-Frequenz erreicht haben.

Ra behauptet, dass soziale Erinnerungskomplexe gewöhnlich in Gesellschaften der 4. Dichte auftreten, da dort die Schwingung der Liebe vorherrscht. Ab der 4. Dichte gehen soziale Erinnerungskomplexe des Dienstes an Anderen gemeinsam in höhere Dichtegrade über, wie es bei der Ra-Gruppe in ihrer eigenen evolutionären Geschichte geschah. Somit entwickeln sich verschiedene außerirdische Kollektive durch Tätigkeiten des Dienstes an Anderen, wobei sie schließlich das Bewusstsein der Einheit ausprägen.

Dies hilft uns, die Motivation von außerirdischen Rassen menschlichen Typs (wie in Kapitel 11 behandelt) zu verstehen, die 22 unterschiedliche genetische Langzeitexperimente mit der Menschheit durchführten. Diese Experimente sind Ausdruck der Motive, durch die sich diese Außerirdischen veranlasst sehen, die Menschheit ernsthafter bei ihrer Evolution zu unterstützen, wobei sie zugleich ihre eigene positive Polarität oder ihre Bestrebungen zum Dienst an Anderen fördern.

Hierin liegt der Grund, warum die verschiedenen Allianzen von Außerirdischen auf der Stufe des Dienstes an Anderen – die Konföderation der Planeten, der Andromeda-Rat, die Galaktische Föderation oder die »Superföderation«, die (nach Goode) die anderen außerirdischen Gremien umfasst – sowie Gruppen wie Ra der Menschheit behilflich sind, einen leichten Übergang von der 3. zur 4. Dichte zu schaffen.

Der Prozess der Ernte oder des Aufstiegs wird von viel mehr außerirdischen Zivilisationen verfolgt als nur denen, die genetische Experimente durchführen. Nach Goode und Gonzales waren bei der letzten, im Juni 2015 abgehaltenen Konferenz der Superföderation Vertreter von einhundert menschlich aussehenden außerirdischen Gruppen/Gesellschaften anwesend.[8] Diejenigen mit einer Orientierung am Dienst an Anderen achten den freien Willen und geben auf dieser Basis Unterstützung, wobei sie auf eine Maximierung der Anzahl von Seelen hoffen, die bereit sind für einen positiven Übergang durch den Dienst an Anderen von der 3. zur 4. oder der 4. zur 5. Dichte und so weiter.

Das Material des Gesetzes des Einen verweist auf drei Gruppen, die den Prozess des Aufstiegs oder der Ernte verfolgen.

1. Höheres Selbst, spirituelle Führer – das schließt auch unsere Ahnen mit ein, die karmisch mit uns verbunden sind.
2. Konföderation der Planeten – dazu gehören die verschiedenen außerirdischen Allianzen, die weiter oben beschrieben wurden: die Superföderation der humanoiden Außerirdischen, die Allianz der Draconischen Föderation (die Ra als die Orion-Gruppe/das Imperium bezeichnet).
3. Wächter – Wesen der 7. Dichte und darüber. Zu diesen könnten die Sphärenwesen-Allianz oder einige Mitglieder gezählt werden, die Goode als Wesen der 6. bis 9. Dichte beschreibt.

Wie schon früher erwähnt, ist es auch den an negativer Polarität orientierten Wesen möglich, auf der Evolutionsleiter aufzusteigen und negativ erntereif zu werden. Der Hauptgrund ist der, dass der Dienst an Anderen und der Dienst am Selbst zwar unterschiedliche Wege beschreiten, sie sich aber, laut Ra-Gruppe, in der 6. Dichte als Dienst an Allen oder Bewusstsein der Einheit verbinden.

Dies würde erklären, warum die Sphärenwesen-Allianz es vorzog, weder mit der Superföderation der menschenähnlichen Außerirdischen noch mit der Draconischen Föderation direkte Beziehungen einzugehen. Die Sphärenwesen-Allianz ernannte Goode und Gonzales zu ihren Delegierten auf Konferenzen, bei denen diese verschiedenen außerirdischen Allianzen auftreten, da beide lediglich *eine* Seite der Polarität und nicht deren harmonische Integration repräsentieren.

Die Ra-Gruppe sieht dem Dienst am Selbst verpflichtete Gesellschaften wie die Allianz der Draconischen Föderation (Orion-Gruppe) so, dass auch sie einem höheren Zweck dienen, indem sie für eine stärkere Polarisierung sorgen. Das bewirkt unmittelbar, dass mehr Wesen aufsteigen und ihre Ernte erfahren. Die Erschaffung einer ausgeprägteren Polarität führt Seelen zu der Aufgabe, in ihren Gedanken und Taten entweder mehr den Dienst am Selbst oder den Dienst an Anderen zu pflegen. Die größte Gefahr für diejenigen, die in der Lage sind, sich zu entwickeln, besteht darin, es nicht zu tun und am Ende einer Reihe großer Zyklen *nicht* aufzusteigen und die Ernte zu erleben. Die Folge ist dann eine Wiederholung von Zyklen (deren jeder 25.000 Jahre dauert), und das verlangsamt den Entwicklungsprozess der Seele.

Die meisten Menschen, die zur 4. Dichte aufsteigen oder »geerntet werden«, orientieren sich am Dienst an Anderen und übertreffen jene bei Weitem, die dem Dienst am Selbst folgen. Die Mehrheit der Menschen wird freilich, laut Vorhersage der Ra-Gruppe von 1981, nicht aufsteigen und die Ernte erfahren. Sie wird auf einen anderen Planeten der 3. Dichte gelangen – durch planetarische Erhebung (Tod) und/oder durch die Intervention verschiedener außerirdischer Gruppen, die solche Individuen physisch zu anderen Welten mitnehmen. Dadurch ist gesichert, dass die Erde nach dem Aufstieg/der Ernte zu einem Dienst-an-Anderen-Planeten der 4. Dichte wird.

Angesichts der Bedingungen auf der Erde in ihrer gegenwärtigen Manifestation der 3. Dichte, die eine Orientierung zum Dienst am Selbst begünstigt, bilden die Wege positiver beziehungsweise negativer Polarität beide einen ähnlichen Schwierigkeitsgrad. Ra sagt, dass die Orion-Gruppe (die Allianz der Draconischen Föderation) mit ihren Entführungen und dem Menschenhandel das Ziel verfolgt, die Zahl der durch den Dienst an Anderen aufsteigenden/die Ernte erfahrenden Individuen zu minimieren und die Anzahl der durch den Dienst am Selbst aufsteigenden/die Ernte erfahrenden zu maximieren.

Erdquarantäne & Sphärenwesen-Allianz

Ra beschrieb eine der Erde auferlegte Quarantäne, in der ein Gleichgewicht erreicht wird hinsichtlich der Möglichkeiten des Einzelnen, sich für den Zeitpunkt des Aufstiegs/der Ernte zwischen der Orientierung des Dienstes an Anderen und der Orientierung des Dienst am Selbst zu wählen. Andernfalls könnte die Erde leicht von außerirdischen Rassen mit Dienst-am-Selbst-Orientierung erobert werden, was die Möglichkeiten des Einzelnen, sich für den Weg des Dienstes an Anderen zu entscheiden, einschränken würde. Angeblich wurde die Quarantäne vor 75.000 Jahren von den »Wächtern« eingeführt. Geleitet wurde diese Maßnahme vom »Rat von Saturn«, der entscheidungstragenden Körperschaft, die auch Mitglieder der Konföderation der Planeten umfasst. Ra schildert die Mitgliedschaft des Rates von Saturn folgendermaßen:

> »Die Mitglieder des Rates sind Vertreter vom Bündnis [Konföderation der Planeten] und von den Schwingungsebenen eurer inneren Ebenen, die Verantwortung für eure dritte Dichte tragen. Die Namen sind nicht wichtig, denn es gibt keine Namen. ... Die Größe des in ständiger Sitzung tagenden Rates, auch wenn die Mitglieder durch einen, wie ihr es nennen würdet, unregelmäßigen Ausgleich variieren, ist neun. Dies ist der Sitzungsrat. Um diesen Rat zu unterstützen, gibt es vierundzwanzig Wesen, die ihre Dienste auf Wunsch anbieten. Diese Wesen sorgen treu für Schutz und werden die Wächter genannt.«[9]

Nach Ra ist die Quarantäne durchlässig gewesen:

> »Alle Anstrengung wird unternommen, um diesen Planeten in Quarantäne zu halten. Das Netzwerk der Wächter, ganz ähnlich wie bei jedem anderen Muster von Patrouillen auf welcher Ebene auch immer, hält nicht jedes einzelne Wesen davon ab, die Quarantäne zu durchstoßen, denn wenn Anfrage in Licht/Liebe erfolgt, wird das Gesetz des Einen auf Zustimmung stoßen. Wenn die Anfrage aufgrund eines Durchrutschens durch das Netz nicht gemacht wird, dann gibt es einen Durchstoß dieses Netzes.«[10]

All das legt nahe, dass die Sphärenwesen-Allianz eine frühere Quarantäne um die Erde erweiterte und verstärkte, da sie zu durchlässig geworden war, und dabei gleich das gesamte Sonnensystem in diese Quarantäne mit einbezog. Die genaue Beziehung zwischen den Wächtern im Rat von Saturn und der Sphärenwesen-Allianz ist nicht ganz klar. Die Aktivitäten, deren sich die Sphärenwesen-Allianz befleißigte, lassen darauf schließen, dass sie in Übereinstimmung mit einer höheren galaktischen/dimensionalen Autorität gehandelt hat, die der Rat von Saturn anerkennt.

Nach Goode erschienen große Sphären [Kugeln] von Mond- bis Jupitergröße erstmals in den Achtzigerjahren in unserem Sonnensystem, verblieben aber in einer ruhenden, inaktiven Position. Diese gewaltigen Sphären wurden aktiviert, nachdem die Sphärenwesen-Allianz 2011 auftrat. Die aktivierten Sphären bildeten Schwingungsschirme um das Sonnensystem und die Sonne. Kapitel 10 behandelte die wesentlichen Funktionen dieser Sphären, von denen eine in der Regulierung der Mengen kosmischer Energie (genauer der galaktischen Superwellen) besteht, die in unser Sonnensystem eintreten und zu unserer Erde gelangen, damit die Menschheit sie besser bewältigen und sich auf größere Veränderungen vorbereiten kann.

Am 23. Juli 2015 kündigte Goode an, dass diese jupitergroßen Sphären dabei sind, unser Sonnensystem zu verlassen, da sie ihre Hauptfunktion erfüllt haben:

> »Die ›Sphären‹ scheinen sich dem Ende ihrer Zweckbestimmung zu nähern, da sie auch beginnen, immer weniger Energie zu filtern und somit zulassen, dass mehr und mehr Energie in das innere Solsystem eindringt und direkt auf Sonne, Planeten und MENSCHLICHE WESEN trifft, die durch diese Energien so leicht einen Auslöser erfahren. An einem bestimmten Punkt werden die Sphären dann verschwunden sein, und man wird uns zur Gänze als Zivilisation im Übergang von der 4. zur 5. Dichte betrachten. Natürlich wird es noch eine ganze Menge anderer EREIGNISSE geben, bevor dieses letzte EREIGNIS dazu führt, dass wir uns endlich selbst behaupten können.«[11]

Zu den Veränderungen, die von den einströmenden kosmischen Energien angeregt werden, zählt auch die Verbreitung von Informationen über fortgeschrittene Technologien, Geheime Weltraumprogramme und außerirdisches Leben im Rahmen dessen, was Goode als »Ereignis vollständiger Enthüllung« bezeichnet. Die vollständige Enthüllung ist eines der Ereignisse, die vor dem »letzten EREIGNIS«

eintreten, das mit dem von der Ra-Gruppe beschriebenen Aufstieg/der Ernte korrespondiert.

Das Ereignis der vollständigen Enthüllung

Goode beschreibt das Ziel der Allianz Geheimer Weltraumprogramme als ein »Ereignis vollständiger Enthüllung« [*full disclosure event*], zu dem die massive Verbreitung von Dokumenten gehört. Dessen Ausmaß wird die Fähigkeit der konzerngesteuerten Medien übersteigen, die Enthüllungsbemühungen zu steuern und einzuschränken, um Angehörige der Eliten vor der Anklage, Verbrechen gegen die Menschheit begangen zu haben, zu schützen.[12] Vom 5. bis 9. Juni 2015 besuchte Goode eine Reihe von drei Konferenzen verschiedener Fraktionen und Allianzen, bei denen es um die Frage ging, in welchem Ausmaß die Wahrheit über außerirdische Besucher und Geheime Weltraumprogramme, die fortgeschrittene Technologien verwenden, aufgedeckt werden sollte.[13] Während des Treffens am 9. Juni mit menschlichen Eliten, die er als »Komitee der 200« bezeichnet, und anderen, wurde das Angebot einer »kontrollierten Enthüllung« gemacht:

> »Sie legten dar, dass sie durch generationenlange Gedankenkontrolle und Drohungen gezwungen gewesen seien, all das zu tun, was sie getan haben. Weiterhin führten sie aus, dass sie es vorziehen würden, zusammen mit den Allianzen ein neues Finanzsystem aufzubauen, das der gesamten Menschheit gegenüber gerecht ist, und mit einer kontrollierten Enthüllung zu beginnen, dabei aber bestimmte Verbrechen und Vorfälle, die sie zu Lebzeiten juristisch belasten würden, auszulassen. … Indem sie all dies zur Beratung vortrugen, schlugen sie vor, die Enthüllung bestimmter Informationen und Technologien zuzulassen, die Hauptmasse der Informationen aber für einen Zeitraum von fünfzig Jahren noch unter Verschluss zu halten.«[14]

Dieser Vorschlag einer »kontrollierten Enthüllung« hat Anlass gegeben zu Sorge und Fragen hinsichtlich der Art dieser von der »Allianz Geheimer Weltraumprogramme«, mit der Goode zusammenarbeitet, geplanten Enthüllung. In seiner Antwort vom 15. Juni auf eine dieser Fragen erläuterte er das Ziel:

»Das Ereignis vollständiger Enthüllung würde eine enorme Verteilung von Daten über das Internet umfassen, darunter viele hunderttausend Dokumente, Audio- und Video-Files auf vielfach gespiegelten Internetseiten für jeden, der einen Internetzugang hat. Dies würde den Zusammenbruch der Maschinerie der Konzernmedien nach sich ziehen, und man würde eine Rund-um-die-Uhr-Erziehungskampagne in Rundfunk und Fernsehen starten. Allerdings wären nicht alle Kanäle und Stationen daran beteiligt, so dass die Menschen nicht überflutet würden und ›abschalten‹ könnten, wenn es ihnen durch den Stress nötig erschiene.«[15]

Anschließend erklärte er, welche Folgen eine »partielle« oder »kontrollierte Enthüllung«, wie im November 2015 vom Komitee der 200 angeboten, nach sich zöge:

»Wenn eine Person oder Gruppierung an die Öffentlichkeit ginge und die Existenz von ET-Besuchen und einigen fortgeschrittenen Technologien verkündete, aber von solchen schwiege, die ein ›Neues Finanzsystem‹ umstürzen, oder die Verbrechen gegen die Menschheit verheimlichen würde, die von der ›Menschlichen Elite‹ und gewissen ›außerweltlichen‹ oder ›antiken Abgespaltenenen Gruppen‹ begangen wurde, dann wäre nicht die ganze Wahrheit verkündet worden.

Es wäre nur eine partielle Enthüllung, deren Grundlinie von einer Gruppe kontrolliert würde, die ihre Macht bewahren und die Aufdeckung ihrer Verbrechen verhindern möchte. Die Mehrheit der Weltbevölkerung wäre allein über solche Informationen schockiert genug, und ihre Vorstellungen würden davon für eine Weile beherrscht. Nur wenige von uns würden gegenwärtig verstehen, dass dies nur eine weitere Täuschung wäre.«[16]

Goode gab weitere Details darüber bekannt, wie sich ein solches »Ereignis vollständiger Enthüllung« von der »partiellen Enthüllung« unterschiede:

»F[rage:] *Findet gerade ein Enthüllungswettrennen statt zwischen Kabale/ Illuminaten und Solar Warden/Sphärenallianz hinsichtlich dessen, wie viele Informationen bekanntgegeben werden und welche Schlüsselthemen dies umfassen sollte?*

[C.G.:] Ja, wenn die VOLLSTÄNDIGE Enthüllung einsetzt, wird es auch zur Aufdeckung massiver Verbrechen gegen die Menschlichkeit kommen, die die große Masse der Gesellschaft für einige Zeit in einen Schockzustand versetzt. Die Tatsache, dass es Aliens gibt, wird nicht so aufrüttelnd oder schockierend erscheinen wie das, was die ›Eliten‹ insgeheim getan haben, während sie die Existenz von Außerirdischen und das Meiste der ganzen Hochtechnologie verheimlichten, durch die das Finanzsystem schon vor Jahrzehnten abgeschafft worden wäre.

Wenn die ›KABALE/ILUMINATEN‹ die Enthüllung steuern können, dann können sie auch deren Narrativ und Richtung so beeinflussen, wie sie meinen, dass sie am Ende besser dastehen. Eigentlich hatten sie geplant, den Planeten verlassen zu haben, wenn all diese Infos bekannt würden. Jetzt sitzen sie hier mit allen anderen fest; sie richten sich gegeneinander, denken sich alle möglichen Abkommen aus und schließen Verträge ab, so schnell sie können. Sie wissen, was die Bevölkerung verlangen wird, wenn es eine vollständige, uneingeschränkte Enthüllung unserer wahren Geschichte gibt, zeitgleich mit der Bekanntmachung geheimgehaltener Technologien und der Existenz außerirdischen Lebens.

Sie MÜSSEN alles tun, was sie können, um den Ablauf und die Art und Weise der Aufdeckung dieser Informationen zu kontrollieren. Diese Situation ist weitaus schwieriger, als sich die meisten vorstellen können. Die vollständige Enthüllung wird viele Menschen auf der Welt fordern lassen, dass ›Köpfe zu rollen haben‹.«[17]

Nach Goode hat die Allianz Geheimer Weltraumprogramme hochsensible Daten gesammelt, die bei geplanten Kriegsverbrechertribunalen gegen die Kabale/Illuminaten verwendet werden können. Am 4. Jun 2015 wurde bekanntgegeben, dass von unbekannter Seite aus die persönlichen Akten von bis zu vier Millionen Angestellten der amerikanischen Bundesregierung gehackt worden sind.[18] Eine Schätzung vom 9.

Juli setzt die Zahl auf bis zu einundzwanzig Millionen herauf.[19] Zum gehackten Material gehören reichhaltige, zu Klassifizierungszwecken gewonnene Informationen aus Sicherheitsberichten über die persönlichen Hintergründe von Menschen.

Betroffen war auch das Office of Personnel Management [OPM, Amt für Personalverwaltung], das die Sicherheitsakten von Personen verwahrt, deren sicherheitsrelevante Daten festgestellt worden waren, weil sie sich bei der amerikanischen Bundesregierung oder dem Militär beworben haben; dazu gehört auch Personal von Firmen, die Regierungs- oder Militäraufträge ausführen:

»Das OPM sagte in einer Bekanntmachung, dass Recherchen diese Woche ›mit hoher Wahrscheinlichkeit‹ ergeben haben, dass in Systeme der Behörde, die Hintergrundinformationen über ›gegenwärtige, frühere und angehende‹ Bundesangestellte sowie weitere Menschen enthalten, deren persönliche Verhältnisse überprüft wurden, eingedrungen worden ist.«[20]

Die *Washington Post* gab eine Beschreibung der Art der Daten, die durch den Hackerangriff gestohlen wurden:

»Das eigenständige Archiv zu Hintergrunddaten enthält sensible Informationen – SF-86-Daten genannt –, zu denen die finanziellen Verhältnisse und Vermögensaufstellungen von Bewerbern gehören, die Namen von Kindern und anderen Verwandten, Berichte über Auslandsreisen und Kontakte zu Ausländern, frühere Wohnorte sowie Namen von Nachbarn und engen Freunden.«[21]

In einem Bericht über drei Tagungen, an denen Corey Goode [C.G.] vom 5. bis 9. Juni 2015 teilnahm und in denen es um die Offenlegung Geheimer Weltraumprogramme ging, antwortete er folgendermaßen auf eine Frage nach dem Hackerangriff:

»F[rage:] *In Ihrem Bericht über das Treffen am 5. Juni schreiben Sie, dass die ›Erdbasierte Allianz‹ eine große Zahl persönlicher Daten von Personen für zukünftige Kriegsverbrechertribunale gesammelt hat, indem sie ›Datenbanken über das Personal der westlichen Regierung‹ hackte. Können Sie näher ausführen, wer zu der Erdbasierten Allianz gehört und ob die Bekanntmachung vom 4. Juni, dass im Dezember 2014 die Dateien von vier Millionen Bundesangestellten gehackt wurden, mit dieser Operation der Erdallianz zusammenhängt?*

[C.G.:] Diese Informationen entstammen einer Reihe von Hacks und internen Operationen. Es wird behauptet, dass die meisten Daten aktuelle Geheimdienstinformationen sind, die erst kürzlich ermittelt wurden. Nach den Tagungen hörte ich noch am selben Tag von schweren Hackerangriffen in den USA in dem von Ihnen erwähnten Zeitraum. Ich bin sicher, so haben sie einen Teil der Daten bekommen, aber ich habe auch das Gefühl, dass sie erst neulich noch weitaus mehr in den USA wie auch in der EU entwenden konnten.«[22]

In früheren öffentlichen Darstellungen beschrieb Goode, welche umfänglichen Verbrechen von denen verübt wurden, die am »galaktischen Sklavenhandel«, wie in Kapitel 13 beschrieben, partizipierten. Goode sagt, dass es eine Reihe von Überläufern aus dem Interplanetary Corporate Conglomerate (ICC) gab, das unmittelbar mit galaktischem Menschenhandel und der Ausbeutung von Sklavenarbeit in Geheimbasen auf dem Mars und anderswo im Sonnensystem zu tun hat.[23] Diese Überläufer haben enthüllt, was sie über diesen Missbrauch wissen, und sie werden bei den geplanten Kriegsverbrecherprozessen als Zeugen aussagen. Es ist wichtig, hier hervorzuheben, dass sich die Akten von Führungspersonal des ICC wahrscheinlich in dem Archiv befanden, aus dem bei dem Hackerangriff vom 4. Juni Daten entwendet wurden.

Goode legt dar, inwiefern die Informationsgewinnung durch den Einbruch in die Personalakten von Regierungsangestellten eine Maßnahme für das geplante Kriegsverbrechertribunal ist, das mit Hilfe der Aussagen von Überläufern/Zeugen abgehalten werden soll:

»Es war eine ungewöhnliche Konferenz aufgrund der Arten von Leuten, die dabei waren. Es gab eine Präsentation von Informationen, die dem

Rat der Allianz von den Überläufern übermittelt worden waren und auf die sich ihre Zeugenaussagen beziehen würden. Die ›Erdbasierte Allianz‹ stellte dann eine beachtliche Summe an Informationen vor, die sie gerade durch Hacking und Spionage von westlichen Regierungen (USA und EU) erhalten hatte. Nachdem diese Präsentation zu Ende war, wurden die ›Erdbasierte Allianz‹ und die ›Überläufer/Zeugen‹ zum nächsten Abschnitt ihrer Aktivitäten begleitet.«[24]

Goode bekräftigt, dass der »Rat der Allianz der Geheimen Weltraumprogramme« aktiv nach Daten über Personal suchte, die in den geplanten Kriegsverbrechertribunalen gegen die Kabale/Illuminaten wegen »Verbrechen gegen die Menschlichkeit«, die bei verschiedenen Geheimen Weltraumprogrammen auftraten, verwendet werden.

Auf einer Konferenz im Juni 2015, an der auch Vertreter der Kabale/Illuminaten teilnahmen, wurde, wie Whistleblower Goode beschrieben hat, der Kompromiss einer begrenzten Enthüllung bis November 2015 angeboten, wenn die Allianz der Geheimen Weltraumprogramme ihre Aktivitäten mit dem Ziel einer »vollständigen Enthüllung« und ihre Vorbereitung von Kriegsverbrecherprozessen einstellt. Raw Teir-Eir antwortete, nach Goode, auf dieses Angebot der Kabale/Illuminaten folgendermaßen:

»Ich hatte ein kurzes Gespräch mit ›Teir-Eir‹, bei dem ich wie gewöhnlich zu berichten begann, was geschehen war, und er mich unterbrach, indem er die Hand hob. Er teilte mir dann mit, dass vieles von dem, was wir ›vollständige Enthüllung‹ nennen, nicht in den Händen einer bestimmten Gruppe liegt. Je mehr dieser Informationen von ›UNS‹ mitgeteilt werden, desto mehr Menschen werden erwachen und in ihr Massenbewusstsein eintreten. Die erwachende Bevölkerung und ihr Massenbewusstsein/ihre Fähigkeiten zu gemeinsamem Erschaffen werden dafür entscheidend sein, wann oder wie bald einige dieser Ereignisse eintreten. Weiterhin teilte er mit, dass wir mit dem, was wir tun, weitermachen und die Informationen mittels glaubwürdiger Quellen auf einem hohen Niveau im Fluss halten sollen. Je umfassender sich das Wissen unter den Erwachten und Erwachenden ausbreitet, desto

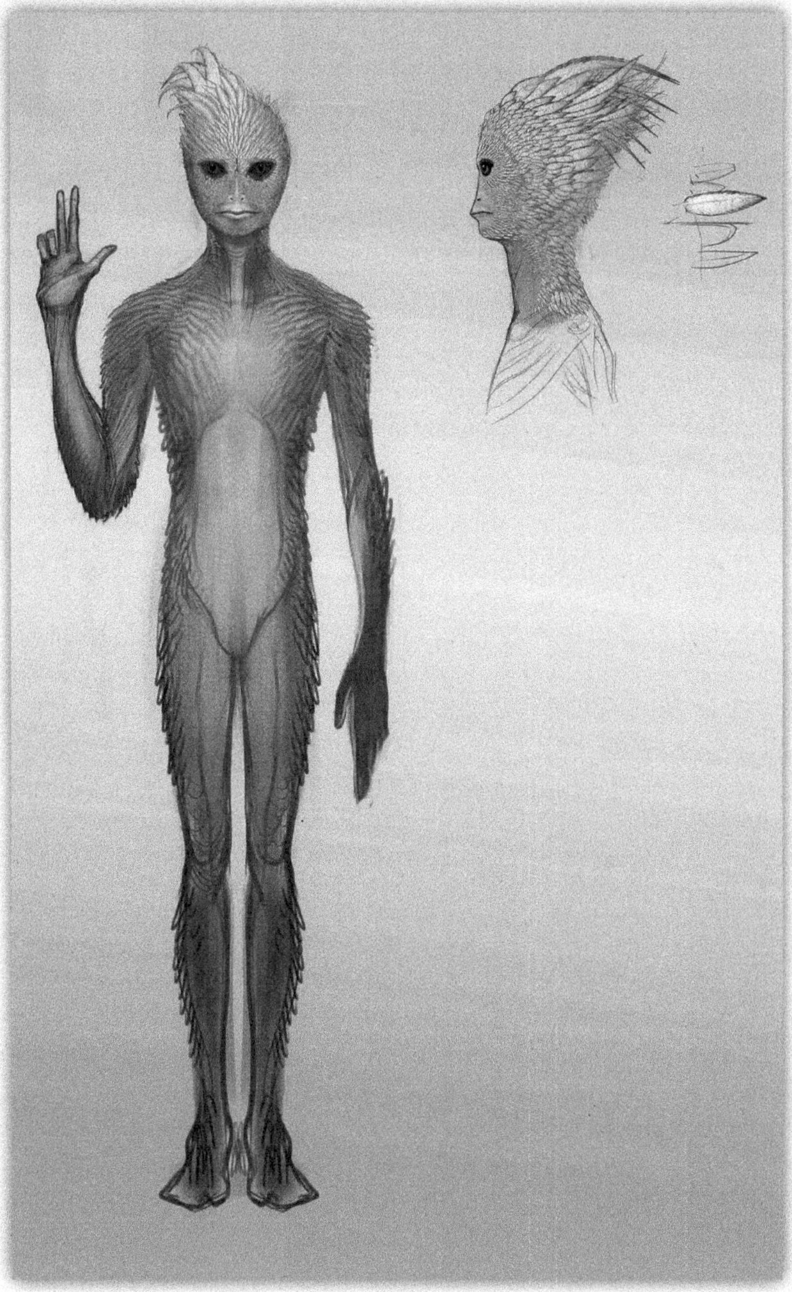

Abb. 31. Raw Teir-Eir, ein Blauer Avianer. Quelle: GaiamTV

schneller werden wir den Zeitpunkt erreichen, an dem sich die Enthüllung mit Hilfe des Massenbewusstseins so machtvoll Bahn bricht, wie wir es uns noch gar nicht vorstellen können.«[25]

Das von Goode beschriebene »Ereignis der vollständigen Enthüllung« wird die menschliche Gesellschaft infolge der Erkenntnis der Menschheit, dass sie nicht allein ist, nachhaltig transformieren. Wenn alle Informationen über die Geheimen Weltraumprogramme durch das »Ereignis der vollständigen Enthüllung« zugänglich gemacht worden sind, wird dies zweifellos zu weitreichenden Gewissensprüfungen führen, da Milliarden nun plötzlich mit der Ungeheuerlichkeit des Geheimgehaltenen und den verübten Verbrechen zurechtkommen müssen. Selbst eine »partielle Enthüllung«, wie von der Kabale/den Illuminaten angedeutet, hätte, ähnlich wie eine offizielle Bekanntgabe der Entdeckung außerirdischen Lebens, gewaltige Auswirkungen auf die Menschheit. Es ist sogar möglich, dass die Ankündigung einer teilweisen Enthüllung die vollständige nach sich ziehen würde. Nichtsdestoweniger ist ein vollständiges oder partielles »Enthüllungsereignis« nur das Vorspiel zu dem finalen Ereignis, das mit dem Aufstieg/der Ernte, wie im Gesetz des Einen beschrieben, korrespondiert.

Das Ereignis / Der Aufstieg

Die Ra-Gruppe *schätzte*, dass der Aufstieg/die Ernte rund dreißig Jahre nach der Zeit der Channelings von Elkins/Rückert stattfinden wird, also etwa in der Zeit um 2011 bis 2014. Diese fällt mit dem Erscheinen der Sphärenwesen-Allianz und der Aktivierung der gewaltigen Sphären von Mond- bis Jupitergröße zusammen, die eingesetzt wurden, um kosmische Energien abzumildern, und ebenso mit der Einrichtung einer Quarantäne im gesamten Sonnensystem. Das »Ereignis«, auf das sich die Sphärenwesen-Allianz bezieht, scheint dasselbe Aufstiegs-/Erntegeschehen zu sein, das die Ra-Gruppe meinte.

Goode hat keine bestimmten Daten für die Ereignisse angegeben, die mit der Enthüllung und dem Aufstieg zu tun haben, und erklärte, dass das kollektive Bewusstsein der Menschheit entscheiden wird, wann es diese Manifestation vollzieht. Wie schon früher dargestellt, kündigte Goode am 18. Juli 2015 an, dass die Sphärenwesen ihre vorrangigen Funktionen bald einstellen werden und die kosmische Energie, die in unser Sonnensystem eintritt, nur noch wenig abmildern. Den kosmischen Strahlen wird dann also erlaubt, auf unsere Sonne und alles Leben auf der Erde vollständig einzuwirken.

Goode verdeutlichte die Wirkung dieser kosmischen Energien auf Individuen:

> »Diese energetische Veränderung hat eine direkte Auswirkung nicht nur auf jeden Planeten und jeden Stern in der Region, sondern auch auf alles Leben unterhalb eines bestimmten Schwingungsniveaus. Sie kann extreme Schwankungen in der Verhaltensweise der Wesen hervorrufen. Niedriger Schwingende (oder ›Negative Wesen‹) werden reaktionärer, und ihr Verhalten zugunsten ihres gegenwärtigen Pols wird sich verstärken. Höher schwingende Wesen (oder ›Positive/Liebende Wesen‹) werden anfangen, diese Qualitäten zu steigern. Wesen mit beiden Polaritäten werden eine Art von Führung benötigen, die von Wesen angeboten wird, die diesen Prozess bereits durchschritten haben, so dass sie sich dafür entscheiden können, die Verstärkung ihrer Schwingungen fortzusetzen, um mit der Veränderung der Energien im Hintergrund übereinzustimmen, oder in ihrem gegenwärtigen Stadium niedriger Schwingung und Selbstzerstörung zu verharren.«[26]

Goodes Bezugnahme auf die Ausweitung der Polaritäten gilt sowohl für Menschen und Außerirdische auf der Erde als auch für jene, die sich innerhalb des Sonnensystems aufhalten. Die Blauen Avianer und die Sphärenwesen-Allianz haben eine konstruktive Rolle gespielt, indem sie den Menschen bei der Überwindung der Gefahren behilflich waren, denen diese durch die »extremen Schwankungen in der Verhaltensweise der Wesen«, zu denen die zunehmenden kosmischen Energien führen, ausgesetzt sind. Goode schildert beispielsweise, wie die Sphärenwesen-Allianz die Allianz der Geheimen Weltraumprogramme ermutigte, den bewaffneten Auseinandersetzungen mit den von der

Kabale/den Illuminaten geleiteten GWPs ein Ende zu machen und sich stattdessen auf das Ereignis der vollständigen Enthüllung zu konzentrieren. Zu diesem Zweck versah die Sphärenwesen-Allianz die Allianz der GWPs mit fortgeschrittenen Technologien und unterstützte letztere bei der Ausarbeitung eines Plans zur vollständigen Enthüllung, der bei der Suche nach einer Antwort auf die Frage, was mit der Kabale/den Illuminaten eigentlich geschehen soll, »die Macht des Volkes« in den Mittelpunkt rückt:

»Die weiseren Führer innerhalb des Rates der GWP-Allianz (nicht jedoch die militanter ausgerichteten Mitglieder) stimmen mit den Sphärenwesen darin überein, dass die letztendliche Antwort eine sein muss, die von den Menschen selbst ausgeht. Die Bevölkerung wacht in bemerkenswerten Teilen auf, aber noch immer hat sie mit einem hohen Maß an Mind Control und Desinformation zu ringen. Wenn wir einmal den Zeitpunkt einer absoluten und vollständigen Enthüllung der wahren Geschichte der Menschheit erreicht haben, die Namen der verschiedenen Gruppen, die sich in unsere gesellschaftliche und genetische Entwicklung eingemischt haben, kennen (und das Ausmaß wissen), und wenn uns die entsetzlichen, von der sogenannten ›Elite‹, einigen antiken menschlichen Abgespaltenen Zivilisationen und diversen ET-Gruppen begangenen Verbrechen gegen die Menschlichkeit bewusst geworden sind – dann wird dies die Menschheit veranlassen, aufzubegehren und das Babylonische Sklavensystem der Geldmagie zu beenden. [Das Volk selbst wird] alle eben genannten Gruppen mit Hilfe der positiven außerweltlichen Gemeinschaften vor Gericht bringen, und manche der eher traumatisch wirkenden Offenbarungen, die ans Licht treten (und die einige als ›Fear Porn‹ bezeichnen werden [das umfasst alles, was Menschen im Nebel der Angst festhält und so an der Bewusstseinserweiterung hindert], die aber nichtsdestotrotz ein Teil der völligen Aufdeckung sind), werden bewirken, dass bei unserer Art ein dringend benötigtes ›genetisches und energetisches Gedächtnis‹ auftritt. Das wird uns helfen, die Zyklen unserer Geschichte nicht zu wiederholen, zu deren immer neuem Durchleben wir mittels Manipulationen häufiger gezwungen worden sind, als es sich die Geschichtsschreibung unserer gegenwärtigen Epoche vorstellen kann. Es geht auch darum, die Menschheit als manipulierte Art darauf vorzubereiten, erstmals in ihrer Geschichte auf eigenen Füßen zu stehen.«[27]

Die Möglichkeit, dass es der Menschheit gelingt, aus der Reihe von Ereignissen, die letztlich im Aufstieg kulminieren, als eine kollektive globale Gesellschaft hervorzugehen, ist faszinierend. Die Ra-Gruppe sagte, es sei sehr selten, dass sich eine Zivilisation der 3. Dichte (wie die irdische) kollektiv zu einer solchen der 4. Dichte entwickelt.

»Eines sollten wir an dieser Stelle hervorheben, während du die Wirbel der Möglichkeiten und Wahrscheinlichkeiten bedenkst: Obwohl es unzählige Dinge gibt, die Leid verursachen und uns dadurch Gelegenheit zum Suchen und Dienen verschaffen, findet sich im Depot des Friedens, der Liebe, des Lichts und des Glücks doch stets ein Behältnis. Dieser Wirbel mag sehr klein erscheinen, aber ihm den Rücken zu kehren, heißt, die unendlichen Möglichkeiten zu vergessen, die der gegenwärtige Augenblick bietet. Kann sich dein Planet in einem guten, starken Augenblick der Inspiration zugunsten der Harmonie ausrichten? Ja, mein Freund. Es ist nicht wahrscheinlich, aber es ist immer möglich.«[28]

Das Jahr 1981, als die Ra-Gruppe es für unwahrscheinlich hielt, dass sich die Erde »in einem guten starken Augenblick der Inspiration zugunsten der Harmonie ausrichten« würde, war eine Zeit neuerlicher Spannungen im Kalten Krieg. Ronald Reagan hatte am 20. Januar seine erste Amtszeit als Präsident begonnen und war ein Kriegstreiber; er rüstete das Atomwaffenarsenal der USA, besonders in Europa, mit einer neuen Generation nuklearer Mittelstreckenwaffen auf und begann, sich für die Stategische Verteidigungsinitiative (»Star Wars«) auszusprechen. Viele glaubten bereits aufrichtig, Reagans Politik des Friedens durch Stärke schüre eine unnötige Angst vor dem Krieg und könne leicht zu einem alles verwüstenden Atomkrieg und einer Katastrophe planetarischen Ausmaßes führen.

Ende 1985 jedoch begann Reagan, Michail Gorbatschow, dem neu eingesetzten Führer der Sowjetunion, friedliche Angebote zu unterbreiten, mit ihm gegen eine »hypothetische« außerirdische Bedrohung zusammenzuarbeiten. Der Köder, den er ihm für die globale Kooperation vor die Nase hängte, waren hochmoderne Weltraumtechnologien aus den Geheimen Weltraumprogrammen der USA. Wie in Kapitel 7 behandelt, führte dies zu einer geheimen Abmachung zwischen den USA, der Sowjetunion und anderen bedeutenden Nationen mit dem Ziel, ein Weltraumprogramm der Vereinten Nationen, wie von Goode dargelegt, zu kreieren. Es war die zentrale geheime Übereinkunft, die zum Ende des Kalten Krieges führte. Die Führer der Welt hatten, gemäß der Ra-Gruppe, die unwahrscheinliche Entscheidung getroffen, »sich in einem guten, starken Augenblick der Inspiration zugunsten der Harmonie auszurichten«. Es war in der Tat ein inspirierter Augenblick für alle, die ihn durchlebt haben, und es war durchaus nachvollziehbar, warum der Menschheit die Art von destruktiven Veränderungen auf der Erde, wie der Hellseher Gordon Michael Scallion und andere sie in den Neunzigerjahren vorhergesagt hatten, *nicht* widerfuhr.[29]

Das Ende des Kalten Krieges, beziehungsweise die Epoche der Kooperation, die der Kalte Krieg hervorbrachte, halfen der Menschheit durch eine andere bedrohliche Phase hindurch, die ebenfalls prophezeit worden war. Edgar Cayce sagte voraus, dass die »Schlacht von Armageddon« 1999 beginnen würde.[30] Ähnlich hatte schon Nostradamus prophezeit, dass dieses Jahr die Wiederkehr des »Schreckenskönigs« erleben würde.[31] In prophetischen Worten waren beide dem Kern nahegekommen. Die Zerstörung der Twin Towers in New York am 11. September 2001 symbolisierte, wie von Nostradamus vorhergesagt, die Wiederkehr dieses »Schreckenskönigs«. Der multinationale Angriff auf Afghanistan im September 2001 und danach der US-geführte Angriff auf den Irak 2003 veranschaulichen die von Cayce vorausgesagte »Schlacht von Armageddon«. Was diese Ereignisse dennoch im Hinblick auf ihre zerstörerischen weltweiten Auswirkungen abmilderte, war die ihnen zugrundeliegende globale Zusammenarbeit, die mit dem Ende des Kalten Krieges eingeführt worden war. Und was am wichtigsten ist: Das Geheime Weltraumprogramm der »Globalen Galaktischen Liga der Nationen« sicherte die fortgesetzte multinationale Kooperation ab, trotz der Spannungen, die durch die Kriege im früheren Jugoslawien (1991-2001), im Irak (seit 2003), in Syrien (seit 2011) und in der Ukraine (seit 2015) bewirkt wurden.

Es ist gut möglich, dass der starke Bewusstseinsanstieg der Menschheit als Ergebnis der Beendigung des Kalten Krieges – und die Verhinderung destruktiver Veränderungen auf der Erde, hätte sich der Kalte Krieg fortgesetzt –, dem größten Teil der Menschheit einen den ganzen Planeten umfassenden Aufstieg/eine Ernte ermöglichte, die sie zu einer Gesellschaft der 4. Dichte machte. Weitaus mehr wären nun in der Lage, an diesem gemeinsamen Aufstieg teilzuhaben, als der Ra-Gruppe zufolge noch 1981 für denkbar gehalten worden war. Laut Goode werden das Ereignis der vollständigen Enthüllung und dessen Nachwirkungen »der Beginn dessen sein, wovon die GWP-Allianz geträumt hat – eine »›*Star Trek*-Zivilisation‹«.[32]

Zusätzlich zur Freigabe fortgeschrittener Technologien, die der Menschheit den Sprung zu einer »*Star Trek*-Zivilisation« der 4. oder 5. Dichte erleichtern, wird auch ein wichtiger evolutionärer Schritt hin zur Nutzung der Macht des Bewusstseins gemacht werden. In der künftigen Erdgesellschaft der 4./5. Dichte werden manche Individuen erweiterte menschliche Fähigkeiten wie Telepathie, Telekinese und sogar Teleportation spontan ausbilden. Die Erde wird nicht nur eine technologisch hoch entwickelte »*Star Trek*-Zivilisation« beherbergen, die Menschheit wird auch ihre eigene Armee von »Jedi-Rittern« haben, die in der Lage sind, ihre psychischen Fähigkeiten und ein entwickeltes Bewusstsein zu nutzen, um durch Raum und Zeit zu reisen. Die Bürger einer Erdgesellschaft der 4./5. Dichte nach der Enthüllung werden sicherlich als vollwertige Mitglieder einer galaktischen Gemeinschaft willkommen geheißen.

Aber wie kann der Leser diesen Transformationsprozess in seiner eigenen, individuellen Weise vorantreiben? Das Gesetz des Einen rät uns, die »Verzerrungen« [Wahlmöglichkeiten des freien Willens] zu bedenken, die uns einander und von der natürlichen Umwelt entfremden:

»Während man von der primären Verzerrung des freien Willens aus fortschreitet, kommt man zum Verständnis der Brennpunkte von intelligen-

> ter Energie, welche die geistigen Begabungen oder die Wege eines bestimmten Geist/Körper/Seele-Komplexes in seiner Umgebung erschaffen haben, sowohl die, die ihr natürlich nennen würdet, als auch die, die ihr menschengemacht nennen würdet. Die Verzerrungen, die vermieden werden sollten, sind deshalb jene, die die Verzerrungen der Energiekonzentration von Liebe/Licht, oder sagen wir, des Logos dieser bestimmten Sphäre oder Dichte, nicht beachten. Diese [zu vermeidenden Verzerrungen] beinhalten den Mangel an Verständnis der Bedürfnisse der natürlichen Umgebung, [und] der Bedürfnisse der Geist/Körper/Seele-Komplexe Anderer-Selbste.«[33]

Die Bedürfnisse der natürlichen Umwelt und der anderen zu berücksichtigen, ist daher ein wichtiger erster Schritt bei der Beseitigung der »Verzerrungen«, die zum Beispiel zu Krieg, Armut und Leid auf der Erde führen. Der nächste Schritt liegt in dem Verständnis, dass eine Verbindung zur natürlichen Umwelt ebenso wie zum eigenen »Höheren Selbst« bedeutsame Einsichten in die eigene persönliche Entwicklung bietet:

> »Und so habt ihr zwei einfache Weisungen: Bewusstheit der intelligenten Energie ausgedrückt in Natur, Bewusstheit der intelligenten Energie ausgedrückt in Selbst, um, wenn es angemessen erscheint, vom Wesen mit dem sozialen Komplex geteilt zu werden, und ihr habt einen unendlich subtilen und verschiedenartigen Satz an Verzerrungen, derer ihr euch bewusst sein könnt; sprich Verzerrungen mit Bezug zu Selbst und Anderen-Selbsten, die nicht den freien Willen betreffen, sondern harmonische Beziehungen und Dienst am Anderen, wie Andere-Selbste am meisten profitieren würden.«[34]

Zeit damit zu verbringen, die natürliche Umwelt wertzuschätzen und zu respektieren und sich mit der »intelligenten Energie« zu verbinden, die sich in der Fülle der Wälder, Gärten, Ozeane und unzähligen Lebensformen auf der Erde Ausdruck verschafft – dies sind daher wichtige Faktoren beim Aufstieg durch die Stufen der Dichte. Wege zu finden, die eigenen einzigartigen Begabungen als Künstler, Redner,

Erfinder, Schriftsteller, Wissenschaftler und so weiter im Dienst an Anderen zum Ausdruck zu bringen, ist ein weiterer gangbarer Weg, den man für seinen Aufstieg beschreiten kann.

Es folgt Goodes Beschreibung der »Botschaft«, die von den Blauen Avianern übermittelt wurde und den einzelnen Leser befähigen wird, konstruktiv teilzuhaben an den wunderbaren Ereignissen der vollständigen Enthüllung und des Aufstiegs, die vor ihm liegen.

Was ist die »Botschaft«?

»Jeden Tag die Aufmerksamkeit darauf richten, sich mehr am ›Dienst an Anderen‹ zu orientieren. Die Wahrnehmung darauf richten, ›liebevoller‹ zu sein, und ›die Anhebung des Schwingungs- und Bewusstseinsniveaus in den Blick zu nehmen‹ und lernen, ›sich selbst und anderen zu vergeben‹ (also ›Karma loszulassen‹). Das wird die Schwingungen auf diesem Planeten verändern, das ›miteinander geteilte Bewusstsein der Menschlichkeit‹ erhöhen und ›die ganze Menschheit in eine Person verwandeln‹ (auch wenn diese ›eine Person‹ du selbst bist). Sie raten dazu, den Körper als Tempel zu betrachten und zu einer ›Höheren Schwingungsdiät‹ überzugehen, um die anderen Wandlungen zu unterstützen. Für viele mag dies wie eine ›Hippiebotschaft von Love and Peace‹ erscheinen, die letztlich nichts nützt. Ich versichere dir, der ›Weg‹, den sie in ›ihrer Botschaft‹ offenbaren, ist sehr schwierig. Selbst wenn der unwahrscheinliche Fall eintritt, dass diese Technologien weiterhin ›unterdrückt‹ bleiben – stell dir vor, in welcher Welt wir leben würden, wenn jeder diese Veränderungen zu seinen eigenen machte?«[35]

Die Betonung der Vergebung und eine »Hippiebotschaft von Love and Peace« sind weise Ratschläge. Die jüngste Geschichte hat gezeigt, dass Gesellschaften, die einen bedeutsamen Übergang von einer gesellschaftlichen Ordnung zu einer anderen durchlaufen – etwa am Ende des Apartheid-Regimes in Südafrika –, erst die richtige Balance finden müssen zwischen gegensätzlichen sozialen und juristischen Forderungen von Wahrheit und Gerechtigkeit, Vergebung und Barmherzigkeit, um nach dem Konflikt eine friedliche Gesellschaft aufzubauen. Das Finden dieser richtigen Balance wird der Menschheit beträchtlich helfen, wenn sie von einem Enthüllungs- zu einem Aufstiegsereignis voranschreitet, das unseren gesamten Planeten betrifft.

Abb. 32. Gesellschaftliche Anleitungen für die Ereignisse der vollständigen Enthüllung und des Aufstiegs

Die in diesem Buch vorgenommene Untersuchung von Corey Goodes außerordentlichen Behauptungen hat deren Übereinstimmung mit allgemein zugänglichen Dokumenten sowie mit den Zeugnissen anderer Whistleblower nachgewiesen. Weitere Forschungen müssen folgen, um die Glaubwürdigkeit von Whistleblowern wie Goode zu erhärten. Seine Behauptungen und diejenigen anderer sind wichtig, um ein stimmiges Bild des komplexen Puzzles hinsichtlich der Geheimen Weltraumprogramme und außerirdischen Aktivitäten zu erhalten, die jahrzehntelang erfolgreich vor der allgemeinen Öffentlichkeit verborgen gehalten wurden. Die von Goode bislang veröffentlichten Informationen sind nur die erste Welle dessen, was noch kommen wird. Sie werden eine tragfähige Grundlage sein, wenn weitere Whistleblower hervortreten und neue Dokumente bekannt werden, die uns allen helfen, die Wahrheit inmitten des gewaltigen Nebels der Desinformation noch deutlicher zu erkennen. Durch die mutigen Taten dieser Whistleblower, die für uns zusätzliche Details über Geheime Weltraumprogramme und Allianzen mit Außerirdischen enthüllen werden, wird unser Leben einen wertvollen neuen Sinn erhalten, während unsere Evolution dank dieses Wissens, das uns auf jede nur erdenkliche Weise verändert, voranschreitet.

Anmerkungen

1 FAQs »Q48«, http://spherebeingalliance.com/faqs (aufgerufen am 25.07.2015)
2 FAQs »Q48«, http://spherebeingalliance.com/faqs (aufgerufen am 25.07.2015)
3 FAQs »Q48«, http://spherebeingalliance.com/faqs (aufgerufen am 25.07.2015)
4 Einige Schlüsselideen zum Gesetz des Einen finden sich auf Englisch unter http://www.lawofone.info/synopsis-prev.php (aufgerufen am 25.07.2015); die maßgebliche deutsche Seite ist www.dasgesetzdeseinen.de. Dort kann man auch unter dem Titel *Der Ra-Kontakt – Das Gesetz des Einen lehren* eine Gesamtausgabe des Ra-Materials beziehen, wahlweise als eBook. Buch I bis V vom Gesetz des Einen kann man kostenlos als PDF lesen oder herunterladen auf http://llresearch.org/library/the_law_of_one_german/index.aspx (aufgerufen am 9. November 2017)
5 Einige Schlüsselideen zum Gesetz des Einen finden sich auf Englisch unter http://www.lawofone.info/synopsis-prev.php (aufgerufen am 25.07.2015)
6 Paul LaViolette, *Decoding the Message of the Pulsars: Intelligent Communication from the Galaxy* (Bear & Co., 2006). – Dt. Ausgabe: *Die Botschaft der Pulsare*, Mosquito Verlag, Potsdam 2011.
7 Einige Schlüsselideen zum Gesetz des Einen finden sich auf Englisch unter http://www.lawofone.info/synopsis-prev.php (aufgerufen am 25.07.2015)
8 »The Lt. Col. Gonzales SSP Council Delegation Briefings Part 2«, http://spherebeingalliance.com/blog/the-lt-col-gonzales-ssp-council-delegation-briefings-part-2.html (aufgerufen am 25.07.2015)

9 »The Law of One Session 7, January 25, 1981«, http://www.lawofone.info/results.php?s=7 (aufgerufen am 25.07.2015) – Wir danken Jochen Blumenthal für die Überlassung der deutschen Übersetzung.
10 »The Law of One Session 12, January 28, 1981«, http://www.lawofone.info/results.php?s=12 (aufgerufen am 12.08.2015) – Wir danken Jochen Blumenthal für die Überlassung der deutschen Übersetzung.
11 »Blue Avian Image & Information About Upcoming Updates«, http://sphere beingalliance.com/blog/a-week-ahead-of-video-shooting-for-gaimtv.html (aufgerufen am 25.07.2015)
12 »Questions for Corey/GoodETxSG – 4/4/2015«, http://exopolitics.org/secret-space programs-more-complex-than-previously-revealed/ (aufgerufen am 25.07.2015)
13 »Questions for Corey/GoodETxSG – 4/4/2015«, http://exopolitics.org/secret-space programs-more-complex-than-previously-revealed/ (aufgerufen am 25.07.2015)
14 »Global Elites offer to begin Limited Disclosure of Extraterrestrial Life Technology in Nov 2015«, http://exopolitics.org/global-elites-to-begin-limited-disclosure-of-extraterrestrial-lifetechnology-in-nov-2015/ (aufgerufen am 25.07.2015)
15 FAQs »SphereBeingAlliance«, http://spherebeingalliance.com/faqs/461-hi-corey-youcommented-on-dr-sallas-page-that-anything-less-than-full-disclosure (aufgerufen am 21.07.2015)
16 FAQs »SphereBeingAlliance«, http://spherebeingalliance.com/faqs/461-hi-corey-youcommented-on-dr-sallas-page-that-anything-less-than-full-disclosure (aufgerufen am 21.07.2015)
17 »Extraterrestrial alliance helps secret space program overcome opposition to full disclosure«, http://exopolitics.org/extraterrestrial-alliance-helps-secret-space-program-overcome-oppositionto-full-disclosure/ (aufgerufen am 21.07.2015)
18 »Chinese Hack of Government Network Compromises Security Clearance Files«, *Washington Post*, http://www.washingtonpost.com/world/national-security/chinese-hack-of-government-networkcompromises-security-clearance-files/2015/06/12/9f91f146-1135-11e5-9726-49d6fa26a8c6_story.html (aufgerufen am 21.07.2015)
19 »OPM hack: 21 million people's personal information stolen, federal agency says«, *The Guardian*, http://www.theguardian.com/technology/2015/jul/09/opm-hack-21-million-personalinformation-stolen (aufgerufen am 04.08.2015)
20 »OPM Announces Steps to Protect Federal Workers and Others From Cyber Threats«, https://www.opm.gov/news/releases/2015/07/opm-announces-steps-to-protect-federal-workersand-others-from-cyber-threats/ (aufgerufen am 04.08.2015)
21 »Chinese Hack of Government Network Compromises Security Clearance Files«, *Washington Post*, http://tinyurl.com/pchshuw (aufgerufen am 21.07.2015)
22 »Questions for Corey Goode on June Secret Space Program Meetings«, http://exopolitics.org/secret-space-program-conferences-discuss-full-disclosure-humanitys-future/ (aufgerufen am 21.07.2015)
23 »Questions for Corey Goode on Mars, Moon and Nazi Space Program«, http://exopolitics.org/corporate-bases-on-mars-and-nazi-infiltration-of-us-secret-space-program/ (aufgerufen am 21.07.2015)
24 »Questions for Corey Goode on June Secret Space Program Meetings«, http://exopolitics.org/secret-space-program-conferences-discuss-full-disclosure-humanitys-future/ (aufgerufen am 21.07.2015)
25 »Human Elite Attempt to Negotiate Cessation of SSP Alliance Disclosure in Latest

Conference«, http://spherebeingalliance.com/blog/human-elite-attempt-to-nego tiate-cessation-ofssp-alliance-disclosure-in-latest-conference.html (aufgerufen am 27.07.2015)

26 »Extraterrestrial alliance helps secret space program overcome opposition to full disclosure«, http://exopolitics.org/extraterrestrial-alliance-helps-secret-space-pro gram-overcome-oppositionto-full-disclosure/ (aufgerufen am 21.07.2015)

27 »Questions for Corey Goode on SSP Conflicts and Human Slave Trade – May 29/30, 2015«, http://exopolitics.org/secret-space-war-halts-as-extraterrestrial-dis closure-plans-moveforward/ (aufgerufen am 21.07.2015)

28 »The Law of One, Book III, Session 65, August 8, 1981«, http://www.llresearch.org/transcripts/issues/1981/1981_0808_book_3.aspx (aufgerufen am 25.07.2015) – Wir danken Jochen Blumenthal für die Überlassung der deutschen Übersetzung.

29 »Scallion, Gordon Michael«, Encyclopedia.com, http://www.encyclopedia.com/doc/1G2-3403804001.html (aufgerufen am 12.08.2015)

30 Siehe »The Edgar Cayce Predictions«, http://www.alamongordo.com/the-edgar-caycepredictions/ (aufgerufen am 12.08.2015)

31 Siehe »King of Terror: 1999«, http://www.dreamscape.com/morgana/1999.htm (aufgerufen am 12.08.2015)

32 »The Law of One, Book III, Session 65, August 8, 1981«, http://www.llresearch.org/transcripts/issues/1981/1981_0808_book_3.aspx (aufgerufen am 25.07.2015)

33 »The Law of One, Book I, Session 18«, http://www.llresearch.org/transcripts/issues/1981/1981_0204_book_1.aspx (aufgerufen am 09.08.2015) – Wir danken Jochen Blumenthal für die Überlassung der deutschen Übersetzung.

34 »The Law of One, Book I, Session 18«, http://www.llresearch.org/transcripts/issues/1981/1981_0204_book_1.aspx (aufgerufen am 09.08.2015) – Wir danken Jochen Blumenthal für die Überlassung der deutschen Übersetzung.

35 »Introduction«, http://spherebeingalliance.com/introduction (aufgerufen am 25.07.2015)

Nachwort
zur deutschen Ausgabe

Im Dezember 2015 erschien eine Autobiografie, deren Verfasser – der damals 92-jährige William Mills Tompkins – seine Mitarbeit an einem Spionageprogramm des Zweiten Weltkriegs aufdeckte, das unter Führung der U.S. Navy das Ziel verfolgte, Geheimprogramme NS-Deutschlands zu unterwandern. In *Selected by Extraterrestrials* (»Ausgewählt von Außerirdischen«) behandelt Tompkins Berichte von Navy-Spionen, denen zufolge die Nazis Prototypen fortgeschrittener Raumschiffe gebaut haben, die auf Antigravitationsprinzipien beruhen und für interplanetarische Flüge geeignet sind. Er sagt, dass verdeckte Ermittler der Navy in die modernsten Luft- und Raumfahrt-Programme NS-Deutschlands eingesickert waren und die Aufgabe hatten, über ihre Beobachtungen dort Bericht zu erstatten. Diese Informationen wurden anschließend an verschiedene US-Konzerne weitergeleitet, die spezielle Verträge mit der Navy hatten und daraufhin selbst begannen, eine Anzahl Antigravitationsmaschinen zu entwerfen und letzlich auch zu bauen – darunter zwei Kilometer lange Weltraum-Trägerschiffe.

Tompkins schildert, wie er sich 2001 an einen Admiral der Navy wandte, um sicherzugehen, dass er befugt sei, über seine Erlebnisse aus der Kriegszeit zu schreiben:

> »Anfang 2001 besuchte ich Admiral Hugh Webster, den Navy League Corporate Director [Geschäftsführer des Flottenvereins] von Washington DC und San Diego. Wir hatten ein fünfstündiges Gespräch über mein gerade im Entstehen begriffenes Buch über die außerirdischen Bedrohungen unseres Planeten. Nachdem Admiral Webster Teile mei-

nes Dokuments gelesen sowie technische Hintergrundinformationen darin zur Kenntnis genommen hatte, fragte ich ihn: ›Wie viel davon kann ich in meinem Buch öffentlich machen?‹ Und er antwortete: ›ERZÄHLE ALLES, Bill! Das ist für unser Land von höchster Wichtigkeit; du darfst nichts davon weglassen.‹«[1]

Tompkins' Geschichte beginnt im Jahre 1932, als er neun Jahre alt war. Er erzählt, dass er eines Tages von seinem Vater zum Marinehafen von Long Beach in Kalifornien mitgenommen wurde, wo er zum ersten Mal an einer öffentlichen Besichtigung der Zerstörer, Kreuzer und Flugzeugträger teilnahm, die dort zeitweise vor Anker lagen. Dem Publikum war es allerdings verboten, Fotos von den Schiffen zu machen, deren Geschützpositionen und Radaranlagen noch geheim waren.

Im Besitz eines fotografischen Gedächtnisses ging Tompkins, wie er sagt, um all die Schiffe herum, machte sich Notizen von dem, was er beobachtete, und begann bald darauf, die Konstruktionen der Schiffe zu reproduzieren. Acht Jahre später hatte Tompkins viele makellos exakte Modelle der gesehenen Schiffe angefertigt, und sein Vater verkaufte sie in einem Geschäft in Hollywood. Als die Navy 1941 von den Schiffsmodellen erfuhr, die geheime Details der Positionen und Größen von Geschützen zeigten, verhörte sie Tompkins und seinen Vater, und die Modelle wurden aus dem Verkehr gezogen. Die Offiziere vom Office of Naval Intelligence, dem Geheimdienst der Marine, waren allerdings von Tompkins' bemerkenswertem Talent ausgesprochen beeindruckt.

Am 26. März 1941 zeigte ein Artikel der in Santa Monica erscheinenden Zeitung *Evening Outlook* ein Foto von Tompkins (damals siebzehn Jahre alt), wie er einige seiner Schiffsmodelle dem Navy Captain G. C. Gearing präsentierte, dem Kommandeur des 11. Marine-Distrikts in San Diego.

Über Tompkins' Fähigkeiten wird Rear Admiral C. A. Blakeley im *Evening Outlook* mit folgenden Worten zitiert:

»Mit außerordentlichem Interesse und großer Freude begutachtete ich, zusammen mit Offizieren aus meinem Stab, einige dieser Schiffsmodelle. Das handwerkliche Können, das du bewiesen hast, zeigt, dass du Schiffskonstruktionen sehr genau studiest. Das Beste aber ist, dass du als junger Amerikaner etwas besonders Wertvolles tust – du trägst dazu bei, im amerikanischen Geist das Bewusstsein für die Bedeutung der ersten Verteidigungslinie unserer Nation zu wecken – für alle Amerikaner, jung und alt.«

Tompkins' fotografisches Gedächtnis und seine Fähigkeit, komplexe Schiffskonstruktionen zu reproduzieren, waren außergewöhnlich und verschafften ihm schließlich die Aufmerksamkeit der höchsten Navy-Führung. Dazu gehörten der Marineminister James Forrestal und Rear Admiral Rico Botta, in dessen Verantwortungsbereich laut Tompkins Geheimdienstaufgaben fielen, die von der North Island Naval Air Station in San Diego aus geleitet wurden.

Wie Tompkins berichtet, nahm ihn Admiral Botta für vier Jahre (1942-1946) in seinen persönlichen Stab auf und verhalf ihm per Beförderung schnell zu einer Führungsposition in einem Geheimdienstprogramm. Tompkins sagt, dass die Führungsprinzipien direkt von Minister Forrestal festgelegt waren:

»Der Einsatzauftrag lautetete unter anderem, ›die Aktivitäten experimenteller Forschungslabors, weiterer Regierungsbehörden, wissenschaftlicher Bildungseinrichtungen, Hersteller und Ingenieure fortwährend zu beobachten. Weiterhin zählt dazu, aus eigener Initiative oder auf Befehl eines Amtes oder einer Behörde der Naval Air Forces besondere Ausrüstungsgegenstände und Techniken im Rahmen bestimmter Forschungsprojekte genau zu studieren.‹«[2]

Tompkins erinnert sich, dass er, begleitet von Admiral Botta und einem oder zwei Captains, in einer Besprechung saß, und die Navy-Agenten berichteten, was sie in NS-Deutschland beobachtet hatten. Tompkins legt offen, dass neunundzwanzig Navy-Spione im Leutnantsrang in den geheimen Programmen platziert waren. Sie alle waren deutscher Abstammung, was es ihnen leicht machte, NS-Deutschland zu unterwandern.

EVENING OUTLOOK, SANTA MONICA, CALIFORNIA

Youth Models Ships Of American Fleet

Naval Officers Praise His Work

Carving of units of the U. S. fleet from balsa wood, started three years ago by 17-year-old William M. Tompkins, has created a furor among naval officers.

Young Tompkins, who resided at 833 21st st. for six years and attended school in Santa Monica, now lives at 3224 Ellington Drive, Hollywood. The family moved from Santa Monica three years ago, but there still are relatives here.

HAS 51 SHIPS

In all he has 51 ships, each made on a scale of 1 inch to 50 feet and ranging from 18½ inches for the aircraft carrier Lexington to 1½ inches for shore boats. The Lexington in this miniature fleet carries 28 perfectly modeled fighting planes on its deck.

Tompkins exhibited his fleet to navy officers in San Diego. Capt. H. C. Gearing, commandant of the 11th Naval District, was so impressed by the fidelity to detail that he arranged to borrow them for display at the Naval Training Station in San Diego.

The "fleet" is made up of four battleships, the New York, Idaho, Oklahoma and West Virginia; the airplane carrier, 11 destroyers and many light and heavy cruisers, submarines, tenders, repair ships and other units that go to make up the country's first line of defense.

MINIATURE FIGHTING SHIPS modeled by 17-year-old William M. Tomkins, formerly of Santa Monica, have aroused the interest and admiration of naval officers. Photo shows the youth displaying his fleet to Capt. H. C. Gearing, commandant of the 11th Naval District, San Diego.

Abb. 33. Tompkins zeigt Captain Gearing seine Schiffsmodelle.
Quelle: Evening Outlook

Tompkins' Aufgabe war die Reproduktion der komplexen Bauweisen, die von den Marine-Agenten entweder mündlich beschrieben wurden oder die sich in Dokumenten fanden, zu denen sie sich Zugang verschafft hatten; danach sollte er diese Reproduktionen mehreren Konzernen zur Verfügung stellen, die Verträge mit der Navy hatten. Diese Vertragspartner sollten dann verschiedene Komponenten der Antigravitationsraumschiffe, die sich in unterschiedlichen Stadien der Fertigstellung in zahlreichen Fabriken NS-Deutschlands überall in Europa, Südamerika und der Antarktis befanden, entwerfen, nachbauen und testen.

Was die Navy-Agenten darüber hinaus mitteilten, ist besonders bedeutsam für die im vorliegenden Buch stattfindenden Untersuchungen über die Entwicklung Geheimer Weltraumprogramme in NS-Deutschland und danach in den USA. Tompkins führt aus, die Agenten hätten in ihren streng geheimen Einsatzberichten aufgedeckt, dass bis zum Zweiten Weltkrieg und noch währenddessen zwei Flugscheiben-Programme verfolgt wurden. Das erste war eine größtenteils zivile Unternehmung, die der Machtübernahme der Nazis 1933 voranging, während das zweite von der SS geleitet wurde.

Das zivile deutsche Weltraumprogramm war laut Tompkins von einer Gruppe nordisch aussehender Außerirdischer inspiriert, die ihre Botschaften durch junge deutsche Frauen als Medien übermittelten. Das zweite Programm wurde hingegen von einer Gruppe Außerirdischer unterstützt, die als »die Reptilien« bezeichnet wurden und geheime Abkommen mit Hitler geschlossen hatten:

> »Die Navy-Agenten (Spione) in Deutschland entdeckten, was all diese Außerirdischen von anderen Welten Hitler gaben: UFOs, Antigravitationsantrieb, Strahlenwaffen, Lebensverlängerung und zahlreiche Programme mit willigen, geistig kontrollierten jungen Frauen. Die Reptilien [Reptiloiden] trafen ein Abkommen mit der SS des Dritten Reiches ab, worauf sie ihr diesen großen Karton voller Spielzeug gaben und dafür im Gegenzug Hitler den Rest des Planeten versklaven ließen.«[3]

In späteren Interviews gibt Tompkins die atemberaubende Information weiter, dass die Reptiloiden diversen Luft- und Raumfahrt-Programmen der Nazis als Berater dienten.[4]

Im Jahr 1939 wurde der SS – so Tompkins – von den Reptiloiden die Lage dreier großer Höhlen in der Antarktis mitgeteilt, und sie begann rasch, einen Großteil der deutschen Geheimen Weltraumprogramme dorthin zu verlagern. Bis 1942 – als offenkundig wurde, dass der Krieg verloren war –, steigerten die Nazis ihre Bemühungen, die fähigsten Wissenschaftler, Ingenieure und lebenswichtige Ressourcen mit Hilfe eigens dafür gebauter, für den Transport sehr schwerer Güter geeigneter U-Boote zu verlegen.

Tompkins erfuhr, dass die Deutschen bei ihren ehrgeizigen Weltraumprojekten große Erfolge erzielten, aber auch schwere Rückschläge hinnehmen mussten. Besonders bemerkenswert war der erste Weltraumflug zum Mars Ende April 1945 mit einer Crew von dreißig Astronauten, darunter drei Japaner. Dieses erstaunliche Unternehmen endete in einer Katastrophe, als das Raumschiff eine Bruchlandung machte, was zum Tod der gesamten Mannschaft führte.

Nachdem er die Schiffspläne anhand der Informationen reproduziert hatte, die er von den verdeckt ermittelnden Navy-Spionen in den deutschen Weltraumprogrammen erhalten hatte, reichte Tompkins eigener Aussage nach diese Entwürfe an mehrere streng geheime Produktionsanlagen weiter. Dazu zählten die Douglas Aircraft Company in El Segundo und Santa Monica, Lockheed, eine unterirdische Fabrik, die von Caltech am China Lake betrieben wurde, das Massachusetts Institute of Technology und viele andere. Tompkins schätzt, dass er von 1942 bis 1946 ungefähr 1.200 Besuche bei den verschiedenen Luft- und Raumfahrt-Fabriken unternahm.

Nach dem Ende des Zweiten Weltkriegs arbeitete Tompkins kurzzeitig bei einer Anzahl Luft-/Raumfahrtfirmen, bis er 1950 die Stellung eines technischen Zeichners in der Konstruktionsabteilung der Douglas Aircraft Company annahm.

Die außerordentlichen Fähigkeiten, die er während des Krieges in seinem Dienst beim Marine-Geheimdienst gezeigt hatte, verschafften ihm schnell die Aufmerksamkeit einer Denkfabrik, die mit der höchsten Geheimhaltungsstufe innerhalb von Douglas installiert worden war und »Advanced Design« – Fortgeschrittener Entwurf – genannt wurde; die Aufgabe dieses Instituts bestand in der Erforschung antigravitativer Antriebssysteme.

Als Tompkins 1951 zu Advanced Design wechselte, erhielt er den speziellen Auftrag, eine Reihe von Raumschiffen auf Antigravitationsbasis zu entwerfen, wobei er neben seinem eigenen Talent zur technischen Zeichnung auch sein Wissen aus den Berichten des Marine-

Geheimdienstes über NS-Deutschland nutzen konnte. Tompkins beschreibt seine beiden Vorgesetzten in der Denkfabrik von Advanced Design folgendermaßen:

»Ich unterstand unmittelbar Dr. [Wolfgang] Klemperer und Elmer Wheaton, dem Vizepräsidenten der technischen Abteilung, der zweierlei Funktionen ausübte: Er war Vizepräsident aller geheimen Programme für Raketen und Weltraumsysteme. Und was 99 Prozent nicht wussten – er war auch Leiter des manchmal als Advanced Design bezeichneten Forschungsinstitutes, das sich auf allerhöchster Geheimhaltungsstufe mit außerirdischen Bedrohungen befasste.«[5]

Darüber hinaus beschreibt Tompkins die verborgenen Wege, auf denen die Navy ihre Konstruktionsanfragen bei Advanced Design stellte:

»Nachdem wir unaufgefordert eine Anfrage nach Sternenschiffen erhalten hatten [die Navy stellte eine Alleinanbieter-Anfrage nach Vorschlägen für Vehikel zu Forschungsmissionen im Weltraum] ... Tatsächlich haben wir nicht einmal eine Angebotsaufforderung bekommen; es wurde einfach unter der Flurtür zu unserem Büro von Advanced Design durchgeschoben ... auf dem Umschlag stand bloß: ›An die zuständige Abteilung.‹«[6]

Tompkins sagt, dass er sich durch das Studium der Missionsparameter für die gewünschten zukünftigen Weltraum-Kampfeinheiten [*future space battle groups*] mit seiner Arbeit vertraut machte. Dadurch war er in der Lage, Entwürfe vorzulegen, die der Navy erlauben würden, ihre Einsätze im tiefen Weltraum auszuführen.

Über die Schaffung einer Kampfeinheit von Marine-Raumschiffen, die nach den ihm zugereichten Missionparametern aus kilometerlangen Gebilden bestehen sollten, sagt Tompkins:

»Ich definierte eine Standard-Kampfeinheit der Navy für Weltraumeinsätze neu, indem ich festlegte, dass sie aus einem 2,5 Kilometer langen Weltraum-Trägerschiff mit einem Zwei-Sterne-Admiral an Bord als Flaggoffizier,

> drei bis vier Schweren Raumkreuzern des 1.4k-Typs, vier bis fünf 1k-Raumzerstörern, zwei landefähigen 2k-Raumangriffsschiffen für Abwurfmissionen, zwei 2k-Transportschiffen für die logistische Unterstützung und zwei 2k-Weltraum-Personentransportern bestehen sollte.«[7]

Tompkins schreibt von zwei Entwürfen für Navy-Raumschiffe, die er für die Denkfabrik von Douglas fertigstellte, und teilt die Dokumente in seiner Autobiografie auch mit.

Später war Tompkins für TRW, General Dynamics und andere Luft- und Raumfahrt-Unternehmen tätig, die an verschiedenen geheimen Komponenten für Raumschiff-Schlachtkreuzer und Trägerschiffe arbeiteten, welche insgeheim für die U.S. Navy gebaut wurden. Weitere Informationen dazu sollten in künftigen Bänden seiner autobiografischen Berichte veröffentlicht werden. [Dazu wird es aller Voraussicht nach nun aber nicht mehr kommen: Tompkins verstarb am 21. August 2017. Trotz seines hohen Alters von 94 Jahren schreibt seine Familie in der Todesanzeige von einem »unerwarteten« Tod. – *Der Verlag*]

Nachdem Tompkins seine ersten Entwürfe für die Weltraum-Trägerschiffe in den frühen Sechzigerjahren fertiggestellt hatte, dauerte es seiner Aussage nach noch fast ein Jahrzehnt, bis detaillierte Architekturpläne konzipiert waren, die eine offizielle Konstruktion ermöglichten. Folglich begann der Bau in den Siebzigerjahren, und die ersten einsatzfähigen Weltraum-Träger wurden 1984 unter einem als besonders streng geheim eingestuften Programm namens »Solar Warden« in Betrieb genommen.[8] Schließlich wurden laut Tompkins in den Achtziger- und Neunzigerjahren acht Kampfeinheiten mit Weltraum-Trägern für die U.S. Navy gebaut.[9]

Wie glaubwürdig ist William Tompkins' Zeugnis?

Um seine bemerkenswerten Behauptungen zu bekräftigen, fügt Tompkins seiner Autobiografie mehrere Dokumente bei. Dazu gehören Kopien zweier unterschiedlicher Passierscheine, die er erhielt, um die San Diego Naval Air Station mit bis zu drei Paketen zu betreten und zu verlassen. Diese Pakete enthielten angeblich die geheimen Unterlagen der Navy-Spione, die Tompkins ausgewählten Firmen zur Verfügung gestellt hatte.

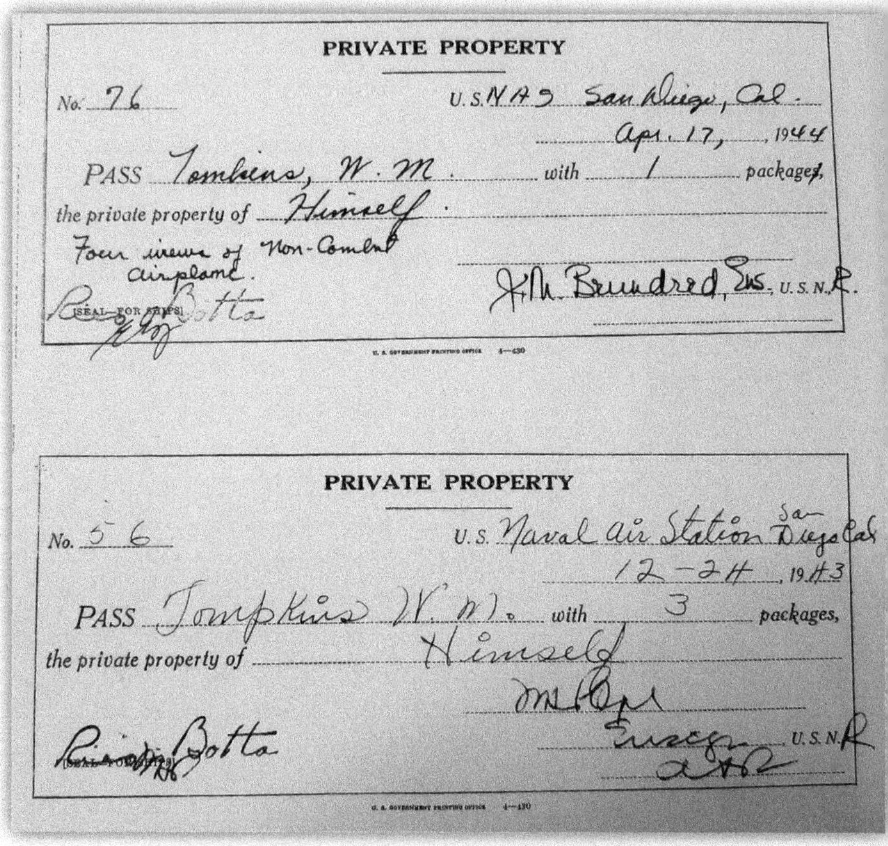
PRIVATE PROPERTY

No. 76 U.S. NAS San Diego, Cal.

Apr. 17, 1944

PASS Tombins, W. M. with 1 packages,

the private property of Himself.

Four views of Non-Combat airplane.

[SEAL—FOR SHIPS] Botta

J.M. Brundred, Ens. U.S.N.R.

U.S. GOVERNMENT PRINTING OFFICE 4—430

PRIVATE PROPERTY

No. 56 U.S. Naval Air Station San Diego Cal

12-24, 1943

PASS Tompkins W. M. with 3 packages,

the private property of Himself

[SEAL—FOR SHIPS] Botta

Ensign U.S.N.R.

U.S. GOVERNMENT PRINTING OFFICE 4—430

Abb. 34. Passierscheine mit Paketerlaubnis der Naval Air Station.
Quelle: William Mills Tompkins, Selected by Extraterrestrials

Die Passierscheine waren, laut Tompkins, vom Kommandeur der verdeckten Operationen der Naval Air Station, Admiral Botta, unterzeichnet. Bottas Unterschrift erscheint auf einer Reihe von Dokumenten, die von nationalen Archiven gemäß dem Freedom of

Information Act freigegeben wurden.[10] Ein Dokument zeigt ein Foto von Botta aus dem Jahr 1934, als er noch Lieutenant Commander war, und darunter deutlich erkennbar seine Unterschrift, die mit derjenigen auf den beiden von Tompkins' mitgeteilten Passierscheinen verglichen werden kann. Wie die folgende Abbildung zeigt, sind die Unterschriften identisch.

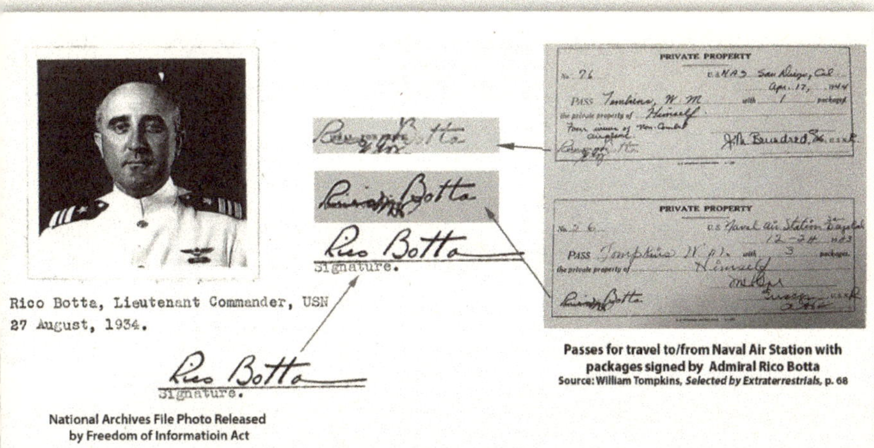

Abb. 35. Ein Vergleich der Unterschrift in Rico Bottas Personalakte (1934) mit den Unterschriften auf William Tompkins' Passierscheinen (1943/1944)

Die Bestätigung, dass es sich auf den Passierscheinen tatsächlich um Bottas Unterschrift handelt, ist ein urkundlicher Beleg für Tompkins' Aussage, dass er, wie in seinen Einsatzbefehlen beschrieben, im Auftrag der Naval Aircraft Research and Development, der Abteilung für Forschung und Entwicklung bei der Marine-Luftwaffe, seine Pflicht als Vermittler erfüllte. [Für Vermittler steht im englischen Original das Wort »*disseminator*«. Ein »*disseminator*« hat die Aufgabe, wichtige Daten über das Wettbewerbsumfeld und die Vision der Firma sowie ihren Leistungsstand an Multiplikatoren und Befehlsempfänger weiterzugeben. – *Der Verlag*]

Was den Inhalt der Pakete anbelangt, die Tompkins beförderte, so publizierte er eine Kopie seines »Einsatzauftrags«, der im September 1945 ausgestellt wurde – diese enthält eine Antwort.

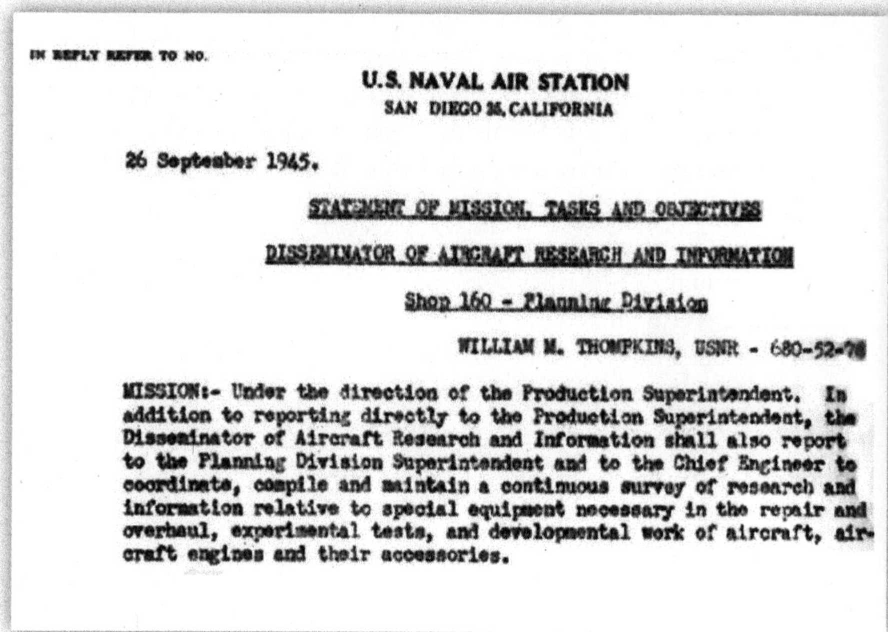

IN REPLY REFER TO NO.

U.S. NAVAL AIR STATION
SAN DIEGO 35, CALIFORNIA

26 September 1945.

STATEMENT OF MISSION, TASKS AND OBJECTIVES

DISSEMINATOR OF AIRCRAFT RESEARCH AND INFORMATION

Shop 160 - Planning Division

WILLIAM M. THOMPKINS, USNR - 680-52-78

MISSION:- Under the direction of the Production Superintendent. In addition to reporting directly to the Production Superintendent, the Disseminator of Aircraft Research and Information shall also report to the Planning Division Superintendent and to the Chief Engineer to coordinate, compile and maintain a continuous survey of research and information relative to special equipment necessary in the repair and overhaul, experimental tests, and developmental work of aircraft, aircraft engines and their accessories.

Abb. 36. Tompkins' Einsatzbefehl, als Vermittler der Abteilung Entwicklung und Forschung der Marine-Luftwaffe tätig zu werden

Sein Einsatzauftrag bestätigt, dass er die Aufgabe hatte, als Vermittler von Informationen der Navy-Luftfahrtforschung zu arbeiten. Sie ist ein überzeugender urkundlicher Beleg dafür, dass die Pakete, die er bei sich führte, geheime Berichte von Navy-Spionen über Baupläne fortgeschrittener Fluggefährte enthielten, darunter die in NS-Deutschland entwickelten.

Während Tompkins' langer Karriere beim amerikanischen Marine-Geheimdienst und in der Luft- und Raumfahrt-Industrie stellte er eine eindrucksvolle Sammlung von Dokumenten zusammen, die seinen Hintergrund und seine Aussagen bestätigen. Mehrere davon finden sich auch in seiner Autobiografie *Selected by Extraterrestrials* (»Ausgewählt von Außerirdischen«).[11]

In der Zeit von 1951 bis 1963, als er bei Advanced Design innerhalb der Douglas Aircraft Company angestellt war, arbeitete er, wie er sagt, mit zwei attraktiven nordischen Frauen außerirdischen Ursprungs zusammen, die als Sekretärinnen tätig waren. Tompkins zufolge leiteten sie ihn bei den Entwürfen für die fortgeschritteneren Raumschiffe, die dann im Geheimen von der U.S. Navy gebaut werden sollten, telepathisch an. Seine Erlebnisse bei Douglas mit zwei »nordischen Sekretärinnen« lassen darauf schließen, dass die Navy Anfang der Fünfzigerjahre ein geheimes Abkommen mit einer freundschaftlich gesinnten außerirdischen Gruppe erzielt hatte, um ihr eigenes Weltraumprogramm zu entwickeln. Es sollte das Gegenstück zu dem NS-/deutschen Weltraumprogramm in der Antarktis werden, bei dem reptiloide Außerirdische behilflich waren.

Tompkins' Geschichte klingt unglaublich, ihre Kernaussagen wurden aber vom Herausgeber des Buches, Dr. Robert Wood, bestätigt, der 2009 begann, Tompkins' Behauptungen zu überprüfen. Besonders bedeutsam ist dabei, dass Dr. Wood selbst 43 Jahre lang bei Douglas Aircraft (später McDonnell Douglas) angestellt war und auch zur selben Zeit wie Tompkins dort arbeitete, selbst wenn die beiden sich vor 2009 niemals begegnet waren. Zu seinen Aufgabenbereichen bei Douglas gehörte das Studium von UFO-Berichten, um die Umsetzbarkeit der Entwürfe von Fliegenden Untertassen durch die Luft- und Raumfahrt-Industrie zu untersuchen. Diese Tätigkeit wurde ihm zugewiesen, nachdem er leitenden Mitarbeitern begegnet war:

> »Eines Tages, nachdem ich einer Anzahl von Vorstandsmitgliedern über den Fortgang unserer Arbeit berichtet hatte, fragte mich jemand von ihnen persönlich, ob ich auch irgendetwas Interessantes außerhalb meines Jobs tun würde. ›Sie werden es nicht glauben‹, sagte ich, ›aber ich habe mindestens fünfzig Bücher über UFOs gelesen, und ich bin zu dem erstaunlichen Schluss gelangt, dass es sich dabei sehr wohl um außerirdische Raumschiffe handelt. Fraglich ist bloß noch, ob wir vor oder nach unserem Konkurrenten Lockheed herausfinden, wie sie funktionieren.‹ Nach einem Augenblick des Schweigens sagte einer von ihnen (der Vizepräsident) zu mir: ›Wie viel würde es wohl kosten, diese Frage zu prüfen?‹ So starteten wir also ein unauffälliges Forschungsprojekt, um der Frage nachzugehen, wie sie arbeiten.«[12]

Dr. Wood war imstande, die Namen wichtiger Ingenieure, Forscher und Projekte bei Douglas zu bestätigen, auf die sich Tompkins ebenfalls bezog, insbesondere die leitender Firmenmitarbeiter wie Elmer Wheaton und Dr. Klemperer. Dr. Wood war von Tompkins' ausführlichem Lebensbericht derart begeistert, dass er beschloss, ihn zu unterstützen, indem er der Herausgeber seiner Autobiografie wurde.

Tompkins' Autobiografie bestätigt Aussagen von Whistleblowern über Geheime Weltraumprogramme

Die Wichtigkeit von Tompkins' Äußerungen kann kaum hoch genug eingeschätzt werden. Sie bestätigen die zentralen Behauptungen einer Reihe von Whistleblowern, die Wissen über Geheime Weltraumprogramme besitzen, das auf den vorigen Seiten dieses Buches detailliert untersucht wurde. Tompkins' Material verleiht besonders dem Zeugnis Corey Goodes beträchtliches zusätzliches Gewicht.

Wie Goode sagt, erfuhr er von dem Geheimen Weltraumprogramm, für das er tätig war, durch die »Intelligenten Glaspads«, zu denen er während seines verdeckten Dienstes von 1987 bis 2007 Zugang erhielt. Diese gläsernen Pads enthielten Geheimdienstberichte, die Goode später in seinen Zeugnissen enthüllte. Die Informationen stimmen weitgehend mit dem überein, was Tompkins bei den Nachbesprechungen mit Navy-Spionen erfuhr, die bis 1945 im nationalsozialistischen Deutschland im Einsatz waren.

Eine von Goodes zentralen Behauptungen lautet, dass NS-Deutschland nicht nur eines, sondern zwei Flugscheiben-Programme betrieb. Das erste war ein ziviles Programm, das von Maria Oršić geleitet wurde, einer jungen Frau mit außergewöhnlicher medialer Begabung, die mit angeblich vom Aldebaran stammenden Außerirdischen in Kontakt stand. Diese Mitteilungen führten zum Entwurf und Bau der ersten Fliegenden Untertasse unter der Aufsicht der Vril-Gesellschaft. Ganz ähnlich behauptet Tompkins, dass eines der deutschen Programme von ziviler Art war und von weiblichen Medien in geistiger Verbindung mit Außerirdischen geleitet wurde. Tompkins bestätigte, dass die Leiterin dieser Gruppe Maria Oršić war und so aussah wie auf Abbildung 9.[13]

Sowohl Goode als auch Tompkins behaupten, dass das zweite Weltraumprogramm von der Nazi-SS geführt wurde, die dabei aktiv von einer reptiloiden außerirdischen Rasse unterstützt wurde. Darüber hinaus sagen beide, dass die Deutschen die fortschrittlichsten Bereiche ihres Weltraumprogramms vor dem Zweiten Weltkrieg und währenddessen in die Antarktis und nach Südamerika verlegt haben. Auch dabei leisteten reptiloide Außerirdische den Nazis technische Hilfe.

Schließlich bestätigt Tompkins' Autobiografie noch Goodes Aussage, dass die ersten erfolgreichen Flüge zu Mond und Mars in den frühen bis mittleren Vierzigerjahren im Rahmen der Geheimen Weltraumprogramme der Deutschen unternommen wurden. Zusätzlich merkt Tompkins, wie Goode, an, dass die Operation Highjump eine erfolglose militärische Expedition der Navy war, um NS-Stützpunkte in der Antarktis zu lokalisieren und zu zerstören.

Nach der Veröffentlichung von *Selected by Extraterrestrials* (»Ausgewählt von Außerirdischen«) im Dezember 2015 erhielt Tompkins ein Exemplar der amerikanischen Originalausgabe von *Geheime Weltraumprogramme & Allianzen mit Außerirdischen* durch Dr. Robert Wood zugeschickt. In nachfolgenden Telefongesprächen stellte Tompkins heraus, dass viele Informationen richtig sind, von denen er in *Geheime Weltraumprogramme & Allianzen mit Außerirdischen* las und die wesentlich auf den Enthüllungen von Corey Goode beruhen. Vor seinem Tod am 21. August 2017 arbeitete Tompkins mit Goode, Dr. Wood und mir an der Niederschrift eines neuen, gemeinsamen Buches über Geheime Weltraumprogramme.

Tompkins' Äußerungen sind wahrhaft außerordentliche Enthüllungen eines früheren Angestellten der Douglas Aircraft Company und anderer Luft- und Raumfahrt-Unternehmen, die im Auftrag der U.S. Navy an Geheimprogrammen arbeiteten. Die Tatsache, dass seine Behauptungen von Dr. Robert Wood, einem weiteren früheren Mitarbeiter von Douglas Aircraft, bekräftigt wurden, ist äußerst bedeutsam.

Die Dokumente und Zeichnungen, die Tompkins in seinem Buch mitgeteilt hat, sind ein gewichtiger Beleg für seine Aussage, dass die U.S. Navy in der Tat ein Geheimes Weltraumprogramm entwickelte – als Reaktion auf die Spionage ihrer Agenten, die von der Pionierarbeit deutscher Geheimgesellschaften und der Nazis bezüglich deren im Verborgenen geschaffenen Antigravitationstechnologie vor dem Zweiten Weltkrieg und bis zu dessen Ende berichteten.

Michael E. Salla, M.A., Ph.D.
Hawaii, den 12. Januar 2018

Anmerkungen

1 William Mills Tompkins, *Selected by Extraterrestrials: My life in the top secret world of UFOs, think-tanks and Nordic secretaries* (Createspace, 2015), Buchrückseite.
2 »A Lesson in Naval History in 1:600 Scale«, *Craftmanship Museum*, http://craftsmanshipmuseum.com/Tompkins.htm (aufgerufen am 18.03.2016)
3 Tompkins, *Selected by Extraterrestrials*, Seite 70/71 in der dem Autor vorliegenden Ausgabe; aus späteren Book-On-Demand-Ausgaben wurde dieser Abschnitt entfernt.
4 Interview mit dem Autor vom 25. Februar 2016. Das Video findet sich auf https://youtu.be/Ve3W35RjNGo, eine englische Transkription gibt es auf http://exopo_litics.org/interview-transcript-us-navy-spies-learned-of-nazi-alliance-with-reptilian-extraterrestrials/.
5 Tompkins, *Selected by Extraterrestrials*, 48.
6 Tompkins, *Selected by Extraterrestrials*, 68.
7 Tompkins, *Selected by Extraterrestrials*, 78.
8 Interview mit dem Autor vom 25. Februar 2016; https://youtu.be/Ve3W35RjNGo.
9 Interview mit dem Autor vom 25. Februar 2016; https://youtu.be/Ve3W35RjNGo.
10 Ich danke Duke Brickhouse, J.D., der in meinem Namen Briefe unter Berufung auf den Freedom of Information Act an die U.S. National Archives schrieb, um eine Freigabe der Personalakte von Admiral Rico Botta zu erhalten.
11 Am 25. Februar 2016 nahm ich persönlich vier Kisten mit Dokumenten im Besitz von William Tompkins in Augenschein, die seine jahrzehntelange Tätigkeit in der Luft- und Raumfahrt-Industrie belegen.
12 Rense.com, »Dr. Robert Wood – Aerospace Engineer Veteran Blows The Whistle On UFOs«, http://rense.com/general96/woodsvet.html (aufgerufen am 18.03.2016)
13 Interview mit dem Autor vom 16. Januar 2016

Danksagung

Dieses Buch wäre nicht möglich gewesen ohne das Whistleblower-Zeugnis von Corey Goode, der eine hochbezahlte Karriere in der Informationstechnologie aufgab, um mutig seine Erlebnisse in mehreren Geheimen Weltraumprogrammen zu enthüllen. Seine Enthüllungen haben es der breiten Öffentlichkeit ermöglicht, von der jahrzehntelangen Entwicklung streng geheimer Raumfahrttechnologie und geheimen Verbindungen zu außerirdischen Wesen zu erfahren, die unseren Planeten und unser Sonnensystem besuchen.

Ich bin folgenden Wissenschaftlern verpflichtet, deren Bestätigung der Echtheit geleakter amerikanischer und italienischer Regierungsdokumente für meine eigene Recherche über Geheime Weltraumprogramme ausschlaggebend war: Dr. Robert Wood, Ryan Wood, Alfredo Lisini und Dr. Roberto Pinotti. Weiterhin danke ich den vielen Forschern, die unermüdlich auf der Grundlage des Freedom of Information Acts um die Veröffentlichung vieler in diesem Buch zitierter Dokumente nachgesucht haben.

Dankbar bin ich auch den folgenden Augenzeugen und Whistleblowern, die zentrale historische Daten bezüglich der Programme zum Bau Fliegender Untertassen unmittelbar ermittelt haben und/oder über diese informiert wurden: Clark McClelland, Ralph Ring, Robert Lazar, Derek Hennessy (Connor O'Ryan), Stein (alias Kewper/Anonymous) und Edgar Fouche. Mein besonderer Dank geht an Michael Relfe und Randy Cramer (alias Captain Kaye), welche als erste von der geheimen Dienstzeit von »20 Jahren und wieder zurück« berichtet haben, die das Rückgrat der Rekrutierung zu Geheimen Weltraumprogrammen darstellt.

In hohem Maße weiß ich außerdem die Hilfe von Aileen Hughes zu schätzen, die mein Manuskript korrekturlas, wertvolle editorische

Vorschläge machte und uns ermöglichte, einen knapp bemessenen Publikationstermin einzuhalten.

Schließlich bin ich meiner lieben Frau Angelika Whitecliff außerordentlich dankbar, die dieses Buchprojekt von seinem Entstehen an mit Begeisterung unterstützt hat. Sie war die kluge Lektorin, die mich antrieb, wenn ich es am meisten nötig hatte. Angelika half mir dabei, meine Ideen zu präzisieren, Redundanzen zu entfernen, und sie brachte den Entwurf in die jetzige publikationsfähige Form. Ich bin ewig dankbar dafür, dass ich eine so begabte und inspirierende Gefährtin in meinem Leben habe.

Abbildungen & Tafeln

Michael E. Salla

ist ein international anerkannter Experte für Weltpolitik, Konfliktlösung und amerikanische Außenpolitik. Er unterrichtete an Universitäten in den USA und Australien, darunter der angesehenen American University in Washington, und hat einen Doktorgrad von der University of Queensland und einen Magister von der University of Melbourne inne. Heute ist er auf der ganzen Welt bekannt als Pionier bei der Entwicklung der Exopolitik, dem Studium der Hauptakteure, Institutionen und politischen Prozesse im Zusammenhang mit außerirdischem Leben.

Dr. Salla schrieb das erste Buch überhaupt, das über Expolitik veröffentlicht wurde (2004). Kurz vor Erscheinen nahm die *Washington Post* mit ihm Kontakt auf, damit er ihnen ein Interview über Präsident Eisenhowers angebliches Treffen mit Außerirdischen gibt. Als Verwaltungsbeamte der American University davon erfuhren, ließen sie ihn wissen, es zu geben könnte seine Karriere gefährden. Er beschloss, dieses Interview trotzdem zu geben, damit es dazu beiträgt, den Studienbereich der Exopolitik zu begründen, weil er dieses neue Forschungsfeld nicht nur für extrem wichtig, sondern es auch für unerlässlich hält, die Öffentlichkeit zu informieren. Daraufhin wurde er seiner Position enthoben. In dem Bemühen, weitere außergewöhnliche und weithin unbekannte Fakten, auf die er bei seinen Recherchen stieß, allgemein zugänglich zu machen, veröffentlichte er 2009 ein zweites Buch über Exopolitik und die amerikanische Außenpolitik: *Exposing U.S. Government Policies on Extraterrestrial Life*.

Im Jahr 2013 erschien *Galactic Diplomacy*, noch im selben Jahr gefolgt von *Kennedy's Last Stand*, das ihm allgemeine Anerkennung einbrachte für seine Vorreiterrolle bei den Recherchen über die Beziehung zwischen streng geheimen UFO-Akten und der Ermordung des US-Präsidenten John F. Kennedy. Das kurz darauf entstandene und hier jetzt in erweiterter Ausgabe vorliegende Buch *Insiders Reveal Secret Space Programs & Extraterrestrial Alliances* schließlich brachte ihm höchsten Respekt ein für die Aufdeckung der Zusammenhänge verborgener globaler Intrigen und wurde zu einem Amazon-Bestseller. Es bildet den Auftakt zu einer ganzen Reihe von Büchern über Geheime Weltraumprogramme, die auf Deutsch im Amra Verlag erscheinen.

Dass Exopolitik inzwischen auch von der Öffentlichkeit wahrgenommen wird und als ernsthaftes Forschungsgebiet gilt, verdankt sich größtenteils Dr. Sallas Büchern sowie seinen zahlreichen Interviews für Funk und Fernsehen, seinen Vorträgen und seiner Website, die täglich von mehr als 5.000 Menschen besucht wird.

---

www.exopolitics.org

Register

B

C

D

E

F

G

H

I

J

K

L

M

N

O

P

Q

R

S

T

U

V

W

X

Y

Z